W0070226

JÜRG THEILER

Díkē oder die Kunst, das Richtige zu tun

Jürg Theiler

Díkē oder die Kunst, das Richtige zu tun

Instinkt, Affekt und Vernunft
ins Gleichgewicht bringen

WALTER VERLAG

Die Deutsche Bibliothek – CIP-Einheitsaufnahme

Theiler, Jürg:
Díkē oder die Kunst, das Richtige zu tun:
Instinkt, Affekt und Vernunft ins Gleichgewicht bringen / Jürg Theiler. –
Düsseldorf : Walter, 2000
ISBN 3–530–40102–1

© 2000 Patmos Verlag GmbH & Co. KG
Walter Verlag, Düsseldorf und Zürich
Alle Rechte, einschließlich derjenigen des auszugsweisen Abdrucks sowie der
fotomechanischen und elektronischen Wiedergabe, vorbehalten
Umschlaggestaltung: Atelier Bachmann & Seidel, Reischach
Satz: Josefine Urban – KompetenzCenter, Düsseldorf
Druck und Bindung: Wiener Verlag, A-Himberg
ISBN 3-530-40102-1

INHALT

DANK DES AUTORS

Ich möchte an dieser Stelle den Personen danken, die als „Förderer" meinen beruflichen Lebensweg mitbestimmt haben, der schließlich zur Abfassung dieses Buches geführt hat, in zeitlicher Reihenfolge: meinen Eltern, Prof. Dr. Guy Kirsch, Dr. Ivo Gerster, Jack Jonathan, Gernot Langes-Swarovski, Göpf Walther, René R. Hürlimann, Christian Machalet. Eine wichtige Rolle als „Begleiter" haben Dr. Ueli Siegenthaler, François Leblond und Dr. Barbara Davies gespielt. In den Dank sind die Personen miteingeschlossen, die mir persönlich sehr nahe stehen. Sie namentlich zu erwähnen würde zu weit in den Persönlichkeitsbereich hineinführen.

Die Erstellung des Manuskripts und die Drucklegung des Buches ist von EURO RSCG SWITZERLAND und EURO RSCG SCHÜRMANN PARTNER, Marketing Kommunikation, Zürich, großzügig unterstützt worden.

Für B., die mich weit geführt hat.
Für L., die mich immer unterstützt hat.
Für A., die mich verlassen hat.

EINLEITUNG
Díkē, Prozeßmanagement und Sie

Aus dem Amerikanischen kennen wir die Redewendung: „*You have to do the right thing rather than to do things right*" („Man muß das Richtige tun, anstatt Dinge richtig zu tun"). Oft sind wir so stark darauf konzentriert, das, was wir tun, richtig zu tun, daß wir die Frage, ob es überhaupt das Richtige ist, ganz aus den Augen verlieren. Ab und zu im Leben türmt sich dann diese Frage mit unheimlicher Wucht vor uns auf, in der sogenannten Midlife Crisis oder anderen Lebenskrisen zum Beispiel. Wir stellen dann alles in Frage, oder es wird von außen alles in Frage gestellt, durch eine oder eine ganze Serie von Katastrophen, durch Schicksalsschläge, Niederlagen, Unfälle oder Krankheiten. Klug ist es, mit der Frage nicht so lange zu warten, bis sie als Katastrophe über uns hineinbricht. Aber das ist leichter gesagt, als getan. Wenn wir jung sind, treibt uns etwas vorwärts, ohne daß wir uns lange fragen, ob es „das Richtige" ist. Es sind unsere Ziele, Wünsche, Hoffnungen und Aspirationen; eine gewaltige „Energie". Nur wenn wir auf Zielkonflikte stoßen, stellt sich auch dann die Frage unausweichlich. Wenn Sie sich gleichzeitig in zwei Männer/Frauen verlieben und hin- und hergerissen sind, für wen Sie sich entscheiden sollen, zum Beispiel, oder wenn Sie sich für den einen oder anderen Beruf entscheiden müssen oder zwischen Karriere und Familie.

In diesem Buch werden wir Ihnen nicht sagen können, was für Sie in der ganz konkreten Situation, in der Sie sich befinden, „das Richtige" ist. Diese Entscheidung müssen Sie selber treffen. Aber wir können Ihnen die Voraussetzungen aufzeigen, die Sie erfüllen müssen, um sich „richtig" zu entscheiden. Mit „richtig" meinen wir nicht nur relativ richtig, also nicht nur nach sorgfältigem Vergleich aller Optionen, nach Abwägung aller Vor- und Nachteile, aller Kosten und Nutzen. Mit richtig meinen wir das absolut Richtige, das für Sie einzig Richtige, ohne Wenn und Aber, ohne Hintertüre. Der Begriff „absolut" ist außer Mode gekommen, er provoziert. Einerseits, weil er für die Wissenschaft im Rahmen ihrer Möglichkeiten für nicht für faßbar gilt, und andererseits, weil damit schon zu viel Mißbrauch getrieben wurde. Wir werden uns mit aller Vorsicht an den Begriff herantasten müssen.

Daß wir „das Richtige zu tun" als Kunst bezeichnen, hängt direkt mit der Schwierigkeit zusammen, welche die Wissenschaft mit der Vorstellung des Absoluten hat. Das absolut Richtige für sich selbst erkennen zu können ist in der Tat ein kreativer Akt. Als solcher ist er einzigartig, unwiederholbar. Und er enthält ein qualitatives Element, das nicht quantifizierbar, d. h. nicht meßbar ist. Beides, die Wiederholbarkeit und die Meßbarkeit, sind Voraussetzungen, die erfüllt sein müssen, um den Anforderungen wissenschaftlicher Erkenntnis zu genügen.[1] Wie wir zeigen werden, ist der kreative Akt, der zur Erkenntnis des absolut Richtigen führt, durchaus an wissenschaftliche Erkenntnis gebunden. Sie ist eine Voraussetzung dafür. Aber er geht darüber hinaus. Er führt in einen Erkenntnis- und Erfahrungsraum hinein, in den die wissenschaftliche Erkenntnismethode nicht eintreten kann. Die Künstlerin, wenn sie kreativ ist, kennt diesen Raum. Die Umgangssprache verwendet für den Erkenntnisvorgang Begriffe wie „Intuition" oder „Eingabe". Wir werden den Vorgang präzise definieren.

Die Summe aller Voraussetzungen, die Sie erfüllen müssen, um zu erkennen, was das Richtige ist und um es zu tun, bezeichnen wir mit dem griechischen Wort Díkē. Gewöhnlich wird Díkē mit „Gerechtigkeit" übersetzt. Das greift ein bißchen zu kurz, es sei denn, wir betrachten den Begriff präzise und in seiner ursprünglichen Wortbedeutung. Tatsächlich verbirgt sich hinter „ge-recht" das Wort „richtig". Wir sind damit also nicht weit von unserem Thema entfernt. In der griechischen Mythologie ist Díkē eine Göttin aus einer dreifaltigen Gottheit, welche die drei Elemente „Ordnung – Gerechtigkeit – Friede" als Ganzes verkörpert. Wir werden auch diesen Begriffen näher kommen.

Díkē verstehen wir in unserem Kontext als Theorie, weil damit ein umfassendes, sprachliches System gemeint ist, in dem die Begriffe definiert sind und in dem die Kausalzusammenhänge zwischen den Begriffen empirisch-wissenschaftlich hergeleitet und begründet sind. Um ein umfassendes System konstruieren zu können, mußten verschiedene Wissenschaftsbereiche herangezogen und miteinander verknüpft werden. Den Hauptanteil tragen diese sechs: die Neurobiologie, die Molekularbiologie, die Entwicklungsbiologie, die Verhaltensforschung, die Analytische Psychologie und die Managementlehre. Die Neurologie/Neurobiologie/Neuropsychologie hat in den letzten zwanzig, dreißig Jahren mit Hilfe der Molekularbiologie größte Erkenntnisfortschritte über die Struktur und Prozesse im Gehirn erzielt. Die von Carl Gustav Jung in der ersten Hälfte dieses Jahrhunderts begründete Analytische Psychologie hat diese neueren Erkenntnisse in ihre Theorie noch nicht integriert. Das ist inhaltlich und sprachlich notwendig, um von den neueren Entwicklungen nicht abgekoppelt und um auch heute noch verstanden zu werden. Die wesentliche Anpassung bestand darin, das Modell der Analytischen Psychologie mit den neurobiologischen Erkenntnissen über die Struktur des Gehirns in Übereinstimmung zu bringen. Als wichtiges Bindeglied zwischen der quantitativen Neurobiologie und der qualitativen Analytischen Psychologie diente die Verhaltensforschung. Aus dem Vergleich des Verhaltens von Tieren und Menschen lassen sich Schlüsse auf den Einfluß einzelner Hirnbereiche auf das Entscheidungsverhalten ziehen.

Struktur bedeutet „Ein-Teilung" eines Ganzen in seine „Einzel-Teile". Das Zusammenspielen von Einzelteilen, um ein Ganzes zu ergeben, ist ein Prozeß. Die Wissenschaft, die sich erfolgreich mit dem Gestalten, Organisieren und Führen von Prozessen beschäftigt, ist die Managementlehre. To manage heißt, „zu etwas hinführen", „etwas erreichen". Die Prozesse, die es im Gehirn zu organisieren und zu führen gilt, sind strukturell die gleichen wie die Prozesse zwischen Menschen und der ihnen zur Verfügung stehenden Soft- und Hardware in Organisationen. „Organisationen" sind Paare, Familien, Schulen, Vereine ebenso wie Unternehmen oder Staatsgebilde. Die Erkenntnisse der Managementlehre über das Prozeßmanagement, zu denen das Wissen aus der Ökonomie und den Kommunikationswissenschaften hinzugehört, verwenden wir, um Kenntnisse über das Management der Prozesse in Ihrem Gehirn durch Sie selbst zu gewinnen.

„Díkē oder die Kunst, das Richtige zu tun" ist eine Strategie und keine Taktik. Strategien sind ganzheitlich und langfristig, Taktik ist situativ und kurzfristig. Pharmazeutische, medizinische und verhaltenspsychologische Maßnahmen sind taktischer Natur. Sie reagieren auf ein akutes Problem, indem sie die Ursache des Problems in der Kausalkette, die dazu geführt hat, möglichst „nahe" am Problem lokalisieren. Das hat den Vorteil, daß sie mit dem Einfluß, den sie darauf nehmen, unmittelbare Wirkung erzielen. Eine Strategie verfolgt die Ursache eines Problems in der Kausalkette weit zurück, wenn notwendig bis zum Anfang. Das kann der Anfang aller Dinge sein. Dabei berücksichtigt sie alle Aspekte, die mit der Situation verknüpft sind. Nicht nur diejenigen, die sie unmittelbar beeinflussen kann. Díkē ist aus diesem Grunde der Tiefenpsychologie und nicht der Verhaltenspsychologie zuzuordnen. Sie kann keine „Sofort-Lösungen" produzieren. Das können andere Disziplinen. Sie erfordert Zeit und Ihr ganzes Engagement. Dafür bringt sie Lösungen, die Bestand haben. Weil die tiefenpsychologische Theorie an den Erkenntnissen der Neurobiologie über die Struktur des Hirns ausgerichtet ist, bezeichnen wir sie als Neuro-Tiefenpsychologie.

Ich bin über die Ökonomie zur Wissenschaft gestoßen. Eine Reihe von Entscheidungen, die damals keinen sichtbaren Zusammenhang hatten, führte mich in jungen Jahren zu Professor Guy Kirsch, bei dem ich in Neuer Politischer Ökonomie promovierte und als Forschungsassistent arbeitete. Das Anliegen dieser Disziplin war zu jener Zeit die „Internalisierung externer Effekte", d. h. die Zurückführung von Entscheidungskonsequenzen auf die Entscheidungsträger. Dieser Versuch der „Beteiligung der Betroffenen"[2] von damals hat im Prozeßmanagement von heute, das ein wichtiger Bestandteil der vorliegenden Strategie ist, eine neue Form und Aktualität gewonnen. Zwischen damals und heute arbeitete ich 18 Jahre in der „Praxis", in Management, Marketing, Kommunikation und Strategischer Planung in Unternehmen, Agenturen und Schulen. 1989 begann ich eine Analyse bei Barbara Davies, einer Analytischen Psychologin und wissenschaftlichen Mitarbeiterin von Marie-Louise von Franz, die zu Lebzeiten von Carl Gustav Jung zu seinem engsten wissenschaftlichen Mitarbeiterkreis gehörte.[3] Ich setzte die Analyse fast zehn Jahre lang fort. In dieser Zeit studierte ich die Werke von Jung und von Franz und spiegelte ihre Theorie in der andauernden praktischen Auseinandersetzung mit der Analytikerin und mir selbst. Vor und in diese Zeit fielen bahnbrechende Publikationen aus dem Bereich der Neurobiologie und verwandter Wissenschaften. Mit Managementlehre, Kreativitäts- und Marktforschung, Strategie und Kommunikation beschäftigte ich mich in der Praxis und Lehre täglich. Es drängte sich auf, die Erkenntnisse aus den verschiedenen Disziplinen in Verbindung und vor allem in Übereinstimmung zu bringen. Das vorliegende Buch ist das Ergebnis dieses langjährigen Prozesses.

Im Text finden Sie viele Begriffe, die in der weiblichen oder männlichen Form geschrieben werden können, ohne daß das Geschlecht dabei eine Rolle spielt, zum Beispiel Mitarbeiterin oder Mitarbeiter, Partner oder Partnerin, Siegerin oder Sieger, Künstler oder Künstlerin usw. Die Diskussion um eine nicht diskriminierende Schreibweise dauert seit längerem an, ohne daß eine alle befriedigende Lösung gefunden wurde. Ich will Sie mit den Vor- und Nachteilen der Alternativen nicht langweilen. In der „Verzweiflung" habe ich mich am Ende für eine Lösung entschieden, die zwischen den Geschlechtsformen abwechselt. Die Abwechslung habe ich spontan und ohne nachzuzählen vorgenommen. Ich hoffe, daß Sie sich mit dieser Hilfslösung anfreunden können.

Zürich, im Januar 2000

TEIL 1
DER KONSTRUKTIONSPLAN
DES GEHIRNS – EIN MODELL

Im Zustand von Díkē wollen alle das gleiche: . . .

HINTER DER SCHWIERIGKEIT,
DIE ZIELE ZU VERBINDEN...
Wir wollen alle das gleiche und erreichen genau das Gegenteil

Wir wissen, was wir wollen, und verblüffenderweise wollen wir alle das gleiche. In einer großangelegten Marktforschungsstudie in 20 europäischen Ländern wurden Jugendliche im Alter von 16 bis 18 Jahren gefragt, was sie im Leben wollen.[4] In dieser Reihenfolge der Wichtigkeit haben sie geantwortet:

Was die Jungen wollen:

1. Gesundheit
2. Liebe
3. Familie
4. Gute Freunde
5. Erfolg im Beruf
6. Freude an der Arbeit
7. Finanzielle Unabhängigkeit
8. Freizeit
9. Engagement für die Gesellschaft

Wir werden diese Ziel-, Bedürfnis- und Wunschliste durch das Buch hindurch verfolgen, weil sie repräsentativ ist für die Jungen und weil wir diese Liste wohl alle, auch die älteren unter uns, unterschreiben können. Oder sieht Ihre Bedürfnisliste ganz anders aus? Sicher wird sich bei Ihnen hier oder dort die Reihenfolge der Wichtigkeit ändern. Oder Sie werden vielleicht ein Ziel in die Liste aufnehmen, das bei den Jungen aus den ersten neun herausgefallen ist. Vielleicht beunruhigt es Sie, daß das Engagement für die Gesellschaft erst an letzter Stelle kommt, oder es erstaunt Sie, daß Freizeit erst an zweitletzter Stelle steht. Vielleicht haben Sie auch nicht erwartet, daß die sogenannten weichen Faktoren, Liebe, Familie und gute Freunde, vor den sogenannten harten Faktoren Erfolg und Geld erscheinen. Wirklich bemerkenswert ist die Tatsache, daß wir offenbar genau wissen, was wir wollen. Daß wir aber ganz und gar nicht tun, was wir alle wollen. Im Gegenteil:

1. Gesundheit – Die Tatsache der seit Jahren explodierenden Gesundheitskosten liegt nicht in erster Linie daran, daß sich Ärzte und pharmazeutische Industrie an unseren Krankheiten gesund verdienen, sondern daß wir mit unserer Gesundheit mehr als fahrlässig umgehen.

Sicher, wir werden immer älter und bleiben länger jünger. Wir meinen, wir seien gesünder. Tatsache ist, daß wir immer mehr Arztbesuche, Arzneimittel und Operationen brauchen, um uns von einem Krankheitssymptom ins nächste hinüberzuretten. Der Ökonom Leo Nefiodow hat versucht, die Gefährdung unserer Gesundheit quantitativ zu fassen:

- Allein durch falsche Ernährung entstehen in Deutschland jährlich 100 Milliarden DM Gesundheitskosten. Weltweit kommt Nefiodow auf 600 Milliarden US-Dollar.

- Die Krankheitskosten, die durch schlechte Wasserqualität, Luftverunreinigung, Chemikalien und Schadstoffe in Nahrungsmitteln entstehen, sind noch nicht erfaßt.

- Mindestens 25 % der Patienten, die einen Arzt aufsuchen, leiden vorwiegend an psychischen Störungen. 14 % der Bevölkerung in den ökonomisch entwickelten Ländern sind psychisch schwer krank. 60 % der deutschen Führungskräfte leiden unter Neurosen. Angst verursacht in Deutschland Schäden von jährlich etwa 100 Milliarden DM (Mobbing davon etwa 30 Milliarden). Weltweit sind es über 1000 Milliarden DM.

- Der Umsatz mit Drogen beläuft sich auf jährlich über 800 Milliarden US-Dollar.[5] Das ist zehnmal mehr als die gesamten Ausgaben für Entwicklungshilfe und wird nur noch vom Handelsvolumen mit Erdöl übertroffen. Für Alkohol geben wir mehr aus als für Forschung: jährlich über 600 Milliarden US-Dollar.

2. Liebe – Wo immer wir in unserer Gesellschaft oder in der Geschichte unserer Gesellschaft hinschauen, wir kämen nie und nimmer auf die Idee, daß Liebe (nach Gesundheit) zuoberst auf der Bedürfnisliste unserer Spezies steht. Was wir sehen, ist Mord und Totschlag, Vergewaltigung, Hunger und Elend, Unterdrückung, Folter, Verzweiflung, Korruption, Betrug usw. Selbst in der Paarbeziehung, in der wir die Liebe am intensivsten suchen, will es vielen nicht gelingen, sie zu finden. Um es in die ungeschminkten, kruden Worte und ewigen Fragen des Woody Allen (wie z. B. in *Deconstructing Harry*), zu kleiden:

- „Warum will ich jede attraktive Frau, die ich im Bus oder auf der Straße sehe, f...?"
- „Warum endet jede Beziehung als Enttäuschung?"
- „Warum verläßt mich jede Frau?"
- „Warum werde ich nicht geliebt, obwohl ich nichts sehnlicher wünsche?"
- „Warum kann ich nicht lieben, obwohl ich nichts sehnlicher möchte?"
- „Warum kann mir der Shrink (Psychotherapeut) nicht helfen?"
- „Warum kann ich Gott nicht vergessen, obwohl ich entschieden habe, daß es ihn nicht gibt?"[6]

3. Familie – In Schweden sind zwei Drittel der seit 1980 geschlossenen Ehen wieder aufgelöst worden. In München leben 60 % der Kinder in Haushalten von alleinerziehenden Müttern. In den USA liegt die Scheidungsrate mittlerweile bei 50 %, in Mitteleuropa bei 30 %. Die Familie ist aufgrund dieser Daten von einigen Trendforschern für tot erklärt worden – voreilig, wenn wir die Wunschliste der jungen Europäer betrachten.[7] Wir möchten alle Familie, und zwar mit hoher Dringlichkeit, aber wir wissen offensichtlich nicht mehr, wie.

4. Gute Freunde – Interessant ist die Tatsache, daß wir das Bedürfnis nach guten Freunden auf der Liste so weit oben finden. Die Position des Wunsches gibt uns einen direkten Hinweis auf den Grad seiner Befriedigung. Denn die Hierarchie unserer Bedürfnisse ist nicht statisch. Je weniger wir ein Bedürfnis im Moment der Beurteilung befriedigt haben, desto dringlicher stufen wir es ein. Vor dem Essen hat das Stillen des Hungers hohe Priorität. Nach dem Essen wird vieles andere wichtiger. Vor dem Beischlaf ist die sexuelle Befriedigung von dramatischer Bedeutung. Nachher ist es in der Regel der Schlaf. In Kriegszeiten wird Friede zum vordringlichen Bedürfnis, und bei steigender Arbeitslosigkeit sind es die Arbeitsplätze. Je größer das Defizit, desto dringender das Bedürfnis. Demnach sind „gute Freude" heute offensichtlich schwer zu finden.

5. Erfolg im Beruf – Daß Erfolg im Beruf erst an fünfter Stelle kommt, ist erstaunlich, weil es sich nicht mit unserer Erfahrung deckt. Jedenfalls nicht in bezug auf das Verhalten der Männer und immer weniger auch in bezug auf das Verhalten der Frauen. Viele Männer und Frauen opfern viel oder alles für den Erfolg im Beruf. Die Erklärung dafür, daß das Bedürfnis erst an fünfter Stelle kommt, ist die gleiche wie dafür, daß die guten Freunde schon an vierter Stelle stehen. Die Möglichkeiten, daß die Jungen dieses Bedürfnis befriedigen können, sind relativ groß. Nicht zufällig steht das Bedürfnis in der Mitte der Rangliste. Am „Erfolg im Beruf" scheiden sich die weicheren, qualitativen Faktoren der vorderen Hälfte von den härteren, quantitativen Faktoren im zweiten Teil.

6. Freude an der Arbeit – 73 % der deutschen Bevölkerung sagen in einer repräsentativen Studie von sich, daß sie sehr viel oder meistens Spaß und Freude an der täglichen Arbeit haben.[8] Diese positive Selbsteinschätzung stimmt überein mit den Möglichkeiten, die die Gesellschaft heute bietet. Aber sie steht im Widerspruch zu dem Bild, das wir bekommen, wenn wir die Gesichter der Menschen betrachten, wenn sie am Morgen zur Arbeit gehen und wenn sie abends von der Arbeit zurückkehren. Auf den Gesichtern sehen wir wenig Freude. Sie steht auch im Widerspruch zur hohen

Frustrationsrate, zum hohen Anteil der innerlich Gekündigten und zum steigenden Motivationsbedarf, den viele Unternehmen anmelden. Irgend etwas muß der Freude im Wege stehen.

7. Finanzielle Unabhängigkeit – Daß die Frage des Geldes erst gegen Ende der Bedürfnisliste auftaucht, bestätigt, was wir aus vielen Studien wissen: Geld als Motivator für Leistung steht nicht an vorderster Stelle.[9] Das Geld brauchen die Jungen für Freizeit und Sicherheit. Und den Konsum, den sie sich damit leisten können, zur Definition ihrer Identität und Persönlichkeit. Das klingt abgeklärt und vernünftig. Aber es steht im Widerspruch zu dem, was wir täglich erleben: Das Geld regiert die Welt.

8. Freizeit – Das Marketing und die Marktforschung sprechen schon lange von einer Freizeitgesellschaft, die wir sind und weiter werden. In der Tat steigen die Konsumausgaben für Freizeit absolut und relativ zum verfügbaren Einkommen stetig, und die Arbeitszeiten in den Kollektivverträgen gehen zurück. Daß die Freizeit auf der Prioritätenliste der Jungen an zweitletzter Stelle steht, läßt darauf schließen, daß das Bedürfnis danach relativ gut befriedigt ist, aber auch, daß andere Dinge stimmen müssen, bevor die Freizeit einen Wert bekommt.

9. Engagement für die Gesellschaft – Wir wissen aus der Marktforschung schon seit längerer Zeit, daß das Bedürfnis nach Ehrlichkeit auch und gerade bei den Jungen ganz oben auf der Liste steht.[10] Daß du mich nicht liebst, ist nicht wichtig – es ist nur wichtig, es zu wissen, ist eine Szenenbeschreibung. Sie verweist auf den zentralen Punkt, den wir oben als Problem beschrieben haben. Die Jungen stellen fest, daß sie die Ziele, die sie zuoberst auf die Bedürfnisliste gesetzt haben, nicht erreichen können. Sie können nicht besser lieben als die Eltern. Aber im Unterschied zu diesen wollen sie davor die Augen nicht verschließen. Sie wollen die Schuld auch nicht mehr dem System in die Schuhe schieben. Das war der gescheiterte Versuch ihrer Eltern. Diese haben vor und nach '68 den Fehler im System gesucht und mit Marx und seinen Nachfolgern geglaubt, sie könnten durch die bloße Veränderung des Systems die Menschen ändern.

Die Jungen wollen die Widersprüche, zu deren Auflösung sie auch keine Lösung haben, nicht dadurch lösen, daß sie sie ignorieren. Sie wollen der Hoffnungslosigkeit wenigstens in die Augen sehen. Sie sind „zufrieden" mit dem System, weil sie wissen, daß es ihnen mehr Optionen bietet als je zuvor und weil sie ahnen, daß der Kern des Problems nicht dort zu finden ist. Deshalb steht das Engagement für die Gesellschaft an letzter Stelle.

Wir wissen, was wir wollen. Wir wollen alle das gleiche: Gesundheit, Liebe, Familie, Erfolg, Freude, Freiheit usw. Wir tun alles, um diese Ziele zu erreichen, aber wir erreichen damit auch das Gegenteil: Krankheit, Gewalt, Zerstörung, Angst, Frustration, Vereinsamung. Warum gelingt es uns nicht, das zu tun, was wir wollen?

Es hilft uns nicht, zuerst das System zu konstruieren und zu hoffen, es käme dabei der richtige Mensch für das System heraus. Wir müssen zuerst den Mensch und sein Verhalten verstehen und können uns dann erst überlegen, wie wir das System gestalten sollen, in dem wir uns bewegen wollen. Es reicht auch nicht, die Teilsysteme zu verstehen und ihre Funktionen einzeln zu optimieren. Wir müssen den ganzen Menschen und das ganze System verstehen. Und wir müssen vor allem auch den Prozeß verstehen, durch den wir die Teilsysteme integrieren, d. h. so zusammenführen können, daß das Gesamtergebnis entsteht, das alle wollen.

...STEHT DIE SCHWIERIGKEIT, DIE HIRNBEREICHE ZU VERBINDEN

Die Synchronisation Ihrer Hirnbereiche ist nicht einfacher, als ein Krokodil, eine Wölfin, einen Roboter und einen Engel unter einen Hut zu bringen

Paul MacLean hat als Leiter des Laboratoriums für Gehirnentwicklung und Verhalten am National Institute for Mental Health in Washington Ende der 60er Jahre, aufbauend auf den früheren Arbeiten von James W. Papez aufgezeigt, daß die Informationen, die das menschliche Hirn für eine Entscheidung abrufen kann, aus drei Bereichen stammen können, die sich in ihrer Struktur, ihrer chemischen Zusammensetzung, ihrer Funktionsweise und in ihrer Entwicklungsgeschichte grundsätzlich voneinander unterscheiden.[11]

MacLean hat die gleiche Grundstruktur des Gehirns sowohl bei den Reptilien, den ältesten und direkten Nachkommen der Saurier, bei den niederen Säugetieren (Hunde, Katzen, Pferde usw.) als auch bei den höheren Säugetieren, den Primaten, zu denen neben dem Affen der Mensch zählt, vorgefunden.

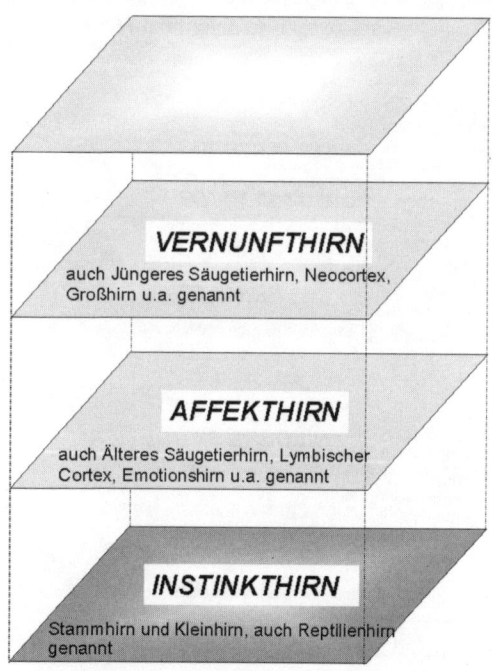

Abbildung 1: Die Grundstruktur des Gehirns

Diese drei Gruppen von Lebewesen unterscheiden sich neurologisch betrachtet lediglich durch den Grad der Entwicklung der drei Hirnareale. Bei den Reptilien ist nur die erste Stufe voll entwickelt. Die übrigen Hirnteile sind wohl im Ansatz vorhanden, aber kaum ausgebildet. Bei den niederen Säugetieren ist auch die zweite Stufe hoch entwickelt, nicht aber die dritte. Erst bei den Primaten schließlich ist auch die dritte Stufe ausgebildet, und zwar bei den Menschen weiter als bei den Affen.

MacLean hat deshalb den Teil des Gehirns, der sich zuerst entwickelt hat und der bei den Reptilien den dominanten Teil ausmacht, „Reptilienhirn" genannt. Wir nennen ihn, wie der Kreativitätsforscher, Arzt und Psychiater Gottlieb Guntern[12] das „Instinkthirn". Den zweiten Hirnteil, der bei den niederen Säugetieren voll ausgebildet ist, nennt MacLean das „ältere Säugetierhirn". Wir bezeichnen ihn als das „Affekthirn". Manche verwenden dafür den Begriff „Emotionshirn" (wie Guntern) oder „Lymbisches System". Die dritte Stufe, die bei den Affen zum Teil und bei den Menschen voll entwickelt ist, nennt MacLean das „jüngere Säugetierhirn". Wir bezeichnen diesen Teil wiederum wie Guntern als „Vernunfthirn". Die Neurologie spricht vom „Neocortex" oder „Großhirn". Wir haben das Vernunfthirn zweiteilig dargestellt, weil es in der Tat aus zwei Teilen besteht, die in ihrer Funktion nicht unterschiedlicher sein könnten, obwohl sie sich physiologisch gleichzeitig entwickelt haben.

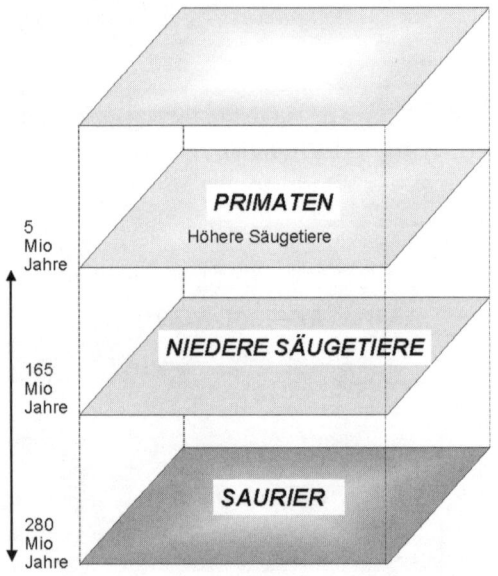

Abbildung 2: Die Entwicklungsstufen des Menschen

Wir können die drei Entwicklungsstufen des Gehirns gut an der Entwicklung der Bewegung von Kleinkindern nachvollziehen. Die ersten Bewegungen, die ein Baby mit den Armen und Beinen ausführen kann, sind seitwärts rudernd. Das sind Bewegungen des Instinkthirns. Schlangen und andere Reptilien, wie z. B. Schildkröten, bewegen sich bzw. ihre Extremitäten seitwärts. Als nächstes bewegt sich das Kleinkind auf allen Vieren vorwärts. Das sind die Bewegungen der Säugetiere und des Affekthirns. Am Schluß lernt es den aufrechten Gang, die Bewegung der Primaten und des Vernunfthirns. Die Entwicklungsgeschichte des Menschen ist identisch mit der Entwicklungsgeschichte des Gehirns.

Die erste Stufe: Das Instinkthirn

Das Hirnareal, das wir Instinkthirn nennen, ist mit den ersten Sauriern, den Catylo-, Meso- und Pelycosauriern, in der Zeit des Perm, vor circa 280 Millionen Jahren entstanden.[13] Wir subsumieren der Einfachheit halber auch das „Kleinhirn", das sich beim Menschen am hinteren unteren Kopfende befindet, unter diesen Begriff, der üblicherweise (nur) für das „Stammhirn", das die direkte Fortsetzung der Wirbelsäule bildet, verwendet wird. Wir fassen die beiden anatomisch getrennten Areale unter einem Begriff zusammen, weil sie zur gleichen Zeit entstanden sind, den gleichen Zielen dienen und deshalb auch reibungslos miteinander und nebeneinander funktionieren.

Im Kleinhirn sind die Informationen gespeichert, die ohne unser Wissen und Zutun unsere Bewegungen steuern und bestimmen, unsere Motorik und Feinmotorik, die Art und Weise, wie wir uns bewegen, gehen und sprechen, unsere Gestik und Mimik. Auch die Bewegungen und Funktionen der Organe sind vom Kleinhirn mitbestimmt. Die Funktion und Organisation des ganzen biochemischen Organismus. Die interne Organisation des Lebens. Das Kleinhirn macht beim Menschen vom Volumen her nur noch etwa 10 Prozent der gesamten Hirnmasse aus, enthält aber über 50 Prozent aller Neuronen (Nervenzellen), von denen wir insgesamt mindestens 100 Milliarden besitzen.

Im Stammhirn sind die Informationen gespeichert, die dem individuellen Leben und Überleben in der Umwelt dienen. Es sind die Funktionen der Lebenserhaltung und der Lebensfortpflanzung in einem Umfeld, das lebensgefährlich kompetitiv ist. Das Stammhirn wie das Kleinhirn, also unser gesamtes Instinkthirn fällt seine Entscheidungen autonom, d. h. auch ohne Zutun, Wissen und Kontrolle der anderen Hirnareale. Das heißt nicht, daß es mit ihnen nicht vernetzt ist. Weil dies der Fall ist, kann es sehr wohl von den anderen Hirnbereichen beeinflußt werden und umgekehrt diese beeinflussen. Das ganze Hirn, das zwischen 1,2 und 1,5 kg schwer ist, tut dies, indem es Signale (Informationen) mit einer Geschwindigkeit von durchschnittlich 350 km/h von Zelle zu Zelle und unter Umständen wieder zurück feuert.

Die zweite Stufe: Das Affekthirn

Nach der Enwicklung der ersten Hirnstufe gab es evolutorisch während langer Zeit keine Veränderungen. Erst 120 Millionen Jahre später, in der Zeit des Jura, vor circa 165 Millionen Jahren, erfolgte ein zweiter Entwicklungsschub, als sich innerhalb von wiederum nur kurzer Zeit das ältere Säugetierhirn als neues Hirnareal ausbildete. Die Neurologie nennt diesen Hirnbereich den limbischen Cortex, weil er wie ein Ring über dem „alten Hirn" liegt. Andere bezeichnen ihn als Emotionshirn, weil von dort die starken „Emotionen" wie Wut, Haß, Angst, Zuneigung oder Freude ausgelöst werden.

Wir werden den Begriff „Emotion" (er kommt von emovere, das heißt hinzubewegen) bewußt nicht verwenden, weil er Phänomene beschreibt, die aus unterschiedlichen Hirnbereichen stammen: Wut und Angst ebenso wie das, was wir mit Liebe bezeichnen. Auch diesen Begriff werden wir präziser verwenden müssen, als es die Alltagssprache tut. Sie unterscheidet ja bekanntlich nicht zwischen dem „Gefühl", das Sie ausdrücken, wenn Sie sagen, „Ich liebe Schokolade" und dem ganz anderen „Gefühl", das Sie erfahren können, wenn Sie jemandem sagen: „Ich liebe dich".

Diese Ungenauigkeit der Alltagssprache hat sich bis in die wissenschaftliche Sprache hinein halten können. Daniel Goleman, der die Erkenntnisse der Neurobiologie und Verhaltensforschung über die sogenannten Emotionen populär gemacht hat, summiert unter dem Begriff der Emotionalen Intelligenz so ziemlich alles, was nicht rationale Vernunft oder reiner Trieb ist: Wut, Haß, Trauer, Furcht, Freude, Empathie, Liebe, Überraschung, Ekel, Scham usw.[14] Das hat den Vorteil, daß wir uns alle als ausgesprochen intelligent betrachten können, weil es uns an Wut, Haß, Angst, Freude usw. in der Regel nicht mangelt. Aber gerade die Neurobiologie zeigt uns, daß diese unterschiedlichsten Erfahrungen nicht alle aus dem gleichen Hirnbereich kommen und es deshalb wenig ratsam ist, sie alle in den gleichen begrifflichen Topf zu werfen.

Die Psychologie und die Alltagssprache verwenden den Begriff „Affekt" für starke, in der Regel unkontrollierte Gefühle. Das ist der Grund, weshalb wir ihn für die Bezeichnung dieses Hirnareals verwenden. Das Verhalten, das vom limbischen Cortex aus gesteuert wird, ist in der Tat heftig und zu einem viel größeren Teil unkontrolliert, als wir denken. Wie das ältere Instinkthirn fällt auch das neuere Affekthirn seine Entscheidungen mit oder ohne Einfluß der von uns bewußt gesteuerten Vernunft. Wir entscheiden in der Regel nicht (bewußt), ob wir wütend werden oder Angst haben. Das Affekthirn entscheidet es für uns – genausowenig, wie wir bewußt entscheiden (können), ob wir Hunger haben oder sexuell erregt sein sollen. Das entscheidet das Instinkthirn.

Im Affekthirn sind die Informationen gespeichert, die wir brauchen, um im Kollektiv zu leben und zu überleben. Es sind die Fähigkeiten, Beziehungen einzugehen und Beziehungen zu organisieren.

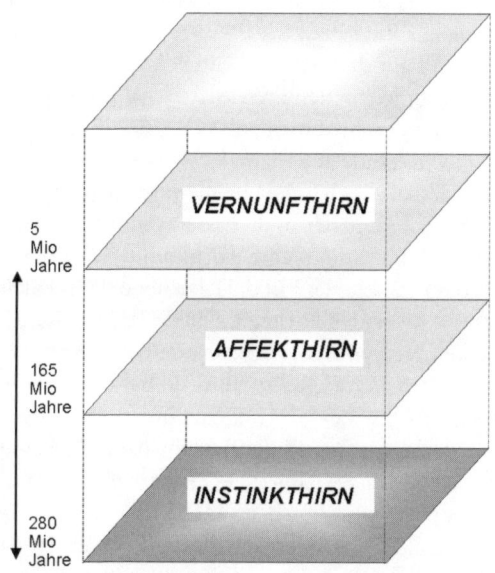

5
Mio
Jahre

VERNUNFTHIRN

165
Mio
Jahre

AFFEKTHIRN

280
Mio
Jahre

INSTINKTHIRN

Abbildung 3: Die Entwicklungsstufen des Gehirns

Die dritte Stufe: Das Vernunfthirn

160 Millionen Jahre lang haben die niederen Säugetiere mit diesen beiden Hirnen, dem älteren Klein- und Instinkthirn und dem neueren Affekthirn, gelebt. Im Unterschied zu den Reptilien, die mit dem Klein- und Instinkthirn vorlieb nehmen mußten und von denen nur die Schlangen, Echsen, Panzerechsen und Schildkröten – wenn auch in einigen tausend Arten – überlebten, haben sich die niederen Säuger in zwanzig Ordnungen, 130 Familien und über 4000 Arten reichlich vermehrt. Erst vor fünf Millionen Jahren erfolgte der letzte Entwicklungssprung in der bisherigen Evolution.[15] Binnen kurzer Zeit entwickelte sich bei einer Gattung Säugetiere,

die wir Primaten oder Königstiere nennen und zu denen neben dem Menschen noch circa 170 Arten von Affen und Halbaffen zählen, im Raum über dem limbischen System der Neocortex oder das Vernunfthirn. Dieses letzte und jüngste Hirn ist wiederum völlig anders strukturiert und hat mit den älteren Hirnen lediglich gemeinsam, daß es Informationen nach dem gleichen elektrochemischen Prinzip mit diesen austauscht und also auch mit ihnen vernetzt ist. Die Qualität der Informationen aber, die hier gespeichert sind, ist nun vollkommen andersartig.

Schon im 19. Jahrhundert war den Neurologen bekannt, daß sich ein Tumor bzw. Eingriff in der linken Hälfte des Vernunfthirns auf das Verhalten und die geistigen Fähigkeiten der Patienten ganz anders auswirkt als ein Tumor oder Eingriff auf der rechten Hälfte. Aber erst in den 60er Jahren wurde klar, daß es im Menschen zwei Arten von Informationen gibt, die durch die linke und die rechte Hirnhemisphäre bestimmt sind. Wir nennen den einen, bei Rechtshändern üblicherweise auf der linken Kopfseite liegenden Hirnteil (deshalb auch linke Hirnhemisphäre genannt) das „instrumentelle Vernunfthirn" und den andern, bei Rechtshändern entsprechend rechts liegenden Hirnteil (die rechte Hirnhemisphäre) das „empathische Vernunfthirn". Bei Linkshändern ist die Lage der beiden Hirnhälften in der Regel umgekehrt. Die beiden Hirnbereiche sind durch das „Corpus Callosum", einen dicken Nervenstrang, miteinander verbunden.

Im instrumentellen Vernunfthirn sind die Informationen gespeichert, die uns befähigen, in Ursache-Wirkungszusammenhängen zu denken. Das heißt, Phänomene, die wir feststellen, als wenn-dann-Beziehungen miteinander zu verbinden und zu erklären. Diese Fähigkeit erlaubt uns, Ziele effizient(er) und effektiv(er) zu erreichen (wir werden die Begriffe noch definieren), zum Beispiel, Kopfschmerzen mit Hilfe einer Tablette zum Verschwinden zu bringen oder ein Flugzeug in der Luft zu halten. Sie setzt die Ordnung der Logik und die Vereinbarung von Sprache voraus.

Im empathischen Vernunfthirn sind die Informationen gespeichert, die uns befähigen, Phänomene „an sich" zu erkennen, oder besser gesagt, zu „erfahren". Hier „verstehen" wir Erscheinungen nicht als Wirkung (Ergebnis) einer Ursache, oder als Mittel zu einem Zweck, sondern durch „Anteilnahme". Das heißt Empathie. Diese Fähigkeit erlaubt uns, Ziele zu bewerten. Und zwar nicht, wie im instrumentellen Vernunfthirn, dadurch, daß wir ihren Beitrag als Mittel zur Erreichung eines nächsthöheren Zieles messen, sondern, in dem wir den Wert des Ziels, seine „Richtigkeit", an sich bestimmen. Zum Beispiel, ob es „richtig" ist, diese oder jene Person zu „lieben", diesen oder jenen Beruf zu wählen, diesen oder jenen Lebensstil zu leben, diesem oder jenem Wert zu folgen, das eine Ziel über das andere zu stellen. So wie das instrumentelle Vernunfthirn der Bereich des Relativen ist, ist das empathische Vernunfthirn der

Bereich des Absoluten. Dort und nur dort liegt die Fähigkeit, Sinn zu finden.

Bevor wir die vier Hirnbereiche einzeln und genau betrachten, wollen wir die Schlußfolgerungen ziehen, die sich aus der Grundstruktur des Gehirns und aus der Art und Weise, wie es sich evolutionsgeschichtlich entwickelt hat, ergeben. Wichtig sind diese drei Fakten:

1. daß das Gehirn in seiner Struktur „von Anfang an" (genauer: vom evolutionsbiologischen Zeitpunkt unserer Betrachtung an, die wir bei den Sauriern, also vor 280 Millionen Jahren beginnen) als Gesamtsystem angelegt war;
2. daß sich die Inhalte, d. h. die Informationen der drei Hirnteile, in großen zeitlichen Abständen, aber in kurzen zeitlichen Phasen entwickelt haben;
3. daß die neueren Systeme die älteren nicht ersetzt, sondern ergänzt haben.

Die Folgerungen daraus sind weitreichend:

Die erste Aussage korrigiert die darwinistische und neo-darwinistische Vorstellung, daß „. . . das Gehirn im Laufe von Jahrmillionen der Evolution von seiner Basis aus gewachsen (ist), und seine höheren Zentren (. . .) sich als Verfeinerung aus älteren, niederen Teilen entwickelt (haben)."[16] Seine sogenannt höheren Zentren haben sich eben gerade nicht als „Verfeinerung" aus den älteren Teilen entwickelt. Das Instinkt- und Affekthirn ist bei den Menschen nicht subtiler geworden. Die älteren Teile haben sich nicht weiterentwickelt. Die jüngeren Areale sind nicht durch „Entwicklung" der älteren entstanden. Die Entwicklung des Instinkthirns ist im großen und ganzen seit 280 Millionen Jahren abgeschlossen und diejenige des Affekthirns seit 165 Millionen Jahren. Das Instinkthirn, das in uns Menschen heute noch entscheidet, unterscheidet sich prinzipiell nicht von dem eines Reptils und das Affekthirn nicht von dem eines Säugetiers. Weil wir im Vergleich zu den Reptilien nicht nur mit dem Instinkthirn entscheiden und es deshalb auch weniger gebrauchen, hat es sich im Vergleich wohl zurückentwickelt, aber das ist der einzige Unterschied. Daß das Gehirn von Anfang an in seiner heutigen Gesamtstruktur angelegt war, weist darauf hin, daß die Konstruktion von Beginn an auf einem Gesamtplan beruhte. Das bedeutet, daß sich die Spezies Mensch nicht nach dem Zufallsprinzip entwickelt hat, sondern nach einem Plan.

Daß sich die Hirnteile jeweils in relativ kurzer Zeit entwickelt haben, setzt der Vorstellung einer trägen, über Jahrmillionen mehr oder weniger kontinuierlich wachsenden Entwicklungsgeschichte ebenfalls eine Ende. Und daß die jüngeren Hirnareale die älteren nicht ersetzt, sondern ergänzt haben, ist von dramatischer Konsequenz. Es ist unklug, von „niederen" und

25

„höheren" Teilen des Gehirns zu sprechen, weil die Begriffe eine Bewertung implizieren. Tatsache ist, daß sie „nebeneinander" existieren und funktionieren. Im Konstruktionsplan war nicht vorgesehen, die „niederen" durch die „höheren" Teile zu ersetzen, sondern vielmehr, daß sie zusammen funktionieren sollen. Durch die Informationen, die mit den jüngeren Hirnbereichen neu hinzugekommen sind, sollte sich die Gesamtleistung des Gehirns wesentlich verbessern.

Die Synchronisation der vier Bereiche

Auf den ersten Blick scheint diese Konstruktion unseres Gehirns einfach. Die Funktionen der Hirnteile sind komplementär: Um zu leben, müssen wir uns bewegen können (die Funktion des Kleinhirns). Wir müssen außerdem im Umfeld, in dem wir uns bewegen, alleine überleben können (die Funktion des Stammhirns, zusammen des Instinkthirns). Besser als alleine leben und überleben wir im Kollektiv (die Funktion des Affekthirns). Noch besser leben wir, wenn wir es effizient tun (die Funktion der instrumentellen Vernunft). Am besten leben wir, wenn das, was wir tun, sinnvoll ist (die Funktion der empathischen Vernunft).

Kompliziert ist der Mensch nicht, weil unser Hirn aus drei, bzw. vier Hirnbereichen besteht. Kompliziert wird die Sache, weil diese Hirnbereiche zwar vernetzt sind, aber unabhängig voneinander und unterschiedlich funktionieren, wie bei einem hybriden Auto, in das ein Benzin- und ein Elektromotor eingebaut sind. Beim Auto sind die unterschiedlichen Motoren zeitlich hintereinandergeschaltet. Beim Menschen sollten die vier Hirnareale simultan funktionieren.

Ein Ingenieur, der vier verschiedene Motoren, die nach jeweils eigenen Gesetzen funktionieren, so aufeinander abstimmen und synchronisieren muß, daß sie gleichzeitig und zusammen eine optimale Gesamtleistung erbringen, kann von den Problemen der Abstimmung ein Lied singen. Die Synchronisation der vier Hirnteile ist nicht weniger anspruchsvoll. Denn jeder Hirnteil funktioniert nach eigenen Gesetzen und verfolgt seine eigenen Ziele, die miteinander konkurrieren können.

Was die Funktionsweise unseres Gehirns betrifft, so ist die Analogie zur Organisation eines Unternehmens noch adäquater. Auch dort ist das Ziel, eine optimale Gesamtleistung zu erbringen. Dazu ist die Synchronisation verschiedener Organisationseinheiten notwendig, die Kompetenzzentren darstellen, wie die Hirnbereiche. Dabei agiert eine Vielzahl von Entscheidungsträgerinnen mit eigenen Zielen, Funktionen, Informationen, Meinungen und Methoden in einer Vielzahl von Entscheidungssituationen relativ autonom. Um ein optimales Ergebnis zu erzielen, müssen die Inputs dieser Einzelakteure, die dauernd in Bewegung sind und feste und flexible, formelle und informelle Gruppen und Koalitionen bilden, zu einem optimalen Output zusammengeführt werden, muß also ein Prozeß der Steuerung stattfinden. Oft ist dieser mit Reibungsverlusten und Demotivation, d. h. mit Leistungsverlusten verbunden.

Wenn wir erreichen wollen, daß alle Entscheidungsträger Höchstleistung erbringen und so entscheiden, daß am Ende das herauskommt, was alle wollen, müssen wir in einem Unternehmen wie in unserem Gehirn verstehen, was jede(r) einzelne will. Das Wollen jedes einzelnen Entscheidungsträgers zu einem gemeinsamen Ziel zusammenzuführen ist nicht einfacher, als ein Krokodil, eine Wölfin, einen Roboter und einen Engel unter einen Hut zu bringen.

DAS INSTINKTHIRN: WAS WILL DAS KROKODIL?
Männer müssen siegen, Frauen können

Wir teilen also unser ältestes Hirnareal, das Instinkthirn, mit den Reptilien und allen weiterentwickelten Tieren. Um direkt zu erkennen, wie dieses Hirn bei uns funktioniert, müßten wir Menschen beobachten können, bei denen die übrigen Hirnteile fehlen. Dieses Experiment ist nur in Ansätzen möglich, z. B. bei anenzephalen Babys. Das sind Kinder, die ohne Vernunfthirn (Neocortex) geboren werden und von denen einige bis zum Alter von vier Jahren überlebt haben. Ihr Verhalten charakterisiert die beiden Hirnareale, die sie nur besitzen: sie wachen, schlafen und essen (Funktionen des Instinkthirns); sie reagieren mit Freude auf Freundlichkeit und mit Angst auf Grausamkeit (Funktionen des Affekthirns).

Bei Tieren ist es möglich, als Experiment Hirnteile zu entfernen, um Einsicht in die Funktion der verbleibenden Hirnareale zu gewinnen. Affen, bei denen das Affekthirn entfernt worden ist, zeigen uns, wie das Instinkthirn funktioniert. Sie verlieren alle organisatorischen Fähigkeiten und alle Ordnung und Rituale, die damit in Zusammenhang stehen. Dafür fressen sie alles, was ihnen in den Mund kommt – selbst Müll und Streichhölzer –, und sie kopulieren mit allem, was sich ihnen anbietet – z. B. auch mit Küken.[17]

Wir würden uns ähnlich verhalten, wenn wir unsere Entscheidungen lediglich und ausschließlich auf den Informationen des Instinkthirns abstützen würden. Wir würden uns wie Krokodile, wie Reptilien verhalten, wie Schlangen, Echsen, Brückenechsen und Schildkröten: Bewegen und Ruhen, Fressen und Kopulieren sind die vier Hauptfunktionen ihres Gehirns. Wir können sie als zwei polare Achsen darstellen:[18]

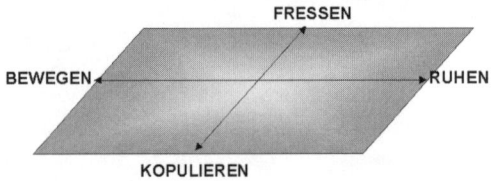

Abbildung 4: Die Struktur des Instinkthirns

Bewegen – Es ist faszinierend, das Muskelspiel in der Bewegung von Reptilien zu beobachten. Die unglaubliche Geschwindigkeit, mit der ein Krokodil das ganze Gewicht seines massigen Körpers in Kraft verwandeln kann. Die Leichtigkeit und Harmonie, mit der sich die Muskelreihen einer

Schlange wie die Klänge einer Tonleiter zusammenziehen und entspannen. Die schnelle und kraftvolle Kontraktion der Muskeln wird durch schnellleitende, sensible Nervenfasern und spezielle Neurotransmitter ausgelöst.

Ruhen – Reptilien können die kalte Jahreszeit durch einen Winterschlaf bei stark herabgesetztem Stoffwechsel überdauern. Manche Echsen in tropischen Trockengebieten legen in der Zeit der größten Sommerhitze eine Sommerruhe ein, die bis zur „Trockenstarre" gehen kann. Auffallend ist, wie viele Stunden die Reptilien bewegungslos in der Sonne liegen und wie sie aus dem Zustand der totalen Ruhe blitzschnell auf höchste Aktivität umschalten.

Fressen – Reptilien sind Individualisten und in den meisten Fällen gierige Räuber. Krokodile können nie genug bekommen. Sie wachsen zeitlebens und fressen alles, was an Beutetieren in ihrer Nähe greifbar ist und überwältigt werden kann. Das kann auch der eigene Nachwuchs sein.

Kopulieren – Die soziale Ordnung der Krokodile dient vor allem einem Zweck: dem Männchen ein Weibchen zuzuführen, wenn es Lust hat zu kopulieren. Der Krokodilforscher Modha, der während acht Monaten unter fünfhundert Nilkrokodilen an einem Kratersee in Afrika lebte, hat folgende Beobachtungen mitgebracht: „Der Strand des Sees ist in 12 Bezirke eingeteilt. Jedes Krokodil hat einen Stammplatz. In jedem Bezirk herrscht ein männliches Krokodil wie ein Pascha. Tagsüber schwimmt das Männchen sein Uferstück ab, hin und her. So beaufsichtigt es seine Weibchen, die in der Hitze der Sonne schlafen. Verspürt das Männchen den Wunsch zur Paarung, brüllt es über das Wasser. Seine Flanken vibrieren, und mit dem Schwanz peitscht es das Wasser. Die Drüsenpaare am After und hinter den Kinnladen verströmen starken Moschusgeruch. Die am Ufer dösenden Weibchen erwachen.

Eines von ihnen schwimmt zum Männchen, und beide beginnen mit dem Paarungsspiel. Das Weibchen läßt kehlige Gurgellaute vernehmen. Sie schwimmen eng nebeneinander, immer näher drängen ihre Leiber zueinander. Ihre Schwänze umwinden sich, der Pascha legt seine Vorderbeine um den Nacken des Weibchens und zieht es noch näher an sich heran. Schwimmend vereinigen sie sich für eine Minute. Dann schwimmt das Weibchen zurück zum Strand, und der Pascha erneuert seine Runden."[19]

Die Fortpflanzung spielt im Vergleich zur Paarung bloß eine zweitrangige Rolle. Die Männchen kümmern sich nie um die Aufzucht, und selbst die Weibchen tun dies nur bei bestimmten Arten und nur für eine beschränkte Zeit. Nicht nur die anderen Reptilien, auch der eigene Vater und die eigene Mutter können die Jungen fressen. Wenn sie sich nicht als Kannibalen verhalten, fressen sie dem Nachwuchs, z. B. im Terrarium, schlicht das Futter weg und lassen ihn verhungern.[20] Die Brutpflege, die ausschließlich eine Sache der Weibchen ist, verliert dabei viel von der „Romantik, die man ihr

gerne verleiht. Sie kann sich auf das Aufsuchen eines geeigneten Eiablage-
platzes beschränken oder noch das Vergraben der Eier, wie bei Schildkröten, beinhalten. Sie kann bis zum Bewachen des Geleges, z. B. bei Krokodilen, dem Bebrüten der Eier durch die Pythonschlange, bis zum Geleiten der
Jungtiere ans Wasser durch die Krokodilweibchen reichen.[21] Der sogenannte Mutterinstinkt reicht nicht sehr weit. Was wir mit dem Begriff „Instinkt"
bezeichnen, wenn wir das Verhalten von Müttern bei Menschen oder
Säugetieren beschreiben, ist gerade nicht im Instinkthirn gespeichert, –
sondern im Affekthirn. Wir müßten also korrekterweise von „Mutter-
affekt" sprechen. Die Information im Instinkthirn reicht wohl aus, um die
Geburt des Nachwuchses sicherzustellen, aber nicht sein Überleben.

Wenn wir uns die zwei polaren Achsen, welche durch die vier Hauptfunktionen gebildet werden, als eine „Karte" vorstellen (ein „Mapping"),
bilden jeweils zwei benachbarte Pole (Funktionen) einen „Quadranten".
Weil die Funktionen des Instinkthirns das Grundverhalten bestimmen,
bezeichnen wir die vier Quadranten als Verhaltensfelder. Die vier Funktionen „Bewegen", „Ruhen", „Fressen", „Kopulieren" bilden in dieser Darstellung die vier Verhaltensfelder „Kämpfen", „Siegen", „Konsumieren"
und „Besitzen".

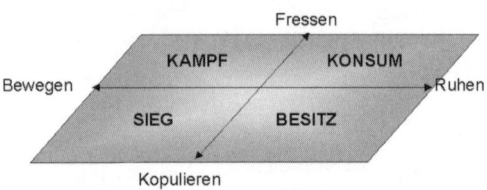

Abbildung 5: Die Verhaltensfelder des Instinkthirns

Kämpfen – Die Funktionen Fressen und Bewegen bestimmen den Quadranten des Kampfes. Männchen und Weibchen jagen, kämpfen und töten,
um zu fressen. Und sie fliehen, kämpfen und töten, um nicht gefressen zu
werden. Das Töten im Kampf ist als natürliche Verhaltensinformation im
Hirn der Reptilien gespeichert, und zwar mit unterschiedlicher Bedeutung
nach Geschlecht.

Die Weibchen kämpfen und töten, um Beute zu machen, um nicht gefressen zu werden und zur Verteidigung des Geleges. Das gleiche gilt nicht für
die Männchen. Sie kämpfen zuerst um die Reviere und die Weibchen. Im
Kampf der Weibchen um die Beute können alle gewinnen. Die eine hat vielleicht mehr als die andere, aber etwas bleibt in der Regel für alle. Der Kampf
der Männchen hingegen ist ein „Nullsummenspiel". Es gibt dabei nur Sieger
oder Verlierer. Dem Sieger fällt das Revier mit der Nahrung zu, die sich darin

befindet – und die Weibchen, weil sich diese dem Sieger zuwenden. Das Männchen muß siegen, das Weibchen in diesem Falle nicht.

Siegen – Der Sieger signalisiert seinen Sieg über den Verlierer mit dem gleichen Imponiergehabe, mit dem er die Weibchen gewinnt, und der Verlierer verhält sich ähnlich wie ein Weibchen, das sich dem Männchen „unterwirft". Nach einem verlorenen Kampf legt sich der Verlierer häufig flach auf den Boden und schließt die Augen. Oder er „tretelt", um den Sieger zu besänftigen. Das gleiche Signal verwendet das Echsen-Weibchen, wenn es dem mit stolzer Brust und Trippelschritten auftretenden Männchen mitteilt, daß es bereit ist zu kopulieren. Es hebt die Vorderbeine an und macht Laufbewegungen in der Luft.[22] Die Balzgestik der Männchen ist eine Gestik des Siegers, und die Bereitschaftsgestik der Weibchen ist eine Gestik der Unterwerfung unter den Sieger.

Die Ordnung des Instinkthirns ist in der Tat patriarchal. Die Männchen kämpfen um Sieg und Besitz, und die Weibchen kopulieren mit den Siegern und Besitzern.

Kämpfen zum Beispiel die südostasiatischen Blutsaugeragame, die auch Schönechsen genannt werden, um ein Revier oder um ein Weibchen, so erstrahlt der Sieger in einem leuchtenden Rot, als hätte er Blut gesaugt, während der Verlierer zu einem bräunlichen Grau verblaßt und damit ähnlich aussieht wie ein Weibchen.[23] Ist die Kragenechse auf Brautschau oder wird sie bedroht, so entfaltet sie ihren Kragen wie einen Regenschirm, der rot, gelb, braun, blau und weiß gefleckt leuchtet und eine Spannweite bis zu dreißig Zentimetern aufweist.[24] Auch bei den Leguanen beherrscht ein Männchen ein Revier mit mehreren Weibchen und Jungtieren wie ein Pascha. Jüngere Männchen duldet es nur dann, wenn sie sich bei seinem Nahen unterwürfig in ihre Verstecke verkriechen.[25]

Konsumieren – Die Aktivitäten „Fressen" und „Ruhen" bilden den Quadranten des Konsums. Konsum ist begrifflich aus dem lateinischen *consumere* = verzehren, an sich nehmen, verbrauchen entstanden. Wie Kampf Sieg, Besitz und Ordnung ist auch der Konsum ein Phänomen, dem wir schon seit 280 Millionen Jahren begegnen. Es nützt nichts, über den Konsumterror zu jammern, bevor wir ihn nicht verstehen. Auch hier ist mit Gewalt nichts zu machen. Wonach sich die Menschen in armen oder unterdrückten Ländern am meisten sehnen, ist Konsum. Da können wir von hier aus lange davor warnen. Das dumme Gefühl, nicht oder nie genug zu haben, die Unersättlichkeit oder Gier, ist ein Instinkt. Das Vergnügen, das der Einkaufsbummel vielen bereitet, teilen wir mit den Schlangen und den Krokodilen, wenn sie ihre Beute konsumieren, ebenso wie den Genuß, mit vollem Bauch und nach vollzogener Paarung in der Sonne zu liegen. Selbst die, denen die Konsumwut unserer Zeit ein Greuel ist, können an sich selbst beobachten, daß es guttut, ab und zu etwas für sich zu kaufen.

Besitzen – Das Verhaltensfeld des Besitzens wird durch die Funktionen „Kopulieren" und „Ruhen" gebildet. Das Revier schützt die Weibchen vor sexueller Nötigung durch andere, schwächere Männchen und ist der Raum, in dem sie Nahrung finden und ruhen können. Darüber hinaus ist das Revier der Raum, den sie in der Phase der Brutablage und -pflege besetzen und besitzen. Für die Männchen ist der Besitz von Raum und Weibchen die Bestätigung ihrer Stärke und Überlegenheit und die Voraussetzung für Fressen und Kopulation. Die Vorstellung, daß Besitz erst später in die Menschheitsgeschichte Eingang gefunden hätte, zum Beispiel mit dem Aufkommen der Landwirtschaft, erscheint vor diesem Hintergrund nicht mehr haltbar, ebensowenig wie die Annahme, daß der „Viehzüchter" Kain der erste Mörder oder das Patriarchat eine Erfindung der menschlichen oder männlichen Sozialisation gewesen sei.

Der Vergleich zwischen Reptilien und Menschen ist nicht leicht zu akzeptieren. Dafür erscheinen uns die Instinkte zu grausam. Der Evolutionsbiologe Richard Dawkins meint zwar, „. . . die Natur (sei) nicht grausam, sondern nur mitleidlos gleichgültig".[26] Dem können wir zustimmen, wenn wir die Entwicklungsgeschichte bloß bis zum Instinkthirn betrachten. Wenn Sie als Leserin oder Leser sich mit dem Vergleich nicht anfreunden können, weil Sie mit dem Programm „Töten" nichts am Hut haben (wollen) oder weil Ihnen bei der Vorstellung des Weibchens, das sich dem Männchen unterordnet, die Galle hochkommt, ist das verständlich. Auf der anderen Seite brauchen Sie nur die Zeitung aufzuschlagen oder die Nachrichten im Fernsehen anzusehen, und Sie werden genügend Beispiele für ein „mitleidlos gleichgültiges" Verhalten finden, das in erschreckender Weise an die Verhaltensmuster der Krokodile erinnert. Die patriarchale und grausame Ordnung der Instinkte finden wir auch zur Genüge in der Geschichte dokumentiert, zum Beispiel in den Heldensagen der Griechen, die im 8. Jahrhundert vor Christus von Homer und anderen gesammelt und vorgetragen wurden.[27] Auf den Kriegszügen der griechischen Helden waren die Frauen der Feinde (neben den Goldschätzen und Herden) die begehrteste Beute. Die Männer der Unterlegenen wurden geschlachtet und die Frauen unter den Siegern aufgeteilt.

Die Römer haben sich an den tödlichen Kämpfen der Gladiatoren in der Arena begeistert. Wir begeistern uns heute am gleichen instinktiven Ritual in den Filmen und im Sport. Im Kino fiebern wir mit bei den immer gleichen Zweikämpfen. Die männlichen Helden und Sieger bekommen als Belohnung auch immer die schönste Frau.

Im Sport erleben wir ein ähnliches Ritual. Beim Boxkampf ist ein Sieg nach Punkten für das Instinkthirn eine Enttäuschung. Es will den Verlierer am Boden sehen. Es soll Blut fließen. Wenn Mike Tyson dem Gegner im Kampf das Ohr abbeißt, ist das ein Akt des Instinkthirns. Daß er so viele fasziniert, liegt darin begründet. Im Ritual des Stierkampfes, wie bei der Jagd, ist das Töten erlaubt. Beides sind ritualisierte und legalisierte Formen des Zweikampfes um Leben und Tod, ganz nach dem Programm des Instinkthirns. Im Automobilrennsport und in der Skiabfahrt ist die Tatsache, daß der Wettkampf an den Rand des Todes führt, ein Teil der Heldentat, und die Unfälle sind ein Teil des Spektakels. Der tosende Jubel, der im Fußball und anderen Sportarten bei jedem Tor ausbricht, das eine Mannschaft näher an den Sieg heranbringt, ist ein gültiger Maßstab für die Bedeutung des Kampfes und Sieges im Instinkthirn der Akteure und Zuschauer. Den Hooligans, die zu den großen gesellschaftlichen Verlierern gehören, genügt die Identifikation mit den Siegern auf dem Spielfeld, die zudem noch mit der Unsicherheit des Verlierens verbunden ist, nicht. Sie betäuben mit Alkohol die übrigen Hirnbereiche und versuchen, sich am Rande des Spiels wie die Blutechsen als Sieger zu fühlen, indem sie mit Ketten, Messern und anderen Kraftsymbolen Kampfbereitschaft und Todesmut demonstrieren.

Am brutalsten finden wir die Hypothese, daß sich unser Instinkthirn von dem der Reptilien nicht unterscheidet, durch das Verhalten im Krieg bestätigt. Daß der Krieg in seiner unvorstellbaren Grausamkeit primär eine Männer- und keine Frauensache ist, liegt im unterschiedlichen Programm der Instinkthirne begründet. Die im Instinkthirn der Männer programmierte und auf den ersten Blick fast unvorstellbare Kausalkette Kämpfen = Töten = Siegen = Besitzen = Konsumieren = Kopulieren wird in jedem Krieg zur grausamen Realität. In jedem Krieg werden Reviere, die dort Territorien oder Räume heißen, von „Konkurrenten" „gesäubert". Das Programm dazu ist in jedem Gehirn gespeichert, nicht nur in den Köpfen von „Nazis", oder „Zulus" oder „serbischen Nationalisten", „weißen Siedlern", „muslimischen Extremisten" und anderen. Nur wird die Entscheidung nicht in jedem Gehirn auf die Instinkte reduziert. Am meisten gefährdet dafür sind Männer, die sonst nie Sieger sind, außer in den kurzen Momenten, in denen sie mit der Waffe in der Hand den Triumph des Siegens feiern.

An der „Gleichung" „Kämpfen = Siegen = Besitzen = Konsumieren = Kopulieren" können wir den Unterschied zwischen Mann und Frau auf der Ebene des Instinkthirns gut nachzeichnen. (Wir können den Aspekt des „Tötens" in der Kausalkette weglassen, weil er außer in Kriegszeiten und Ausnahmefällen „wegsozialisiert" ist, oder neurologisch gesprochen, weil im Normalfall andere Hirnareale die Entscheidung des Instinkthirns in dieser Beziehung massiv korrigieren). Der Unterschied zwischen den Geschlechtern ist, daß der Mann auf der linken Seite der Kausalkette beginnen muß, wenn er die Frau (auf dem Niveau des Instinktes) gewinnen will, und daß dies umgekehrt nicht der Fall ist. Die Frau wird für den Mann sexuell nicht attraktiver, indem sie kämpft und siegt, Besitz anhäuft und

Konsum ermöglicht. Die Frau besitzt in den Augen des Mannes andere, offensichtliche Merkmale der Attraktion, die alle mit dem rechten Ende der Kausalkette verbunden sind: die vollen, roten Lippen (als Signal für die erregten Schamlippen), der große Busen, die schlanke Taille, die breiten Hüften, der runde Hintern und die langen Beine. Die Merkmale („Attraktoren"), die den Mann aus der Sicht der Frau attraktiv machen, sind auf dem Instinktniveau die Attribute des Siegers: der große, starke, muskulöse Körper, die Uniform, das Auto, Gold, Zigarren, Trophäen, Mut, Wissen usw. In der amerikanischen High School-College-Szene ist es am einfachsten zu beschreiben: Alle wollen den „Quarterback" mit dem Cabriolet und alle die „Cheerleaderin" mit den langen Beinen, dem großen Busen und der blonden Mähne.

Wohlverstanden, auch die Frau kann kämpfen und siegen, wenn sie will. Auch sie kann auf der linken Seite der Kausalkette eintreten. Aber sie muß nicht. Im Unterschied zum Mann kann sie bei der Kopulation beginnen, wenn sie will. Sie belohnt damit den patriarchalen Sieger und „unterwirft" sich seiner Ordnung des Stärkeren, seiner Ordnung der Gewalt. Dafür nimmt sie Teil an seinem Besitz und am Konsum (Ruhe), die mit dem Sieg und der Belohnung dafür verbunden sind. Das weibliche Instinkthirn belohnt den Sieg des Mannes, das männliche Instinkthirn belohnt den Sieg der Frau nicht. „Inzwischen macht mir das wahnsinnig Spaß, mich einem Mann unterzuordnen", gesteht eine 33jährige Fotografin in einer Diskussionsrunde unter Frauen in Marie Claire[28] – ohne von den Geschlechtsgenossinnen gesteinigt zu werden. Naomi Campbell sagt: „I go for bulls", und eine 28jährige Designerin meint: „Ich will keinen lieben Typen, der mir jeden Wunsch von den Augen abliest, sondern einen souveränen Draufgänger, der mir das Gefühl gibt, daß ich auch noch was von ihm lernen kann."[29] „Frauen lieben erfolgreiche Männer", faßt der Psychologe Glenn E. Weisfeld von der Wayne State University, Detroit, eine Studie an 1000 britischen Ehepaaren zusammen, „Männer, die ihnen etwas überlegen sind, auf die sie stolz sein können."[30] Eine Studie des Max-Planck-Instituts bestätigt: Frauen bevorzugen „per Evolution" – wir können jetzt genauer sagen: auf der Ebene des Instinkthirns – dominantere Männer, die in der Lage sind, sie zu beschützen, die Familie zu ernähren.[31]

Das Instinkhirn der Frau sucht einen Mann, dem sie sich „unterordnen" (zuordnen, folgen) kann. Das Instinkthirn des Mannes sucht eine Frau, die sich ihm „unterordnet" (zuordnet, folgt). Diese Beziehungsgleichung und der Zusammenhang mit dem Kampf um den Sieg unter den Männern kommt im Tango gut zum Ausdruck. Diese Tanzform ist um die Wende zum 20. Jahrhundert unter den Einwanderern in Buenos Aires entstanden. Das Verhältnis zwischen Frauen und Männern war etwa 1 : 20. Die Männer hatten also allen Grund, um die Frauen zu „kämpfen". Der gleitende, katzenhafte, knapp abgesetzte Gehschritt ist der lauernden Bewegung im Messerkampf nachempfunden, und die Geführte folgt dem Druck des Führenden wie ein Schatten. Auf dem Höhepunkt dieser Tanzkunst ist der Unterschied zwischen Führendem und Geführter vollkommen aufgehoben. Das ist ein Zustand, dem wir später in unserer Betrachtung wieder begegnen werden und den wir dort als die Auflösung der Differenz zwischen Subjekt und Objekt bezeichnen.

In einer Umfrage des IFAK-Instituts für Markt- und Sozialforschung unter deutschen Frauen zwischen 18 und 49 erscheint „der männliche Beschützer" mit 74% als klarer Favorit unter den Männertypen.[32] Im Vergleich dazu hat eine Umfrage der Zeitschrift Men's Health nach dem Frauen ideal bei Männern folgendes Resultat ergeben: 91% der Befragten nennen „Attraktives Aussehen" als höchstes Attribut der Weiblichkeit, gefolgt von „Treue" mit 88%. Obwohl diese Befragung nicht den Aspruch erhebt, repräsentativ für die männliche Bevölkerung zu sein, illustrieren die Resultate, was wir hier erklären: Das attraktive Aussehen ist für das männliche Instinkthirn ein Signal für die Belohnung des Sieges und für die Bereitschaft zur Kopulation. Die Treue ist eine Voraussetzung für den Anspruch des männlichen Instinktes auf Alleinherrschaft. Daß die Attribute „Selbstbewußtsein" (26%) und „Intelligenz" (21%) im Vergleich dazu weit zurückliegen,[33] bedeutet „nur", daß sie für die Bewertung der Frau aus der Sicht des Mannes auf der Ebene des Instinkthirns keine Bedeutung haben.

Der unterschiedliche Zugang zur Kausalkette des Instinkthirns erklärt auch, warum der Mann auf der Ebene der Instinkte polygam ist, ohne das gleiche Recht den Frauen zuzugestehen. Dieser Unterschied wird in unserer Gesellschaft kaum noch ausgesprochen, aber in den Gesellschaftsformen, in denen Harems erlaubt sind, wird er explizit gelebt. Wir haben bei der Betrachtung der Krokodilpopulation gesehen, daß der Instinkt des Reptilienweibchens bereit ist, den Sieger mit anderen Weibchen zu teilen. (Wenn Sie als Leserin diesen Unterschied bei sich ganz und gar nicht nachvollziehen können, dann deshalb, weil das Affekthirn damit nicht einverstanden ist, worauf wir im nächsten Kapitel zu sprechen kommen.) Der Instinkt des Männchens ist nicht im geringsten bereit, die Belohnung für den Sieg mit anderen Männern zu teilen. Das erklärt auch das „kampfbereitere" Verhalten, das wir schon bei kleinen Jungen, im Vergleich zu den Mädchen, beobachten können: Die Tatsache, daß sie gerne mit „Waffen" spielen, auch wenn die Mütter emanzipiert und pazifistisch sind und intensive Wettbewerbs- und Kampfsportarten dem Spielen mit Ringen und Bändern vorziehen.

Das weibliche Instinkthirn erscheint weniger gewalttätig, weil es auf der Ebene des Instinkthirns Gewalt nicht braucht, um zu gewinnen. Aber es ist nicht weniger „grausam". Es honoriert die Ordnung der Gewalt. Die „grausame" Kampfbereitschaft des Männchens ist das Äquivalent zur „grausamen" Belohnung des Weibchens. „Erfolg macht sexy" hat sich mittlerweile durchgesetzt und wird von beiden Geschlechtern beansprucht. Aber es läßt sich zwischen den Geschlechtern nicht einfach umdrehen.

DAS AFFEKTHIRN: WAS WILL DIE WÖLFIN?

Das Pendent zum Macho ist die Mutter

Mit dem zweiten Schub in der Evolution unseres Gehirns war ein klares Ziel verbunden: Die Nachwuchsregelung sollte sichergestellt und besser organisiert werden. Dazu mußte das stark individualistische Verhalten des Instinkthirns durch ein mehr kollektives, gruppenbezogenes Verhalten ergänzt werden. Um es noch einmal zu betonen: die Entwicklung geschah nicht als Korrektur im Instinkthirn, sondern dadurch, daß sich zu dem älteren Hirnbereich ein neuer hinzugesellte.

Wie das Instinkthirn trifft auch das „neue Hirn" seine Entscheidungen automatisch, d. h. ohne Reflexion und Zutun des Entscheiders, einfach als Reflex zwischen den extern wahrgenommenen und intern gespeicherten Informationen. Allerdings sind wesentlich mehr Informationen hinzugekommen, und die Entscheidungen fallen entsprechend intelligenter, d. h. differenzierter aus. Zusätzlich zur Frage: bewegen (angreifen oder fliehen), fressen, schlafen oder kopulieren sind nun im „neuen Hirn" neue Optionen, d. h. mehr Entscheidungsmöglichkeiten offen, zwischen denen das Hirn wählen kann. Neu für die Weibchen ist das Bedürfnis zu dominieren. Neu für die Männchen ist die Notwendigkeit zu partizipieren. Zur ausgeprägten Individualität des Instinkthirns gesellt sich die Beziehungsfähigkeit des Affekthirns – und die Fähigkeit, zu organisieren.[34]

In beiden Fällen geht es neu um das Abwägen von Vor- und Nachteilen – auch in der Zeit. Das „neue Hirn" ist „strategisch" und „ökonomisch" geworden. „Strategisch" bedeutet, daß es in längerfristigen Zielen „denkt", und „ökonomisch", daß es die Ressourcen dafür „überlegt" einsetzt. Um zu erkennen, was das genau bedeutet, wollen wir das Affekthirn wiederum zuerst an einem Objekt betrachten, bei dem die Entscheidungen nicht durch die zusätzlich entwickelten Hirnbereiche der „jüngeren Säugetiere" ergänzt und korrigiert werden. Um zu erkennen, wie Menschen entscheiden (würden), wenn sie ihre Entscheidungen auf Informationen der Affekt- und Instinkthirne reduzieren, werden wir das Verhalten der Wölfe analysieren.

Wir entscheiden uns für die Wölfe, weil wir durch intensive Beobachtung über ausgesprochen viel Wissen über sie verfügen,[35] weil wir von ihnen nicht ohne Grund ebenso fasziniert sind wie von den Krokodilen und weil wir zwischen dem Verhalten von Wölfen und Menschen augenfällig viele Parallelen finden. *Homo homini lupus* – „Der Mensch ist des Menschen Wolf", wie der Volksmund seit dem englischen Philosophen, Natur- und Sozialwissenschaftler Thomas Hobbes (1588–1679), nicht ohne Grund zu sagen weiß.

Die Organisation der Gruppe

Während das höchste Ziel des Instinkthirns das eigene Überleben ist, ist das höchste Ziel des Affekthirns das Überleben der eigenen Art, das heißt, die Weitergabe der eigenen Gene und die Überlebenssicherung des Nachwuchses. Zu diesem Zweck organisieren sich die Wölfe (im Unterschied zu den Reptilien) im Rudel. An diesem Zweck regulieren sie die Größe und Zusammensetzung ihrer Gruppe. Diesem Ziel dient die Hierarchie in der Familie. Dieses Ziel vertritt mit höchster Vehemenz und in höchster Instanz das ranghöchste Tier der Organisation: das α-Weibchen.

Das Leben in der Gruppe, d. h. das Zusammenleben, hat die Funktion, die jungen Wölfe mit Nahrung zu versorgen und vor Gefahr zu schützen. Die Versorgung mit Nahrung und der Schutz vor Gefahr ist der zweitwichtigste Zweck im Rudel der Wölfe. Er wird organisatorisch vom zweithöchsten Tier im Rudel und ranghöchsten Tier unter den Männchen, dem α-Männchen, wahrgenommen.

Um die Nahrungsversorgung sicherzustellen, besetzt das Rudel ein Jagdrevier, das es gegen andere Wölfe und Rudel verteidigt. Dabei steht das Rudel vor einem permanenten ökonomischen Optimierungsproblem: ist das Rudel im Verhältnis zum Territorium und zur Beute, die sich darauf befindet, zu groß, reicht die Nahrung nicht für alle aus, und einige müssen verhungern. Ist das Rudel zu klein, reicht die Gruppengröße und -stärke nicht aus, um das Revier zu verteidigen und um die Beute erfolgreich zu reißen. Auch in diesem Falle besteht die Gefahr zu verhungern.

Die optimale Gruppengröße schwankt zwischen sechs und zehn Tieren, was von der Größe des Reviers, der Zahl der anderen Wölfe und der Beute abhängt.[36] Man hat auch schon Rudel von zwanzig und mehr Tieren beobachtet, aber das sind Ausnahmen. Unter sechs Tieren wird die Größe kritisch.

Wie lösen nun die Wölfe die für das Überleben entscheidende Frage nach der Größe der Gruppe? Durch zwei grundsätzlich neue Entscheidungsmechanismen: einerseits, indem die Paarung zu einem Privileg wird, das dem Führungspaar, den beiden α-Tieren, vorbehalten ist, andererseits, indem Tiere aus dem Rudel ausgeschlossen werden oder indem sich Tiere selbst entschließen, das Rudel zu verlassen.

Der Kampf um die Position in der Gruppe ist zentral und permanent. Erik Zimen hat statistisch erfaßt, welche optischen Signale zwischen welchen Tieren in der Hierarchie des Rudels wie oft gesendet werden, und hat daraus geschlossen, „... daß auch in scheinbar unaggressiven alltäglichen Situationen ein ständiges Testen der Rangbeziehungen und anderer traditioneller Rechte, etwa des Zugangs zum Futter oder zum Geschlechtspartner, stattfindet".[37]

Dabei übersetzt das Kleinhirn die Informationen des Affekthirns über die jeweiligen Positionen im Rudel in eine präzise Körper-, Duft- und Lautsprache. Die „Sprachintelligenz" der beiden Hirne, die wir bei den Tieren beobachten können, liegt in der Fähigkeit, Signale differenziert zu senden und wahrzunehmen. Das Verhaltensrepertoire in der Auseinandersetzung um die Positionen reicht vom unbeweglichen, starren Blick des dominanten Tieres gegenüber den unterworfenen Mitgliedern bis hin zur plötzlichen Attacke. Beim „Drohbeißen", das keinen Widerspruch duldet, entblößt die Überlegene die Zähne, knurrt, starrt die Untergeordnete(n) an, hebt den Schwanz hoch und spitzt die Ohren. Dabei spannt sie die Beine und sträubt die Nakken- und Rückenhaare. Der sich unterordnende Wolf läßt seinen Schwanz hängen und klemmt ihn zwischen die Beine. Er zittert und wirft sich, als Zeichen der Unterwerfung, auf den Rücken.

Den Kampf um die Position in der Gruppe tragen die Wölfe getrennt nach Geschlechtern aus. Die Männchen bestimmen ihre Rangordnung unter den Männchen und die Weibchen unter ihresgleichen. Aus dem Rudel ausgestoßen werden jeweils die Schwächsten der erwachsenen Tiere und das stärkste Tier jedes Geschlechts – wenn es seine privilegierte Position im Kampf gegen eine Herausforderin oder einen Herausforderer verliert. Das bedeutet für die Tiere oft den Tod, weil sie durch die Kämpfe verletzt und geschwächt sind und alleine nicht genügend Beute jagen können. Erik Zimen hat beobachtet, daß die α-Weibchen ihre Stellung in der Regel länger zu halten vermögen als die Männchen. In dem Rudel, in dem er lebte, behielt das α-Weibchen seine Führungsposition während 5½ Jahren inne. In dieser Zeit lösten sich drei α-Rüden ab. Jedoch weinen das Weibchen oder die Kinder ihrem Gatten, Vater oder Bruder keine Träne nach. Im Gegenteil: das Weibchen beteiligt sich unter Umständen aggressiv am Sturz des Männchens, wenn es sich dadurch einen stärkeren Partner verspricht. Nicht weniger brutal agieren aber auch Geschwister oder Kinder, wenn sie dadurch ihre eigene Position verbessern können.

Die zwei vorherrschenden Regelmechanismen sind also Privileg und Partizipation bzw. Ausschluß. Diese Regelmechanismen sind nicht grundsätzlich neu. Neu ist die Tatsache, daß sie sich auch für die Männchen von der individuellen Ebene auf die Gruppenebene verschoben haben und daß das Weibchen dabei eine mindest gleichwertige, wenn nicht überlegene Rolle spielt. Weil die Mutter der Welpen, das α-Weibchen, in dieser um Positionen kämpfenden Großfamilie die zentrale Rolle einnimmt und einen oder mehrere adulte Rüden als Väter, Futterbesorger und Beschützer um sich versammelt, bezeichnet Zimen die soziale Organisation der Wölfe als matriarchal.[38]

Zu dem patriarchalen Prinzip der Instinkte – dem Kampf der Männer um das Privileg der Paarung – ist neu das matriarchale Prinzip der Affekte hinzugekommen – der Kampf der Frauen um das Privileg der Fortpflanzung. Das Pendent zum „Macho" auf der Ebene des Instinkthirns ist die „Mutter" auf der Ebene des Affekthirns. Die Chancen der Arterhaltung sind dadurch gestiegen. Durch die Organisation in der Gruppe sind differenzierte Entscheidungen über die Position jedes Mitgliedes im Team notwendig geworden. Das Ziel jedes Tieres ist, seine Position in der Hierarchie zu verbessern bzw. zu verteidigen. Die Voraussetzung dafür ist, die anderen zu dominieren. Das vollzieht sich in einem Wechselbad zwischen Überlegenheit (Dominanz) und Unterwerfung (Demut), Angriff und Flucht, Spiel und Ernst, Drohung und Protest, Aggression und Frustration, Annahme und Ablehnung. Schauen wir uns die Strategien der Mitglieder einer Wolfsfamilie im einzelnen an.

Das α-Weibchen

Sein Ziel ist der eigene Fortpflanzungserfolg (die Biologen sprechen von der eigenen Fitneß), also die Reproduktion der eigenen Gene und die Sicherung des Überlebens dieser Gene. Dazu braucht die Wölfin das Rudel. Ihre Strategie besteht darin, sicherzustellen, daß sie die einzige ist, die werfen wird, weil dann die Chance am größten ist, daß ihr Nachwuchs genügend Nahrung und Schutz bekommt. Sie wird also alles daran setzen zu verhindern, daß ihre Artgenossinnen gedeckt werden. Sie erreicht dies mit Gewalt, indem sie sich ihren Mit-Weibchen gegenüber äußerst aggressiv verhält, und zwar immer extremer, je mehr sich die Ranzzeit nähert. Sie attackiert, beißt, verletzt, vertreibt und tötet im Extrem ihre geschlechtsreifen Konkurrentinnen, und zwar vor allem diejenigen, die sich anschicken, ihre Vormachtstellung in Frage zu stellen. Sie fährt mit ihrem aggressiven Verhalten so lange fort, bis ihre Rivalinnen ihre Unterlegenheit durch Zeichen der Unterwürfigkeit unmißverständlich signalisieren. Sie verbreitet mit ihrem Verhalten so viel Streß in Form von Angst und Schrecken, daß die Streßhormone bei den unterlegenen Weibchen oft verhindern, daß sie läufig werden, und ein „frigides" Verhalten hervorrufen.

Nach der Paarungszeit nimmt die Aggressivität des α-Weibchen sofort ab, weil es nun für die bevorstehende Aufzucht auf die Mithilfe und den sozialen Frieden seiner Artgenossinnen angewiesen ist. Selbst ausgeschlossene oder extrem unterdrückte Weibchen können sich wieder ins Rudel integrieren und nehmen dann an der Aufzucht der Welpen teil.

Die Strategie des α-Weibchens gegenüber den männlichen Tieren ist einfach und klar. Es ist generell nur an den stärksten Tieren interessiert, weil diese am meisten Nahrung und Schutz für die Welpen versprechen, und es läßt sich vom stärksten Tier – dem α-Männchen – decken, weil es von ihm die Nachkommen mit der höchsten Überlebenschance erwartet. Im Herbst, vor der Ranzzeit, ist es zuerst das Weibchen, das sich um die sexuelle Aufmerksamkeit und Zuneigung einer oder mehrerer der ranghöchsten Rüden bemüht. Sie sucht immer öfter seine Nähe und „bespringt" ihn. In der Ranzzeit übernehmen dann die Männchen weitgehend die sexuelle Initiative.

Das α-Weibchen hält sich konsequent an seine Präferenzen, die auf die Stärke der Tiere ausgerichtet sind. Es läßt sich ausschließlich von den ranghöchsten männlichen Tieren genital beriechen und trifft damit eine Vorselektion. Wem aber von den stärksten Rüden schließlich das Privileg der Paarung zufällt, machen diese im Kampf um die Führungsposition unter sich aus.

Das matriarchal bestimmte Paarungsverhalten ist weniger polygam als das patriarchale, weil nun auch das Weibchen die Alleinherrschaft zum Zweck der Kopulation beansprucht. Trotzdem ist es nur tendenziell monogam. In der Hochranz, in der die Empfänglichkeit des Weibchens am größten ist, deckt sich die Wölfin in der Regel nur mit dem α-Tier. In der Zeit vorher und nachher läßt sie sich oft auch noch vom β-Männchen, von einem oder mehreren der nächstranghöheren Tiere, decken. Sie sichert und festigt mit diesem sexuellen Kontakt die Bindung weiterer ranghoher Tiere an sich und vor allem an ihren Nachwuchs. In der Tat beteiligen sich diese Tiere anschließend an der Aufzucht, wie wenn es ihre eigenen wären, was sie wohl auch annehmen.

Auf der Ebene des patriarchalen und polygamen Instinkthirns kämpfen die Männchen um das Privileg der Paarung untereinander, und der Sieger lädt alle Weibchen ein zur Kopulation. Auf der Ebene des matriarchalen und tendenziell monogamen Affekthirns konkurrieren die Weibchen und die Männchen um das Privileg der Paarung jeweils untereinander, und die Siegerin lädt nur die stärksten männlichen Tiere ein zur Kopulation. Auf dem Niveau des Instinkthirns konkurrieren die Männchen um das Privileg der Paarung. Auf dem Niveau des Affekthirns konkurrieren die Weibchen um das Privileg der Fortpflanzung. Im Instinkthirn ist die Promiskuität der Weibchen eingeschränkt durch den Alleinherrschafts- und -paarungsanspruch der Männchen. Im Affekthirn ist die Promiskuität der Männchen eingeschränkt durch den Alleinfortpflanzungsanspruch der Weibchen.

Das α- und das β-Männchen

Das α-Männchen ist als Chef verantwortlich für die Jagd, die Wanderung, das Territorium und den Schutz der Jungtiere. Sein oberstes Ziel ist die Einhaltung einer stabilen Ordnung im Rudel. Sein Privileg ist die Paarung. Es ist nach außen das initiativste und aggressivste Tier, das bei der Jagd oder bei Bedrohung zuerst angreift. Nach innen ist es das ruhigste und friedlichste

Tier. Um sich das Gerangel und die Aggressivität um die Positionen innerhalb des Rudels so weit wie möglich vom Halse zu halten, läßt es in der Gruppenhierarchie ein β-Männchen zu. Dieses ist zuständig für das Grobe und dient als Schutzschild für das α-Tier, indem es als dauernde Zielscheibe und Angriffsfläche für die untergeordneten Tiere wirkt. Als Entschädigung für die undankbare Position erhält der β-Rüde vom α-Männchen das Privileg, in den Randzeiten der Ranz mit dem α-Weibchen kopulieren zu dürfen. An der Aufzucht der Jungen beteiligt sich das β-Männchen anschließend auffallend intensiv und das α-Männchen auffallend wenig.[39]

Die Subdominanten

Sie sind die Tiere, die sich im Kampf um die Führungspositionen beugen mußten. Ihre Strategie kreist um die zentrale Optimierungsproblematik im Affekthirn. Einerseits haben sie eine Interesse daran, im Rudel und in einer stabilen sozialen Ordnung zu bleiben, weil die Chance zu überleben und die Qualität zu leben dann am größten ist. Das legt es nahe, sich dem Status quo anzupassen und unterzuordnen. Andererseits sinkt die Gefahr, aus dem Rudel ausgestoßen zu werden, je höher die hierarchische Position ist, die sie erreichen, d. h., je mehr schwächere, von ihnen unterworfene Tiere sie unter sich wissen. Das legt es nahe, sich möglichst dominant zu verhalten. Das Aggressionsverhalten der Subdominanten ist durch diesen Zielkonflikt gebremster und bewegt sich hin und her zwischen Angriff und Unterwerfung.

Geradezu komplex ist die Entscheidung, im sicheren Rudel zu bleiben oder das Rudel zu verlassen und darauf zu spekulieren, einen Partner zu finden oder ein anderes Rudel, das eine bessere Position erlaubt. Männchen verlassen das Rudel öfter freiwillig als Weibchen. Erik Zimen führt dies auf die höhere Aggressivität in der weiblichen Rangordnung zurück, welche die Entfaltung der weiblichen Tiere und einen freien Entschluß weniger bis gar nicht zuläßt. Wir meinen, daß der Grund im unterschiedlich programmierten Instinkthirn liegt. Es ist der dort angelegte Alleinherrschaftsanspruch der Männchen, der es diesen leichter macht, das Rudel zu verlassen, und es ist die im weiblichen Instinkthirn programmierte Bereitschaft, in der Gruppe zu teilen, die es diesen leichter macht, in der Gruppe zu bleiben.

Die Juvenilen

Sie sind die „Halbwüchsigen". Für sie stellt sich die Frage, das Rudel zu verlassen, noch nicht. Weil sie noch sehr unerfahren sind, ist die Gefahr zu groß. Sie genießen deshalb viel Toleranz von den älteren Tieren und müssen sich noch nicht um den Verbleib in der Gruppe sorgen. Sie beteiligen sich auch intensiv an der Betreuung der Welpen. Spielerisch nutzen sie jede Gelegenheit, um ihre Kampfkraft zu stärken und ihre Ausgangsposition für die spätere Entscheidung zu verbessern. Sie beteiligen sich als aktive Zuschauer an den Kämpfen der ranghöheren Tiere und üben sich im Beißen und Treten mit Vorliebe an den geschwächten Verlierern, die sie damit zu bemitleidenswerten Prügelknaben machen. Abgesehen vom α-Weibchen gibt es keine kampfbereitere Truppe als diese Halbstarkenbanden.

Die Welpen

In den ersten Wochen sind sie ausschließlich von der säugenden Mutter abhängig. Natürlich ist es auch für sie noch kein Problem, im Rudel bleiben zu dürfen. Dafür ist die Welpensterblichkeit sehr hoch und erreicht bis zu 75 %. Ihre Strategie richtet sich deshalb darauf, von möglichst vielen Tieren gefüttert und beschützt zu werden. Entsprechend freundlich verhalten sie sich gegenüber allen Familienmitgliedern und freuen sich kindlich über die Rückkehr jedes Wolfes, der das Rudel für eine Zeit verlassen hat. Schon nach zwei Monaten fangen sie an, spielerisch miteinander zu kämpfen.

Fassen wir zusammen, was wir beobachtet haben: Der wesentliche Unterschied zwischen dem Instinkthirn und dem Affekthirn liegt in der komplexeren Organisation, die das Affekthirn zu bewältigen vermag, und in der neuen, aggressiven Rolle der Weibchen. Während das Instinkthirn bei den Reptilien direkt darauf gerichtet war, zu fressen und zu kopulieren, und die organisatorischen Voraussetzungen dazu im Machtkampf der Männchen um Revier und Weibchen stabil und einfach festgelegt waren, ist das Affekthirn bei allen Wölfen nun permanent mit der Verbesserung bzw. Verteidigung der eigenen Position in der Hierarchie der Gruppe beschäftigt. Die Position entscheidet über die Befriedigung aller weiteren Bedürfnisse. Das oberste Ziel innerhalb der Organisation ist der Reproduktionserfolg. Es wird von den Weibchen durchgesetzt. Deshalb bezeichnen wir die Ordnung des Affekthirns als matriarchal.

Der Positionskampf, der innerhalb der Geschlechter getrennt verläuft, dreht sich um drei Privilegien:

- das sexuelle Privileg der Paarung und Reproduktion,
- das ökonomische Privileg des Zugangs zur Nahrung und
- das soziale Privileg der Zugehörigkeit zur Gruppe.

Privilegien sind der entscheidende Regelmechanismus in der Gruppe.

Durch sie werden Rivalität, Aggression und Kompetitivität zu den dominierenden Verhaltensmustern, ja man kann sagen, zum bestimmenden Lebensprinzip für beide Geschlechter. Die Beziehungen, welche die Akteure auf der Ebene des Affekthirns eingehen, halten die Gruppe nur so lange zusammen, wie sie jedem einzelnen Vorteile bringen. Das Affekthirn ist demzufolge nicht weniger egoistisch als das Instinkthirn, nur hat sich der Egoismus auf eine höhere organisatorische Ebene der Gruppe verlagert. Auf der Instinktstufe organisieren die Männchen die Gruppe nach dem einfachen Prinzip Alles-oder-nichts, Sieger-oder-Verlierer, an dem sich die Weibchen orientieren. Auf der Affektstufe organisieren sich die Weibchen unter sich, indem sie die Positionen differenziert verteilen, und die Männchen orientieren sich an dieser Organisation. Dabei werden die individuellen Ziele im „neuen Hirn" nicht weniger hart und rücksichtslos verfolgt als im „alten".

Bei den Krokodilen, die wir für das Funktionieren des Instinkthirns betrachtet haben, wird die Gruppenordnung nur in Frage gestellt, wenn sich ein männlicher Rivale anschickt, den Besitzer von Revier und Weibchen herauszufordern. Bei den Wölfen, die für die Ordnung der Affekte stehen, verhalten sich alle Akteure dynamischer. Die männlichen und die weiblichen Mitglieder sind permanent bestrebt, ihre Positionen zu verbessern, und so auch permant damit beschäftigt, ihre Positionen zu verteidigen.

Die Dynamik des Affekthirns

Der Vergleich zwischen dem Verhalten der Wölfe und der Menschen, der besagt, daß sich die Menschen genauso wie Wölfe verhalten würden, wenn sie nur mit dem Affekthirn (und dem Instinkthirn) entscheiden würden, fällt leichter als der Vergleich mit den Reptilien. Selbst die Alltagssprache verwendet den Begriff des „α-Tieres" für eine bestimmte Art von Führungskräften im Management, und die Position des „β-Männchens" ist in den Organisationen des Militärs, der Politik und der Unternehmen wohlbekannt. Das Leben ist nicht nur ein Positionskampf, weil wir nicht nur das Affekthirn haben, aber es ist auch ein Positionskampf, weil wir auch ein Affekthirn haben.

Wir wollen nun die Beobachtungen über das Verhalten der Wölfe wiederum in einen strukturellen Zusammenhang bringen. Wir verwenden dazu die gleiche Mapping-Technik, die wir schon für die Systematisierung des Instinkthirns angewendet haben. Wir können damit das Drama der Positionierung anhand von zwei polaren Achsen darstellen. Die Pole der einen Achse, die wir horizontal anlegen, sind Dominanz (Überlegenheit) und Unterwerfung (Unterlegenheit). Die Gegensätze auf der vertikalen

Achse sind Freude und Angst. Sie bilden zusammen das Positionierungsfeld, auf dem das Drama stattfindet.

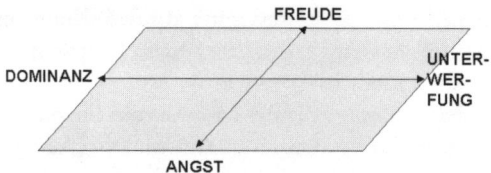

Abbildung 6: Die Struktur des Affekthirns

Im Affekthirn verarbeiten wir alle Informationen, die ihm zugeführt werden, vor dem Hintergrund dieser beiden Achsen, und zwar mit der immer-
gleichen Absicht, sich auf beiden Achsen in eine Richtung zu bewegen,
von der Unterwerfung weg in Richtung Dominanz und von der Angst weg
in Richtung Freude. Wir nennen die beiden Achsen Motivachsen, weil sie
die Motive für alle Veränderungen auf dem Positionierungsfeld abgeben.

Wir können noch zwei weitere Mechanismen feststellen, welche die
Bewegung regeln. Wir stellen sie auf der „Positionskarte" (dem Mapping)
als Diagonalen dar. Sie sind gekennzeichnet durch die Pole „Belohnung"
und „Bestrafung" einerseits und durch „Vertrauen" und „Mißtrauen"
andererseits. Wir bezeichnen sie als Regulativachsen, weil sie die Bewegungen auf dem Feld regulieren. Sie sind eng miteinander verknüpft:

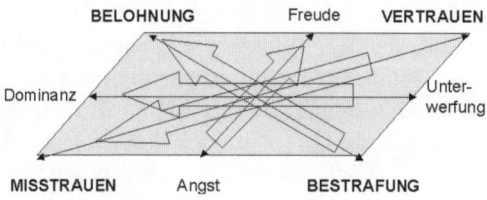

Abbildung 7: Die Dynamik des Affekthirns

Freude – Die Freude entsteht aus der Erwartung und dem Genuß von
Belohnung.

Angst – Die Angst entsteht aus der Erwartung und dem Erleiden von
Bestrafung.

Dominanz – Die Dominanz ist die sicherste Möglichkeit, um in den
Besitz von Belohnung zu gelangen. Sie verbindet sich mit der (Vor-)Freude
über den Genuß der Belohnung, und sie verbindet sich mit der Angst, weil
die Dominanten allen mißtrauen müssen, weil auch diese gerne dominieren und die Belohnung kontrollieren würden.

Unterwerfung – Die Unterwerfung kann sich ihrerseits mit der Freude verbinden, wenn der Unterlegene darauf vertraut, daß er von dem Dominanten mit Belohnung versorgt wird. Und sie wird sich immer dann mit der Angst verbinden, wenn die Unterlegene damit rechnen muß, von der Dominanten bestraft zu werden – was allein schon mit dem Ausbleiben von Belohnung eintreten kann.

Jeweils zwei benachbarte Pole der Motivachsen bilden einen Quadranten, d. h. ein Viertel des Positionierungsfeldes. Die vier Quadranten, die daraus entstehen, sind: der Quadrant des Gehorsams (Spiels/Vertrauens), der Quadrant der Frustration, der Quadrant des Stresses und der Quadrant des Erfolges.

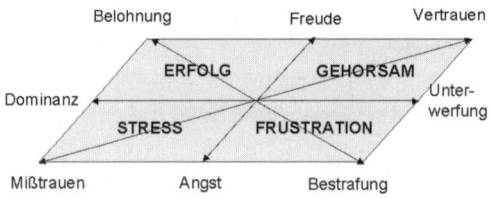

Abbildung 8: Die Positionierungsfelder des Affekthirns

Das Drama der Positionierung

Sie können die vier Quadranten am besten verstehen, in dem Sie sich durch sie hindurchführen lassen. Wir wählen die Reihenfolge, in der Sie sie in der Regel durchleben. Wir beginnen mit dem Quadranten des Gehorsams, in den wir hineingeboren werden. Wir begeben uns von dort auf das Feld des Stresses, in das Sie auf Ihrem Lebensweg gewöhnlich als nächstes eintreten – in den ersten Jahren der Schule, bei besonders ehrgeizigen Eltern auch schon früher, fremdbestimmt, in der Pubertät selbstbestimmt. Aus dem Quadranten des Stresses führen drei alternative Wege. Selten ist der Schritt zurück in den Quadranten des Vertrauens möglich. Die meisten drängen zum Quadranten des Erfolges. Viele enden im Quadranten der Frustration.

Ihre Position auf dem Feld ist nie konstant, weder zeitlich noch situativ. Zeitlich nicht, weil Sie unter dem Einfluß des Affekthirns immer in die Richtung des Erfolges, also nach Dominanz und Freude streben, es sei denn, Sie haben sich im Quadranten der Frustration und des Mißerfolges aufgegeben, oder Sie verbleiben wohlbehütet im Quadranten des Gehorsams. Auch situativ sind Sie dauernd in Bewegung, weil Sie in unterschiedlichen Situationen unterschiedliche Positionen einnehmen. Zu Hause ist Ihre Position eine andere als im Beruf und am Morgen eine andere als am

Abend. Ihre Position hängt in jeder Situation von der momentanen Konstellation, von der Ausgangslage, den Menschen, dem Umfeld und Ihnen selbst ab. Irgendwo auf dem Feld befinden Sie sich immer. Immer geht es im Affekthirn um die Verbesserung, Verteidigung oder Verschlechterung Ihrer Position und um die Belohnung oder Bestrafung, das Vertrauen oder Mißtrauen, die Überlegenheit oder Unterlegenheit, die Freude oder Angst, die damit verbunden sind.

Der Quadrant des Gehorsams

Dieser Quadrant wird gebildet durch die Affektdimensionen Freude und Unterwerfung. In diesem Bereich befinden Sie sich dann, wenn Sie sich freiwillig unterwerfen. Dies fällt am leichtesten, wenn die Unterwerfung mit einer Belohnung verbunden ist und Sie bereit sind, dem Dominanten zu vertrauen, daß er Sie mit der Belohnung versorgen wird. Dazu können Sie entweder Grund oder keine andere Wahl haben. Bei den Wölfen finden wir die Welpen in diesem Quadranten. Sie vertrauen vollkommen darauf, daß die älteren Rudelmitglieder sie mit Nahrung und Schutz versorgen. Bei den Menschen sind es die Kinder, die ihren Eltern und den Älteren eine Zeitlang das gleiche Vertrauen entgegenbringen. Aber schon bei den Welpen und Kleinkindern sehen wir deutlich, daß es mit der Unterordnung nicht so einfach ist, wie es scheint. Beide zeigen schon sehr früh ein kompetitives Verhalten, was nichts anderes ist als der Versuch zu dominieren, das heißt, seinen Willen gegen den Willen anderer durchzusetzen. Der schwächste der Welpen wird nicht an die Zitzen herankommen, wenn mehr Welpen als Zitzen vorhanden sind, und der Säugling ist oft nicht begeistert, die Brust der Mutter mit dem Vater oder dem Geschwister zu teilen. Die Kleinen lernen schnell, ihre Interessen durchzusetzen und in den Genuß der Belohnungen zu kommen, die sie wollen, und üben sich im Dominieren, wo sie nur können. Sie tun es mit affektiver Sicherheit am liebsten dort, wo die Aussicht auf Erfolg am größten, d. h. der Widerstand am geringsten ist, zum Beispiel bei der Mutter. Sie verlassen mit Geschrei den Quadranten des Spiels und Gehorsams, um zu bekommen, was sie wollen. Sie kehren unter Protest in den Quadranten des Vertrauens zurück, wenn sie bestraft werden, und mit Freude, wenn sie belohnt werden. Bestrafung ist das Gegenteil von Belohnung.

Die juvenilen Wölfe und die halbwüchsigen Jugendlichen genießen den Freiraum und Tummelplatz des ganzen Spielfeldes. Für sie ist der Quadrant des Vertrauens der sichere Hafen, von dem aus sie ihre Raubzüge, das heißt, ihre Versuche, sich in anderen Arealen umzusehen und durchzusetzen, unternehmen können. Sie bilden ihre Rang- und Hackordnungen zuerst unter sich aus und entwickeln dazu eine seltsam gebrochene Solidarität, die nun allerdings leicht verständlich wird. Solidarisch verhalten sie sich, wenn es darum geht, Positionsgewinne gegenüber jenen zu realisieren, die sich in den anderen Feldern etabliert haben. Kompetitiv sind sie, wenn es darum geht, die Positionen in den eigenen Reihen zu bestimmen. Es ist leicht zu beobachten, wie schnell das Spiel dabei in Ernst umkippen kann. Bei den jungen Wölfen entstehen die schmerzhaften und blutig endenden Positionskämpfe fast immer aus dem Spiel heraus. Bei Kindern kann das plötzliche Umkippen in aggressive Gewalt – das heißt in Verhaltensmuster der Instinkte und Affekte – arg schockieren. Daß das Verhalten der Kinder auch genauso schnell wieder zurückkippt, ist in dem „spielerischen" Ein- und Austritten" aus den Quadranten des Gehorsams begründet.

Auch als Erwachsene(r) können Sie unter Umständen in diesem Quadranten bleiben. Sie tun es dann, wenn Ihr Wille auf der Dominanzachse wenig entwickelt ist, also kindlich oder instinktiv-weiblich bleibt (das Krokodilweibchen, das sich dem Herrschaftsanspruch des Männchens unterordnet) und Sie in einer Beziehung zu jemandem stehen, der oder die Ihnen die Belohnung geben kann, die Sie wünschen. Das können Einkommen, Geschenke, Reichtum, Prestige, soziale Position, Luxus, materielle Sicherheit, Schutz, Wärme, Kopulation und andere Belohnungen sein.

Wir finden diese Situation gerne in der klassischen Beziehung zwischen dem erfolgreichen, älteren Mann und der schönen, jüngeren Geliebten. Das Gleichgewicht ihrer Beziehung wird dann gestört, wenn bei der Geliebten das Reproduktionsbedürfnis auf der Ebene des Affekthirns erwacht und sie den Herrschaftsanspruch anmeldet, der damit verbunden ist, und wenn der Geliebte nicht bereit oder in der Lage ist, auf diesen Anspruch einzugehen, kurz, wenn die Geliebte nicht weiter im Quadranten des Gehorsams bleiben will, sondern versuchen wird, den Dominanten zu dominieren, wenn das Spiel der Instinkte in den Ernst der Affekte kippt, wenn aus dem Vertrauen Mißtrauen wird.

Wir finden die Situation des Vertrauens zwischen Dominanten und Dominierten auch in der Beziehung zwischen Arbeitgeber und Arbeitnehmer bzw. zwischen Vorgesetzten und Untergebenen. Klassisch ist sie im Verhältnis zwischen dem patriarchalen Unternehmer und den Mitarbeitern, die ihm treu ergeben sind und blind vertrauen. Der Grund dafür liegt in der großen fachlichen und oft auch sozialen Kompetenz der dominanten Person und ihrer Fähigkeit, Belohnung zu produzieren und zu verteilen, wie auch im Vertrauen der Dominierten darauf, daß die Dominanten in der Lage sind, den Erfolg, das heißt die Belohnung, die sie versprechen, herbeizuführen.

Die Frage ist, wie lange bleiben Sie in diesem Quadranten? Wie lange vertrauen Sie bedingungslos darauf, daß Ihr Chef oder Ihre Chefin, Ihr Geliebter oder Ihre Geliebte die Belohnung für Sie bereitstellt? Wie lange bewundern Sie sie ihn oder sie fraglos? Wieviel kostet Sie der Gehorsam? Oder vielleicht fragen Sie sich, warum Sie nicht dort bleiben sollen? Warum kann das Leben nicht ein Spiel bleiben mit Gehorsam und Vertrauen? Die Antwort lautet: weil es Sie um die Chance bringt, Ihren Lebensentwurf selbst zu gestalten, Ihre Ziele selbst zu bestimmen und zu realisieren. Weil Sie kompetitiv sein müssen, um am Leben Anteil zu haben, weil Sie die Berufung – die wir nicht im Affekthirn finden – nur realisieren können, wenn Sie sich gegen alle Widerstände, die sich dagegen auftun werden, durchsetzen können.

Das Affekthirn treibt Sie auf der Motivachse Unterwerfung-Dominanz mit an Sicherheit grenzender Wahrscheinlichkeit aus dem Quadranten des Gehorsams hinaus. Dazu gibt es genügend Gründe. Sie sind auch auf diesem Teil des Feldes nicht allein. Selbst wenn Sie die totale Abhängigkeit vom Dominanten such(t)en, werden Ihnen andere die Belohnungen streitig machen. Sie werden also selbst im Quadranten des Spiels versuchen müssen, sich gegen diese Konkurrenten durchzusetzen. Es sei denn, die Dominante beschützt Sie auch noch vor dieser Herausforderung (was langfristig nicht möglich ist und zur totalen Isolation führen würde). Das wäre zum Beispiel die alles dominierende Mutter, die ihrem Sohn oder ihrer Tochter auch im Erwachsenenalter noch jeden Schritt vorschreibt, wohl in der guten Absicht, ihn oder sie vor jeder Gefahr zu schützen. Sie werden nur so lange im Spiel bleiben können, wie die Konkurrenten und die schützende Hand der Dominanten dies zulassen.

Der zweite Grund liegt im Dominanten selbst. Er wird eines Tages nicht mehr (für Sie) da sein. Oder er wird nicht mehr in der Lage oder willens sein, genügend Belohnung zu generieren. Das führt zum dritten Grund: Sie werden das Risiko nicht länger tragen wollen, für die Belohnungen von anderen abhängig zu sein. Sie werden der Angst entgehen wollen, von anderen bestraft zu werden. Sie werden den Preis des Gehorsams nicht länger bezahlen wollen. Sie werden die Kontrolle über die Belohnung und Bestrafung selbst in die Hand nehmen wollen. Die Sicherheit, in den Genuß der Belohnung zu kommen, ist dann am größten, wenn Sie selbst darüber verfügen. Weil Sie dann bestimmen können, wem und wann und wieviel sie davon gewähren wollen. Nur dann sind Sie sicher, daß Sie bekommen, was Sie wollen. Sie werden gefallen finden an Macht und Kontrolle.

Macht und Kontrolle sind Bedürfnisse des Affektes. Sie ziehen Sie mit aller Kraft in den Quadrant des Erfolges, dort, wo die Privilegien sind. Sie sind in diesem Quadranten aber nicht willkommen, weil die Besitzer der Privilegien nicht bereit sind, diese mit Ihnen zu teilen. Alle möchten Privilegien haben, aber nur wenige können sie – qua Definition – besitzen. „Privilegien", die alle haben, sind keine Privilegien mehr. Auf dem Niveau des Affektes ist niemand bereit, die Macht und Kontrolle über die echten Privilegien abzugeben. Weil viele darum kämpfen, führt der Weg zum Erfolg mit größter Wahrscheinlichkeit durch den Quadranten des Stresses.

Der Quadrant des Stresses

Dort stehen Sie in direkter Konkurrenz zu denen, die die gleiche Absicht haben wie Sie. Sie müssen stärker, besser, schneller, klüger, schlauer, härter, disziplinierter oder rücksichtsloser sein als Ihre Konkurrentinnen, sonst werden Sie nicht gewinnen. Sie können in diesem Quadranten niemandem vertrauen. Jeder, der stark genug ist, ist ein Konkurrent im Kampf um die Privilegien.

Eine ausgedehnte Marktforschungsstudie in Deutschland und anderen europäischen Ländern bezeichnet diese Gruppe als „aufstiegsorientiertes Milieu".[40] Es ist die größte homogene, sozio-kulturelle Gruppe, die die Studie in unserer Gesellschaft findet. Sie umfaßt rund 20 % der Bevölkerung. Das Lebensziel ihrer Mitglieder ist der berufliche und soziale Aufstieg. Sie sind erfolgs- und leistungsorientiert. Ihr Arbeitseinsatz ist vorbildlich. Sie orientieren sich an den Standards der gehobenen Schichten. Der prestigeoriente Konsumstil hat die Funktion, die Erfolge vorzuzeigen. Sie kommen in den Genuß von Privilegien, die sich der Großteil der Gesellschaft nicht leisten kann.

Wenn Sie sich auf diesem Quadranten bewegen, besitzen Sie genügend Sicherheit, Energie und Vertrauen, es irgendwie zu schaffen, und Sie sind auch intensiv damit beschäftigt, sich das Erworbene abzusichern. Die Angst allerdings, es doch nicht ganz zu schaffen, oder typischer, doch noch etwas von dem Erreichten wieder einmal verlieren zu können, d. h. Positionsverluste erleiden zu müssen, werden Sie nicht los. Deshalb sind Sie immer auf der Suche, sich zu profilieren.

Ab und zu begegnen Sie Kandidatinnen, die aus dem Quadranten des Erfolgs herausgefallen sind. Das schafft dort Platz und ist Balsam auf die Wunden der eigenen, verlorenen Positionskämpfe. Aber es erhöht auch die Angst, weil es zeigt, daß der Kampf auch im Quadranten des Erfolges weitergeht. Und sie kennen Kollegen, die schon im Quadranten der Frustration gelandet sind und dort nicht mehr herauskommen. Der Ehrgeiz, nach oben zu gelangen, d. h. zu dominieren, und die Angst, nach unten zu fallen, d. h. dominiert zu werden, und das Mißtrauen, das dadurch entsteht, sind die Faktoren des Stresses, in dem Sie im Quadranten des Stresses leben.

Streß ist tödlich

Der Preis für den Zugang zum Quadranten des Stresses ist die schädigende Wirkung des Stresses auf die Gesundheit. Wir verstehen jetzt, warum Gesundheit an erster Stelle auf der Bedürfnisliste der Jungen steht. Gesundheit ist das Bedürfnis, das am stärksten bedroht ist. Der Grund dafür ist, daß in der „offenen Gesellschaft" alle eingeladen sind, am Leistungswettbewerb, der im Quadranten des Stresses stattfindet, zu partizipieren. Die Einladung nehmen die Jungen mehr als alle andern wahr, weil sie das Instinkt- und das Affekthirn dazu treibt, sich vom Quadranten des Gehorsams zu verabschieden und sich im Quadranten des Stresses zu messen, um zu siegen.

Daß Streß krank macht, ist hinlänglich bekannt.[41] Weniger bekannt ist, daß „Angst" und „Dominanz", zwei Hauptfunktionen des Affekthirns, den Streß verursachen, und mit welcher dramatischen Konsequenz. Das Experiment dazu hat der deutsche Verhaltensforscher Dietrich von Holst vor dreißig Jahren an den Tupajas, das sind kleine Säugetiere, die wegen ihrer spitzen Schnauze auch Spitzhörnchen genannt werden und im südostasiatischen Tropenwald leben, durchgeführt.[42]

Jedesmal wenn er einem Tupaja-Pärchen einen fremden Artgenossen ins Gehege setzte, begann zwischen den Männchen der Kampf um Sieg oder Niederlage, den wir bei den Reptilien beobachtet und im Instinkthirn programmiert haben. Nach dem Kampf versteckte sich der Verlierer jeweils im hintersten Winkel des Geheges und wagte sich nur noch hervor, wenn ihn der äußerste Hunger dazu trieb, Nahrung aus dem Futternapf zu holen. Der Sieger ignorierte ihn. Nach wenigen Tagen war der Verlierer jedesmal tot, obwohl er weder verletzt war noch zu wenig Nahrung hatte. Nur dann, wenn von Holst eine undurchsichtige Schutzwand in das Gehege einbaute, hinter die sich der Verlierer zurückziehen konnte, starb er nicht.

Was geschieht im Körper des Verlierers, der daran stirbt, daß er in Sichtkontakt mit dem Gewinner steht? Er verliert markant an Gewicht, obwohl er Nahrung zu sich nimmt, und geht an einer Harnvergiftung ein, welche die Folge von Nierenversagen ist. Die Ursache dafür ist Angst, genauer: die Erwartung von Bestrafung (Niederlage).

Der Prager Arzt Hans Selye, der den Begriff „Streß" geprägt hat (ein Begriff aus der Physik, abgeleitet von *stringere* = spannen, fordern), experimentierte mit Ratten. Er bedrohte und bestrafte die Tiere durch Hitze und Kälte, Dauerbewegung, physiologische Verletzungen, Giftstoffe usw. Der Organismus reagierte immer auf die gleiche Art: Innerhalb der ersten sechs bis 48 Stunden schrumpften die Leber und die Milz, die Lymphknoten und die Thymusdrüse. Das Fettgewebe baute sich ab, und im Magen und Darm entwickelten sich Geschwüre. Danach vergrößerten sich die Nebennieren, und der Körper hörte auf zu wachsen. Wenn Seyle die Belastung auf moderatem Niveau weiterführte, schien es, als ob sich der Körper damit arrangieren würde. Nach ein paar Wochen aber waren die Reserven aufgebraucht, und das Tier verendete an genereller Erschöpfung.

Eine aktuelle Laborstudie mit männlichen Spitzhörnchen, durchgeführt am Deutschen Primatenzentrum, zeigt, daß auch die kognitive Leistungsfähigkeit bei Streß massiv zurückgeht. In diesem Experiment mußten die Tiere vor, während und nach der Streßbelastung nach verstecktem Futter suchen. Die Nachwirkung des Stresses war dabei so groß, daß die Tiere auch nach einer mehrwöchigen Erholungsphase noch deutlich schlechter abschnitten als ihre Kollegen aus der ungestreßten Kontrollgruppe.[43] Was passiert im Hirn des gestreßten Körpers? Bei jeder Information, die das Affekthirn als Bedrohung wahrnimmt, feuert es Alarmsignale auch in alle anderen Hirnareale. Kleinhirn und Rückenmark aktivieren darauf den gesamten Organismus. Die Skelettmuskeln spannen sich, um blitzschnell reagieren zu können, die Herz-, Gefäß- und Darmmuskeln werden zusätzlich aktiv, und das Nebennierenmark schüttet die Hormone Adrenalin und Noradrenalin in den Kreislauf aus. Diese chemischen Botenstoffe verursachen eine verstärkte Durchblutung von Herz und Hirn. Das Herz schlägt schneller, der Blutdruck steigt, und die Leber setzt Zucker zur zusätzlichen Energieversorgung frei. Die Schweißproduktion nimmt zu, und die Haut wird blasser. Die Verdauung verlangsamt sich, die Speichelproduktion geht zurück, der Mund wird trocken, und die Pupillen erweitern sich. Der Körper ist kampfbereit, um die Bedrohung abzuwehren.

Wenn sie weiter anhält, schüttet die Nebennierenrinde das länger wirkende Streßhormon Cortisol aus. Es sorgt dafür, daß Fettgewebe und Eiweiß zur weiteren Energieversorgung abgebaut werden. Aber es schwächt auch die Funktion der Nieren und reduziert damit die Immunabwehr, weil Schadstoffe nun von den Nieren nicht mehr in genügendem Maße aus dem Blut herausgefiltert werden können.

Der Zusammenhang zwischen Streßdauer und Streßkrankheiten läßt sich an den Tupajas besonders gut aufzeigen, weil sich bei ihnen als äußeres Zeichen des Stresses die Schwanzhaare sträuben (das tun die Haare auch bei den Menschen). Steigt beim Weibchen der Schwanzsträubwert (SST) auf über 20 %, so bringt es zwar noch Junge zur Welt, frißt sie aber umgehend auf. Das ist ein Verhalten, das wir auf der Ebene des Instinkthirns angetroffen haben. Es bestätigt das Ergebnis des Experiments am Deutschen Primatenzentrum. Erhöhter Streß reduziert ganz dramatisch die Entscheidungsfähigkeit des Affekthirns (im einen Experiment vermindert die Reduktion die Fähigkeit, Nahrung zu finden, im andern verhindert sie die Bereitschaft, die Jungen aufzuziehen). Ab einem SST von 60 reifen in den Eierstöcken keine Eier mehr. Beim Männchen verringert sich die Samenproduktion ab einem Wert von 50. Ab 70 wandern die Hoden in die Bauchhöhle zurück und verlieren rasch an Gewicht. Das Tier wird unfruchtbar.

Die Untersuchungen an den Tupajas und an anderen Tieren in der freien Wildbahn zeigen, daß die Streßursache in der Beziehung zwischen den Tieren begründet ist. In Paviangruppen in Kenia hat man bei den subdominanten Männchen einen signifikant höheren Cortisolspiegel mit vermehrter Arteriosklerose und Herzkrankheiten gefunden. Bei den afrikanischen Wildhunden im Serengeti-Nationalpark haben Forscher eine erhöhte Konzentration an Streßhormonen bei den α-Tieren festgestellt, weil diese immer wieder herausgefordert werden, während die Unterhunde den Konfrontationen eher ausweichen. Beobachtungen an Javaneraffen haben gezeigt, daß die Streßhormone und Streßkrankheiten bei den dominanten Tieren nur in den instabilen Gruppen höher lagen. In den Gruppen mit einer festen, stabilen Hierarchie zeigten alle Tiere niedrigere Werte. Neurologisch ist Streß also eine programmierte Reaktion des Affekthirns auf Bedrohung. Physiologisch ist Streß die Kampfbereitschaft des Organismus (der Muskeln und Organe), um auf die Bedrohung mit Angriff, Verteidigung oder Flucht zu reagieren. Psychologisch entsteht Streß aus der Kombination des Bestrebens, seine Position zu verteidigen oder zu verbessern, und der Bedrohung dieser Position, sei es durch andere oder durch die eigene Angst, es nicht zu schaffen.

Gefährlicher als der Streß, bei dem wir den Stressor, d. h. den Auslöser der Bedrohung, leicht identifizieren können, ist der Streß, bei dem der Streßverursacher nicht erkennbar ist. Gefährlicher ist er, weil er gerade deshalb langfristig und in der Folge krankheitsbildend wirkt. Es ist der Streß, den wir und andere durch Erwartungen verursachen, die wir mit der Angst verbinden, „bestraft" zu werden, wenn wir sie nicht erfüllen. Bei jungen Menschen kann das die Erwartung der Eltern an eine Position ihrer Kinder sein, die diese nicht einnehmen können. Bei einem Mann kann es die Erwartung der Frau an den beruflichen Erfolg sein, den er nicht erbringen kann. Bei einer Frau kann es die unerfüllte Erwartung an die eigene Position sein, die erfolgreiche Karriere im Beruf oder in der Politik zum Beispiel. Mindestens ebenso belastend wir die ausgesprochenen sind die unausgesprochenen Erwartungen.

Es ist zu befürchten, daß die Hauptursache für den „Erwartungsstreß" und die damit verbundenen Erkrankungen in der Position liegt, die wir auf der Ebene des Affekthirns einnehmen wollen. Von dem Streß, den wir uns selber setzen, können wir uns ein Bild machen, wenn wir vor Publikum eine Rede oder einen Vortrag halten. Ein amerikanisches Bonmot sagt, daß wir davor mehr Angst hätten als vor dem Tod. In der Tat steigen bei vielen vor dem Auftritt Puls und Herzschlag. Die Hände werden feucht, der Atem kurz, und die Kehle ist wie zugeschnürt. Von weltberühmten Entertainern ist bekannt, daß sie vor jedem Bühnenauftritt vor Angst fast gestorben sind, Yves Montand ist dafür ein Beispiel. Wovor hatte er Angst?

Die Angst, es nicht zu schaffen

Von einem andern Star aus dem Showbusineß haben wir schriftlich, was es heißt, sich unter Streß zu setzen. In einem Brief an sich selbst formulierte Bruce Lee 1969 folgende Ziele:

„Ich, Bruce Lee, werde der bestbezahlte asiatische Superstar in den Ver-
einigten Staaten sein. Ich werde als Gegenleistung dafür die aufregendsten
Darbietungen zeigen und als Schauspieler die bestmögliche Qualität bieten.
Von 1970 an werde ich zu Weltruhm gelangen, und ... Ende 1980 werde
ich 10 Millionen Dollar besitzen. Ich werde so leben, wie es mir beliebt,
und werde innere Harmonie und Glück erreichen."[44]

Lee war zu diesem Zeitpunkt 29 Jahre alt. Er starb vier Jahre später.
Dazwischen lag eine fast übermenschlich-ehrgeizige Willensleistung, die
Bruce Lee bis an den Rand seiner Ziele brachte. „Kein anderer hat je so
fanatisch trainiert", sagt Chuck Norris, der sich zu seinen Jüngern zählte.
„Sein Training schien 24 Stunden am Tag zu dauern."[45] Zwischen 1967
und 1971 unterrichtete er in seiner Kampfkunstschule in Hollywood viele
Prominente aus dem Filmgeschäft wie James Coburn, Steve McQueen, Lee
Marvin, James Garner, Roman Polanski und Ted Ashley, damals Präsident
von Warner Brothers. Er hoffte, mit Hilfe dieser Beziehungen seinen ehrgeizigen Traum wahrmachen zu können. Es reichte lediglich zu einigen
Nebenrollen und zur Erkenntnis, daß Hollywood ihn immer als Bürger
zweiter Klasse behandeln würde.

Während er dort vergeblich um die Anerkennung der Position rang, die
er sich zum Ziel gesetzt hatte, wurde er in Asien zum absoluten Superstar.
In Hongkong konnte er eine Hysterie auslösen wie die Beatles in Europa.
Die Zeitschriften hatten ihn für Wochen und Monate auf den Titelseiten,
und die Frauen, wie die Medien, lagen ihm zu Füßen. Auf dem Höhepunkt
dieses Ruhmes zeigten sich schon alle Anzeichen der geballten Angst, die
auf das gleiche Niveau gestiegen war wie seine ambitiösen Ziele. Der
Kampfmönch, der auf der Leinwand als asketischer Gigant erschien, trug
im realen Leben zehn Zentimeter hohe Plateauabsätze, Nerzmantel, Elvis
Presley-Sonnenbrille, Parfum zum Umfallen und fuhr einen roten Merce-
des. Durch sein jahrelanges Kampftraining sah er in jeder Bewegung jedes
Menschen einen potentiellen Angreifer. Sein Mißtrauen war ins Stadium
der Paranoia getreten. Er litt unter massivem Gewichtsverlust (!), war
gereizt und furchtsam und konnte sich nur noch mit Drogen beruhigen –
vor allem Haschisch und Marihuana. Die Folgen waren noch mehr Angst
und Mißtrauen, Schlaflosigkeit, Gedächtnisverlust und Kopfschmerzen
(ähnliche Symptome finden wir auch bei anderen Erfolgreichen, wie zum
Beispiel bei Howard Hughs oder Marilyn Monroe).

1972 klopften die Studiobosse aus Hollywood bei Bruce Lee in Hongkong an die Türe und umwarben ihn wie keinen anderen asiatischen Film-
star je zuvor. Er hatte beinahe erreicht, was er sich zum Ziel gesetzt hatte. Er
hatte einen Vertrag, um einen internationalen Film zu machen und der
Weltstar zu werden, der er werden wollte. Am 10. Mai 1973 erlitt er während der Vertonung von „Enter the Dragon" einen Kollaps mit mehreren

Apoplexien (Schlaganfällen) und Hirnödemen (Anschwellung durch Ansammlung von seröser Flüssigkeit im Hirn). Nach einer gründlichen Untersuchung bestätigten ihm die Ärzte eine vorzügliche Gesundheit. Die Mediziner konnten bei der blendenden Fitneß die Symptome des Stresses nicht erkennen. „Stell dir vor, der Doktor hat mir gesagt, ich hätte den Körper eines 18jährigen",[46] sagte er zu seiner Mutter. James Coburn beschrieb ihn so: „Seine Haut war wie sehr dünne Seide – man sah jeden Muskel, und natürlich war jeder Muskel vollkommen beweglich. Man hatte den Eindruck, er müßte fünf Meter hoch springen, an der Wand kleben und wieder runterkommen können. Diese schimmernde, leuchtende Seidenhaut. Er sah schön aus."[47] Sechs Wochen später starb er in Hongkong, nur wenige Wochen vor dem Kinostart von „Enter the Dragon". Nach offizieller Version war er beim Spaziergang mit seiner Frau im Garten seines Hauses zusammengebrochen – die Idylle des Affekthirns. Nachforschungen ergaben, daß er bei seiner Geliebten war – das Programm des Instinkthirns – und nach einer Kopfwehtablette nicht mehr aufwachte. Der Gerichtsmediziner stellte als unmittelbare Todesursache ein Hirnödem fest.

Bruce Lee ist ein extremes Beispiel für das Streßverhalten und die gesundheitsschädigenden Konsequenzen, die wir eben beschrieben haben. Daß wir als Gewöhnlichsterbliche nicht alle zu Weltruhm gelangen und Superstars werden wollen (oder es jedenfalls nicht schriftlich festhalten), soll uns nicht darüber hinwegtäuschen, daß wir unser Affekthirn schon mit wesentlich bescheideneren Zielen in Streß versetzen. Der „Erfolgsformel": Du kannst alles erreichen, was du willst – du mußt es nur wollen und glauben, ist mit größter Vorsicht zu begegnen. Wie sagte doch Bruce Lee: „Ich ersetze jede Grenze durch eine andere Grenze."[48] Seine Ziele haben ihn weit in den Quadranten des Erfolges hineingebracht, aber nur um den Preis der Angst und bis zum Alter von 33 Jahren.

Seyle bezeichnete das „Naturprinzip Streß" als „Salz des Lebens."[49] Mit dem Naturprinzip hat er recht, insofern Streß in der Tat ein faktisches und in diesem Sinne natürliches Programm des Affekthirns ist. Streß als Salz des Lebens zu bezeichnen greift etwas kurz, weil wir in anderen Hirnrealen noch Programme finden werden, die wesentlich weiter in den Reichtum des Lebens hineinführen. Aber es ist richtig, daß Kompetitivität und in der Folge Streß Voraussetzungen sind, um dorthin zu gelangen.

Fassen wir zusammen:
- Die Hauptursache für die Gefährdung unserer Gesundheit ist der Streß.
- Die Hauptursache für Streß ist, daß wir um Positionen kämpfen, bei denen wir Angst haben müssen, daß wir sie nicht erreichen oder halten können.

- Die Hauptursache für die Zunahme von Streß ist, daß in der „offenen Gesellschaft" immer mehr Menschen immer mehr Optionen offen stehen (als je zuvor), um Positionen zu kämpfen.

Die Lösung, die wir suchen, besteht darin, die „richtige" Position, das „richtige" Ziel zu finden und die Fähigkeiten zu entwickeln, um es zu erreichen. Noch sind wir nicht soweit.

Der Quadrant der Frustration

Die Alternativen zum Streß sind die Frustration oder der Gehorsam. Im Quadranten der Frustration haben Sie das Vertrauen in die Dominante(n) – Eltern, Freunde, Partner, Arbeitgeber, Kirchen, Parteien, Politiker, Vorgesetzte u. a. – verloren, daß sie Sie mit der Belohnung versorgen würden, die Sie wünschen. Und Sie haben den Versuch und die Hoffnung aufgegeben, durch (Wett-)Kampf und Leistung selbst in den Genuß der Belohnung zu gelangen.

Im Wolfsrudel sind es jene subdominanten Adulten, die im Kampf keine Chance mehr haben und nicht aus dem Rudel austreten wollen, die den Quadranten der Frustration gewählt haben. In den Partnerschaften sind es die Frauen und Männer, die an der Unterdrückung durch den anderen nichts mehr ändern und die Partnerschaft doch nicht verlassen können oder wollen, aus Angst oder Unfähigkeit, aus der Routine oder Abhängigkeit herauszutreten und sich im Wettbewerb der Gesellschaft allein behaupten zu müssen, aus Furcht, die letzten Privilegien, die geblieben sind, auch noch zu verlieren. Im Quadranten der Frustration verbleiben auch die, welche ihre Arbeit verloren haben und nicht mehr für eine neue kämpfen, wie auch die Menschen, die aus dem Arbeitsprozeß ausgetreten sind und ihre Position noch immer durch die Arbeit definieren, die sie nicht mehr leisten.

Zur Zahl der Frustrierten gehören auch jene, die ohne Rücksicht auf ihre eigenen Überzeugungen und Bedürfnisse ausführen, was die Dominanten fordern; gehalten von der Angst, die Arbeit und die Privilegien zu verlieren und für den Ungehorsam bestraft zu werden; gelähmt durch die Angst, keine Arbeit mehr zu finden. Es ist das große Heer der Arbeitnehmer, die innerlich gekündigt haben. Michael Löhner[50] hat sie als diejenigen bezeichnet, die beschlossen haben, das Unternehmen bis zu ihrem Ende unter keinen Umständen mehr verlassen zu wollen. Bei seinem Vortrag wurde darüber laut gelacht – ein Indiz dafür, daß die Aussage richtig ist. Wir wissen nun, warum. Im Quadranten der Frustration haben die Menschen den Willen aufgegeben, etwas an ihrer Position zu ändern. Sie sind die große Management-Herausforderung unserer Zeit. Ein Unternehmen, das im offenen Wettbewerb gewinnen will, kann sich die niedrige Arbeitsproduktivität der Frustrierten nicht mehr leisten.

Für die offensichtlichen Gruppen der Frustrierten, zu denen Sie sich wahrscheinlich nicht zählen wollen, ist die Gefahr die gleiche wie im Quadranten des Stresses: daß wir auch hier nicht merken, wenn wir uns im Quadranten der Frustration befinden, und wenn wir es merken, daß wir die Schuld in den meisten Fällen bei den anderen suchen, den Vorgesetzten, Mitarbeitern, Partnern, Kindern oder Nachbarn und nicht bei uns selbst. Witze sind eine beliebte Taktik in diesem Quadranten. Sie versuchen, die Frustration über die große Lücke zwischen Wunsch und Wirklichkeit dadurch erträglich zu machen, daß sie sich über den Wunsch lustig machen. Blondinenwitze sind ein gutes Beispiel dafür oder die Witze, die eine Volksgruppe über eine andere erzählt. Bei den blonden Frauen ist es das große Begehren, die sie bei Männern auslösen, weil blond ein Symbol ist für eine Sehnsucht, die wir im empathischen Vernunfthirn noch entdecken werden. Wenn sich eine Gruppe über die Inferiorität einer anderen lustig macht, ist es die Frustration darüber, an der eigenen Inferiorität nichts mehr ändern zu können.

Frustration können wir ebenso als ein „Naturprinzip" bezeichnen, dem wir uns kaum entziehen können, wie der Streß. Wie beides trotzdem möglich ist, werden wir später zeigen. Weil wir uns so ungern in diesem Quadranten bewegen, wollen wir ihn vorerst verlassen und uns in den Quadranten begeben, den wir alle erreichen wollen.

Der Quadrant des Erfolges

Der Quadrant des Erfolges ist die Bühne, von der alle träumen, der Quadrant der Privilegien, das Areal des affektiven Glücks. Hier vollzieht sich das Privileg der Paarung. Hier werden die Befehle erteilt und die Geschenke ausgeteilt, hier sind die Macht und der Rausch des Erfolges beheimatet. Diesen Quadranten zu erreichen ist das natürliche Ziel aller Säugetiere und Menschen, wenn sie sich auf dem Niveau der Affekte bewegen. Es ist der Moment, in dem Sie die Freude der Belohnung und das Gefühl der Überlegenheit genießen. Es ist der Ort, an dem Sie der Angst vor Bestrafung und dem Streß, das Ziel nicht zu erreichen, nicht zu genügen und zurückzufallen, für einen Moment entronnen sind. Es ist das beglückende Gefühl, es geschafft zu haben und dafür bewundert zu werden, von niemandem abhängig zu sein und deshalb auch niemandem vertrauen zu müssen, außer der eigenen Stärke und Überlegenheit. Die Marktforschung zählt 15 bis 20 % der Bevölkerung zu dieser beneidenswerten Gruppe der „Succeeder".[51]

Was tun Sie, wenn Sie diesen Quadranten erreicht haben? Sie genießen den Erfolg und seine Früchte. Spätestens dann beginnen Sie, Ihre Position zu sichern und zu verteidigen. Zwei bis drei Erfahrungen des Affekthirns werden Sie dabei kaum entgehen können: der Angst, Ihre Privilegien zu verlieren, und dem Neid der Frustrierten und Gestreßten; der Enttäuschung über den Verrat der von Ihnen Protegierten im Quadranten des Stresses oder des Vertrauens, wenn Ihnen diese plötzlich als Rivalinnen begegnen; der Schadenfreude, die Sie erwartet, wenn Sie aus dem Quadranten des Erfolges fallen.

Die Agentinnen des Affekthirns

Wir wollen die Erfahrungen, die im Affekthirn stattfinden, den vier Quadranten systematisch zuordnen. In der Alltagssprache nennen wir diese Erfahrungen Gefühle, Empfindungen oder Emotionen. Wir sagen: Ich empfinde eine große Wut, wenn der Zorn in uns aufsteigt. Oder: Ich habe ein ungutes Gefühl, wenn wir einer Situation mißtrauen. Oder vielleicht: Sie oder er ist sehr emotional, wenn jemand die Kontrolle verliert. Wir nennen diese Erfahrungen „Agentinnen" (oder „Agenten"), weil sie unser Verhalten steuern, ohne daß wir wollen, und bis zu einem gewissen Grade auch dann, wenn wir nicht wollen. Wir erleben sie oft genug als eigentliche *agents provocateurs*. Es ist wichtig, daß Sie sie kennenlernen. Je besser Sie sie kennen, desto besser werden Sie mit ihnen umgehen können.

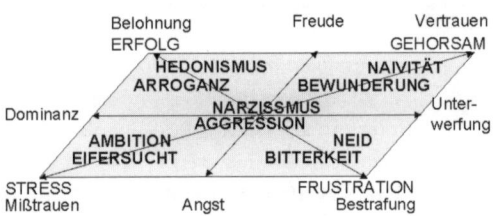

Abbildung 9: Die Agentinnen des Affektes

Wir haben oben gesagt, daß wir die Begriffe „Emotion" und „Gefühl" nicht verwenden, weil sie nicht genügend differenzieren. Wir können jetzt zeigen, warum. Daniel Goleman listet in seinem Buch *Emotionale Intelligenz* folgende „Hauptkandidaten" von „Emotionen" auf, denen er alle weiteren Begriffe wie Familien zuordnet:[52]

Zorn – Trauer – Furcht – Freude- Liebe – Überraschung – Ekel – Scham

Bei der Hypothese, daß es eine Handvoll von „Kernemotionen" gibt, stützt er sich auf Paul Ekman, der vier davon, nämlich „Furcht", „Zorn", „Trauer" und „Glück" am Gesichtsausdruck von Menschen aller Kulturen (auch von der modernen Zivilisation isolierter Kulturen) gleichermaßen beobachten konnte.[53]

Die „Furcht" und das „Glück" entsprechen auf der Ebene des Affekthirns unseren Hauptfunktionen Angst und Freude. Die Erfahrungen von Überlegenheit (Dominanz) und Unterlegenheit (Unterwerfung) fehlen auf Ekmans Liste. Das ist eine fatale Lücke. Sie ist verantwortlich für die Romantisierung der sogenannten „Emotionen", der wir manchmal begegnen. Den „Zorn" bei Ekman werden wir unter dem Begriff Aggressionen betrachten.

Die Begriffe „Trauer" bei Ekman und „Liebe" bis „Altruismus" bei Goleman müssen wir differenzierter anschauen. Wir werden sie erst auf der Ebene des empathischen Vernunfthirns entdecken, aber dort als zentrale Eigenschaften. Wir finden im Affekthirn der Tiere und Menschen keinen „Altruismus" und nicht das, was wir mit „Liebe" bezeichnen. Was wir als Affekt der Zuneigung bei Menschen und Tieren erkennen können und im allgemeinen Sprachgebrauch undifferenziert unter dem Begriff Liebe subsumieren, ist die Freude, die wir im Zusammenhang mit Belohnung und Vertrauen erleben. Die „Zuneigung", die wir unter den niederen Säugetieren und zwischen Tieren und Menschen, ausgeprägt zwischen Haustieren, wie Katzen und Hunden, und Menschen, beobachten und erfahren können, wollen wir nicht mit dem Begriff „Liebe" bezeichnen, weil diese Art der „Zuneigung" auf der Ebene des Affekthirns und dort auf den Achsen Belohnung (Nahrung, Wärme, Schutz) und Vertrauen (darauf) angesiedelt ist.

Die „Trauer", die wir bei Menschen wie bei Tieren beobachten – bei Hunden zum Beispiel, die nach dem Tod des Frauchens oder Herrchens die Nahrung verweigern und sterben –, ist auf dem Niveau des Affekthirns ein Akt der Frustration. Das Tier oder der Mensch hat in diesem Falle den „Willen" aufgegeben, etwas zu unternehmen, um seine Position auf dem Positionierungsfeld zu ändern.

Wir wollen nun das System, das die Erfahrungen des Affektes bilden, genauer betrachten. Wir beginnen mit den Erfahrungen des „Narzißmus" und der „Aggression", weil wir sie in mehreren Quadranten finden.

Der Narzißmus

„Die kommende Epoche in der industrialisierten Welt wird ... vom Narzißmus beherrscht sein", stellt Werner Wyss von DemoScope, einem führenden Marktforschungsinstitut in der Schweiz, fest.[54] Das Institut mißt den Trend in der Einstellung und im Verhalten der Schweizer Bevölkerung seit

1974. Von 1974 bis 1990 stieg der Trend „Narzißmus" oder „Liebe zu sich selbst" leicht, aber kontinuierlich an. Von 1990 bis heute verläuft er steil nach oben.

Wir leiten den Begriff Narzißmus aus der tragischen Sage von Narkissos[55] ab: Er war der der schöne Sohn der blauen Nymphe Leiriope, die der Flußgott Kephissos vergewaltigt hatte. Ihr wurde vorausgesagt, daß ihr Sohn sehr alt werden könne – aber nur, wenn er sich niemals selber kennen würde. Das war der Grund, weshalb er sich selbst nie sehen sollte. Viele verliebten sich in seine Schönheit, schon als er ein Kind war. Doch er wies stolz und herzlos alle zurück. Auch die Nymphe Echo verliebte sich in ihn. Sie war von Hera mit dem Verlust der Sprache bestraft worden und konnte nur die Rufe anderer wiederholen. Sie folgte Narkissos, als er zur Hirschjagd ging. Da sie das Gespräch nicht selbst beginnen konnte, mußte sie warten, bis er sich verirrt hatte.

„Ist jemand hier?" rief er.
„Hier", erwiderte Echo aus ihrem Versteck.
„Komm!" forderte Narkissos.
„Komm!" war ihre Antwort.
„Warum meidest du mich?" fragte Narkissos, weil er niemanden sah.
„Warum meidest du mich?" echote die Nymphe.
„Laß uns hier zusammenkommen!" schlug der schöne Mann vor.
„Laß uns hier zusammenkommen!" wiederholt Echo erfreut und rannte aus ihrem Versteck, um ihn zu umarmen. Roh befreite er sich aus der Umarmung und lief davon.
„Ich würde eher sterben, als mit dir liegen!"
„Mit mir liegen", flehte Echo.

Von der verschmähten Liebe gebrochen zog sie sich zurück in einsame Schluchten und verzehrte sich vor Liebeskummer, bis nur ihre Stimme zurückblieb.

Ameinios, einem andern seiner vielen Bewunderer, sandte Narkissos ein Schwert als Antwort auf seine Werbung. Ameinios tötete sich damit auf der Türschwelle des Narkissos und rief die Götter an, seinen Tod zu rächen. Artemis erhörte seinen Ruf und strafte Narkissos mit unerfüllbarer Selbstliebe. Der junge Mann stieß auf eine Quelle, die unberührt und klar wie Silber war. Dort verliebte er sich in sein Spiegelbild und versuchte, den schönen Knaben, den er vor sich sah, zu umarmen und zu küssen. Stunde um Stunde blickte er verzückt auf das Wasser. Schließlich erkannte er in dem Bild sich selbst und die Unmöglichkeit, sich mit seiner Selbstliebe zu vereinen. Von der unerfüllten Sehnsucht danach gepeinigt, stieß er sich seinen Dolch in die Brust. Dort, wo sein Blut die Erde trankte, entsprang die weiße Narzisse.

Narzisse kommt von *nárké*, und das heißt Betäubung. Was wird betäubt?

Offenbar ist es ein Hirnbereich, den wir wohl erwähnt, aber noch nicht näher betrachtet haben, der Hirnbereich, der fähig ist, zu „lieben". „Narzißmus" ist die Unfähigkeit zu lieben und als Folge davon die Zurückweisung von „Liebe". Der Begriff ist mit „Liebe zu sich selbst" also denkbar schlecht übersetzt. Einmal mehr ist diese unpräzise Übersetzung auf den Umstand zurückzuführen, daß wir den Begriff „Liebe" für alles und jedes verwenden. Tatsächlich ist Narzißmus die Reduktion von Entscheidungen auf das Niveau des Affekthirns. Es ist die tragische Verwechslung von „Liebe" mit „Freude". Wir können „Liebe" noch nicht definieren, weil wir das empathische Vernunfthirn noch nicht kennengelernt haben. Aber wir haben „Freude" als die Erfahrung von Belohnung in den Quadranten des Erfolges und Gehorsams definiert.

Narzißmus oder „Eitelkeit" ist nicht „Liebe zu sich selbst", sondern „Freude an sich selbst", genauer, Freude an der eigenen Position und der damit verbundenen Belohnung. Wenn Aggression das Benzin ist, um uns auf dem Positionierungsfeld des Affekthirns zu bewegen, dann ist Eitelkeit das Schmiermittel, mit dem wir uns auf die Positionen zubewegen. Eitelkeit ist der Genuß von jedem Zoll der gewonnenen Positionen. Eitelkeit ist das Schwelgen im Triumph der Siegerin und des Siegers. Wir finden sie natürlich vor allem auf der nördlichen Seite des Positionierungsfeldes, weil dort Grund zur Freude herrscht. Im Quadranten des Gehorsams ist es zum Beispiel die Freude an der eigenen Schönheit, weil diese oft das Objekt des Tausches zwischen den Geliebten ist, oder die Freude am Gehorsam, die wir in extrem autoritären Institutionen (Militär, Klerus) finden. Im Quadranten des Erfolges ist es die Freude an der eigenen Klugheit, am eigenen Erfolg, an der eigenen Stärke, am eigenen Willen, an der eigenen Macht. Im Quadranten des Stresses ist wenig Zeit zur Freude und im Quadranten der Frustration besteht kein Grund dazu.

Die tragische Geschichte von Narkissos warnt uns nicht vor der Freude. Nicht die Freude ist falsch. Sie warnt uns vor der Verwechslung von Freude mit Liebe und vor der Reduktion unserer Entscheidungen auf das Niveau des Affekthirns. Sie warnt uns vor der Betäubung unserer Wahrnehmung durch den Erfolg. Heute kommen mehr Menschen als je zuvor in den Genuß des Erfolges. Damit steigt auch die Möglichkeit, narzißtisch zu sein. Deshalb weist der Trend nach oben.

Die Aggression

Sie ist das Mittel im Affekthirn, um aus den Quadranten des Gehorsams und der Frustration heraus in die Quadranten des Stresses oder des Erfolges zu gelangen. Sie ist die im Affekthirn gespeicherte Information, um sich auf der Achse zwischen Dominanz und Unterwerfung von Osten nach Westen zu bewegen. Aggression finden wir deshalb in allen Quadranten. Der Zweck ist klar: Dominanz (Position) zu gewinnen. Das Ziel sind die damit verbundenen Belohnungen (Privilegien).[56]

Aggression kann drei verschiedene Formen annehmen: Haß, Wut und Wettkampf (Kompetitivität):

Haß ist gestaute Aggression, der die Kraft und Möglichkeit genommen ist, sich in der direkten Auseinandersetzung um Dominanz mit dem Gegenüber zu messen. Wir finden ihn zum Beispiel in „Kampfscheidungen", wenn sich der eine Partner vom andern befreit hat und dieser ihn nicht mehr dominieren kann. Wir finden ihn im „Fremdenhaß" bei Menschen, die zu den Verlierern zählen und in den Fremden die Ursache für ihre Niederlage sehen. Haß ist immer mit Ohnmacht verbunden. Ohnmacht finden wir im Quadranten der Frustration, im Schnittpunkt zwischen Angst, Unterwerfung und Bestrafung. Haß ist ein Indikator für Frustration.

Wut (Zorn) ist akkumulierte Aggression, um aus der Unterwerfung auszubrechen. Wir kennen sie bei kleinen Kindern, wenn sie trotzen, wenn sie nicht länger auf die Belohnung warten wollen und versuchen, dem Quadranten des Gehorsams zu entkommen. Natürlich machen wir die Erfahrung auch selbst, wenn uns der Kragen platzt und wir unseren Willen sofort durchsetzen wollen. Der Unterschied zwischen Spiel und Ernst oder zwischen Kleinkindern und Erwachsenen besteht darin, daß die Kleinen nach dem Wutanfall und Ausbruchsversuch schnell wieder in ihren Quadranten zurückkehren (können), wozu die Erwachsenen meist weder bereit noch in der Lage sind. Wir finden die Wut auf der Achse zwischen Dominanz und Unterwerfung in der Mitte angesiedelt. Eine hohe bzw. leichte Reizbarkeit ist ein Indikator dafür, daß Sie sich im Bereich zwischen Haß und Wettkampf, zwischen Frustration und Streß bewegen.

Wettkampf oder Kompetitivität ist „organisierte" Aggression, die sich in der Auseinandersetzung um Sieg oder Niederlage, d. h. um Dominanz oder Unterwerfung, an festgelegte Regeln hält. Die spielerische oder ernste Komponente hängt subjektiv vom Anteil der involvierten Hirnareale und von der Position ab, die es zu gewinnen bzw. zu verlieren gibt, und objektiv von der Höhe der Belohnung. Wettkampf ist die Form der Aggression, die wir in allen Quadranten vorfinden. Im Quadranten des Gehorsams ist er ein fröhliches (Lern-)Spiel, im Quadranten des Stresses verbissener Ernst, im Quadranten der Frustration endet er in der Aufgabe der entmutigten Verlierer, im Quadranten des Erfolges im Taumel der strahlenden Sieger.

Neid und Bitterkeit

Wir fahren fort mit einer Reihe von Erfahrungen im Affekthirn, die jeweils typisch für einen Quadranten, also bestimmte Positionen sind. Wir beginnen mit dem Quadranten der Frustration, weil wir befürchten müssen, daß wir uns darin mehr bewegen, als uns lieb ist. Neid und Bitterkeit sind dort die vorherrschenden Agentinnen: Neid ist mißgönnte Position. Er wird um so größer sein, je größer die Schere zwischen der ersehnten Position und der Hoffnungslosigkeit ist, diese zu erreichen. Neid treffen wir auch bei Menschen an, die wir im Quadranten des Erfolges vermuten. Das weist darauf hin, daß der Erfolg in einem Bereich nicht vor Mißerfolg in anderen Bereichen bewahrt. Manchmal möchte der Reichste auch noch der Klügste sein. Wenn das nicht möglich ist, meldet sich der Neid. Der Ehrgeiz, der in den Quadranten des Erfolges geführt hat, läßt sich am Tor zu diesem Quadranten nicht einfach abgeben.

Bitterkeit ist die Herrin des Quadranten der Frustration. Resignation und Bitterkeit ist eine von zwei Möglichkeiten des Affekthirns, auf Mißerfolg, Bestrafung und Leiden zu reagieren, Aggression ist die andere. Bitterkeit ist erstarrte Frustration. Sie meißelt sich ein in die Gesichtszüge der Enttäuschten und hält sie in starren Körpern und Meinungen im eisernen Griff. Sie verbündet sich mit Haß und Mißtrauen. Gewoben aus Angst und Unterwerfung ist sie die Absenz von Erfolg und das Gegenteil von Freude. Sie verschließt die Frustrierten und koppelt sie ab von der Möglichkeit ihres Lebens. Sie trocknet aus und ist tödlich.

Naivität und Bewunderung

Freundlicher und fröhlicher geht es zu im Quadranten des Vertrauens. Hier herrschen Naivität und Bewunderung:

Naivität ist das blinde Vertrauen des Dominierten auf Belohnung durch den Dominanten. Das ist für das junge und unerfahrene Affekthirn, das kaum eine andere Wahl hat, wie zum Beispiel bei Kindern, wohltuend und angebracht. Bei jungen Erwachsenen, wie zum Beispiel bei jungen Frauen, die sich in ein Idol „verlieben", kann es zur „bitteren" Enttäuschung führen. Bei älteren Erwachsenen finden wir dieses naive Verhalten im blinden Gehorsam, mit dem sie ihren Idolen in religiösen Gruppen bis zur totalen Selbstaufgabe, manchmal bis in den Tod folgen.

Bewunderung beruht auf der Unerklärbarkeit oder Unerreichbarkeit bei der Beschaffung von Belohnung. Die Bewunderte ist aus der Sicht der Bewundererin immer im Quadranten des Erfolges, d. h. im Besitz und in der Kontrolle der Belohnung. Ein Bewundererin weigert sich, den Weg dorthin selbst anzutreten, entweder, weil sie ihn nicht kennt oder weil sie sich nicht zutraut, ihn zu gehen.

Ein Beispiel dafür ist die Bewunderung der Eltern durch die Kinder. Die Be-Wunderung, d. h. das Bestaunen des Wunders, das die Eltern vollbringen, wenn und weil die Belohnungen immer da sind. Am Anfang haben die Kinder keine Ahnung, woher die Belohnungen kommen. Sie bewundern die Eltern so lange, bis sie das Geheimnis entdecken, das hinter der Belohnung steckt, und sie sich selbst daran machen, die Belohnung zu beschaffen.

Darunter fällt auch die Bewunderung des erfolgreichen Geliebten durch die naive Geliebte, die sich ihr Glück damit erkauft, daß sie nicht weiß und nicht wissen will, wie und woher der Bewunderte die Belohnungen herzaubert, mit denen er sie verwöhnt. Sie traut oder mutet sich nicht zu, sich selbst auf die beschwerliche Suche nach der Belohnung zu machen. Darunter ist auch die kindlich-naive – und wenn es Erwachsene sind, kindisch-naive – Beziehung zu verstehen zwischen devoten Gläubigen im Quadranten des Vertrauens und einem Erfolgs- und Herrschergott, bzw. seinen weltlichen Stellvertretern, im Quadranten des Erfolges. Diese Beziehung werden wir noch genauer betrachten. Auch die Beziehung zwischen dem patriarchalen Unternehmer oder Monarchen und den ihn vergötternden Untergebenen fällt in diese Kategorie. Die Größe der Bewunderung steht bei allen in direkter Relation zur Unfähigkeit, sich selbst zuzutrauen, die Belohnung zu realisieren. Der Vorteil davon ist die Absenz von Streß und, solange die Rechnung aufgeht, von Frustration. Der Nachteil liegt im Risiko der Abhängigkeit und viel mehr noch im eigenen, ungenutzten Potential.

Ambition und Eifersucht

Im Quadranten des Stresses, d. h. des Mißtrauens, finden wir zwei weitere Kandidaten des Affekthirns: Ambition (Ehrgeiz) und Eifersucht.

Ambition (Ehrgeiz) ist neben Narzißmus ein zweiter Megatrend, den wir in unserer Zeit beobachten können. Der Grund ist bei beiden Erscheinungen der gleiche. Die Menschen sind nicht ambitionierter geworden als ihre Vorfahren, aber die sozio-ökonomischen und kulturellen Bedingungen des offenen Wettbewerbs ermöglichen es immer mehr Menschen, ehrgeizig zu sein. Die Herkunft des deutschen Wortes „Ehr-Geiz" ist aufschlußreich. Im mittelhochdeutschen Begriff ere sind die Wortbedeutungen Ruhm, Sieg und Herrschaft enthalten. Geiz hat sich aus dem althochdeutschen git bzw. giten, also Gier und gierig sein, entwickelt. Ehrgeiz ist die Gier, zu dominieren. Es ist der unbedingte Wille, seine Position zu verbessern; unbedingt heißt, unter Aufwendung aller Kräfte und ohne Rücksicht auf Verluste.

Eifersucht ist der verzweifelte Versuch, eine gewünschte Beziehungsqualität durch Dominanz zu erzwingen. Wir finden sie vor allem im Quadranten des Stresses, weil dort Dominanz (mit allen Mitteln der Gewalt) das vorherrschende Verhaltensprinzip ist. Im Quadranten der Frustration ist sie weniger zu finden, weil dort der Anspruch auf Beziehungsqualität erlischt.

Wie Streß entsteht Eifersucht aus der Verbindung von Dominanz und Angst im Schnittpunkt des Mißtrauens. Dominanz ist in diesem Falle der Versuch, Liebe, Zuneigung, Bewunderung und Loyalität sicherstellen und kontrollieren zu können. Angst ist die Befürchtung, diese und andere Privilegien, die mit der Beziehung verbunden sind, zu verlieren. Eifersucht ist Beziehungsstreß – mit allen destruktiven Folgen des Stresses.

Im Affekthirn, im Quadranten des Stresses, haben wir allen Grund zur Eifersucht. Die Frau hat Grund zur Eifersucht, weil der Mann auf der Ebene des Instinkthirns auf der Suche nach Frauen als Belohnung für den Sieg unersättlich ist. Der Mann hat Grund zur Eifersucht, weil die Frau auf der Ebene des Affekthirns auf der Suche nach dem ultimativen Sieger unersättlich ist. Der Mann hat Grund zur Angst vor den Rivalen, und die Frau hat Grund zur Angst vor den Rivalinnen.

Arroganz und Hedonismus

Im Quadranten des Erfolges finden wir die Agentinnen Arroganz (Hochmut, Überheblichkeit) und Hedonismus.

Arroganz ist der Affektzustand der Überlegenheit. Wir erfahren ihn an andern, wenn sie demonstrieren, daß sie überlegen sind oder vorgeben, es zu sein. Wir erfahren ihn an uns selbst, wenn wir glauben, daß wir anderen überlegen sind. Wir verurteilen die Überheblichkeit an anderen, weil wir uns ihrem Dominanzanspruch nicht gerne unterwerfen. Wir bewundern sie manchmal, wenn wir sie aus dem Quadranten der Frustration oder des Gehorsams betrachten. In beiden Fällen beruht die Bewunderung auf einer verzerrten Einschätzung des Erfolgs. Im Quadranten der Frustration sind wir so weit davon entfernt, daß die Betonung des Erfolgs nicht aggressiv genug sein kann. Wer sagt: „Ich bin der Größte", mag dies als Ersatz für die eigene Minderwertigkeit nehmen. Im Quadranten des Gehorsams sind es Abhängigkeit und Naivität, welche die Sicht behindern. So wie wir die Angst auch im Quadranten des Erfolges finden, reicht die Überheblichkeit auch in den Quadranten des Stresses.

Der Hedonismus liegt ebenso im Wesen des Erfolges wie die Arroganz. Er war der Megatrend in den 80er Jahren. Es war die Dekade der Yuppies, die den Erfolg ihrer Leistung öffentlich zelebrierten. Heute hat er sich in die ökonomische und soziale Unterschicht hinein verlagert. Das liegt einerseits daran, daß die sozialen und ökonomischen Oberschichten im Umgang mit Erfolg wieder zurückhaltender geworden sind. Sie haben den Traum ausleben und austräumen können. Andererseits können sich nun vermehrt auch sozio-ökonomische Unterschichten, allen voran das sogenannte „neue, traditionslose Arbeitermilieu",[57] Erfolge leisten und vorweisen. Hedonismus ist der Genuß des Erfolges. Erfolg ist der Besitz von Belohnung.

Zum Genuß gehört auch die Demonstration der Belohnung. Wer sie besitzt und kontrolliert, kann es sich auch leisten, sie zu verteilen. Zum Privileg gehört die Verteilung der Privilegien. Gönnerhaftigkeit ist eine Form von Hedonismus. Sie ist der Genuß von Dominanz und Macht. Wir können vor diesem Hintergrund die Faszination und die Omnipräsenz von Konsum gut verstehen. Konsum ist die Belohnung, die wir uns (auf der Ebene des Instinkt- und Affekthirns) selbst gewähren (können). Macht ist die Verfügbarkeit darüber.

Von den Hauptkandidaten der Emotionen, die Goleman vorschlägt, Zorn, Trauer, Furcht, Freude, Liebe, Überraschung, Ekel, Scham haben wir Zorn (Wut), Furcht (Angst) und Freude explizit behandelt. Überraschung, Ekel und Scham sind Erfahrungen des Affekthirns, die wir implizit, d. h. innerhalb der von uns definierten Kategorien, erklären können:

Überraschungen, zu denen Schock und Schreck, aber auch (freudige) Verwunderung und Verblüffung gehören, sind Erfahrungen auf der Achse zwischen Freude und Angst, bzw. zwischen Dominanz und Unterwerfung. Daß wir „vor Schreck erstarren", kommt der Unterwerfungsgestik, die wir bei den Tieren beobachtet haben, nicht grundlos nahe. Eine „freudige Überraschung" erleben wir dann, wenn wir mit einer Belohnung konfrontiert sind, die wir nicht erwartet haben, und einen „Schrecken", wenn es sich um eine Bestrafung handelt.

Ekel ist eine Erfahrung, die wir im Dreieck zwischen Angst und Bestrafung ansiedeln können. Kleinkinder ekeln sich bekanntlich vorerst nicht vor ihrem Stuhl. Im Gegenteil, sie erleben ihn anfänglich sogar als ein Geschenk, als eine Belohnung für die Eltern, vor allem dann, wenn diese beim Stuhlgang Beifall zollen. Durch die weiteren Reaktion der Älteren lernen sie, daß das nicht ganz stimmt. Die Exkremente werden weggeworfen, mit Abscheu behandelt, ja die Verrichtung der Notdurft kann sogar mit Strafe verbunden sein, bis sie richtig gelernt ist. Wir ekeln uns vor dem, was wir mit aller Kraft der Instinkte und Affekte zurückweisen. Wir ekeln uns vor dem Zerfall, wovor wir Angst haben, am meisten vor dem Zerfall von toten Körpern und allem, was daran erinnert: Maden, Eiter, Geschwüre usw. Wir ekeln uns vor dem Gestank und der Häßlichkeit, die wir im Unterschied zu Wohlgeruch und Schönheit als Bestrafungen empfinden.

Scham ist als Erfahrung auf der Achse Vertrauen-Mißtrauen angesiedelt. Sie entsteht aus der Erwartung oder Erfahrung von Niederlage und Unterwerfung. Das sich unterwerfende und damit bestrafte Tier zieht den Schwanz ein, macht sich so klein wie möglich, möchte vom Erdboden verschwinden und verzieht sich vor Scham über die Niederlage in die hinterste Ecke.

Scham ist auch ein Ausdruck des Mißtrauens, in der eigenen Position angegriffen und verletzt zu werden. Daß wir sie vor allem im genitalen Bereich erleben, liegt daran, daß wir dort am verletzbarsten und Sexualität und Sieg oder Niederlage (= Unterwerfung) auf der Ebene des Instinkt- und Affekthirns nicht zu trennen sind. Scham ist Angst vor Verletzung und Niederlage, vor Zurückweisung und Versagen. Seine Genitalien zu zeigen heißt, sich dem Risiko ganz auszusetzen. Gegenüber Menschen, denen wir vollkommen vertrauen, haben wir keine Scham. Auch Kinder kennen vor ihren Bezugspersonen, denen sie vertrauen, keine Scham. Sie wächst mit dem Mißtrauen und verschwindet mit dem Vertrauen. Sie ist ein sicherer Indikator für das Fehlen von Vertrauen.

Somit haben wir alle Kategorien Golemans systematisch zugeordnet, außer Liebe und Trauer. Diese beiden sind in der Tat nicht Erfahrungen des Affekthirns. Weder das ältere Säugetierhirn noch das Instinkthirn kennen Liebe oder Trauer. Diese Erfahrungen beruhen auf Informationen, die im (empathischen) Vernunfthirn gespeichert sind. Wir werden ihnen also erst bei der Betrachtung dieses Hirnareals begegnen (das gleiche gilt für Schuld, Reue und Depression).

Das Gleichgewicht der Freude und des Schreckens

Kehren wir noch einmal zu den Bedürfnissen der Jugend zurück, die wir im ersten Kapitel vorgestellt haben. Welche von diesen Bedürfnissen haben wir auf der Ebene der beiden Hirnaeale, die wir bisher betrachtet haben, befriedigen können?

1. Gesundheit – sicher nicht, denn Streß und Frustration, die im Affekthirn eine dominante Rolle spielen, sind der Gesundheit alles andere als förderlich.

2. Liebe – sie haben wir noch gar nicht angetroffen. Das Affekthirn kennt keine Liebe, nur Tausch von Belohnung gegen Leistung oder Unterwerfung, nur Erfolg oder Niederlage, nur Gehorsam oder Bestrafung.

3. Familie – sie ist eine Erfindung des Affekthirns, als Organisationsform für den Reproduktionserfolg. Dieses Bedürfnis können wir auf der Ebene des Affekthirns bestens befriedigen. Nur tun wir es immer weniger oft, weil die Reproduktionssicherung uns immer weniger dazu zwingt.

Immer weniger Menschen und (im Vergleich zu früher) immer weniger Frauen sind heute aus ökonomischen Gründen gezwungen, in der Familie zu bleiben. Die Scheidungsrate wächst mit dem Pro-Kopf-Einkommen. Führend darin sind die Länder mit dem höchsten Bruttosozialprodukt. Das führt zu der nur scheinbar paradoxen Situation, daß das Bedürfnis nach Familie wächst, weil wir aus ökonomischen und sozialen Gründen immer weniger gezwungen sind, es zu befriedigen.

4. Gute Freunde – sie finden wir auf dem Niveau des Affektes nicht, weil wir im Kampf um Privilegien alle Rivalen sind.

5. Erfolg im Beruf – mit diesem Bedürfnis sind wir im Quadranten des Erfolges angelangt. Hier sitzt die Crux des Affektes. Hier bricht die Bedürfnisliste. Der Grund, warum dieses Bedürfnis in der Mitte der Wunschliste steht, ist der, daß wir den Erfolg, den das Affekthirn sucht, nur mit dem Mittel der Dominanz erringen können. Dafür bezahlen wir den Preis, den wir in Form von Streß, Frustration, Neid, Haß, Bitterkeit usw. angetroffen haben. Weil wir uns intensiv auf dem Niveau des Affekts bewegen, stehen die Bedürfnisse Nummer Eins bis Vier an erster Stelle. Weil wir „im Beruf", das heißt vorerst im Affekthirn so „erfolgreich" sind, ist das Defizit in den Bereichen Gesundheit, Liebe, Familie und Freunde so groß. Dafür sind die nachfolgenden Bedürfnisse relativ gut befriedigt.

6. Freude an der Arbeit – sie ist in der offenen Wettbewerbsgesellschaft, die Freude als Motivatorin für Höchstleistungen braucht, für viele Realität geworden.

7. Finanzielle Unabhängigkeit – sie ist der Ausdruck für das Bedürfnis, dem Quadranten des Gehorsams zu entrinnen und die Belohnung primär in Form von Konsum selbst zu bestimmen.

8. Freizeit – steht bei den Jugendlichen an zweitletzter Stelle. Sie hatten im Quadranten des Spiels und Gehorsams mehr als genug davon. Jetzt ist sie interessant als Ausdruck des Erfolges. Das illustrieren die teuren Freizeit- und Sportausrüstungen. Sie sind Wachstumsbranchen im Einzelhandel.

9. Engagement für die Gesellschaft – auch „Solidarität" haben wir im Affekthirn nicht gefunden, nur Strategien von Dominanten und Dominierten, nur Sieg im Kampf um Positionen und Privilegien oder Unterwerfung, nur Tausch von Leistung und Gegenleistung.

Was haben wir mit dem Entwicklungsschritt vom Instinkt- zum Affekthirn, vom Prinzip „Fressen und Kopulieren" zum Prinzip „Dominieren und Reproduzieren" – über die Verbesserung der Organisation und des Reproduktionserfolgs hinaus – gewonnen? Aus dem Ungleichgewicht des Schreckens, das einseitig auf der physischen Überlegenheit der stärksten Männchen beruhte, ist ein Gleichgewicht der Freude und des Schreckens geworden. Es ist ein Gleichgewicht der Freude zwischen den Geschlechtern, weil sich das Männchen und das Weibchen das Privileg der Paarung teilen. Es ist ein Gleichgewicht der Freude innerhalb der Organisation, weil die Mitglieder Belohnung gegen Unterwerfung tauschen. Auf der anderen Seite ist es ein Gleichgewicht des Schreckens, weil das Instinkthirn, die Domäne des Mannes, und das Affekthirn, die Domäne der Frau, unterschiedliche Ziele verfolgen und weil das Mittel bei beiden die Dominanz ist. Und es ist ein Gleichgewicht des Schreckens innerhalb der Organisation, weil anstelle der Belohnung die Bestrafung steht, wenn der Tausch nicht funktioniert. Wir wollen das anhand einer Geschichte aus dem Alten Testament illustrieren:

Samson und Delila[58]

Samson (Simson) wird vor der Geburt seinen Eltern als Gottgeweihter angekündigt, mit der Auflage, daß sie ihm nie die Haare schneiden dürften, weil er sonst seine übermenschlichen Kräfte verlieren werde. Als junger Mann beschließt er, gegen die Mahnung seiner Eltern und gegen das Gesetz der Israeliten,[59] eine Frau aus dem Volk der Philister, unter deren Herrschaft die Israeliten stehen, zu heiraten. Auf dem Weg zu ihr wird er von einem jungen Löwen angegriffen, den er wie ein Ziegenböcklein zerreißt. Im Kadaver des Löwen schließlich findet er einen Bienenschwarm und Honig, mit dem er sich stärkt. Bei der Hochzeit gibt er den 30 Brautgesellen dazu dieses Rätsel auf: „Fraß kam aus dem Fresser und Süßigkeit kam aus dem Starken",[60] und wettet um 30 Unterkleider und Festgewänder. Die Philister finden die Antwort nicht heraus und drohen der Frau mit dem Tod, wenn sie die Lösung ihrem Mann nicht entlockt. Das versucht sie, bis es ihr gelingt, und sie verrät ihren Landsleuten das Rätsel. Um die verlorene Wette einzulösen, erschlägt Samson 30 Männer und zieht ihnen die Kleider aus. Die Frau läßt er zurück, und der Schwiegervater vermählt sie mit einem andern. Später fordert Samson die Frau zurück. Der Schwiegervater bietet ihm als Ersatz ihre jüngere Schwester an. Darauf zerstört Samson voller Wut die ganze Ernte der Philister. Diese wiederum verbrennen aus Rache Samsons Frau mitsamt dem Hause ihres Vaters. Dafür verprügelt er sie. Die Philister ziehen nun mit einem Heer gegen die Judäer, und diese liefern ihnen Samson aus, um die Belagerung abzuwenden. Samson ergreift bei der Übergabe einen frischen „Eselskinnbacken" und erschlägt damit tausend Philister.

Die nächsten 20 Jahre ist er Richter unter Philisterherrschaft in Israel. Einmal, als er bei einer Dirne liegt, lauern ihm die Bewohner von Gaza auf, um ihn zu erschlagen. Der wütende Samson reißt als Zeichen seiner Unbesiegbarkeit die Flügel des Stadttors mitsamt den beiden Pfosten aus und schleppt sie auf den Gipfel eines Berges.

Schließlich verliebt er sich in die Philisterin Delila. Die Fürsten der Philister bieten ihr jeder 1100 Silberstücke an, wenn es ihr gelingt, ihm das Geheimnis seiner Stärke zu entlocken, damit sie ihn überwältigen können. Das versucht sie wiederholt. Dreimal führt Samson Delila und die Philister mit einer Finte hinters Licht. Schließlich appelliert sie, wie schon früher seine erste Frau, an die Liebe, indem sie ihm vorwirft, daß er sie nicht liebe, wenn er ihr (sein Geheimnis) nicht (an-)vertraue. Nachdem sie lange genug auf ihn eingeredet hat, gibt er ihrem Drängen nach. Sie läßt ihn nach vollzogener Kopulation in ihrem Schoße einschlafen und ruft die Philisterfürsten und jemanden, der ihm im Schlaf die Haare schneidet. Samson verliert seine Kraft, sie bekommt das Geld, die Philister nehmen Samson gefangen und stechen ihm die Augen aus. Um den Sieg ihres Gottes Dagon über Samson zu feiern, veranstalten die Fürsten und das Volk ein Freudenfest. Zur Belustigung und Erniedrigung soll Samson dabei tanzen. Diesem sind die Haare in der Zwischenzeit wieder nachgewachsen. Er umfaßt die beiden tragenden Säulen des Palastes, ruft seinen Gott um Kraft an, reißt das Haus ein und begräbt sich selber und die vielen tausend Gäste in den Trümmern. Ob Delila mitgelacht hat, als der gefolterte Samson zum Tanzen auf die Bühne kam, und ob sie unter den Trümmern mitbegraben wurde oder ob sie sich mit dem Geld ein schönes Haus und auf dem Sklavenmarkt einen starken, jungen Liebhaber gekauft und sich damit amüsiert hat, sagt uns die Geschichte nicht.

Wir können Samson als Symbol für das Instinkthirn, das patriarchale Prinzip verstehen. Er ist stark, naiv, rücksichtslos und gewalttätig. Er nimmt, prügelt, zerstört, kopuliert und mordet, wo und wie es ihm gerade gefällt. Er ist ein Räuber, wie der Löwe, den er zerreißt. Im Rätsel beschreibt er das Prinzip des Instinkts: „Fressen oder gefressen werden." Er ernährt sich mit wildem, süßem Honig. Auch Dionysos ist mit wildem Honig großgezogen worden. Wir werden ihm wie dem Honig in einer anderen Geschichte noch einmal begegnen, ebenso wie dem Esel, der ein anderes Symbol für die Kopulationsfunktion der Instinkte ist und mit der Eselskinnbacke eine skurrile Waffe und ein skurriles Symbol für den vom Instinkt dominierten Affekt abgibt. Auch daß Samson die Stadttore einreißt, symbolisiert den Sieg der Instinkte über die Affekte. Wir werden die Stadttore und -mauern (zur Verteidigung der Position) als Symbol der Affekte auch im „Lied der Schönheit und Liebe bei Salomon" antreffen. Daß Samson geblendet wird, verweist als Ahnung auf die (Er-)Lösung: Sie liegt nicht in der Aktion der Instinkte nach außen, sondern in der Introspektion, der Sicht nach innen, begründet. Wir werden auch diesem Symbol in anderen Geschichten wiederbegegnen. Daß er sich selbst und alle anderen am Ende mit neu gewonnener Kraft in den Tod reißt, zeigt, daß die Lösung noch immer instinktdominant und destruktiv ist.

Delila steht für das Affekthirn, das matriarchale Prinzip. Sie ist schlau, hartnäckig, skrupellos und berechnend. Sie tauscht Kopulation gegen Stärke. Sie gewinnt Vertrauen durch Verführung. Sie verrät Samson, um ihre Position zu verbessern. Sie ist, wie die Frau, die Samson heiratete, der eigenen Stammesgruppe (den eigenen Genen) gegenüber mehr verpflichtet als dem Individuum, mit dem sie sich in der Kopulation (der Vereinigung mit den fremden Genen) verbindet. Beide Frauen halten im Konflikt loyal zu ihrer Volksgruppe (ihrem Familienverbund) und nicht zum Kopulationspartner, obwohl sie mit diesem über Liebe reden.

Dieses Verhalten ist biologisch begründet. Es hängt mit der sogenannten Cryptic Female Choice („verborgene Frauenwahl") zusammen. Sie erklärt, was (sich) die Frauen (und Männer) nicht erklären können: warum sie sich für einen bestimmten Mann als Kopulationspartner entscheiden (der Volksmund sagt, warum sie sich in ihn verlieben) – und warum sie ihn verraten.

Claus Wedekind vom Zoologischen Institut der Universität Bern hat das Verhaltensmuster der Cryptic Female Choice mit einem Experiment nachweisen können: Mäuseweibchen neigen dazu, sich für die Paarung einen Geschlechtspartner zu erschnuppern, der sich hinsichtlich seines MHC (Major Histocompatibility Complex: das sind Eiweiße einer Abfolge von Genen, die für das Immunsystem von größter Bedeutung sind) von der eigenen Genkombination möglichst stark unterscheidet. Der Vorteil ist: Der unterschiedliche (komplementäre) MHC beim Partner führt durch die Zellverbindung bei der Zeugung zu einer größeren Variabilität der MHC bei den Jungen, was eine größere Immunkompetenz bedeutet. Kurz bevor die Jungen geboren werden, wechselt die Geruchsvorliebe. Dann sucht das Weibchen wieder die Nähe möglichst naher Verwandter. Die Mutter weiß, daß ihre Jungen in der Umgebung von Onkeln und Tanten am besten aufgehoben sind. Wedekind wies experimentell auch die Parallele zwischen Mensch und Maus nach. Er ließ Frauen an T-Shirts riechen, die Männer getragen hatten. Das Resultat: Je mehr sich der MHC der Männer von demjenigen der Frauen unterschied, desto beliebter war der Geruch. Frauen aus einer Kontrollgruppe hingegen, welche die Pille nahmen und ihrem Körper damit eine Schwangerschaft vortäuschten, fühlten sich mehr zu Düften von Männern mit verwandterem MHC hingezogen.[61]

Eine Studie der britischen St. Andrews University, in der die Frauen die Männer nach dem Gesicht auswählten, bestätigt diese Ergebnisse.[62] Danach bevorzugten die gleichen Frauen in der Zeit ihres Eisprungs Männer mit maskulineren, härteren Gesichtern und in der Zeit danach und während der Menstruation femininere Typen mit weicheren Gesichtern. Demgegenüber zeigten Frauen, die die Pille nahmen, keinen zyklisch wechselnden Geschmack. Härtere, maskuline Gesichter signalisieren den Frauen die Sieger, die sie für die Zeugung suchen, weichere, feminine Gesichter die Männer, die sie für die Aufzucht (Dauerpartnerschaft und Kinderbetreuung) brauchen.

Die Geschichte zwischen Samson und Delila, zwischen den Israeliten und Philistern, zwischen dem Ordnungs- und Verordnungsgott Jahwe und dem Getreide- und Ernährungsgott Dagon ist die Geschichte über den Machtkampf zwischen dem Instinkt- und Affekthirn, zwischen dem patriarchalen und matriarchalen Prinzip. Der Instinkt erschlägt den Affekt, der sich nicht unterordnet. Der Affekt verrät den Instinkt, zum eigenen Vorteil und zum Vorteil der eigenen Gene. Es gibt in der Geschichte von Samson und Delila keine Sieger. Am Ende bringen sich alle um.

Das Leben als Positionskampf führt mit Notwendigkeit in die Tragödie, weil alle in den Quadranten des Erfolges und der Privilegien wollen und gerade deshalb alle früher oder später wieder aus diesem Quadranten herausmüssen. Am Ende steht die Niederlage, weil immer jemand auf eine Schwäche des Siegers wartet, um seine Stellung zu gewinnen. Der offene Kampf um jede Position auf dem ganzen Feld bewirkt genau das, vor dem alle fliehen: Angst und Unterdrückung. Die Aggression, die von der Bestrafung (Angst und Unterwerfung) befreien soll, schafft selbst die Voraussetzung dafür. Weil jede(r) die Belohnung will, muß jede(r) die Bestrafung fürchten. Weil die Belohnung auf der Seite der Dominanz ist, bleibt der Affekt nicht auf der Seite des Vertrauens. Weil alle um Positionen (Privilegien) kämpfen, enden alle – außer den Helden und Heldinnen – im Streß oder in der Frustration.

Einer Tatsache müssen wir ins Auge schauen. Wir alle haben die Instinkt- und Affekthirne, die wir eben beschrieben haben, unabhängig davon, ob sie uns passen oder nicht. Wir besitzen deren Programme, und diese steuern Informationen bei zu jeder Entscheidung, die wir fällen, unabhängig davon, ob wir es bewußt tun oder nicht, ob wir wollen oder nicht.

Die Programme selbst kennen keinen Ausweg aus dem Dilemma, das sie anrichten (der Verhaltensforscher John Gottman hat dafür in der Paarbeziehung einen quantitativen Wert gefunden: 69 Prozent der von ihm beobachteten Konflikte zwischen Ehepartnern seien unlösbar, ist seine Bilanz[63]). Um diesen Ausweg zu finden, wurde vor 5 Millionen Jahren die dritte Innovationsstufe des Gehirns gezündet.

DAS INSTRUMENTELLE VERNUNFTHIRN:
WAS WILL DER ROBOTER?
Die instrumentelle Vernunft erschöpft sich im Zynismus

Mit dem dritten und letzten großen Schritt in der Entwicklungsgeschichte des menschlichen Gehirns sollten die zwei entscheidenden Defizite auf der Stufe des Affekthirns korrigiert werden: Die stets nur knappe bis unzureichende Versorgung mit Nahrung, der Hunger, einerseits und der Teufelskreis der Dominanz, der Streß und die Frustration, andererseits. Dafür ist das „neue" Hirn mit neuen Informationen ausgestattet. Dazu ist es völlig neu konstruiert, diesmal in Form von zwei voneinander unabhängigen und unterschiedlich funktionierenden Teilsystemen.

Wie schon 160 Millionen Jahre zuvor blieben die beiden entwickelten Hirnsysteme so bestehen, wie sie waren, und das neue gesellte sich als Ergänzung, nicht als Ersatz, dazu. Ganz offensichtlich bestand auch hier die Konstruktionsidee nicht darin, das eine System durch das andere zu ersetzen, das heißt die alten Systeme als Fehlkonstruktionen abzusetzen. Es blieb der Plan, daß sich die Teilsysteme, so wie sie von allem Anfang an angelegt waren, zu einem Ganzen ergänzen würden.

Der primäre Zweck der sogenannten „linken Hirnhemisphäre", die wir das „instrumentelle Vernunfthirn" nennen, besteht darin, das „Versorgungsproblem" zu lösen. Wir bezeichnen es als „instrumentell", weil seine Informationen dazu dienen, Ziele besser zu erreichen; besser heißt, nach dem „ökonomischen Prinzip", das wir auch „Effizienz- und Effektivitätsprinzip" nennen. Effizienz bedeutet, ein gegebenes Ziel mit minimalem Aufwand zu erreichen. Effektivität heißt, mit gegebenem Aufwand ein Maximum des Zieles zu erreichen. Wir sprechen von Vernunft, im Unterschied zum Affekt oder Instinkt, weil wir diese Informationen nicht „automatisch", d. h. nicht ohne unser bewußtes Zutun zur Grundlage unserer Entscheidungen machen können, sondern nur aktiv und reflektiv, also nur dann, wenn wir uns vor der Entscheidung „etwas überlegen".

Dank den Neurologen und Hirnchirurgen Robert Ornstein, Roger Sperry, Joseph Bogen und Michael Gazzaniga[64] wissen wir, daß die linke Hirnhemisphäre Informationen verbal, analytisch, reduktiv, rational, zeitorientiert, diskontinuierlich, sequentiell (eines-nach-dem-andern), langsam, aktiv und präzise verarbeitet. Wir können jetzt erklären, warum das instrumentelle Vernunfthirn auf diese Art und Weise funktioniert.

Um die Aufgabe der Zieleffizienz und -effektivität erfüllen zu können, ist auch die instrumentelle Vernunft nach vier Funktionsprinzipien strukturiert, die wir wiederum auf zwei polaren Achsen darstellen wollen: die

Achsen zwischen Ursache und Wirkung einerseits und zwischen Zufall und Ordnung andererseits.

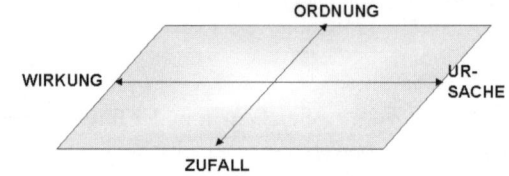

Abbildung 10: Die Struktur des instrumentellen Vernunfthirns

Ursache und Wirkung

Die eine Achse stellt die Fähigkeit dar, beobachtbare Phänomene in eine Ursache und in eine Wirkung zu zergliedern (análysis = Zergliederung) und den Zusammenhang zwischen Ursache und Wirkung als Wenn-dann-Beziehung, d. h. kausal-analytisch, zu verstehen. Wenn jemand gehorsam ist, dann bekommt er/sie eine Belohnung. Wenn sich zwei Moleküle Wasserstoff mit einem Molekül Sauerstoff verbinden, dann entsteht Wasser.

Die Ursachen zu verstehen, warum etwas so ist, wie es ist, hat drei große Vorteile: Man kann den erwünschten Zustand (die Zielwirkung) jederzeit wieder herstellen, indem man die Ursache (wieder-)herstellt. Man kann die (Ziel-)Wirkung, sofern sie unerwünscht ist, verändern, indem man die Ursache verändert. Und man kann die Zielwirkung verbessern, indem man den Prozeß, der sich zwischen Ursache und Wirkung abspielt, verbessert.

Schon auf der Ebene des Instinkt- und Affekthirns können wir uns das Wissen um einfache Ursache-Wirkungszusammenhänge zunutze machen. Tiere sind ziemlich geschickt, wenn es darum geht, Belohnung (z. B. Nahrung) zu gewinnen und der Bestrafung zu entgehen. Niedere Säugetiere sind in der Lage, Schalter zu kippen, Türchen zu öffnen, den Raum einzuteilen, einfache Schlußfolgerungen zu ziehen und die Ergebnisse zu kommunizieren, wie viele Experimente mit Mäusen und anderen Tieren zeigen. Die Tiere gewinnen die Erkenntnisse nach dem Prinzip von *trial and error* (Versuch und Irrtum), indem sie schnell erkennen, was passiert, wenn sie eine Handlung wiederholen.

Den großen Schub hat das instrumentelle Vernunfthirn damit getan, daß es konkrete Erfahrung in abstrakte Erkenntnis übertragen kann. Die konkrete Erfahrung gewinnt die instrumentelle Vernunft durch das Experiment, d. h. durch die kontrollierte Wiederholung der Erfahrung. Die abstrakte Erkenntnis gewinnt es mit Hilfe der Sprache und der Logik.

Wie wir gesehen haben, verfügen auch die nur mit Instinkt- und Affekthirn ausgestatteten Tiere über eine differenzierte „Sprache". Allerdings ist sie limitiert auf die Funktionen und Informationen dieser Hirne. Neu ist nicht die Sprache, aber die Form der Sprache und die Konsequenz daraus. Im Unterschied zur Sprache der Tiere (Instinkt- und Affekthhirne) ist die Sprache der Menschen (instrumentelles Vernunfthirn) digital und deshalb unendlich. Sie ist (z. B. in der deutschen Sprache) aus 26 digitalen Codes, den Buchstaben des Alphabets und einigen Satzzeichen, zusammengesetzt. Diese Buchstaben können vervielfältigt und dadurch unendlich oft unterschiedlich miteinander kombiniert werden. Dadurch kann jedes neue Phänomen mit Sprache bezeichnet und, wenn sich Sender und Empfänger über den Begriffsinhalt verständigt und geeinigt haben, kommuniziert werden. Zudem hat die Fähigkeit, die Sprache zu schreiben, d. h. von der Präsenz des Senders unabhängig zu machen, in bezug auf die Kommunikationsbreite, und das heißt auch auf die Organisationsbreite, einen weiteren großen Fortschritt gebracht.

Die Sprache der Tiere, d. h. des Instinkt- und Affekthirns, ist analog. Für jeden Bedeutungsinhalt gibt es analoge Laute (z. B. Knurren für Drohung, Bellen für Freude, Jaulen für Schmerz usw.), Gerüche (z. B. Harnspritzen zur Markierung des Territoriums oder Geruchssignale der Kopulationsbereitschaft), Formen und Gebärden (z. B. das Fletschen der Zähne, das Aufstellen oder Einziehen des Schwanzes, das Aufrichten der Haare usw.). Die neue Sprache ist digital, weil das neue Hirn digital denken kann.

Neu ist auch die Logik. Der Begriff stammt vom griechischen logikē, „die Kunst des Denkens", zu dessen Wortfamilie logos, „Rede", „Wort", „Vernunft" gehört. Sie ist eine Sammlung von Regeln, die es u. a. erlauben, von der Beobachtung konkreter, unterschiedlicher „Wenn-dann-Beziehungen" (sogenannte „Ursache-Wirkungs"- oder „Kausalzusammenhänge") durch Schlußfolgerung auf Kausalzusammenhänge auf einem höheren Abstraktionsniveau zu gelangen.[65] Das ist von großem praktischen Vorteil, weil daraus zurück auf andere, konkrete Ursache-Wirkungszusammenhänge geschlossen werden kann. Die Regeln der (formalen) Logik garantieren, daß aus „wahren" Prämissen (beobachteten und/oder hypothetisch festgelegten Kausalzusammenhängen) „wahre" Konklusionen folgen. Die „Wahrheit" der Prämissen selbst ist nicht Gegenstand ihrer Betrachtung. Sie wird an der Übereinstimmung der Konklusionen mit der beobachtbaren bzw. erfahrbaren Realität gemessen. Ein Beispiel: Wir haben die Übereinstimmung des Instinkthirns von Reptilien und Menschen als Prämisse festgelegt. Grund für die Plausibilität dieser Hypothese geben uns die empirischen Untersuchungen der Neurologen Papez und MacLean. Wenn die Hypothese richtig ist, können wir von den Beobachtungen an den Reptilien auf das Verhalten der Menschen unter gleichen Bedingungen („wenn sie nur mit dem Instinkthirn entscheiden würden") schließen. Die „Wahr-heit" der Prämisse erkennen wir daran, daß wir tatsächlich menschliches Verhalten (zum Beispiel im Krieg oder im Tango) feststellen können, das mit dem Verhalten der Reptilien übereinstimmt.

Abstraktion ist erst durch die Unendlichkeit der Sprache und die Geset-ze der Logik möglich geworden. Sie ist die Fähigkeit, Gemeinsamkeiten aus unterschiedlichen Erfahrungen und Beobachtungen zu neuen Kategorien und Begriffen zusammenzufassen und Unterschiede zu erkennen. Beste-hende Informationen können so neu interpretiert und in größere Zusam-menhänge gestellt werden, Unterschiede können differenziert, d. h. bis in kleinste Details, wahrgenommen werden.

Zufall und Ordnung

Die zweite Achse des instrumentellen Vernunfthirns reguliert das Verständ-nis der Wirklichkeit zwischen Zufall und Ordnung. „Zufall" definieren wir als die Absenz des Wissens um einen Ursache-Wirkungszusammenhang. Wenn wir nicht wissen, warum jemand in einen tödlichen Unfall verwik-kelt war, nennen wir das „Zufall". Wenn wir den Grund (die Ursache) erkennen können, sprechen wir zum Beispiel von „fahrlässigem Handeln". „Ordnung" entsteht aus der Kenntnis (Wiederholung, Strukturierung, Organisation) von Ursache-Wirkungszusammenhängen. Das instrumen-telle Vernunfthirn strebt immer nach Ordnung, weil es nur in der Ordnung, d. h. im Wissen-Wie, seinen Zweck erfüllen kann. Ordnung bedeutet Kon-trolle. Kontrolle der Mittel (Ursache) und der Ereignisse (Wirkung).

Auch die vier Funktionsprinzipien der instrumentellen Vernunft bilden vier Wirkungsfelder, die wir wiederum als Quadranten darstellen: die Qua-dranten der Effizienz, der Effektivität, der Willkür und des Zynismus.

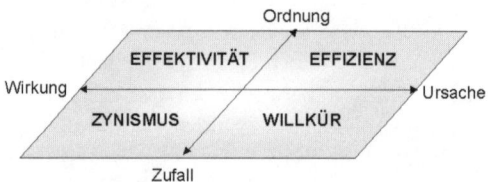

Abbildung 11: Die Wirkungsfelder der instrumentellen Vernunft

Der Quadrant der Effizienz

Im Quadranten der Effizienz wird das Wissen um die Ursache, die eine Wirkung erzielt, in das Wissen um das Mittel umgesetzt, mit dem das Ziel erreicht werden kann: in sogenanntes „Management-Wissen". „To manage" heißt führen, lenken, zustande bringen, bewirtschaften, handhaben, mit jemandem oder etwas umgehen können, bändigen, es schaffen. Es beschreibt genau den ökonomischen Umgang mit Mitteln, um Ziele zu erreichen. Das Wissen um Kausalzusammenhänge ist also immer „Management-Wissen".[66] Es ist für den Erfolg im offenen Wettbewerb überlebenswichtig, weil dort nur überlebt, wer maximale Leistung (Qualität) zu minimalen Kosten (Aufwand) liefert (eine sogenannte „Weltmeisterstrategie"). Im Quadranten der Effizienz wird der zweite Teil dieser Bedingung, ein Ziel mit minimalem Aufwand zu erreichen, eingelöst.

Der Quadrant der Effektivität

Im Quadranten der Effektivität wird der erste Teil erfüllt. Das Wissen um die Wirkungen, die eine oder mehrere Ursachen auslösen, erlaubt es, durch Auswahl aus verschiedenen Ursachen oder durch die Festlegung neuer Ziele, die Wirkung im Kausalzusammenhang als Zielwirkung zu maximieren. Wenn dieser Erfolgszusammenhang nicht dem Zufall überlassen bleiben soll, muß er gesichert und quantifiziert sein. Was nicht quantifiziert ist, kann nicht gemessen werden. Was nicht meßbar ist, kann nicht erfolgskontrolliert und damit systematisch optimiert werden.

Die Leistungen, welche die instrumentelle Vernunft auf diese Weise entwickelt hat, sind beeindruckend. Sie umfassen:

- alle Instrumente von der Jagd bis zur Lasertechnologie,
- alle Formen der Zucht und Saat bis zur Biotechnologie,
- alle Formen der Nahrungsmittelentwicklung bis zum Brain- und Pharmafood,
- alle Formen der Geburtenkontrolle bis zur Pille und Abtreibung,
- alle Formen der Entdeckung und Expansion bis zur Weltraumtechnologie,
- alle technischen Möglichkeiten der Kommunikation bis zum Internet.

Allerdings ist auch der instrumentellen Vernunft ein Dilemma immanent, das zur Tragödie führt. Obwohl das instrumentelle Vernunfthirn hochmotiviert ist, dem Zufall zu entrinnen, gelingt es in der Summe nicht, aus dem Quadranten der Willkür zu entkommen. Der Grund dafür liegt erstaunlicherweise in der eigenen Stärke. Die instrumentelle Vernunft kann zwar beobachtbare Phänome als Ursache-Wirkungszusammenhänge erklären, aber sie kann die Kausalketten, die sie erkennt, nie bis zum Anfang oder bis zum Ende verfolgen. Das liegt in der Konstruktion der Sache selbst, weil jedes Ziel (Wirkung) wiederum als Mittel (Ursache) für ein nächsthöheres Ziel verstanden werden kann und jedes Mittel (Ursache) als Ziel (Wirkung), dem ein anderes Mittel (Ursache) vorangegangen ist. Ein Beispiel: Für einen Ingenieur ist die Konstruktion eines neuen Autos das Ziel seiner Arbeit. Die Arbeit ist für den Mann (wie für das Unternehmen) ein Mittel, um ein Einkommen (Umsatz) zu erzielen. Das Ziel (die Konstruktion des Autos) wird zum Mittel. Die „Richtigkeit" des Ziels wird an seinem Beitrag als Mittel zur Erreichung des (nächsthöheren) Ziels gemessen. Dadurch bleibt jedes Ziel und jedes Mittel relativ.

Mit den Möglichkeiten des instrumentellen Vernunfthirns können wir die „Richtigkeit" eines Ziels nicht „an sich" bewerten, sondern immer nur „instrumentell", d. h. als Mittel für ein anderes Ziel. Die Existenz eines verbindlichen Anfangs und Endes, die Vorstellung von Ewigkeit, das Phänomen des Absoluten können wir mit seiner Hilfe nicht erklären und nicht verstehen. Damit bleiben bei aller Ordnung und Gesetzmäßigkeit der Anfang und das Ende, d. h. das Ganze, willkürlich, alles, was in der logischen Reihenfolge der Ableitung vor oder nach der Gesetzmäßigkeit steht, alle ersten und letzten Fragen, die Fragen nach dem Sinn zum Beispiel.

Das ist ziemlich viel Realität. Die instrumentelle Vernunft kann zwar verstehen, daß das Leben eines Menschen dadurch entsteht, daß sich eine männliche Samenzelle mit einer weiblichen Eizelle verbindet. Aber die Ursache vor dieser Ursache, warum es gerade diese beiden Zellen an diesem Ort und zu diesem Zeitpunkt sind, kann sie nicht erklären. Deshalb ist das Leben aus der Sicht der instrumentellen Vernunft ein Zufall. Die instrumentelle Vernunft kann auch den Tod eines Menschen nur über einige Glieder in der Kausalkette interpretieren: daß sein Herz aufgehört hat zu schlagen (Herzversagen) oder daß der Bremsweg des Fahrzeugs zu kurz war, zum Beispiel. Die Ursachen davor und die Wirkung danach kann sie nicht erkennen. Der Tod ist für die instrumentelle Vernunft ein Zufall. Tod und Leben sind willkürlich. Sie können jedem jederzeit passieren.

Die zweite Stärke der instrumentellen Vernunft haben wir im gesicherten und quantitativen Wissen gesehen. Die Sicherheit gewinnen wir durch die experimentelle Wiederholung der Phänomene und Messung der Resultate. Alles, was nicht wiederholbar, und alles, was nicht quantifizierbar ist, können wir im Rahmen der instrumentellen Vernunft nicht verstehen, also alles, was wir unter Einzigartigkeit, Kreativität und „Qualität" im engeren Sinne verstehen.

Auch das ist enorm viel Realität. Ein Beispiel: Die instrumentelle Vernunft kann nur willkürlich beurteilen, ob es richtig oder falsch ist, ein Atomkraftwerk zu bauen. Sie kann es zum Beispiel danach beurteilen, zu welchen Kosten das Kraftwerk Strom erzeugen wird, oder danach, ob das Atomkraftwerk in der Bevölkerung Angst erzeugt. Wenn das letztere das Kriterium wäre, müßte sie entscheiden, welcher Teil der Bevölkerung zu berücksichtigen ist, und dann müßte sie die Angst erheben und quantifizieren können. Schon bei diesen Anforderungen ist die instrumentelle Vernunft heillos überfordert. Das gilt auch für die Bewertung des Zukunftsrisikos. Die instrumentelle Vernunft kann eine statistische Risiko-Wahrscheinlichkeit aufgrund von Vergleichsdaten aus der Vergangenheit berechnen. Die Vorbehalte sind bekannt: Die Vergangenheit ist nie die Zukunft, die Daten sind nie ganz vergleichbar. Trotzdem, das Hauptproblem ist nicht die Berechnung (obwohl diese schon fragwürdig ist), sondern die Bewertung. Dazu müßten die Kosten bekannt und bewertet werden, die beim Eintreffen des Risikos anfallen, zum Beispiel die Kosten von Tod, Verletzung, psychischer Belastung, Erbschäden usw. – ein Ding der Unmöglichkeit.

Die Tendenz, daß der Informationsbedarf im instrumentellen Vernunfthirn die Möglichkeiten der Informationsbeschaffung weit übersteigt, gilt nicht nur beim Bau eines Atomkraftwerkes, sondern auch, wenn Sie ein Auto kaufen oder heiraten oder ins Kino gehen. Sie kennen den Risikofaktor und die kosten- oder nutzenrelevanten Konsequenzen der Alternativen bei diesen Entscheidungen auch nicht. Die instrumentelle Vernunft hilft sich damit aus der Klemme, daß sie die Entscheidungsparameter auf diejenigen Informationen reduziert, die sie quantifizieren und kontrollieren kann. Das ist beim Atomkraftwerk im wesentlichen eine Investitionsrechnung, die feststellt, welche Kapitalrendite mit der Investition erzielt werden kann. Und beim Auto ist es in der Regel der Vergleich des Preises, des Benzinverbrauchs, der Motorleistung, der Ausstattung und vielleicht noch ein paar anderer quantitativer Parameter. Darüber hinaus werden die Entscheidungen in anderen Hirnarealen getroffen – oft ohne daß wir es merken.

Der Vorteil, mit Hilfe der instrumentellen Vernunft äußerst präzise Informationen generieren zu können, indem wir das Objekt der Betrachtung in kleinste Teile zerlegen, ist mit einem weiteren Nachteil verbunden. Der Nachteil ist, daß wir gleichzeitig immer nur einige Teile im Auge behalten können. Dieser Nachteil wirkt sich dann verheerend aus, wenn wir die Teile für das Ganze halten, oder wenn uns das Ganze aus dem Sichtfeld entschwindet.

Der Quadrant des Zynismus

Weil wir fähig sind, mit Hilfe der instrumentellen Vernunft die Temperatur im Kühlschrank und den Druck in der Flugzeugkabine zu kontrollieren, sind wir verführt zu denken, wir könnten auch den Sinn des Lebens, das Gesamtziel, kontrollieren. Weil die instrumentelle Vernunft nicht in der Lage ist, die Ziele an sich zu bewerten, sondern immer nur instrumentell als Mittel für ein nächstes Ziel, und weil sie den Sinn dieser Tätigkeit über die Repetition und Optimierung hinaus nicht erfassen kann, erschöpft sie sich, wenn sie sich selbst überlassen bleibt, mit Notwendigkeit im Quadranten des Zynismus. Der Zynismus wächst mit der Fähigkeit, Ziele hocheffizient und effektiv erreichen zu können, und der Unfähigkeit, die Ziele zu bewerten, d. h. zu entscheiden, ob sie richtig sind. Er entsteht mit der Gewohnheit, *to do things right rather than to do the right thing*, also mit dem Vermögen, alles richtig, aber nicht das Richtige zu tun. Er ist der Ausdruck der Hoffnungslosigkeit, die auf dem Unvermögen beruht, Sinn zu erkennen, und der Verzweiflung, die aus dem Bewußtsein darüber entsteht. Mit dem Siegeszug der instrumentellen Vernunft ist auch ein Trend zum Zynismus verbunden. Zyniker leiden qualvoll an diesem Unvermögen und wählen manchmal, mit logischer Konsequenz, den Freitod als letzten Ausweg aus dem goldenen Käfig der relativen Vernunft.

Tatsächlich ist das instrumentelle Vernunfthirn auch nicht dazu geschaffen worden, um die richtigen Ziele zu erkennen. Das ist die Kompetenz und Aufgabe der empathischen Vernunft.

DAS EMPATHISCHE VERNUNFTHIRN:
WAS WILL DER ENGEL?
Die empathische Vernunft ist bestrebt,
die Differenz zwischen dem Subjekt und dem Objekt aufzuheben

Von Robert Ornstein und seinen Kollegen wissen wir auch, wie die rechte Hirnhälfte funktioniert, nämlich in jeder Beziehung genau umgekehrt wie die linke: visuell anstatt verbal, synthetisch anstelle von analytisch, holistisch im Gegensatz zu fragmentarisch, inhaltlich-konkret anstelle von formal-abstrakt, intuitiv anstatt logisch hergeleitet, zeitunabhängig, d. h. ewig und nicht zeitabhängig, rezeptiv im Gegensatz zu aktiv, analog und nicht digital, und das hat zur Folge, schnell und diffus im Unterschied zu langsam und präzise.

Wir verstehen jetzt auch, warum die beiden Hirnhälften vollkommen unterschiedlich funktionieren: weil sie vollkommen unterschiedlichen Zwecken dienen. Der Zweck der instrumentellen Vernunft ist, zu bestimmen, wie ein Ziel erreicht werden kann. Der Zweck der empathischen Vernunft ist, festzustellen, ob ein Ziel erreicht werden soll. Und zwar nicht im instrumentellen und d. h. relativen Sinne, also nicht, ob das Ziel als Mittel nützt, um ein anderes Ziel zu erreichen, sondern im absoluten Sinne, also ob das Ziel an sich das richtige ist, ob es überhaupt erreicht werden soll. Damit sollte das zweite Defizit der älteren Hirne, nämlich der sinnlos-repetitive Teufelskreis, den das Streben nach Befriedigung und Dominanz verursacht, korrigiert werden.

Das empathische Vernunfthirn hat noch eine zweite Funktion zu erfüllen, die direkt mit der Problematik des Konstruktionsprinzips des Hirns als hybridem System verbunden ist. Es soll die verschiedenen Teilsysteme, Funktionen und Ziele integrieren. Es soll die Konstruktionsidee des hybriden Systems verwirklichen. Weil es den Überblick bewahren muß, denkt das empathische Vernunfthirn analog, d. h. in Bildern und nicht digital, diffus und schnell anstatt präzise, aber dafür langsam. Weil es das Ganze im Auge behalten muß, kann es sich nicht im Detail verlieren. Deshalb können wir im empathischen Vernunfthirn viele verschiedene Standorte einnehmen und flexibel zwischen ihnen wechseln, während wir im instrumentellen Vernunfthirn starr, aber präzise, wie mit dem Auge eines Lasers, aus der immer gleichen Perspektive Code um Code ablesen. Um die Fülle der Informationen aufzunehmen, die „das Ganze" bedeuten, müssen wir sie „auf einen Blick" erkennen: Wir können mit Hilfe des instrumentellen Vernunfthirns etwa 2,5 Wörter pro Sekunde angenehm sprechen und verstehen; wir können mit Hilfe des empathischen Vernunfthirns ohne weiteres 24 bis 36 Bilder pro Sekunde aufnehmen, wie im Kino – und damit natürlich in der gleichen Zeit wesentlich mehr Informationen senden und empfangen als mit den 2,5 Wörtern – allerdings bleibt das Mehr an Information mit Notwendigkeit auch wesentlich diffuser.[67]

Um die doppelte Aufgabe erfüllen zu können, das Richtige zu erkennen, das Ganze zu sehen und die Teile zu integrieren, von der die instrumentelle Vernunft annehmen muß, daß sie unerfüllbar ist, ist das empathische Vernunfthirn mit vier Hauptfunktionen ausgerüstet, die wir wiederum auf zwei Achsen darstellen wollen: Bescheidenheit und Bewußtheit auf der West-Ost-Achse und Güte und Geduld auf der Nord-Süd-Achse.

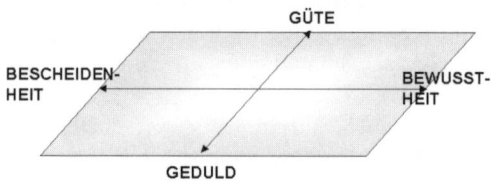

Abbildung 12: Die Struktur des empathischen Vernunfthirns

Bescheidenheit und Bewußtheit

Auf dieser Achse sollen zwei Funktionsprinzipien, die für das Instinkt- und Affekthirn zentral sind, aufgefangen werden: die Unersättlichkeit des Instinkthirns durch die Bescheidenheit und der Automatismus der beiden älteren Hirne durch die Bewußtheit. Die Bescheidenheit steht in direktem Gegensatz zu den Automatismen, die im Instinkt- und Affekthirn programmiert sind. Sie wird sich neben den Funktionsprinzipien, die wir dort angetroffen haben – Fressen, Kopulieren, Siegen, Besitzen, Dominieren, Erfolg haben, Genießen usw. –, nur mit Hilfe der Bewußtheit behaupten können.

Bewußtheit heißt einerseits, zu wissen, warum etwas ist oder geschieht und welche Konsequenzen daraus entstehen. Das ist instrumentelles Wissen. Bewußtheit setzt also instrumentelles Wissen voraus. Aber es genügt nicht, um die Zielwirkung zu wissen. Bewußtheit in unserem Verständnis bedingt auch noch, die Zielwirkung zu erfahren. Das erfordert, daran teilzuhaben. Erfahrung über etwas gewinnen wir nur dadurch, daß wir selber daran teilnehmen. Deshalb ist Bewußtheit im empathischen und nicht im instrumentellen Vernunfthirn angesiedelt. Empathie heißt teilhaben. Bewußtheit ist instrumentelles, quantitatives Wissen qualitativ aufgeladen durch Erfahrung. Wir können uns nur „bewußt sein", was es heißt, dominiert zu werden (Angst zu haben, usw.), wenn wir es selber erfahren haben.

Aber es nur zu erfahren reicht ebenso wenig weit, wie es nur zu wissen. Die Tatsache, daß Bewußtheit die Kooperation der instrumentellen und empathischen Vernunfthirne erfordert, zusammen mit dem Umstand, daß die beiden Hirnareale so gegensätzlich funktionieren, ist dafür verantwortlich, daß es so schwer ist, Bewußtheit zu erlangen. Wir verwenden den Begriff „Bewußtheit" anstelle von „Bewußtsein", weil die Alltagssprache den letzteren wiederum sehr ungenau verwendet. In der Umgangssprache sind wir schon bei „Bewußtsein", wenn wir nicht „bewußtlos" sind. Der Naturwissenschaftler und Nobelpreisträger Francis Crick setzt im Titel seines Buches die Begriffe „Bewußtsein" mit „Seele" gleich und reduziert beide auf die „Ansammlung von Nervenzellen" und elektro-chemische Prozesse, die er zwischen ihnen messen konnte.[68] Wir verstehen „Bewußtheit" im Unterschied dazu nicht als ein quantitatives, sondern als ein qualitatives Phänomen.

Güte und Geduld

Auch sie dienen dazu, destruktive Auswirkungen der älteren Hirnareale aufzufangen. Die Geduld setzt ein Gegengewicht zur Ungeduld des Instinkthirns. Dessen Programm heißt hier und jetzt, sofort, wie wir wissen. Die Erfahrung lehrt uns, daß dies oft nicht möglich ist. Mit der Funktion Geduld des empathischen Vernunfhirns wird vieles möglich. Güte setzt das Gegengewicht zur Angst des Affekthirns. Angst sieht im anderen den Aggressor, die Gefahr, die Bedrohung, die Bestrafung. Der Begriff Güte ist aus begütigen entstanden, das heißt besänftigen und meint, den Aggressor (den Affekt) zu besänftigen. Es beinhaltet also Sanftheit, Freundlichkeit. Wir sehen darin ganz präzise das Wort gut und meinen damit, „das Gute" in jemandem oder etwas zu sehen und nicht das Schlechte, d. h. das Bedrohliche, den Angriff, die Bestrafung, und außerdem das Befürfnis, das Gute zu wünschen und zu geben.

Zusammen bilden diese vier Funktionen die Fähigkeit, die beiden Ziele zu erreichen, die dem empathischen Vernunfthirn gestellt sind: die Integration der Hirnareale und das Erkennen der absolut richtigen Ziele. Um das zu verstehen, brauchen wir beide Hirnareale, die linke und die rechte Hirnhemisphäre. Die linke brauchen wir, um die Kausalzusammenhänge zu verstehen, die rechte, um das erfahren zu können, was wir mit Hilfe der Sprache zu beschreiben versuchen. Um die Kausalzusammenhänge deutlich zu machen, müssen wir die Erfahrung der empathischen Vernunft, die definitionsgemäß eine ganzheitliche ist, in Teilbereiche aufgliedern. Wir tun dies, indem wir durch die Kombination von jeweils zwei benachbarten Grundfunktionen wiederum vier Erfahrungsfelder bilden. Es sind die Quadranten der Liebe, des Leidens, der Schönheit und der Kreativität.

Wie Sie sich erinnern, haben wir in jedem Hirnareal vier Funktionsbereiche festgestellt:

- im Instinkthirn vier Verhaltensfelder,
- im Affekthirn vier Positionsfelder,
- im instrumentellen Vernunfthirn vier Wirkungsfelder und nun
- im empathischen Vernunfthirn vier Erfahrungsfelder.

Diese unterschiedlichen Bezeichnungen sind nicht zufällig gewählt. Das Instinkthirn steuert Ihr Grundverhalten, das Affekthirn Ihr Positionierungsverhalten, das instrumentelle Vernunfthirn Ihr Wirkungsverhalten und das empathische Vernunfthirn die Erfahrung von Qualität.

Natürlich trifft die Feststellung für alle Hirnbereiche zu, daß Ihre Realität nur so groß ist wie Ihre Wahrnehmung. Aber die Folgen dieser Tatsache sind nirgendwo so dramatisch wie im Bereich der empathischen Vernunft, weil hier die Diskrepanz der Wahrnehmung zwischen den Menschen besonders groß ist. Der Unterschied ist so groß, weil diese Erfahrung nicht automatisch geschieht wie das Verhalten der Instinkte und die Positionierung der Affekte und weil das Training der empathischen Vernunft in unserer Kultur weit weniger standardisiert ist als dasjenige des instrumentellen Wissens. Während das Bildungssystem für die instrumentelle Vernunft auf höchstem Niveau institutionalisiert ist, bleibt dasjenige für die empathische Vernunft dem Zufall, den Religionen und ihren Interpreten, vielen Einzelkämpferinnen, einer minoritären und wenig gehörten Gruppe von Wissenschaftlern, der Kunst, der Obskurität und Ihnen überlassen.

Es ist deshalb ganz wichtig für Sie, daß Sie sich vor Augen halten, daß Sie von dem, was wir im Bereich der empathischen Vernunft zu beschreiben und zu erklären versuchen, nur das verstehen werden, was Sie erfahren können. Die Beschreibung und Erklärung ist also in erster Linie eine Einladung an Sie, die Phänomene selbst zu erfahren, von denen wir reden – und nicht kopfschüttelnd, zynisch, spöttisch, aggressiv, bitter, ängstlich oder ungeduldig von sich zu weisen, was Sie noch nicht erfahren haben.

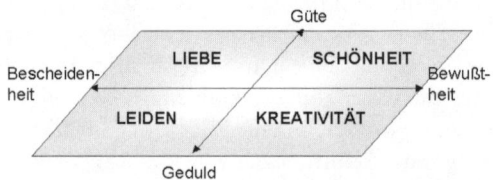

Abbildung 13: Die Erfahrungsfelder des empathischen Vernunfthirns

Wir beginnen mit dem Erfahrungsfeld der Schönheit, weil es vielleicht einfacher als die andern zu verstehen ist, was nicht bedeutet, daß es einfach ist.

Der Quadrant der Schönheit

Schönheit ist eine Qualität der Wahrnehmung. Der Volksmund sagt dazu: „Über Geschmack läßt sich nicht streiten." Das ist auf der Verhaltensebene richtig beobachtet. Jede hält ihren Geschmack für den besten, und die Geschmäcker gehen bekanntlich weit auseinander. Tiefenpsychologisch ist die Aussage falsch. Auf der tiefenpsychologischen Ebene sind wir viel „kollektiver", als wir meinen. Wir teilen dort auch im Bereich der Ästhetik die gleichen Ideale. Aber es gilt für die Schönheit, was für das ganze empathische Vernunfthirn zutrifft: Schönheit als Qualität ist eine Erfahrung, und über die Qualität dieser Erfahrung können sich Menschen nur in dem Maße verständigen, wie sie eine solche gemacht haben und sie also teilen können.

Nun brauchen wir nur die Zeitschriften an den Kiosken, die Filme im Kino und TV oder die Bilder und Statuen in den Museen anzuschauen, um verblüfft festzustellen, wie viele Menschen über verschiedene Kulturen und Epochen das Gleiche schön finden. Die Frauen und Männer auf den Titelseiten, die Stars in Film und Musik und die schönen Körper und Gesichter in der Kunst unterscheiden sich grundsätzlich nicht voneinander. Die griechischen oder indischen Göttinnen bezaubern uns ästhetisch mit der gleichen Schönheit wie die Göttinnen Hollywoods oder die der Laufstege. Ein griechischer Held und ein schöner Indianer genügt den gleichen ästhetischen Kriterien wie ein rotziger Jungstar aus der Film- oder Musikszene. Denn die Kriterien der Schönheit sind im Hirn programmiert. Sie entsprechen den Funktionen der Hirnareale:

Kraft, Bewegung, Ruhe sind Funktionen des Instinkthirns. Wir finden sie als universelle ästhetische Ideale bei Männern und Frauen (und Tieren und allen anderen Objekten) wieder, und zwar in Formen, die ganz den geschlechtsspezifischen Funktionsweisen entsprechen. Je mehr sich die Rollen der Geschlechter angleichen, desto mehr nähern sich die ästhetischen Ideale einander an. Aber sie verändern sich nicht grundsätzlich, und sie verlieren nie den geschlechtsspezifischen Bezug. Muskeln sind ein Ausdruck von Kraft. Sie sind deshalb bei Männern und bei Frauen schön, aber nicht in gleichem Maße. Sie sind bei Männern im Vergleich zu anderen sichtbaren Attributen wichtiger als bei Frauen. Bei diesen steht nicht die Größe, sondern der Muskeltonus, die Straffheit der Haut und die Festigkeit des fettreichen Gewebes im Vordergrund. Frauen haben einen doppelt so hohen Fettanteil im Gewebe wie Männer, den sie brauchen, um zu stillen. Sie haben auch ein im Verhältnis zum Mann breiteres Becken, um zu gebären. Die Ästhetik ist durchweg funktional. Wir finden in allen Kulturen und zu allen Zeiten bei Frauen eine schmale Taille zur Betonung breiter Hüften bei einem Indexwert von 0,70 als ideal,[69] ebenso wie ein Gleichgewicht zwischen Fett und Muskeln, das feste und weiche Brüste, Schenkel und Hinterbacken bedeutet. Bei Männern entsprechen eine schmale Hüfte bei breiten Schultern und starken Schenkeln dem universellen Schönheitsideal.

Freude und Erfolg sind Funktionen des Affekthirns. Lachende Gesichter, die Freude zeigen, finden wir alle schön, ganz im Gegensatz zu Menschen, die uns mürrisch, enttäuscht oder verkrampft anschauen. Dominanz ist eine weitere Funktion. Sie äußert sich sichtbar in der Begeisterung für mächtige, pompöse, großgestige Formen und Figuren, wie so oft in Kunstformen, die der Staatsgewalt dienen.

Ökonomie, Ordnung und Funktion sind weitere universelle Kriterien der Ästhetik. Wir haben sie im instrumentellen Vernunfthirn vorgefunden. Das ökonomische Prinzip als ästhetisches Prinzip sucht mit minimalem Aufwand eine bestimmte (oder maximale) Wirkung zu erzielen, wie zum Beispiel in der Minimal Art oder in der japanischen Ästhetik. Natürlich können wir auch das Übermaß und die Üppigkeit als schön empfinden (einigen geht es so beim Busen, anderen beim Dekor). In diesem Falle dürfte das Instinkthirn dominieren. Wir wissen ja, daß es nie genug bekommen kann. Wenn die Ökonomie der Ressourcen, die Strenge der Ordnung und die Präzision der Ausführung dominieren und wenn die Funktion die Form beherrscht, führt das instrumentelle Vernunfthirn die Regie. Universelle Ordnungsmuster sind die Symmetrie und die Proportionalität. Sie sind deshalb so beliebt, weil sie Gleichgewicht bedeuten. Wir werden noch sehen, welch zentrale Bedeutung dieser Idealzustand für die Funktionsweise des ganzen Hirns besitzt.

Wenn Sanftheit, Zärtlichkeit, Schlichtheit, Einfachheit und Harmonie eine ästhetische Rolle spielen, ist das empathische Vernunfthirn mitbeteiligt. Eine seiner Hauptfunktionen ist die Integration der Gegensätze. Ihr entspricht das ästhetische Ideal der Harmonie. Auf die Frage, was für ihn das vollkommene Glück auf Erden bedeute, sagte Giorgio Armani: „Die Harmonie."[70]

Wir können die Schönheitsideale der Harmonie, Symmetrie und Proportionalität am menschlichen Gesicht aufzeigen. Ein Gesicht, das wir schön finden, bildet die vier Hirnareale und Funktionen, die wir vorgefunden haben, in einem harmonischen, symmetrischen und proportionalen Verhältnis zueinander ab.

Vertikal ist das Gesicht grundsätzlich symmetrisch, wobei die Nase die Symmetrieachse bildet. Es fällt auf, daß sie von vorne gesehen, in der Funktion als Symmetrieachse, scharf gezogen und gerade sein muß, aber nicht im Profil. Dort kann sie verschiedene Formen annehmen: zum Beispiel in einem großen, weichen Bogen aus den Augenbrauen herausgeschwungen sein, wie bei Modiglianis *Großem weiblichen Akt*,[71] oder kantig wie bei einem stolzen Römer oder einem Indianer. Eine Begründung für den Schwung der Nase finden wir in der traditionellen chinesischen und japanischen Gesundheitslehre. Sie stellt einen Zusammenhang her zwischen der äußeren Form und Erscheinung eines Körpers und seiner inneren, physiologischen und psychologischen Befindlichkeit.[72] Das Nasenbein wird bei dieser Betrachtung mit der Wirbelsäule in Verbindung gebracht. Der Schwung der Nase zeigt dementsprechend den Schwung der Wirbelsäule an. Deshalb muß sie wie diese von vorne gerade und von der Seite schwungvoll gebogen sein. Deshalb erscheinen Modiglianis Überzeichnungen der Nase so verblüffend schön. Sie sind dann am schönsten, wenn sich der Schwung der Nase im kühn gedehnten Rücken des nackten Frauenkörpers wiederholt.

Horizontal ist das Gesicht in vier Abschnitte gegliedert, die in einer ausgewogenen Proportion zueinander stehen. Die vier Abschnitte können wir als „Ausdruck" der vier Hirnareale verstehen. Die Kinnpartie mit dem Mund verkörpert das Instinkthirn, die Nasenpartie das Affekthirn, die Augen und Ohren, die auf einer Linie liegen, die empathische und die Stirnpartie die instrumentelle Vernunft. Bezeichnenderweise verbinden wir die Haare, die das Gesicht nach oben abschließen, als ein Symbol von Kraft, wiederum mit den Attributen des Instinkthirns. Das Gesicht ist, wie das Hirn, eine geschlossene und ganze Sache. Die Kinnpartie drückt Tatkraft und Durchsetzungsfähigkeit aus. Einem starken, kantigen und vorstehenden Unterkiefer sprechen wir große Durchsetzungskraft zu. Es ist kein Zufall, daß wir bei einem Mann ein stärker ausgeprägtes Kinn in der Proportion länger als schön akzeptieren als bei einer Frau, wie etwa bei Kirk Douglas, Clint Eastwood, Jean Paul Belmondo oder Bruce Willis. Aber es ist natürlich auch kein Zufall, daß wir heute im Vergleich zu früher auch bei Frauen kantigere Gesichter und Kinnpartien als schön empfinden. Vergleichen Sie z. B. die Kinnpartien von Cindy Crawford, Claudia Schiffer, Birgitt Nilsen oder Demi Moore mit den runden Kinnformen bei den Frauenbildern der letzten Jahrhunderte, zum Beispiel auf dem Bild *La Grande Odalisque*, 1814, von Jean Auguste Dominique Ingres.[73] Der Unterschied in der ästhetischen Toleranz zwischen den Kinnpartien von Mann und Frau spiegelt den Unterschied im Zugang zum Positionierungskampf auf der Ebene des Affekthirns wider. Die Tatsache, daß der ästhetisch akzeptierte Unterschied deutlich kleiner geworden ist, bedeutet, daß der Anspruch der Frauen, sich auf dem Positionierungsfeld des Affekthirns unabhängig durchzusetzen, mehr denn je akzeptiert ist.

Der Mund gehört zum Bereich der Kinnpartie. Er bedeutet Fressen und Kopulieren. Es ist kein Zufall, daß der Mund und die Genitalien beide mit Schleimhäuten ausgestattet sind und wir uns mit beiden vereinen, wenn wir uns paaren. Es ist weder ein Zufall, daß wir die weiblichen Genitalien Schamlippen nennen noch daß wir volle, leicht geöffnete Lippen, wie bei Marilyn Monroe oder Brigitte Bardot, schön und schmale und zusammengekniffene Lippen weniger schön finden.

Die Zähne symbolisieren Gesundheit und Stärke. Weiß, groß und symmetrisch müssen sie angeordnet sein. Im Instinkthirn sind sie ein Instrument für den Kampf um die Nahrung. Auf einem Bild von Jean-Léon Gérôme, *The Slave Market,*[74] prüft der Käufer bei der Sklavin, die er für seinen Harem kauft, Schärfe, Form und Anordnung der Zähne.

Über der Kinn-Mund-Partie liegt die Nasenpartie. Sie entspricht dem Affekthirn; dessen Hauptfunktion ist der Wille, etwas zu erreichen. Die Nase geht dem Gesicht voran. Sie darf groß und stark sein, sehr groß sogar, und wir können sie immer noch als schön empfinden. Menschen mit großen Nasen sagen wir nach, daß sie sehr willensstark sind und viel bewegen können. Die Nase darf auch klein sein, aber es ist keine Frage, welchem harmlosen Rollenbild wir das niedliche, kleine Stupsnäschen zuordnen. Ästhetisch entscheidend sind allemal die Proportionen. Daß sie in der Ästhetik so bedeutsam sind, gibt uns einen wichtigen Hinweis auf die Funktionsweise des Gehirns.

Proportionalität ist der formale Ausdruck eines Gleichgewichts. Das Gehirn sucht einen Gleichgewichtszustand zwischen den Hirnarealen. Diesen Gleichgewichtszustand, diese Proportionalität, finden wir schön. Wir werden ihn bestimmen und zeigen, wie wir ihn erreichen können.

Die Stirnpartie symbolisiert das Denkvermögen, die intellektuellen Fähigkeiten. Das sind die Eigenschaften der instrumentellen Vernunft. Die Höhe der Stirne deutet die linke Hirnhemisphäre an. In der Proportion zu den übrigen Gesichtsbereichen besteht im Schönheitsideal bezeichnenderweise kein Unterschied zwischen den Geschlechtern. Das entspricht der Tatsache, daß das Vernunfthirn (die instrumentelle und die empathische Vernunft) geschlechtsneutral ist.

Zwischen dem Nasenbereich (Affekthirn) und dem Stirnbereich (instrumentelles Vernunfthirn) liegen die Augen und die Ohren. Wir haben gesagt, daß sie das empathische Vernunfthirn und seine Funktionen verkörpern. Daß sie zwischen den anderen Gesichtsbereichen liegen, bestätigt die Aufgabe der empathischen Vernunft, nämlich, die Hirnareale zu integrieren, zu verbinden. Im Volksmund nennen wir die Augen „Spiegel der Seele". Welche ästhetischen Werte verbinden wir damit? Groß, warm, weich, lebendig, gütig, zärtlich, tief, geheimnisvoll, unergründlich, schalkhaft und melancholisch sind schöne Augen. Das sind alles Eigenschaften, die wir im empathischen Vernunfthirn finden. Mit den Ohren sind wir im Westen ästhetisch nicht sehr vertraut. „Sie sollen nicht abstehen", ist etwa das einzige Kriterium, das wir anwenden. In der Weisheitstradition des fernen Ostens ist es anders. Dort gelten die Ohrläppchen als Sitz der „Seele". Bei diesem Schönheitsideal können die Ohren nicht groß und lang genug sein. Sie kennen sie von vielen Buddha-Statuen. Tatsächlich können wir oft feststellen, daß musisch sehr begabte und kreative Menschen, ebenso wie solche, die sich durch große Herzenswärme und Güte auszeichnen, sehr große Ohren mit langen Ohrläppchen haben.

Das Gesicht schließt ab mit den Haaren. Sie sind ein Symbol der physischen Kraft, wie wir von der Geschichte über Samson wissen. Wenn Männer oder Frauen beim Eintritt in ein Kloster den Kopf kahl rasieren, signalisieren sie damit ihre Bereitschaft, den Forderungen des Instinkthirns zu entsagen. Was uns daran ästhetisch fasziniert, ist die radikale und mutige Verschiebung des Gleichgewichts.

Wir wollen mit aller Deutlichkeit darauf hinweisen, daß wir von der Wahrnehmung von Schönheit sprechen. Unser Gehirn nimmt ein Gesicht als schön wahr, weil es darin die Ideale sieht, die es in den eigenen Hirnarealen programmiert hat. Wir können und wollen keine Aussage darüber machen, ob die Ideale, die wir in den Formen von Menschen (und anderen Objekten) sehen und bewundern, bei diesen auch real existieren und gelebt werden. Und umgekehrt natürlich auch nicht: Wir können und wollen keine Aussage darüber machen, ob die Ideale dort, wo wir sie nicht sehen, tatsächlich fehlen. Die Erfahrung lehrt uns in der Tat, daß zwischen Form und Inhalt, Schein und Sein oft eine große Lücke klafft und daß wir umgekehrt Qualitäten entdecken, die auf den ersten Blick nicht sichtbar sind.

Die Erfahrung zeigt uns noch etwas anderes. Die Art und Weise, wie Sie die verschiedenen Hirnfunktionen entwickeln und einsetzen, macht sich mit der Zeit nach außen sichtbar: in Ihrem Körper, Ihrem Gang, Ihrem Gesicht, Ihrer Ausdünstung, Ihrer Ausstrahlung – in Ihrem Charisma. Ein fernöstliches Sprichwort sagt: „Mit Vierzig ist jeder Mensch für sein Gesicht selbst verantwortlich."[75]

Wir haben Schönheit als Qualität der Wahrnehmung definiert und die Programme dazu im Hirn gefunden. Je nachdem, welche Hirnareale Sie mit welcher Gewichtung einsetzen, wird das Resultat Ihrer Wahrnehmung anders aussehen. Um es verkürzt zu wiederholen: Das Instinkthirn sieht das Schöne in Busen und Muskeln, das Affekthirn im strahlenden Erfolg, das instrumentelle Vernunfthirn in der Funktionalität und Ordnung. Das entspricht unserer Erfahrung, daß jeder Schönes findet und oft an ganz unterschiedlichen Stellen. Trotzdem haben wir „Schönheit" auf dem Erfahrungsfeld zwischen den Funktionen Güte und Bewußtheit im empathischen Vernunfthirn angesiedelt. Hier kulminiert diese Erfahrung, hier wächst sie ins Unendliche (das Ewige oder Absolute). Wenn Sie mit Güte sehen, sehen Sie das Gute und das Schöne überall, in jedem Objekt, in jeder Blume, in jedem Gesicht, im Regen und im Sonnenschein. Das ist nicht einfach, aber es macht es einfach. Sie brauchen nun nicht mehr weit zu suchen, um Schönheit zu finden. Sie brauchen dafür nicht mehr zu bezahlen und zu tauschen. Aber Sie brauchen Sanftheit und Zärtlichkeit in der Wahrnehmung. Sie brauchen „Achtsamkeit" und alle fünf Sinne. Sie brauchen die Funktion der Bewußtheit. Sie müssen wissen, daß Sie das Schöne auch dort finden können, wo Sie auf den ersten Blick nur das Häßliche sehen. Und Sie müssen als Subjekt fähig sein, am Objekt Ihrer Betrachtung „teilzunehmen".

Sie kennen die Erfahrung, daß Menschen, Tiere oder Dinge in Ihrer Wahrnehmung immer schöner werden, je mehr Sie sie lieben, daß das Phänomen der Schönheit, stellvertretend für die ganze empathische Vernunft, ist, daß sie sowohl im Subjekt als auch im Objekt der Wahrnehmung liegt. Die Sanftheit liegt sowohl im Auge als auch in der Form. Die Zärtlichkeit liegt sowohl in den Händen als auch in der Haut, die die Hände berühren. Die Lieblichkeit liegt im Ohr wie im Ton. Die Sinnlichkeit liegt auf der Zunge wie im Objekt, das diese schmeckt. Der Wohlgeruch ist in der Nase wie in den Essenzen.

Verblüffend ist: Sie beteiligen alle Hirnareale daran, um Schönheit zu erleben. Je besser sie zusammenspielen, desto näher kommen Sie an das Ideal. Je mehr sie auseinanderfallen, desto mehr pervertiert das Ideal. Das Instinkthirn allein endet leicht im Vulgären. Das Affekthirn allein führt in den Kitsch oder in den Protz. Das instrumentelle Vernunfthirn allein bedeutet Kälte, und das empathische Vernunfthirn allein kann Chaos verheißen. Zusammen bilden sie ein Gleichgewicht, das schön ist.[76]

Wir dürfen uns dabei keiner Illusion und keiner falschen Romantik hingeben. Das Subjekt, das das Schöne wahrnimmt, macht nicht das Häßliche schön. Häßliches bleibt häßlich. Es kann jedoch das Schöne hinter dem Häßlichen entdecken, und dadurch im Objekt eine Entspannung und Verwandlung auslösen.[77] Die Liebe kann die Lieblosigkeit nicht liebevoll machen. Sie bleibt lieblos. Aber sie kann vielleicht die Liebe, die sich hinter der Lieblosigkeit verbirgt, das empathische Vernunfthirn, das unter der Dominanz der anderen Hirne verschüttet ist, entdecken und wecken.

Der Quadrant der Liebe

Wenn wir von „Bewußtheit" sprechen, können wir uns die Beliebigkeit und den Mißbrauch, den die Umgangssprache mit dem Begriff Liebe pflegt, nicht mehr leisten. Wir können nicht mehr den gleichen Begriff verwenden, um zu sagen: Ich liebe Schokolade, Ich liebe schnelle Autos und Ich liebe dich. Welche Hirnareale die Bedürfnisse nach Schokolade und schnellen Autos bestimmen, haben wir gesehen. Den Begriff Liebe wollen wir für eine zentrale Erfahrung im empathischen Vernunfthirn reservieren.

Um an die Erfahrung heranzuführen, die wir damit meinen, wollen wir ein Gedicht über die Liebe betrachten, das etwa 3000 Jahre alt ist. Wir finden es im Alten Testament. Es ist eine Sammlung von Liebesgedichten, die mit Salomo, dem mächtigsten, erfolgreichsten, schönsten, klügsten, sinnlichsten und kreativsten König der Israeliten, verbunden wird. Die Experten halten es für nicht wahrscheinlich, daß Salomo selbst den Text geschrieben hat. Aber sie gehen davon aus, daß er, aus verschiedenen Quellen stammend, im höfischen Umkreis von Jerusalem zur Zeit Salomos entstanden ist. Es heißt „Das schönste Lied Salomos"[78] oder „Das Lied der Lieder von Salomo".[79] Weil es die Schönheit und die Liebe in gleichem Maße besingt, wollen wir es „Das Lied der Schönheit und Liebe bei Salomo" nennen. Wir geben es hier verkürzt auf die Stellen wieder, die wir interpretieren werden (und empfehlen, es im Alten Testament in voller Länge zu lesen).[80]

Das Lied der Schönheit und Liebe bei Salomo

„O möchtest du mich tränken mit deines Mundes Küssen!
Denn deine Liebe ist wonniger als Wein!
Köstlich ist der Duft deiner Salben;
wie feinstes Salböl ist dein Name:
darum haben die Mädchen dich lieb.
Zieh mich dir nach, komm, laß uns eilen!
Führe mich, König, in deine Gemächer!
Wir wollen jubeln und deiner uns freuen, wollen an deiner Liebe uns berauschen statt an Wein!

Gebräunt bin ich, aber doch schön, ihr Töchter Jerusalems,
wie die Zelte von Kedar, wie Salomos Teppiche.
Seht mich nicht an, daß so gebräunt ich bin,
daß die Sonne mich so verbrannt hat!
Meiner Mutter Söhne waren böse auf mich,
bestellten mich zur Hüterin der Weinberge;
meinen eignen Weinberg hab' ich nicht gehütet.

Tu mir kund, du, den meine Seele liebt:
wo weidest du, wo lagerst du zur Mittagszeit?
Wenn du das nicht weißt, du schönste unter den Frauen,
so geh nur hinaus, den Spuren der Herde nach,
und weide deine Zicklein bei den Zelten der Hirten!

Störet die Liebe nicht auf und wecket sie nicht, bis es ihr selber gefällt!

Auf meinem Lager in den Nächten, da sucht' ich ihn, den meine Seele liebt: ich suchte ihn und fand ihn nicht.

Ich schlief, doch mein Herz war wach.
Horch! da klopft mein Geliebter!
Mach mir auf, meine Schwester, meine Freundin, mein Täubchen, meine Reine!
Ich öffnete meinem Geliebten, doch mein Geliebter war fort, war verschwunden.
Ich suchte ihn und fand ihn nicht;
ich rief nach ihm, doch er gab mir keine Antwort.
Es trafen mich die Wächter, die in der Stadt umhergingen;
sie schlugen mich, verwundeten mich, rissen den Umhang mir ab, die Wächter der Stadtmauer!
Kaum war ich an ihnen vorüber, da fand ich ihn, den meine Seele liebt.
Ich hielt ihn fest und ließ ihn nicht los.

Mein Geliebter ist mein, und ich bin sein; er weidet auf der Lilienau.
Bis der Abendwind haucht und die Schatten fliehn, ergehe dich frei, mein Geliebter, der Gazelle gleich, oder wie der junge Hirsch auf zerklüfteten Bergen.

O du bist schön, meine Freundin, ja schön bist du!
Deine Augen sind Taubenaugen hinter deinem Schleier hervor;
dein Haar gleicht einer Ziegenherde, die vom Gileadberge herabwallt.
Deine Zähne sind gleich einer Herde von Schafen, die frischgeschoren der Schwemme entsteigen, allesamt zwillingsträchtig und keins von ihnen kinderlos.
Deine Lippen gleichen einer Purpurschnur,
und dein Mund ist voll Anmut;
wie die Schnitte eines Granatapfels schimmern die Schläfen dir hinter dem Schleier hervor.
Wie Davids Turm ragt dein Hals, zur Fernsicht gebaut:
tausend Schilde hängen an ihm, lauter Wehren von Helden.
Deine Brüste sind gleich einem Zwillingspaar junger Gazellen, die auf Lilienauen weiden.

Wie schön sind deine Füße in den Schuhen, du Fürstenkind!
Die Wölbungen deiner Hüften sind wie Halsgeschmeide, ein Werk von Künstlerhand;

dein Schoß eine runde Schale, der nie der Mischtrank fehlen darf;
dein Leib eine Weizengarbe, umsäumt von Lilien.

Dein Hals wie ein Turm von Elfenbein,
deine Augen wie die Teiche von Hesbon am volksbelebten Tor;
deine Nase wie der Libanonturm, der nach Damaskus schaut;
dein Haupt droben wie der Karmel
und das herabwallende Haar deines Hauptes wie dunkler Purpur:
ein König liegt gefangen in den Locken!
Wie bist du so schön und so hold, du Geliebte, du Wonnevolle!
Dein Wuchs da gleicht einer Palme und deine Brüste den Datteltrauben.
Ich dachte: Ersteigen will ich die Palme, ihre Fruchtrispen ergreifen;
dann sollen deine Brüste mir sein wie Trauben am Weinstock und dein
Atem süß wie der Duft von Äpfeln
und dein Mund wie der köstlichste Wein, der meinem Gaumen glatt
eingeht und mir über die Lippen und Zähne sanft hinfließt.
Wunderschön bist du, meine Freundin; nichts fehlt deinen Reizen!
Eine einzige ist meine Taube, meine Reine.

Mein Geliebter ist blendend weiß und braun, kenntlich unter vielen
Tausenden.
Sein Haupt ist geläutertes Feingold,
seine Locken wallende Ranken, schwarz wie Raben;
seine Augen wie Tauben an Wasserbächen, die milchweiß gebadet, am
Teichesrand sitzen;
seine Wangen wie Balsambeete, Gelände duftender Kräuter;
seine Lippen sind wie Lilien, triefend von köstlichster Myrrhe;
seine Arme goldene Walzen, mit Edelsteinen dicht besetzt;
sein Leib ein Kunstwerk von Elfenbein, mit Saphiren übersät;
seine Beine Säulen von weißem Marmor, ruhend auf Sockeln von
Feingold;
seine Gestalt ragend wie der Libanon, großartig wie die Zedern;
sein Mund lauter Süße und alles an ihm entzückend!
Das ist mein Geliebter und das mein Freund, ihr Töchter Jerusalems!
Ich gehöre meinem Geliebten und mein Geliebter gehört mir.
Er weidet auf der Lilienau.

Du hast mich bezaubert, meine bräutliche Schwester,
du hast mich bezaubert mit einem deiner Blicke,
mit einem der Kettchen an deinem Halsschmuck!
Wie schön ist deine Liebe, meine bräutliche Schwester,
viel süßer ist deine Liebe als Wein,
und deiner Salben Duft geht über alle Wohlgerüche!

Von Honigseim triefen deine Lippen, meine Braut;
Honig und Milch bringst du unter deiner Zunge,
und deiner Gewänder Duft ist wie der Duft des Libanon!
O schön bist du, meine Freundin, ja, du bist schön!
Deine Augen sind Taubenaugen.
O schön bist du, mein Geliebter, ja holdselig!
Sieh, unser Lager ist frisches Grün.

Ein wohlverschloß'ner Garten ist meine bräutliche Schwester,
ein verschloß'ner Born, ein versiegelter Quell.

Alles, was an dir sproßt, ist ein Lusthain von Granaten mit den
köstlichsten Früchten, Zyperblumen samt Narden,
Narde und Safran, Würzrohr und Zimt samt allerlei Weihrauchstauden,
Myrrhe und Aloe nebst allen edelsten Balsamgewächsen.
Erwache, du Nordwind, und komm, du Südwind!
Durchhauche meinen Garten, daß seine Düfte zerfließen!
Mein Geliebter komme in seinen Garten und genieße seine köstlichen
Früchte!

Ich komme in meinen Garten, meine bräutliche Schwester;
ich pflücke meine Myrrhe samt meinem Balsam,
koste meine Wabe samt meinem Honig,
ich trinke meinen Wein samt meiner Milch.
Esset, ihr Freunde, trinkt und sättigt euch an Liebe!

O lege mich an dein Herz wie einen Siegelring,
wie einen Siegelring an deinen Arm!
Denn stark wie der Tod ist die Liebe und ihre Leidenschaft unbezwing-
lich wie die Unterwelt;
ihre Gluten sind Feuergluten,
ihre Flammen wie Flammen Gottes.
Die mächtigsten Fluten vermögen die Liebe nicht auszulöschen
und Ströme sie nicht fortzuschwemmen;
böt' einer auch alles Gut seines Hauses als Kaufpreis für die Liebe:
man würde sein nur spotten.

Enteile, mein Geliebter, und mache es wie die Gazelle oder wie der
junge Hirsch auf den balsamduftenden Bergen!"

Bei der Interpretation dieses Textes stellt sich bis heute die Frage, auf wel-
cher Ebene das Gedicht zu verstehen ist. Einige sehen darin eine
Beschreibung der Liebeserfahrung zwischen einem Mann und einer Frau.
Andere sehen in dem Gedicht die Erfahrung eines sogenannten geistigen

oder seelischen Liebesglücks, das sich nicht zwischen zwei Menschen, sondern „im Innern" eines Menschen, in seiner „Psyche" oder „Seele" abspielt. Gegen die erste Interpretation spricht der Zweifel, ob ein solches Liebesglück zwischen zwei Menschen überhaupt möglich ist. Die zweite Auslegung macht es jenen einfacher, die Mühe haben, die überschäumende Sinnlichkeit, Erotik und Freiheitsliebe des Gedichtes mit anderen Bibelaussagen in Einklang zu bringen. Wir wollen die Frage noch eine Zeitlang offen lassen, aber wir werden später darauf eine Antwort geben.

Der Text zeigt uns wunderschön, wie nahe Liebe und Schönheit beieinander liegen. Wir haben beide als eine Funktion der Güte definiert, und in der Tat können wir beide Erfahrungen als zwei Seiten der gleichen Medaille verstehen. Schönheit ist ohne die Zärtlichkeit und Sanftheit, die wir in der Güte und damit in der Liebe und in der sinnlichen Wahrnehmung finden, nur sehr beschränkt erfahrbar (nämlich reduziert auf die Funktionen der instrumentellen Vernunft). Um etwas über die instrumentelle Funktion hinaus schön zu finden, müssen wir es lieben. Je mehr wir etwas lieben, als desto schöner nehmen wir es wahr. Weil wir über die Sinne wahrnehmen, ist die Sinnlichkeit dabei so wichtig.

Das Lied beschreibt die Erfahrung der Liebe mit den Worten der Schönheit:

Wie bist du so schön und so hold, du Geliebte, du Wonnevolle!
Dein Wuchs da gleicht einer Palme und deine Brüste den
Datteltrauben.

... und die Erfahrung der Schönheit mit den Worten der Liebe:

Seine Augen sind wie Tauben ... die milchweiß gebadet, am Teichesrand sitzen ... seine Lippen sind wie Lilien, triefend von köstlichster Myrrhe ... sein Leib ein Kunstwerk von Elfenbein ... sein Mund lauter Süße und alles an ihm entzückend ... das ist mein Geliebter und das mein Freund ...

Das zweite Funktionsprinzip, das den Quadranten der Liebe bestimmt, haben wir mit Bescheidenheit umschrieben. Darin finden wir auch den Begriff der Demut, der von dienen kommt, aber nicht Unterwerfung auf der Ebene des Affekthirns bedeutet, also nicht Unterwerfung unter einen Dominanzanspruch, sondern das Zurücknehmen des Dominanz- und Besitzanspruchs des Affekt- und Instinkthirns, um Raum zu schaffen für die Erfahrung der empathischen Vernunft, um Platz zu machen für das Erfahrungsfeld der Liebe und der anderen Erfahrungsfelder, um Hingabe und Freiheit erfahren zu können.

Ich gehöre meinem Geliebten und mein Geliebter gehört mir . . .
Erwache, du Nordwind, und komm, du Südwind!
Durchhauche meinen Garten, daß seine Düfte zerfließen!
Mein Geliebter komme in seinen Garten und genieße seine köstlichen
Früchte!

Die Stelle beschreibt die vorbehaltlose und bedingungslose Hingabe an die
Liebe. Vorbehaltlos und bedingungslos ist sie im Vergleich zu den Ansprüchen der Affekte. An sich selbst stellt sie höchste Ansprüche.

Störet die Liebe nicht auf und wecket sie nicht, bis es ihr selber gefällt!

Diese Aussage ist erstaunlich, denn sie deckt sich so gar nicht mit dem, was
wir üblicherweise tun. Wir gehen aus, um die Liebe zu finden, in die Discos, Bars und Restaurants, Clubs usw. Wir organisieren Rendez-vous mit
Hilfe der Medien. Wir wechseln die Partner. Daß wir die Liebe nicht „aufwecken" sollen und können, „bis es ihr selber gefällt", widerspricht dem
„Aktionsmodus", dem wir vertrauen, voll und ganz. Es widerspricht der
Kraft der Instinkte, die sich nehmen, was wir in diesem Zusammenhang
auch als Liebe bezeichnen, und es widerspricht dem Willen der Affekte, die
dafür tauschen. Es bedeutet, daß wir die Liebe weder mit der Kraft der Stärke erzwingen noch mit Wollen, Wünschen, Flehen, Beten oder Zaubern
heraufbeschwören können. Der Text bestätigt uns in dem, was wir definitorisch vorschlagen. Er besagt, daß wir die Liebe nicht im Aktionsmodus finden können, sondern im „Rezeptionsmodus", also nicht im Instinkt oder
im Affekt oder in der instrumentellen Vernunft, sondern allein in der empathischen Vernunft.

Allerdings auch nicht dadurch, daß wir die empathische Vernunft von
den anderen Hirnarealen trennen, wie einige meinen:

Seht mich nicht an, daß so gebräunt ich bin,
daß die Sonne mich so verbrannt hat!
Meiner Mutter Söhne waren böse auf mich,
bestellten mich zur Hüterin der Weinberge;
meinen eignen Weinberg hab' ich nicht gehütet.

Die Liebe und Schönheit, die Sulamith verkörpert, hat sich nicht im Elfenbeinturm der empathischen Vernunft entwickelt. Sie hat sich der Gewalt
und dem Zwang der Instinkte und Affekte (der Brüder) nicht entziehen können. Aber das ist kein Grund, daß sie sich nicht in voller Schönheit entfalten kann. Wie wir sehen werden, ist es sogar eine Voraussetzung.

Wo weidest du, wo lagerst du zur Mittagszeit?
Wenn du das nicht weißt, du schönste unter den Frauen,

so geh nur hinaus, den Spuren der Herde nach,
und weide deine Zicklein bei den Zelten der Hirten!

Die Liebe wird sogar aufgefordert und ermutigt, den Weg zu den Instinkten und Affekten, den Schafen und Hirten, zu gehen, um den Geliebten zu finden.

Auf meinem Lager in den Nächten, da sucht' ich ihn, den meine Seele liebt: ich suchte ihn und fand ihn nicht...
ich rief nach ihm, doch er gab mir keine Antwort.
Es trafen mich die Wächter, die in der Stadt umhergingen;
sie schlugen mich, verwundeten mich, rissen den Umhang mir ab, die Wächter der Stadtmauer!

Aber, obwohl sie dort suchen muß, findet sie die Liebe dort nicht. Das klingt nur scheinbar paradox und ist von größter Wichtigkeit. Es bedeutet, daß wir die Instinkte (das Nachtlager) und die Affekte (die Stadtwächter) brauchen, um die Liebe (und Schönheit) zu erfahren, auch wenn wir sie dort allein nicht finden. Es bedeutet, daß das empathische Vernunfthirn die anderen Hirnareale braucht, um sich selber realisieren zu können. Ungeachtet der Tatsache, daß die Funktionsprinzipien der empathischen Vernunft von ihnen unterdrückt, geschlagen und verletzt werden.

Kaum war ich an ihnen (die Wächter der Stadtmauer) vorüber, da fand ich ihn, den meine Seele liebt.

Sulamith muß an den Wächtern, das heißt an der Gewalt und den Zwängen der Instinkte und Affekte „vorübergehen", um den Geliebten zu finden. Das bedeutet, daß wir uns mit ihnen auseinandersetzen müssen, was schmerzhaft ist, und daß wir sie nicht einfach ignorieren, verdrängen, abspalten und verdammen können.

Bis der Abendwind haucht und die Schatten fliehn, ergehe dich frei, mein Geliebter, der Gazelle gleich, oder wie der junge Hirsch auf zerklüfteten Bergen... Enteile, mein Geliebter, und mache es wie die Gazelle oder wie der junge Hirsch auf den balsamduftenden Bergen!

Nicht nur die Liebe und die Schönheit, auch die Liebe und die Freiheit sind voneinander nicht zu trennen. Nur im empathischen Vernunfthirn finden wir die Funktionen, die wir brauchen, um uns und die Menschen in unserem Umfeld von der Gewalt (dem Besitzanspruch) des Instinkthirns, dem Zwang (dem Dominanzanspruch) des Affekthirns und der Austauschbarkeit (dem Funktionsanspruch) des instrumentellen Vernunfthirns zu befreien. Nur die empathische Vernunft ist bereit und in der Lage, selbst ihnen den Freiraum zu gewähren, den sie brauchen.

Eine einzige ist meine Taube, meine Reine.

Diese Zeile bestätigt, daß die Liebeserfahrung, von der hier die Rede ist, in der Praxis des Instinkt-, Affekt- und instrumentellen Vernunfthirns nicht gefunden werden kann: weder in der Promiskuität des Instinkthirns noch im Erfolgsstreben des Affekthirns noch in der Beliebigkeit (Relativität) des instrumentellen Vernunfhirns.

Ich gehöre meinem Geliebten und mein Geliebter gehört mir.

Damit wird das „Austauschprinzip" als Beziehungsprinzip des empathischen Vernunfthirns ausgedrückt, im Unterschied zum „Tauschprinzip" des Affekthirns. Während bei diesem Ungleiches „getauscht" wird – z. B. Schutz gegen Sex –, wird bei jenem Gleiches „ausgetauscht" – z. B. Liebe mit Liebe, oder Leiden mit Leiden (= Mitleiden). Ungeheuerlich ist, daß sich dahinter das Erkenntnisprinzip verbirgt, mit dem wir in den Bereich vordringen, den wir das „Absolute" nennen.

Wir haben oben gesehen, daß wir im instrumentellen Vernunfthirn Wissen generieren, in dem wir durch experimentelle Beobachtung Kausalzusammenhänge feststellen. Das gelingt durch die Trennung der Beobachterin (des Subjektes) vom Gegenstand der Beobachtung (des Objektes). Im empathischen Vernunfthirn passiert genau das Gegenteil. Hier gewinnen wir Erfahrung, indem wir die Trennung zwischen dem Subjekt und dem Objekt auflösen. Das heißt für das Subjekt, daß es sich ganz in das Objekt hineinbegibt, daß es Objekt wird, ohne aufzuhören, Subjekt zu sein. Das erfordert, daß sich das Subjekt mit dem Objekt vereint, daß das Subjekt und das Objekt eins wird.[81]

Das hört sich kompliziert an, und erkenntnistheoretisch ist es das auch. Aber typischerweise ist es der Liebeserfahrung, die wir alle mehr oder weniger kennen, gar nicht fremd. Am Ende des Films *Tango Lesson* singt Sally Potter dieses Liebeslied:

Where did you come from?	Swiftly speaking,
Where, oh, where?	With his feet
From earth, from water	I see you, I hear you,
from fire, or air?	There we meet.
When we're dancing	Where eyes and ears
Then I'm sure	Receive the word,
I know I know you	Where what is spoken
From before.	Can be heard.
Travelling man,	
Man in my heart	
Man on stage,	
Man of his art.	

You are me	One is one
And I am you	And one are two
One is one	You are me,
And one are two.	I am you.[82]

Vielleicht haben Sie die Erfahrung, die Sally Potter besingt, schon gemacht, und vielleicht läßt Sie das Gedicht (oder der Film) ahnen, daß sie möglich ist. Vielleicht lehnen Sie die Geschichte, die erzählt wird, als „kitschig" oder als „pathetisch" ab. Dieses Urteil läßt auf die Stimme des instrumentellen Vernunfthirns schließen. Vielleicht hat es recht, nämlich dann, wenn die Liebe, die besungen wird, nicht echt, sondern eine Täuschung oder Verwechslung ist – zum Beispiel von Liebe mit Freude, wie wir schon gesehen haben. Das instrumentelle Vernunfthirn kann negativ vorgehen und feststellen, was falsch ist. Aber positiv kann es nicht feststellen, was echt ist, weil es Liebe nicht erfahren kann.

Der Quadrant des Leidens

Die Geliebte im „Lied der Schönheit und Liebe bei Salomo" hat durch das Leiden hindurchgehen müssen, um zum Geliebten zu gelangen. Die Erfahrung des Leidens ist von der Erfahrung der Liebe, ja von der empathischen Vernunft überhaupt, nicht wegzudenken. Auch das widerspricht unserer Handlungspraxis in den meisten Fällen. Wir tun alles, um das Leiden zu vermeiden. Drei der vier Hirnareale, die wir besitzen, sind geradezu darauf angelegt. Kein Wunder, daß die meisten Trainingsangebote für Lebenshilfe, Bewußtseinserweiterung usw. auf einem Menschenbild beruhen, das den Menschen als Glücksmaximierer und Leidensminimierer versteht. Die ganze medizinische und pharmazeutische Industrie, die Suchtmittel- und der größte Teil der Unterhaltungs- und Freizeitindustrie sind darauf ausgerichtet. Leider verstehen sie den Menschen nur bis zur Ebene des instrumentellen Vernunfthirns. Leider übersehen sie den vierten und entscheidenden Hirnbereich, der das Gesamtsystem erst ins Gleichgewicht bringt.

Melancholie ist das Glück, traurig zu sein, erklärte Victor Hugo. Und Maria Lassnig nennt eines ihrer Bilder *Die Weisheit wird mit Blut erkauft*.[83] „Ein halbes Jahrhundert ist seit meiner ersten (unerwiderten, d. A.) Liebe vergangen, ohne daß irgend etwas je die Wunde hätte heilen können", schreibt Julien Green, der französische Dichter amerikanischer Abstammung, der unser ganzes Jahrhundert durchlebt hat (er wurde 1900 in Paris geboren und starb dort 1998). „Aus dem Mund dieser Wunde, por la boca de su herida, strömt mein Lied der Verzweiflung in meinem ganzen Werk".[84] Die empathische Vernunft nährt die empathische Vernunft. Wir können den Sinn und Zweck des Leidens nur verstehen, wenn wir seine Funktion im Gesamtsystem des Hirns verstehen. Der Zweck des Leidens ist, Güte, Sanftheit, Milde, Bescheidenheit und Geduld, d. h. Liebe, zu lernen und zu üben. Und das Liebenlernen (wie die anderen Fähigkeiten) ist deshalb so schwierig, weil es im Gegensatz zu den Funktionen der Instinkte und Affekte steht. Doch das ist nur die halbe Wahrheit. Die andere Hälfte liegt darin, daß das Leiden eine existentielle, weil konstituierende Erfahrung der empathischen Vernunft ist. Die Bescheidenheit leidet tatsächlich an der Unterdrückung durch die Gier. Die Geduld wird geschlagen von der Ungeduld. Die Bewußtheit wird gefoltert von der Ignoranz. Das Leiden leidet an der Sehnsucht nach den nicht gelebten Erfahrungsfeldern. Wenn Sie das verstehen und ertragen, stärken Sie die Funktionsprinzipien der empathischen Vernunft. Dadurch bewegen Sie sich in Richtung eines Gleichgewichts. Das ist die Heilung, die Sie durch das Leiden erfahren. Aber bis es soweit ist, bis die Funktionsprinzipien der anderen Hirnareale diejenigen der empathischen Vernunft erkennen und anerkennen, bis sie ihnen vertrauen und bereit sind, ihnen zu folgen, vergeht oft eine lange und leidvolle Zeit. Viele Märchen und Mythen handeln von dieser Zeit.

Wir wollen dies anhand einer mythologischen Erzählung betrachten. Der griechische Begriff Mythos bedeutet Wort, Rede, oder Erzählung von den Göttern. Mythología heißt Götterlehre. Die Nähe zu mystós, verschwiegen, das auf dem Stammwort mýein, dem „Schließen von Lippen und Augen" (= Introspektion und Rezeptionsmodus) beruht, ist dabei kein Zufall. Von diesem leiten sich die Begriffe Mystik und Mysterium (Vereinigung mit Gott durch innere Versenkung, Geheimnis) ab. In unserer Sprache sind Mystik und Mysterium die Erfahrung des Absoluten im empathischen Vernunfthirn. Ein Mythos beschreibt diese Erfahrung und meistens auch den schwierigen und leidvollen Weg, der notwendig ist, um dahin zu gelangen. Er erzählt von der Kraft der Instinkte, vom Willen der Affekte, vom Wissen und Können der instrumentellen Vernunft und von der Liebe, dem Leiden, der Schönheit und der Kreativität. Er spricht von Güte, Bescheidenheit, Geduld und Bewußtheit. Er handelt von Sehnsucht, Reinigung, Glück und Unglück. Er zeigt anhand einer Götter- und Menschengeschichte, wie es möglich oder unmöglich ist, die Akteure aller Hirnareale zu vereinen. Er erzählt die Geschichte dieser Sehnsucht. Er handelt von Menschen und Göttern, weil es die Sehnsucht der Menschen ist und weil die Erfahrung absolut, d. h. göttlich ist. Er erzählt von Helden und Heldinnen, weil der Weg zum Ziel heldenhaft ist.[85]

Amor und Psyche[86]

Die Geschichte von Amor und Psyche ist im 2. Jahrhundert n. Chr. von
Apuleius niedergeschrieben worden. Der Dichter, ca. 125 n. Chr. geboren,
stammte aus einer römischen Kolonie in Nordafrika, im heutigen Algerien.
Seine Ausbildung genoß er in Karthago, Athen und Rom. Er war in der
römisch-griechischen Welt weitherum bekannt als Zauberer und Gaukler,
Priester und Philosoph, Rhetoriker, Universalgelehrter, Erzähler und
Dichter.

Psyche, die Tochter eines Königs, ist eine wunderschöne junge Frau.
Weil sie so schön ist, wird sie von den Menschen wie eine Göttin bewundert. Venus wird darob eifersüchtig. Sie gibt ihrem Sohn Amor (der auch
Cupido oder Eros heißt) den Auftrag, das Mädchen zu vernichten. Er soll es
durch Leidenschaft an den niedrigsten und widerwärtigsten Mann binden,
an dem es zerbrechen würde. Anstatt seinen destruktiven Auftrag auszuführen, verliebt sich Amor selbst in Psyche. Er nimmt sie mit auf sein Schloß,
verwöhnt sie mit Luxus und schönen Dingen, und die beiden sind ein
glückliches Liebespaar. Amor hat das Liebesglück allerdings an eine Bedingung geknüpft: Psyche darf ihn nicht sehen und ihn nicht fragen, wer er ist.
Er steigt zu ihr ins Bett, nachdem es dunkel ist, und geht am Morgen, bevor
es hell wird, wieder weg.[87]

Die Schwestern von Psyche, die mit reichen, alten, häßlichen, geizigen
und kranken Männern verheiratet sind, verfolgen das Liebesglück voller
Neid. Sie versuchen mit List und Tücke, es zu zerstören. Es gelingt ihnen,
den Stachel des Mißtrauens bei ihrer Schwester zu wecken und ihre Angst
zu nähren, bis sie sich zu einem Plan überreden läßt. Sie bewaffnet sich mit
einem Dolch und zündet nachts, während Amor schläft, eine Lampe an, um
sehen, wer er ist, und um ihn zu töten, wenn er ein Monstrum ist, wie die
Schwestern behaupten. Sie bewundert ihren schönen Geliebten im Schein
des Lichts und verwundet ihn mit einem Tropfen heißen Wachses, der aus
der Lampe fällt. Er wacht auf, und das Liebesglück ist zerstört.

Amor zieht sich verletzt zurück zu seiner Mutter. Psyche, voller Verzweiflung, will sich das Leben nehmen. Aber das Leben läßt das nicht zu
und schickt Psyche statt dessen auf eine lange und leidvolle Suche nach
Amor durch die ganze Welt, die ohne Erfolg bleibt. Psyche ist am Ende
ihrer Kräfte angelangt und stellt sich Venus, um ihrem unendlichen Leiden
der Trennung von ihrem Geliebten ein Ende zu bereiten. Venus, voller
Haß, sinnt auf Rache und setzt die gequälte und gepeinigte Psyche einer
Reihe von schrecklichen Prüfungen aus, mit der Absicht, sie zu töten. Aber
andere Götter helfen ihr, die Prüfungen zu bestehen. Schließlich schickt
Venus Psyche in das Totenreich, mit dem Auftrag, ihr von dort in einer
Büchse ein wenig von Proserpinas göttlicher Schönheit zu bringen. Auch

101

dieser Weg ist mit unüberwindlich scheinenden Fallen ausgelegt, aber wieder helfen ihr höhere Mächte, sie alle zu umgehen. Auf dem Weg zurück zu den Lebenden überfällt Psyche noch einmal die Neugier und Habgier. Sie möchte auch etwas von dem göttlichen Schönheitsmittel für sich besitzen. Sie öffnet die Büchse und fällt sogleich in einen todesähnlichen Schlaf.

Amor, der wieder genesen ist, entwischt aus dem goldenen Käfig, in den ihn seine Mutter gesperrt hat, und sucht nur seinerseits voll Liebessehnsucht nach Psyche. Er findet sie in dem Schlaf und erweckt sie – in der klassizistisch-barocken Darstellung von Antonio Canova[88] – mit einem Kuß (wie bei Dornröschen). Mit der Hilfe von Jupiter (Zeus), der Psyche zur unsterblichen Göttin macht, können die beiden heiraten. Amor ist von nun an ihr treuer Ehemann und Psyche schenkt ihm eine Tochter mit dem Namen Voluptas – was Lust, Wollust, Genuß und Freude heißt.

Nun zur Interpretation der Geschichte. Schon früh in der Erzählung begegnen wir den Agentinnen des Affekthirns: der Eitelkeit, dem Hochmut, dem Ehrgeiz, dem Mißtrauen, der Eifersucht, dem Neid, der Bitterkeit und dem Haß – symbolisiert durch Venus und die Schwestern. Amor und Psyche, beide schön, jung, spontan und voll naiver Unschuld stehen zu Beginn ihres Liebesglücks noch für die von den Affekten ungestörten Instinkte. Die gegenseitige Anziehung und Leidenschaft der beiden sorgen für ein erste, berauschende Liebeserfahrung. Sie steht noch unter der Ordnung des instinktiven, patriarchalen Prinzips. Amor setzt die Regeln fest, und das Liebesglück hält an, solange wie sich Psyche daran hält, solange wie sich Psyche im Quadranten des Vertrauens und Gehorsams aufhält. Der Luxus, die schönen Dinge und die Erotik sind dafür die Belohnung. Im Quadranten des Gehorsams und Vertrauens zu bleiben ist längerfristig nicht möglich, wie wir wissen, weil es das Affekthirn nicht zuläßt. Die Schwestern haben ein leichtes Spiel. Das Mißtrauen und die Angst, genährt von Ehrgeiz, Neid und Eifersucht, drängen die Glückliche aus dem Quadranten des Gehorsams diagonal in den Quadranten des Stresses. Das patriarchale Prinzip reagiert verletzt (die Verbrennung durch den Tropfen siedend heißen Wachses) auf den matriarchalen Angriff (der Dolch) auf seine Ordnung. Wie schon in der Geschichte von Samson und Delila wird der Instinkt vom Affekt verraten, und die Katastrophe ist perfekt. Amor und Psyche verlieren einander. Die Vereinigung auf der Ebene des Instinkthirns ist wegen der Dynamik im Affekthirn nicht länger möglich und aus der Sicht der Gesamtkonstruktion auch nicht erwünscht.

Nun beginnt der lange Leidensweg für beide, der bedingt ist durch den Schmerz der Trennung.[89] Es ist der Aufenthalt im Quadranten des Leidens zur Entwicklung der empathischen Vernunft. Bezeichnenderweise entsprechen die Fallen, die Venus stellt, wiederum Eigenschaften im Affekthirn – z. B. die Habgier in der Unterwelt. Ebenso bezeichnend sind die Mittel, mit denen es Psyche gelingt, die Prüfungen zu bestehen, Eigenschaften der empathischen Vernunft – z. B. die Bescheidenheit. Es gilt ganz offensichtlich, die Agentinnen des Affekthirns durch die Agentinnen des empathischen Vernunfthirns zu besänftigen.

Psyche (die Instinkte und Affekte) geben früher oder später auf, die Agenten der empathischen Vernunft (die Götter, die Psyche helfen, die Prüfungen zu bestehen) geben nie auf, auch wenn die Aufgaben unlösbar scheinen und obwohl sich an jede bestandene Prüfung eine noch schwierigere reiht. Fast bis zum Ende taucht die destruktive Wirkung der Affekte immer wieder auf – Psyche kann der Versuchung, von dem göttlichen Schönheitsmittel zu besitzen, auch nach allem, was sie durchgemacht und gelernt hat, nicht widerstehen. Am Ende fällt sie in einen todesähnlichen Schlaf. Die Lösung kann sich nicht im Aktions-, sondern nur im Rezeptionsmodus vollziehen.

Amor erholt sich von der Verletzung, die ihm Psyche (das Affekthirn) zugefügt hatte, und befreit sich aus dem goldenen Gefängnis, in das er (das Instinkthirn) sich zurückgezogen hat und in dem ihn Venus (das Affekthirn) gefangenhält. Er befreit sich auch von den Zwängen der patriarchalen, instinktiven Ordnung, unter die er Psyche gestellt hat. Amor (der Instinkt) mußte verletzt werden, um zu leiden. Im Leiden hat er die Güte und Bescheidenheit entwickelt, d. h. die Liebe, die notwendig war, um ihn von der Dominanz der Instinkte – der Gewalt des Stärkeren – zu befreien. Psyche mußte leiden, um sich von der Dominanz der Affekte zu befreien. Die gestärkte Bescheidenheit drückt sich bei Amor aus im Verzicht auf den goldenen Käfig, bei Psyche in den Prüfungen, die sie besteht. Die bei Amor entwickelte Güte finden wir wunderschön dargestellt in Angelika Kauffmanns *Amor trocknet Psyches Tränen*.[90] In den vielen Tragödien und Märchen, die von diesem Prozeß handeln, wiederholt sich ein einfaches mathematisches Muster: Je stärker die Instinkte oder Affekte sind, desto stärker sind sie dominant, desto stärker muß die empathische Vernunft entwickelt werden, desto länger dauern die Prüfungen und das Leiden.

Bis es zum Kuß, zu der göttlichen (= absoluten oder ewigen) Vereinigung der Liebenden, der unio mystica,[91] kommen kann, muß Psyche eine lange Phase des Leidens durchleben, die durch eine Reihe von schwierigen Prüfungen bestimmt (strukturiert) ist.[92] Diese Prüfungen wollen wir uns genauer ansehen:

Zunächst läßt Amor an den Schwestern Rache üben. Beide werden von der Lust, der Gier und dem Neid – Agentinnen der Instinkte und Affekte – in den Tod getrieben. Die Instinkte und Affekte sind destruktiv, wenn sie sich selbst überlassen bleiben.

Irrwege, Hoffnung, Sehnsucht, Enttäuschung, Erschöpfung, Demütigung, Folter und immer wieder Verzweiflung begleiten Psyche auf dem langen Leidensweg. Sie sucht ihren Geliebten, also das, was sie am meisten liebt, das, ohne welches sie nicht leben kann und will, das Objekt ihrer Sehnsucht, auf der ganzen Welt. Aber dort, in der „äußeren" Welt, auf dem Niveau der Instinkte und Affekte, im Aktionsmodus, kann sie ihn (es) nicht finden. Obwohl das Suchen erfolglos ist, führt kein Weg daran vorbei, und sei es nur, um die Erfahrung des Leidens, der Enttäuschungen, der Verzweiflung zu erleben. Erst danach, im Zustand größter Hoffnungslosigkeit und Verzweiflung, liefert sie sich Venus, der „Göttin der Schönheit und der Liebe" aus. Sie steht nun als „Göttin" auch für das empathische Vernunfhirn, speziell für die beiden Quadranten der Schönheit und der Liebe. Nur in diesem Hirnbereich hat sie eine Chance, ihre Sehnsucht zu stillen. Aber bevor sie am Ziel ankommt, muß sie lernen, nach den Funktionsprinzipien der empathischen Vernunft zu leben, und unter Beweis stellen, daß sie es tut. Venus stellt ihr dafür vier Aufgaben, die aus der Sicht der älteren Hirnareale und der instrumentellen Vernunft unlösbar erscheinen.

Als erstes soll sie die Samen von Weizen, Gerste, Hirse, Mohn, Erbsen, Linsen und Bohnen, die Venus zu einem Haufen vermischt hat, sortieren. Diese Aufgabe symbolisiert das Ordnungsprinzip der instrumentellen Vernunft. Psyche soll das Chaos des wild vermischten Haufens entwirren und in Ordnung bringen. Es ist eine repetitive Aufgabe, die große Geduld und Bescheidenheit erfordert. Wir kennen das Motiv aus vielen Märchen. Psyche (das Affekthirn) ist paralysiert und verzweifelt. Wir kennen den Zustand, daß jemand schnell aufgibt oder sich gar nicht an eine Aufgabe heranwagt, weil sie seine Fähigkeiten weit zu übersteigen scheint. Die Ameisen helfen Psyche bei der unmöglich scheinenden Aufgabe. Ameisen sind unermüdlich fleißige und disziplinierte Arbeitstiere. Fleiß, Disziplin, unermüdlicher Arbeitseinsatz und Ausdauer auch bei repetitiven Aufgaben sind Tugenden des Affekthirns in Koalition mit der instrumentellen Vernunft. Sie sind eine Voraussetzung, um die Früchte und Wonnen der empathischen Vernunft erreichen zu können.

Als zweite Aufgabe soll Psyche eine Flocke vom goldenen Vlies der wilden Schafe holen. Einmal mehr will sich die todtraurige Psyche angesichts der übergroßen Aufgabe durch Freitod von ihrer Qual befreien. Diesmal sagt ihr ein Schilfrohr, wie sie die Aufgabe lösen kann. Das Schilfrohr symbolisiert ein Verhalten, das sich nicht hart und starr gegen die weitaus größeren Kräfte der Natur (der Instinkte und Affekte) richtet, sondern sich sanft und nachgiebig mit ihnen bewegt. Entsprechend ist der Ratschlag: Psyche soll warten, bis die von der Hitze der sengenden Sonne rasenden Tiere durch den sanften Wind des Nachmittags beruhigt worden sind. In diesem Rat ist unsere Theorie enthalten. Der Verlauf der Sonne symbolisiert den Lebenslauf. Bis zur Lebensmitte, dem Zenit der Sonne, erhitzt sie die Menschen mit der Kraft und dem Willen der Instinkte und Affekte. Nachdem die Sonne den Zenit überschritten hat, nimmt ihre brennende

Wirkung ab, und ein sanfter Wind, der jetzt aufsteigt, beruhigt die erhitzten Gemüter. Das sind die Sanftheit der Güte und der Geist (Wind = pneûma = Wissen = Weisheit) der Bewußtheit. Psyche muß warten, bis die Beruhigung des Nach-Mittags, der zweiten Lebenshälfte, eingetreten ist. Dann kann sie die Goldflocken von den Zweigen der Platanen schütteln. Dann kann sie den Reichtum (das Gold) der wilden Tiere (es sind Säugetiere, also der Instinkte und Affekte) ernten.

Im Märchen „Die Nixe im Teich"[93] der Brüder Grimm müssen die Liebenden in den langen Jahren der Trennung Schafe hüten. Das ist nüchterner ausgedrückt als im römischen Märchen, aber es bedeutet das gleiche. Die Liebenden müssen in der langen Phase der Trennung ihre Instinkte und Affekte (Schafe sind niedere Säugetiere) hüten. Das heißt, sie müssen auf sie acht geben (achtsam sein) und verhindern, daß sie sich verselbständigen, verlieren und dabei untergehen. Und sie müssen dabei Geduld und Bescheidenheit üben. Das ist dem Beruf der Hirtin und des Hirten ebenso eigen wie Naturverbundenheit, Ruhe und Einsamkeit. Das sind technische Mittel, auf die wir zurückkommen werden. Die Hirtin und der Hirte können aktiv zum Gedeihen der Schafe nur wenig beitragen. Sie finden im Märchen auch nicht aktiv zueinander. Das „Schicksal", die instrumentelle Vernunft würde sagen, der „Zufall" führt sie wieder zusammen, offensichtlich erst dann, nachdem beide die Funktionsprinzipien der empathischen Vernunft gelernt haben. „Störet die Liebe nicht auf und wecket sie nicht, bis es ihr selber gefällt", haben wir schon im „Lied der Schönheit und Liebe bei Salomo" gefunden. Das ist dort wie hier, und wie wir gleich sehen werden, auch bei Amor und Psyche gemeint.

Die dritte Aufgabe ist noch schwieriger und unüberwindlicher als die ersten zwei. Nun soll Psyche in einem Krüglein Wasser von der Quelle des Styx holen, so heißt der Fluß der Unterwelt. Styx hängt mit stygéō = hassen zusammen.[94] Styx ist eine mächtige Göttin der Unterwelt, die dem Pallas vier Kinder, Zelos und Nike (Eifer und Sieg), Kratos und Bia (Stärke und Gewalt) gebar. Wir kennen die einen als Agentinnen des Affekthirns und die andern als Vertreter des Instinkthirns. Es geht ganz offensichtlich um die Auseinandersetzung mit ihnen. Der Berggipfel, aus dem das kalte Sturzwasser des Styx entspringt (Araonios in Arkadien), wird von gräßlichen Monstern bewacht und ist für Menschen unerreichbar. Auch die grimmigen Drachen erkennen wir als Agenten unserer Instinkte und Affekte. Psyche allein hat keine Chance, gegen sie zu bestehen. Die direkte Auseinandersetzung mit ihnen ist tödlich. In diesem Falle kommt ihr der räuberische Adler, der königliche Vogel des höchsten Gottes Jupiter (Zeus), zu Hilfe und holt für sie das Wasser. Der Adler ist in den griechisch-römischen, christlichen und in den indianischen Kulturen ein Symbol des Göttlichen, Himmlischen, Geistigen. Daß er ein Räuber ist, zeigt uns, daß in dieser

Vorstellung des Göttlichen die Instinkte, d. h. ein Teil davon, integriert sind. Daß der Adler die Aufgabe löst, bedeutet, daß nur die Bewußtheit in der empathischen Vernunft die Auseinandersetzung mit den Instinkten und Affekten aufnehmen kann, und zwar nur deshalb, weil sie diese zu integrieren vermag.

Venus ersinnt eine letzte Aufgabe, mit der sie glaubt, Psyche zerstören zu können. Sie schickt sie mit einer Büchse in das Totenreich des Unterweltgottes Orkus (griechisch Pluton). Dort soll sie Proserpina (griechisch Persephone) bitten, ihr in der Dose ein Quentchen ihrer Schönheit zu schicken. Psyche weiß, daß es aus dem Totenreich keine Rückkehr gibt. Hoffnungslos will sie sich von einem hohen Turm stürzen. Doch dieser sagt ihr, wie sie die unmögliche Aufgabe lösen kann. Er beschreibt ihr den Weg zum Palast des Orkus und gibt genaue Anweisungen, wie sie sich verhalten soll:

Sie darf nicht mit leeren Händen kommen, sondern muß in beiden Händen in Honigwein eingedickte Gerstenklöße tragen und im Mund zwei Münzen. Auf dem Todeswege wird sie einen lahmen, holzbepackten Esel mit einem lahmen Treiber antreffen, der sie bitten wird, ihm einige Scheite der herabgefallenen Last zu reichen. An ihm soll sie stumm und ungerührt vorübergehen. Am Totenfluß wird sie der habsüchtige Charon erwarten, der sie nur gegen das Entrichten des Fährlohnes über den Fluß setzen wird. Sie soll ihm eine der Münzen geben und zwar so, daß er sie eigenhändig aus ihrem Mund nehmen muß. Auf der Überfahrt wird ein toter Greis im Wasser schwimmen. Er wird ihr seine verwesten Hände entgegenstrecken und sie bitten, ihn ins Boot zu ziehen. Sie aber darf sich nicht von falschem Mitleid rühren lassen. Später werden sie alte Weberinnen bitten, beim Weben zu helfen. Auch von ihnen darf sie sich nicht ablenken lassen. Es sind alles von Venus gestellte Fallen, damit sie wenigstens eines der Klößchen aus den Händen fallen läßt. Dieser lächerlich erscheinende Verlust an Gerste hätte zur Folge, daß sie das Sonnenlicht nie mehr sehen würde.

Vor der Schwelle zum Palast des Orkus wacht ein riesengroßer Hund mit drei Köpfen. Ihn kann sie mit einem der Klößchen, das sie ihm als Beute zuwirft, überlisten. Damit wird sie leicht an ihm vorbeikommen und sogleich bei Proserpina eintreten. Diese wird sie freundlich empfangen und ihr einen weichen Stuhl und ein leckeres Mahl anbieten. Sie aber soll sich auf den Boden setzen, schimmeliges Brot verlangen und es essen. Dann soll sie ihren Wunsch vorbringen und nehmen, was sie bekommt. Auf dem Rückweg kann sie mit dem zweiten Gerstenklößchen wiederum am wütenden Höllenhund vorbeikommen und mit dem zweiten Geldstück die Fahrt über den Fluß erkaufen. Auf keinen Fall aber darf sie die Büchse öffnen, um den verborgenen Schatz der göttlichen Schönheit anzuschauen.

Der Turm, der Psyche in dieser letzten Prüfung hilft, ist ein weitverbreitetes Symbol des Geistes, des Wissens, der Meditation, der Wachsamkeit (Achtsamkeit), der Weisheit, der Reinheit (Jungfräulichkeit), des geistigen Aufstiegs zum Himmel, der Macht und des Übersteigens des gewöhnlichen, alltäglichen Niveaus. Der Turm kann auch ein Gefängnis bedeuten und, wie im Tarot,[95] die Befreiung daraus. Der Turm als Symbol für die Agenten der empathischen Vernunft – den Rezeptionsmodus in der Meditation oder die Achtsamkeit als Voraussetzung der Bewußtheit zum Beispiel – weiß also, wie Psyche der schwierige Abstieg in die Unterwelt gelingen kann.

Diese letzte und schwierigste Aufgabe symbolisiert die Introversion, das ist die Abkehr von allen nach außen gerichteten Aktivitäten. Psyche muß dazu die Oberwelt, den sichtbaren, sinnlich wahrnehmbaren und kausalanalytisch erkennbaren Bereich, die Welt, verlassen. Sie muß sich einem Bereich zuwenden, der aus dieser bekannten Perspektive unbekannt, unheimlich, dunkel, angsteinflößend, unkontrollierbar scheint. Das Totenreich, in das Psyche herabsteigen soll, ist das Unbewußte (das wir noch genau zu definieren haben). Es beinhaltet auch Informationen der älteren Hirnareale. Wir finden im Tartarus (Hades) alle bösen Geister wieder, die wir von diesen Hirnen kennen. Aber es ist auch der Bereich der jüngeren Hirne, wie wir sehen werden.

Psyche muß die Gesetze (Funktionen) aller Hirnareale erfüllen: Dem Instinkt (dem Höllenhund) muß sie süße und nahrhafte Speise bringen, die ihm schmeckt und die ihn stärkt (wie der Honig Samson). Dem Affekt (dem Fährmann) muß sie Geld mitbringen. Das Gesetz des Tausches gilt auch in der Unterwelt. Diese verborgene Welt symbolisiert die Informationen, die in den Hirnbereichen angesiedelt sind, ohne daß wir sie „bewußt" erkennen. Es sind die Informationen, die Freud und Jung als „das Unbewußte" bezeichnet, wenn auch unterschiedlich interpretiert haben.[96] Um in das „Unbewußte" hinabsteigen und auch wieder herauskommen zu können, braucht Psyche den scharfen, kausalanalytischen Verstand der instrumentellen Vernunft; sie muß zwischen richtigem und falschem Verhalten (Mitleid) unterscheiden (differenzieren) können. Sie muß die Zusammenhänge zwischen Ursache und Wirkung kennen. Und sie muß die alten, verbrauchten Muster und Routinen hinter sich lassen können: den lahmen Esel und Eselstreiber (Symbole für die Kopulation auf der Ebene der Instinkte), den Greis mit den verwesenden Händen und die alten Weberinnen (Symbole für die repetitive Geschäftigkeit auf der Ebene der Affekte). Sie muß sich disziplinieren und auf ihre Aufgabe konzentrieren können. Sie darf nicht aufgeben, nicht hysterisch oder sentimental werden und nicht zusammenbrechen. Sie braucht die Disziplin und Kontrolle der instrumentellen Vernunft. Die Gesetze der Logik gelten auch im Unbewußten (im Reich der Toten).

Und erstaunlicherweise findet sie im Reich der Angst, der Todesqualen und der Häßlichkeit auch eine Göttin, die Venus an Schönheit in nichts nachsteht. Das bedeutet: Schönheit als Erfahrung der empathischen Vernunft ist nicht isoliert von der Häßlichkeit der Instinkte und Affekte zu finden. Proserpina/Persephone ist die von Jupiter/Zeus gezeugte Tochter von Demeter, der Göttin der Erde und der Fruchtbarkeit. Zeus hat sie ohne Wissen ihrer Mutter dem Hades/Orkus/Dis/Pluton zugestanden. Dieser hat sie geraubt und in die Unterwelt entführt. Demeter versagte der Welt aus Gram darüber alle Fruchtbarkeit. Um das Verhungern und Aussterben der Menschen zu verhindern, veranlaßte Zeus, daß Persephone an die Oberwelt zurückkehren konnte. Einen Drittel des Jahres jedoch, vom Spätherbst bis zum Anfang der Frühlingszeit, mußte sie Hades weiterhin zu eigen sein. Deshalb ruht die Vegetation in der Winterzeit. Die Schönheit, symbolisiert durch Persephone, der Königin der Unterwelt, finden wir also nicht nur im Licht der empathischen Vernunft, sondern auch im Dunkel der Instinkte und Affekte. Wir sprechen von Licht und Dunkel im übertragenen Sinne, von Licht im einen Falle, weil wir die Ideale der empathischen Vernunft sehen wollen, und vom Dunkel im anderen Falle, weil wir die destruktiven Aspekte der Instinkte und Affekte nicht sehen wollen. Es ist beeindruckend, wie präzise vor 4000 Jahren intuitiv schon gesehen wurde, was wir heute beginnen, wissenschaftlich nachzuzeichnen. Persephone empfängt Psyche freundlich und will sie großzügig bewirten. Wir erkennen darin ein Verhalten aus dem Quadranten des Erfolges im Affekthirn (Großzügigkeit und Gönnerhaftigkeit). Statt dessen ist Bescheidenheit, d. h. empathische Vernunft, verlangt. Psyche hält sich genau an die Anweisungen des Turmes und gelangt so wohlbehalten zurück ans Tageslicht. Dort unterliegt sie noch einmal der Macht der Affekte. In einem Anflug von leichtsinniger Neugier und Eitelkeit, dem die instrumentelle Vernunft nichts entgegenhalten kann, öffnet sie die Büchse:

„Ei, ich wäre doch eine Törin, wenn ich das göttliche Schönheitsmittel bloß trüge und mir nicht ein ganz klein wenig davon naschte, um vielleicht so meinem schönen Liebhaber zu gefallen . . ." Aber nichts Greifbares und keine Schönheit war darin, sondern ein der Unterwelt entstiegener, wahrhaft stygischer Schlaf . . . [97]

Die empathische Vernunft erfüllt nicht die Zwecke der Affekte. Sie ist eine Qualität, die den Sinnen alleine doch nicht so ohne weiteres greifbar und sichtbar ist. Der Übergang von der Trennung zur Vereinigung, die Verwandlung der destruktiven Wirkungen der Instinkte und Affekte in konstruktive kann nicht im Aktionsmodus geschehen. Die Erlösung (wir müssen mit dem Begriff vorsichtig umgehen) vollzieht sich im Schlaf, d. h. im Rezeptionsmodus der empathischen Vernunft.

Bei Jean de La Fontaines Nacherzählung von Apuleius' Märchen, *Les*

Amours de Psyché et de Cupidon (1669) fällt Psyche beim Öffnen der Dose nicht in einen todesähnlichen Schlaf, sondern sie verliert ihre Schönheit. Sie wird dort „dunkelhäutig wie eine Äthiopierin"[98] – diesen „Schönheitsmakel" (aus damaliger Sicht) hat schon Sulamith im „Lied... bei Salomo" besungen. Die Dunkelhäutigkeit ist ein Symbol für die Instinkte.

Nun eilt Amor herbei. Er weckt Psyche – in den Interpretationen von Canova und Kauffmann – liebevoll auf und tröstet sie. Auch die Instinkte (Amor), nicht nur die Affekte (Psyche), haben sich durch den Schmerz der Trennung gewandelt. Jupiters polternde Rede am Hochzeitsfest, in der er den Ungehorsam, das Draufgängertum, die Unmoral und Geilheit des jugendlichen Verführers in der Vergangenheit mit väterlicher Liebe rügt, verweisen darauf. Nun aber verheißt er den Vereinten nichts weniger als ewige Liebe.[99] Das drückt die Erhebung von Psyche in den Stand der unsterblichen (ewigen) Göttinnen und Götter aus.

Am Hochzeitsfest hält Amor die Geliebte in seinem Schoß umfangen, so, wie es alle anderen Götterpaare tun. Ganymed und Bacchus schenken den Nektar ein, Vulkan kocht das Mahl. Die Horen streuen Rosen und andere Blumen wie Purpur, die Grazien sprengen Balsam, die Musen lassen zärtliche Lieder erklingen. Apollo singt zur Leier, und Venus tanzt elegant und im Gleichschritt zur lieblichen Musik. Die Musen singen Tanzlieder, ein Satyr begleitet sie auf der Flöte, und ein kleiner Pan bläst die Rohrpfeife.

Dieses „Götterfest", dieser sogenannte *„Hieros Gamos"* („Heilige Hochzeit"[100]), ist der Höhepunkt in der Interpretation der Geschichte. Es ist ganz entscheidend zu verstehen, wer alles an dem Fest teilnimmt und welche symbolische Bedeutung die Teilnehmer haben.[101] Das ist deshalb so wichtig, weil die Götter und Göttinnen und ihre Gehilfen Hirnareale und ihre Funktionen symbolisieren. Die Tatsache, daß sie alle am Fest beteiligt sind, bedeutet nichts weniger, als daß wir alle Hirnbereiche und Funktionen beteiligen müssen, wenn wir den „Hieros Gamos", die „göttliche" Vereinigung, das heißt in unserer Sprache, die Vereinigung von Subjekt und Objekt, das Absolute, in uns feiern wollen. Wichtig ist nicht, das Pantheon der griechischen Mythologie zu kennen, wichtig ist, es interpretieren zu können, und noch wichtiger, sich durch die Beschäftigung damit der Erfahrung der beschriebenen Hirnfunktionen anzunähern:

Ganymed, der Mundschenk und Knabengeliebte des Zeus, ist der Schönste der Sterblichen. Er symbolisiert die Schönheit der jugendlichen, noch nicht mit den Affekten koalierenden (kontaminierten) und in diesem Sinne reinen Instinkte.

Bacchus entspricht in der griechische Mythologie Dionysos, dem Gott der Ekstase, der Vegetation und Fruchtbarkeit, der unbändigen Kraft des Frühlings, aber auch des Wahnsinns und der blinden Zerstörung. Seine Mutter Semele wurde noch vor seiner Geburt zu einem der vielen Opfer der Eifersucht von Hera, der Göttin des Affekthirns. Der männliche Zeus hat ihn anstelle der Mutter selbst ausgetragen. Ein deutlicheres Zeichen dafür, daß Dionysos der Gott der patriachalen Instinkte ist, könnte man nicht setzen: Um sich von der Abhängigkeit von der Frau zu befreien, übernimmt der Mann hier auch noch die Funktion des Gebärens. Den Frauen im orgiastischen Geleite des Dionysos wird nachgesagt, daß sie Männer vergewaltigen; ein Verhalten des männlichen Instinkthirns wird auf die Frauen übertragen.

Der Kult des römischen Gottes Vulkan (Vulcanus) wurde aus Kreta (Velchanus) eingeführt. Der Gott hinkte beim Gehen, wie der griechische Schmiedegott Hephaistos, der ein kunstfertiger, verkrüppelter Zwerg war („Der, der bei Tage scheint" – ein Sonnengott also), Daidalos („Glänzend oder meisterhaft geschmiedet") bzw. Talos („Der, der leidet"). Wie aus den übereinstimmenden Attributen (zu denen auch das Wahrzeichen Hahn/ Rebhuhn gehört) leicht zu erkennen ist, sind sie verschiedene Namen der gleichen mythischen Gestalt. „Der Gott, der leidet", Symbol für den Quadranten des Leidens im empathischen Vernunfthirn, kocht das Hochzeitsmahl. Daß er „verkrüppelt" ist, illustriert die Mißhandlung, die das empathische Vernunfthirn durch die anderen Hirnbereiche erfährt.

Die drei Horen sind die Gottheiten der natürlichen Grundordnung:

- Eunomia verkörpert die gesetzliche Ordnung,
- Díkē die Gerechtigkeit (die die gerechte Vergeltung miteinschließt) und
- Eirene den Frieden, wie wir in der Einleitung kurz erwähnt haben.

Sie sind die Töchter der Themis („Natürliche Ordnung") und des Zeus. Themis ist die Göttin der natürlichen Regeln des Zusammenlebens zwischen den Geschlechtern und zwischen den Göttern und den Menschen. Nach Pindar war Themis die erste Gattin des Götterfürsten und die Horen die ersten Früchte, die mit dem neuen Zeitalter in die Welt gekommen sind.

Die Menschen haben dieses Geschenk als Dreifaltigkeit verehrt. Das heißt, sie haben erkannt, daß die drei Phänomene, welche die drei Göttinnen symbolisieren, drei Aspekte der gleichen Grundidee sind:

- Eunomia, die „gesetzliche Ordnung", verstehen wir als die formale, d. h. in unserer Sprache, die strukturelle Ordnung oder die Ordnungsstruktur, die Ordnung von Chaos unterscheidet;
- Díkē, die „Gerechtigkeit", bedeutet das richtige Verhalten im Rahmen dieser Struktur. Díkē heißt der Sprachwurzel nach Weisung, und meint damit die Information des richtigen Verhaltens, das, was wir *to do the right thing* („das Richtige tun") nennen. Daß es die Idee der gerechten Vergel-

tung miteinschließt, heißt, daß ein „Selbststeuerungsmechanismus" vorliegt, der ein Abweichen vom richtigen Verhalten korrigiert – wir erleben das als schmerzhafte Bestrafung – und das Hinsteuern zum richtigen Verhalten belohnt;

- Eirene, der „Friede", ist die Belohnung. Die Bestrafung ist der Unfriede, die Zwietracht, die Trennung, der Ärger, Neid und Zorn, die Rache und der Haß. Die „Dreifaltigkeit" der Horen bedeutet: Es gibt eine Ordnung, und wer sich daran hält, erreicht den Frieden.

Purpur, der aus dem Farbstoff der Purpurschnecken gewonnen wird, ist ein Symbol der Macht, der Würde, des Luxus und des Wohlstandes.

Die drei Grazien, die „Anmut", der „Liebreiz" und die „Zartheit", entsprechen den Chariten bei den Griechen. Sie entstanden aus der Paarung zwischen Zeus und Eurynome, einer älteren, noch vor Chronos herrschenden Göttin des Meeres mit Fischschwanz oder Schlangenleib. Bei Hesiod heißen sie Aglaia, die „Zierde", Euphrosyne, die „Freude" und Thalia, die „Fülle". Charis bedeutet Freude (chaírō = sich freuen). Die Lateiner übersetzten Charis mit zwei Wörtern: mit *venus*, was Schönheit heißt und mit *gratia*, was Gunst und Dank bedeutet. Daraus entstand der Name dieser dreifaltigen Gottheit, der drei Grazien, die bei Mondschein ihren Reigen tanzen.

Ihr Gegenteil sind die Erinnyen, „die Rasenden",[102] die die Römer Furien (lat. *furia* = Wut, Raserei) nennen (*erinýs* ist das Gegenteil von *cháris*). Sie sind die Göttinnen des „Neides", des „Zornes" und der „Rache". Sie werden als Greisinnen mit Schlangenhaaren dargestellt und sind älter als die Götter, die mit Zeus zur Herrschaft kamen. Sie kämpfen mit Wut und Haß für die Ansprüche der „zürnenden Mutter". Während die jüngeren Chariten aus der Verbindung Eurynome-Zeus also Aspekte aus dem jüngeren, empathischen Vernunfthirn abbilden, sind die greisen Erinnyen Symbole für das ältere Affekthirn. Sie sind aus der Paarung zwischen Eurynome (oder einer anderen älteren Göttin) mit Phorkys, den Homer den „Alten des Meeres" nennt, oder Hades entstanden.

Balsame sind Gemische aus Harzen und ätherischen Ölen, die wohlriechend sind und heilend wirken.[103]

Die Musen interessieren uns besonders. Wir werden ihnen im Quadranten der Kreativität wieder begegnen. Sie sind die Töchter des Zeus und der Mnemosyne und die Göttinnen der Künste und Wissenschaften. Sie erscheinen in der Einzahl, Dreizahl und im Hellenismus durchwegs in der Neunzahl. Ihre Zuordnung zu einzelnen Bereichen der Kunst und Wissenschaft erfolgte erst später. Von Hesiod kennen wir ihre Namen:

- die ranghöchste Muse Kalliope, „Die mit der schönen Stimme" (Epos),

- Urania, „Die Himmlische" (Astronomie),
- Klio (Kleio), „Die Rühmende" (Geschichtsschreibung),
- Melpomene, „Die Singende" (Tragödie),
- Euterpe, „Die Erfreuende" (Flötenspiel),
- Thalia (Thaleia), „Die Festliche" (Komödie),
- Polyhymnia (Polymnia), „Die Hymnenreiche" (auch Pantomime und Tanz),
- Terpsichore, „Die den Tanz Genießende" (u. a. Lyra und Kithara),
- Erato, „Die Sehnsucht Erweckende" (u. a. Tanz und Liebesdichtung).

Sie sind die Beschützerinnen alles geistigen und musischen Lebens und Lehrerinnen der Heilkunst und Weissagung. Sie sind Gefährtinnen Apollos, oder in unserer Sprache, Aspekte der Bewußtheit. Sie regieren den Quadranten der Kreativität.

Apollo (Apoll, Apollon) ist der Sohn des Zeus und der Leto. Er ist ein Heil- und Sühnegott, der als Arzt wirkte, eine Funktion, die später sein Sohn Asklepios (Äskulap) übernahm. Als Sonnengott ist er ein Gott des Lichtes, dem die religiöse, rechtliche und sittliche Ordnung, das rechte Maß in allen Dingen, untersteht. Sein Beiname Phoibos heißt der Lichte, der Reine. Er ist der Gott der Wissenschaft und der Künste und der Führer der Musen. Es ist bezeichnend, daß in der Mythologie des klassischen Altertums die Trennung zwischen Wissenschaft und Kunst, ebenso wie zwischen Kunst, Wissenschaft und Heilung, das heißt die Trennung zwischen dem instrumentellen und empathischen Vernunfthirn, noch nicht vollzogen ist. Interessant ist auch, daß Apollo trotz der Lichtgestalt, die er darstellt, ganz in die Nähe des Dionysos gerückt wird. So überließ er z.B das Orakel von Delphi im Winter Dionysos. Das zeugt von einer Ahnung von der notwendigen Verbindung zwischen Instinkt- und Vernunfthirn.

Venus (lat. Schönheit, Anmut, Liebreiz) bzw. Aphrodite ist die aus dem Schaum (*aphrós* = Schaum) geborene große Göttin der Liebe, der süßen Lust und der Milde (Güte) und Barmherzigkeit (auf Zypern trug sie den Beinamen Eleemon, die Barmherzige). Nicht zu übersehen ist die Tatsache, daß es sich bei dem „Schaum" um den abgehackten Penis des Uranos handelt, den Kronos ins Meer geworfen hat. Das Bild ist entscheidend: die Liebe und Güte ist aus der Verbindung zwischen der blutigen Gewalttat des Instinktes und dem Meer, einem Symbol für das Empfangende, den Rezeptionsmodus der empathischen Vernunft, entstanden. Aus einer anderen Verbindung von Gewalt und Liebe, aus der Kopulation zwischen Aphrodite und dem Kriegsgott Ares, ist die schöne Harmonia, „die Vereinigende", eine zweite Aphrodite, hervorgegangen, ebenso wie Eros (Amor) und Anteros, „Liebe" und „Gegenliebe", bezeichnenderweise aber auch die beiden Götterkinder Phobos und Deimos, „Angst" und „Schrecken".

Satyrn erscheinen schon früh im Gefolge von Dionysos. Sie sind menschlich gestaltete Fruchtbarkeitsdämone mit übergroßen Phallen wie bei Hengsten, Pferdeohren, -schwanz und -hufen. Bei Hesiod sind sie die Brüder der Nymphen (Naturgottheiten, die das Wasser bewohnen und als Fruchtbarkeits- und Geburtsgöttinnen verehrt wurden). Sie sind auch verwandt oder gleichgesetzt mit den Silenen. Bei ihren kräftigen, halbtierischen Körpern und riesigen Phallen ist es keine Frage, welches Hirnareal sie verkörpern. Sie gelten als feige. Das ist damit zu erklären, daß ihnen das Affekthirn und damit der Wille zu dominieren fehlt.

Pan ist der Gott der Hirten und Jäger und ebenfalls ein Begleiter des Dionysos. Er wird mit halbtierischem Bockskopf, -hörnern, -ohren und -beinen gezeichnet. Er ist der Anführer der Satyrn und Silenen. Auf der Flucht vor Pan ist die Nymphe Syrinx in ein Schilfrohr verwandelt worden, aus dem Pan dann seine Hirtenflöte herstellte.

Es sind also am „Götterfest" vertreten:

- die Bewußtheit (Apollo), das richtige Tun (die Horen), die Schönheit (Venus), die Lieblichkeit (die Grazien), die Liebe (Venus, Amor), die Kreativität (Apollo und die Musen), das Leiden (Vulkan) und das Heilen (Apollo, der Balsam) der empathischen Vernunft,
- das Wissen und Können der instrumentellen Vernunft (Apollo, die Musen, Vulkan),
- die Freude, Fülle (die Grazien/Chariten) und der Erfolg (der Purpur) des Affekthirns,
- die naturhaft-rohe, phallische Kraft der Instinkte (Bacchus/Dionysos, Pan und Satyr) und der „reine" Instinkt (Ganymed).

Sie alle feiern (verwirklichen) zusammen die „Heilige Hochzeit", die Kopulation (Verbindung) zwischen Amor und Psyche, die ewige, d. h. absolute Liebe. Die wilden Kerle (die destruktiven Wirkungen) sind in der Bewußtheit, Schönheit, Liebe, Kreativität, Freude und im Leiden integriert. Alleine wirken alle Teilnehmer destruktiv. Nicht nur Dionysos und seine wilden Begleiterinnen enden im Chaos, Wahnsinn und Leiden. Wo die Chariten sind (Liebreiz, Freude und Fülle), sind die Erinnyen (Neid, Zorn und Rache) nicht weit. Aus der gleichen Paarung sind nicht nur Liebe und Gegenliebe (Eros und Anteros), sondern auch Angst und Schrecken (Phobos und Deimos) entstanden. Apollos Liebesbeziehungen enden alle tragisch. Selbst das Lichte und Reine vermag offenbar das Glück nicht zu realisieren, wenn es losgelöst ist von den anderen Hirnarealen.

Das schönste Geschenk macht uns das Märchen zum Schluß. Aus der Vereinigung von Amor und Psyche entsteht die Tochter Voluptas, die Lust, Wollust, Freude und Genuß (ver-)heißt. Diese finale Botschaft ist in unserer Kultur bis heute nicht verstanden worden. Diejenigen, die von Wollust und

Genuß reden, verbinden sie meistens nicht mit Liebe im Sinne der empathischen Vernunft, oder sie verwechseln das, was sie mit Liebe bezeichnen, mit Erfahrungen der Instinkte und Affekte. Und diejenigen, die von Liebe und Leiden sprechen, verstehen oft nicht viel von Wollust und Genuß. Unsere Kultur hat es nicht verstanden, die beiden Erfahrungen zu verbinden. Das heißt, sie hat es nicht verstanden, das Instinkt-, Affekt-, das intrumentelle und das empathische Vernunfthirn zusammenzuführen und die destruktive Wirkung der Wollust und des Leidens in eine konstruktive Wirkung zu verwandeln.

Wir brauchen das Leiden, um die Liebe zu erfahren. Wir brauchen es, um trotz des Erfolges, den wir mit aller Kraft und allem Willen anstreben, Bescheidenheit und Geduld zu lernen. Wir brauchen die Erfahrung des Leidens, um mit-leiden zu können. Wir müssen mit-leiden können, um uns als Subjekt mit einem Objekt vereinen zu können. Wir brauchen die Bescheidenheit und Geduld (und Güte und Bewußtheit), um auf das Leiden, das wir mit Notwendigkeit erfahren, nicht mit Frustration, Bitterkeit und Haß zu reagieren – um also nicht den destruktiven Kräften der Affekte zu erliegen. Wir brauchen sie, um nicht zu verzweifeln und aufzugeben, wenn die Kräfte der Instinkte und der Wille der Affekte nicht ausreichen und wenn sie uns verlassen.

Daß wir notwendigerweise leiden, liegt daran, daß wir (das empathische Vernunfthirn) an uns selber (den Instinkten und Affekten) leiden müssen. Wir können gar nicht anders. Wenn wir versuchen, dem Leiden zu entrinnen, bleibt uns nur die Wahl zwischen der Unterdrückung (Verdrängung, Projektion) entweder der Instinkte und Affekte oder der empathischen Vernunft. Wir verzichten bei beiden Strategien auf einen großen Teil des Lebens. Wir können nicht lieben, wir können Schönheit nicht erfahren, wir können nicht kreativ sein, ohne zu leiden. Wenn wir lieben, leiden wir am Leiden der Geliebten mit und wir leiden unter jeder Trennung, auch wenn sie nur vorübergehend ist. Wir leiden an den Verletzungen, die uns die Instinkte und Affekte der Geliebten zufügen. Wenn wir Schönheit erfahren, leiden wir unter der Häßlichkeit, Lieblosigkeit, Unachtsamkeit, Roheit, Grobheit und Härte, die uns umgeben. Wenn wir kreativ sind, leiden wir unter der Repetitivität und Routine, unter der Disziplin und Anstrengung, unter den Einschränkungen, Rückschlägen, Widerständen und dem Unvermögen, den ehrgeizigen Ansprüchen, der absoluten Wahrheit, zu genügen.

Auch Schuld ist eine Form von Leiden. Auch hier versucht das Affekthirn (mit Hilfe der instrumentellen Vernunft) alles, um diesen unangenehmen Zustand zu vermeiden. Niemand will Schuld auf sich nehmen. Wenn es nicht (mehr) geht, sie zu ignorieren (zu verdrängen), schieben wir sie mit Vorliebe einem anderen in die Schuhe. Von Frauen hören wir (öfter als von

Männern), daß sie sich schuldig fühlen, wenn eine Partnerschaft auseinanderbricht. In Ratgebern und Therapien wird den Ratsuchenden gerne empfohlen, die Schuld nicht länger auf sich zu nehmen, und viele weigern sich auch, es zu tun. Das ist taktisch gesehen sehr verständlich, aber strategisch leider eine Entwicklung in die falsche Richtung. Schuld ist Leiden und – wenn es gelingt, dadurch nicht bitter, sondern gütig, bescheiden, geduldig und bewußt zu werden – eine Gelegenheit, um empathische Vernunft zu entwickeln. Wenn bislang mehr Frauen als Männer in der Lage waren, Schuld auf sich zu nehmen, und Frauen jetzt versuchen, es den Männern in der Schuldverweigerung und -verdrängung gleichzutun, feiern sie einen Rückschritt als Fortschritt.

Obwohl wir mit taktischen Mitteln versuchen, dem Leiden zu entrinnen, holt es uns auf vielen Wegen immer wieder ein. Manches Leiden ist so grausam, daß wir es nie verstehen: der Tod eines Kindes zum Beispiel oder Greueltaten und Todesqualen. Andere Formen des Leidens sind subtil, aber hartnäckig: die schleichende Unzufriedenheit trotz aller Erfolge, die unerklärliche Depression. Wieder anderes Leid, wie Unfälle und plötzliche Krankheiten, überfällt uns aus heiterem Himmel. Ursache des Leidens können auch Probleme am Arbeitsplatz oder eine unglückliche Partnerschaft sein. Eine andere Form des Leids spielen wir gerne herunter: das Leiden an einem gebrochenen Herzen. „Stell dich nicht so an, amüsier dich, laß los, lenk dich ab, zahl's ihm/ihr heim" sind Ratschläge, die wir öfters hören. Die Geschichte von Amor und Psyche, wie viele andere, gibt eine Antwort in eine ganz andere Richtung.

Warum gerade ich, fragen wir alle in solchen Situationen, oder warum gerade sie oder er? Wir können darauf keine Antwort geben, die die Ursache in der Kauslkette weit zurückverfolgt. Aber wir können eine Antwort geben, die die Wirkung des Leidens in der Kausalkette weiterverfolgt. Der „Grund" für das Leiden ist demzufolge, das empathische Vernunfhirn und seine Funktionen zu entdecken, zu entwickeln und zu verwirklichen, weil wir ohne Leiden Güte und Geduld, Bescheidenheit und Bewußtheit nicht lernen werden (die anderen Hirnareale meiden sie wie der Teufel das Weihwasser) und weil wir ohne sie den Zugang zu Schönheit, Liebe und Kreativität nicht finden werden, weil wir vielmehr versucht sein werden, Schönheit zu tauschen, Liebe zu besitzen, Kreativität zu kaufen; weil wir sonst nicht beurteilen können, was richtig und was falsch ist; weil wir sonst beruflich vielleicht Erfolg haben, aber unsere Berufung nicht finden werden. Um es auf die Zielliste der Jugendlichen zu beziehen; weil wir sonst die Ziele Nummer fünf bis neun vielleicht erreichen, aber die Ziele Nummer eins bis vier bestimmt verfehlen werden.

Der Quadrant der Kreativität

Sie haben sich vielleicht bei den Geschichten, die wir interpretiert haben, gefragt, warum Sie die Aussagen von Dichtern für bare Münzen, für verläßliche Informationen über die absolute Wahrheit, nehmen sollten. Wir können im Quadranten der Kreativität darauf eine Antwort finden. Den Reichtum dieses Quadranten hat schon Sigmund Freud geahnt: „Nicht ich, sondern die Poeten entdeckten das Unbewußte" (in unserer Sprache die Informationen, die in unserem Hirn gespeichert sind, ohne daß sie uns (bislang) „bewußt" geworden sind, Anm. des Autors), soll er gesagt haben.[104]

Wir wollen unseren Betrachtungen eine Hypothese und eine Definition voranstellen. Die Hypothese besagt, daß alle Information, d. h. alles Wissen und alle Erkenntnis, die es je gab und je geben wird, in der DNA jeder Zelle jedes Lebewesens auf der Erde – jedes Menschen und jeder Bakterie – enthalten ist. Kreativität wollen wir deshalb als die Fähigkeit definieren, aus dieser unvorstellbar großen Informationsmenge eine einzigartige, neue und konkrete Kombination von Informationselementen zu verwirklichen und zu kommunizieren.

Wir können die Plausibilität dieser ungeheuren Hypothese molekularbiologisch und psychologisch begründen. Francis Crick und James Watson haben 1953 mit der Entdeckung der DNA (englisch für „Deoxyribonucleic acid", deutsch DNS für „Desoxyribonukleinsäure") die molekulare Struktur der Gene erschlossen. Der Evolutionsbiologe Richard Dawkins und andere (vor allem Molekularbiologen und Genforscher) haben darauf aufbauend eine Sicht der Dinge entwickelt, die wir hier als Voraussetzung für das Verständnis unserer Schlußfolgerungen zusammenfassen wollen:[105]

• DNA ist die in allen Lebewesen vorkommende, stoffliche, d. h. quantitative Substanz der Gene. Sie ist die Trägerin aller Informationen, die in den Genen gespeichert sind.

• Ein Gen ist eine „Nukleotidsequenz" innerhalb der DNA. Beim Menschen wird die Anzahl der Gene in einem Zellkern auf circa 50 000 geschätzt, von denen heute über 1000 bekannt sind.

• Gene sind lange Ketten von digitaler Information. Digital heißt, daß die Informationen für die Lagerung (Speiderung) und den Transport in Codes (Ziffern, Zeichen) umgewandelt werden. Diese Ketten sind in ihrer Struktur vergleichbar mit einem Computer oder einer Compact Disc.[106] Der eine große Vorteil der digitalen Speicherungs- und Übertragungstechnik ist, daß durch die Übertragung kein Informationsverlust entsteht. Wie wir alle wissen, ist dieser bei der analogen Technik sehr groß, weil sich Wellen mit der Zeit, Distanz und Wiederholung leicht verändern, Zahlen aber nicht. Der andere große Vorteil besteht darin, daß wir die digital gespeicherten Informationen in so vielen Variationen neu zusammenstellen und kombinieren können, wie es mathematisch möglich ist.

- Im Unterschied zu Computern ist der digitale, genetische Code nicht binär, auf zwei Symbolen, sondern quaternär, auf vier Symbolen, aufgebaut.

- Man kann den genetischen Code jeder Zelle mit einem Wörterbuch vergleichen, in dem 64 Wörter einer Sprache (gebildet aus 4^3 Dreiergruppen eines Alphabets aus vier Buchstaben, den vier Symbolen entsprechend) mit einundzwanzig Wörtern einer anderen Sprache (zwanzig Aminosäuren und einem Satzzeichen) kombiniert werden können. Das gibt eine Million Millionen Millionen Millionen Millionen Kombinationsmöglichkeiten.

- Obwohl die Variationsmöglichkeiten unvorstellbar groß sind, ist der genetische Code bei allen Lebewesen auf der Erde – den Menschen, Tieren, Pflanzen, Protozoen, Pilzen und Bakterien – vollkommen identisch. Jeder Mensch und jede Bakterie bezieht seine/ihre Informationen aus dem gleichen, digitalen Wörterbuch.

- Jede Zelle unseres Körpers ist mit 46 riesigen Datenbändern, den Chromosomen, ausgestattet. Und in jeder Zelle enthalten diese Bänder die gleiche Information. An jedem Band sind gleichzeitig viele Leseköpfe mit dem Ablesen der digitalen Buchstaben beschäftigt. Aber die Leseköpfe suchen sich in den einzelnen Zelltypen (wir haben davon einige hundert) unterschiedliche Abschnitte aus der Datenbank für ihre Spezialaufgaben aus. Darin unterscheiden sich die Nervenzellen von den Muskel-, Knochen-, Hautzellen usw.

- In jeder unserer Zellen wirkt die Hälfte der Gene unseres Vaters mit der Hälfte der Gene unserer Mutter zusammen. Aber die Gene verschmelzen nie, sie kombinieren sich nur neu miteinander; nur ihre Wirkungen mischen sich.

- Das Embryo entwickelt sich aus der Zweiteilung einer einzelnen Zelle, des befruchteten Eis. Aus den zwei Zellen werden durch erneute Teilung vier, daraus acht, und nach wenigen Dutzend Zellgenerationen sind durch die exponentielle Vermehrung Billionen von Zellen entstanden. Daß nicht alle Zellen in einem Körper identisch sind, liegt daran, daß jeweils unterschiedliche Gene aktiviert und andere Enzyme (große Moleküle, die andere Moleküle produzieren können) eingesetzt werden.

- Weil die Informationen der Gene digital gespeichert sind, können sie praktisch unendlich oft, von Generation zu Generation, kopiert werden, ohne daß sich ihr Inhalt (stark) verändert.

- Trotzdem entstehen Veränderungen: In der Sprache der Neodarwinisten sind es „kleine Kopierfehler", die über lange Zeit der Genweitergabe (Fortpflanzung) zu sichtbaren Genveränderungen kumulieren.

● Wenn die Körper, die die Gene fortpflanzen, räumlich lange und weit genug getrennt sind, z. B. durch Meere oder Berge, erreichen diese Genveränderungen (Kopierfehler, Mutationen) einen Punkt, an dem sie sich für die Fortpflanzung nicht mehr vertragen. Es entsteht eine neue „Art", zum Beispiel Grauhörnchen im Unterschied zu Rothörnchen. Zu einer Art zählen demzufolge alle Körper, die ihre Gene durch Fortpflanzung (i.d.R. durch Geschlechtsverkehr) untereinander weitergeben können. Menschen können das nur mit Menschen und Schafe nur mit Schafen tun, weil sich die Gene von Menschenmännchen nur (noch) mit den Genen von Menschenweibchen vertragen und nicht mit denjenigen von Schafen. Das war nicht immer so. Früher in der Entwicklungsgeschichte haben sie sich einmal vertragen und noch viel früher einmal sogar mit denen, die heute noch immer Bakterien sind.

● Alle unterschiedlichen Arten von Lebewesen, die wir heute kennen, es sind etwa 30 Millionen, haben den gleichen Vorfahren. Wir sind alle miteinander verwandt, wir sind selbst entfernte Vettern von den Pilzen und Bakterien.

● Wir haben alle den gleichen, genetischen Code, auch wenn unsere Körper nach unterschiedlichen Bauplänen geformt sind und sich die Gene durch Mutation (Kopierfehler) verändert haben.

● In der „Ur-DNA" sind alle Informationen, aus denen sich alle Generationen aller Arten entwickelt haben und noch entwickeln werden, schon enthalten.

● Mikrobiologisch gesehen besitzen wir grundsätzlich alle die gleichen Informationen (grundsätzlich, weil durch Mutationen Veränderungen entstanden sind). Wir lesen nur unterschiedliche Abschnitte aus den Datenbändern und setzen die Informationen nur unterschiedlich zusammen. Damit erzielen wir die unterschiedlichsten Wirkungen, die wir zwischen uns Menschen und zwischen uns und den Bakterien feststellen können.

● „Leben (molekularbiologisch, d. h. als quantitatives, genetisches System verstanden, Anmerkung des Autors) besteht schlicht aus Bytes und Bytes digitaler Information."[107]

Soweit das molekularbiologische Wissen: Das „Bewußtsein" des Menschen (oder jedes anderen Lebewesens) definiert sich demzufolge quantitativ aus der Menge der Informationen, die jeder einzelne aus der Datenbank des riesigen, digitalen Wörterbuchs, in dem die ganze Vergangenheit und Zukunft, die Information der „ganzen Schöpfung" programmiert ist, abrufen kann. Das kann mehr oder weniger sein. Das „Nicht-Bewußtsein" oder „Unbewußtsein" ist demzufolge die gesamte restliche, also potentielle

Information. Sie addiert sich mit dem „Bewußtsein" zur gesamten Datenmenge. Je kleiner dieses ist, desto größer ist jenes. Demzufolge ist Kreativität also der Arbeitsprozeß, der neue Informationen durch neue Kombinationen im Rahmen des genetischen Codes aus dem Speicher des Nicht-Bewußtseins in den „Datenpool" des Bewußtseins transferiert.

Um dieses Resultat in bezug auf seine Einzigartigkeit und Neuheit beurteilen zu können, haben wir der Definition die Bedingung angefügt, daß es kommuniziert werden müsse. Man könnte auch weniger weit gehen und sagen, der innerpsychische (intraindividuelle) Transformationsprozeß sei schon kreativ. Die empirische Kreativitätsforschung geht eher einen Schritt weiter. Sie verlangt, daß das Resultat von einer wie auch immer definierten Gemeinschaft (z. B. der Scientific Community, einer anderen professionellen Vereinigung oder des Marktes) auch als relevant beurteilt wird.[108]

Wir wollen die eingangs aufgestellte Hypothese nun qualitativ betrachten und psychologisch begründen. Wir haben alle das Bedürfnis, kreativ zu sein. Negativ ausgedrückt ist es das Verlangen, nicht repetitiv zu sein, also nicht zu wiederholen, was wir und andere schon gemacht haben. Dabei schließt die „Wiederholung" die „Kreation" allerdings nicht aus, ja in der Regel setzt sie sie voraus. Bis Sie auf dem Klavier kreativ sein können, müssen Sie lange repetitiv üben. Positiv ausgedrückt ist das Bedürfnis, kreativ zu sein, das Verlangen, Informationen aus dem Unbewußtsein in das Bewußtsein zu überführen.

Wo ist dieses Verlangen gespeichert, und wo und wie findet es die gesuchten Informationen? Bestimmt der Zufall, welche Informationen wir zutage fördern, und warum folgen nicht alle Menschen dem Bedürfnis in gleichem Maße?

Die Vorstellung, daß Kreativität mit der Kombination von Informationen verbunden sei muß, finden wir schon bei Arthur Koestler und Edward de Bono. Koestler hat den kreativen Akt als Verbindung (Bisoziation) von zwei oder mehreren Gedanken-Matrizen beschrieben, die zuvor nicht miteinander verbunden waren.[109] Das Kreative und Verblüffende ist das Mehr, das aus der Summe der neu verbundenen Teile entsteht. Er findet dieses Muster beim Witz, in der Komödie, Tragödie, in der Werbung und beim Kochen. Es läßt sich leicht an der berühmten Geschichte von Archimedes illustrieren:[110] Archimedes sollte herausfinden, ob die Krone seines Herrschers aus reinem Gold war. Er kannte das spezifische Gewicht des Goldes, aber nicht das Volumen der kunstvoll verzierten Krone. Wochenlang studierte er die Krone und überlegte, wie er wohl ihr Volumen berechnen könne. Aber er kam auf keine Lösung. Eines Tages nahm er zur Entspannung ein Bad. Als er sich hineinsetzte, sah er, wie das Wasser um ihn herum hochstieg. Heureka! Das Wasser, das die Krone verdrängte, zeigte ihr Volumen. Aus der Synthese zwischen der Kronen- und der Badematrix entstand die Lösung.

Edward de Bono hat die unterschiedlichen Denkmuster der linken und rechten Hirnhemisphären untersucht.[111] Die Art und Weise, wie die instrumentelle Vernunft neue Informationen generiert, nennt er vertikales Denken. Vertikal, weil es sich induktiv oder deduktiv, vom Konkreten zum Abstrakten oder umgekehrt, entlang von Kausalketten vorwärts und rückwärts, in die eine Richtung zum Abstrakten und in die andere Richtung zum Konkreten hin, bewegt. Wie wir gesehen haben, ist das intrumentelle Denken von Natur aus zielgerichtet. Es sucht eine Ordnung durch Kausalität zu erkennen und sucht Wirkung (Ziel) durch das Verstehen von Ursache (Mittel) zu erzielen. Es sucht das Ergebnis, den Abschluß, ist konvergentes Denken vom Vielen (Möglichen) zum (konkreten) Einen. Es macht aus Informationen Resultate. Diese Art des Denkens ist ihrer Natur gemäß effizient und effektiv. Aber es ist richtig, daß sie einen Nachteil hat. Wenn einmal eine Theorie, ein Set von Hypothesen oder auch nur eine Fragestellung in den Raum gestellt ist, wird das intrumentelle, vertikale Denken diesem Pfad entlang nach Lösungen suchen. Theoretisch könnte man sogar sagen, daß durch die Fragestellung alle möglichen Lösungen schon präjudiziert sind. Das gilt natürlich noch viel mehr für die den Überlegungen implizit oder explizit zugrundegelegten Theorien, dem Paradigma, innerhalb dessen gedacht und gesucht wird. Lösungen, die außerhalb des vertikalen (linearen) Ursache-Wirkungszusammenhangs liegen, müssen bei dieser systematischen Denkweise verborgen bleiben.

Dieses Defizit kompensiert das empathische Vernunfthirn. De Bono bezeichnet seine Denkweise als lateral. Es sucht spontan nach neuen Informationen außerhalb der bestehenden Systeme. Es verläßt das logische Wenn-dann-Muster, in dem die Aufgabe angesiedelt ist, und springt statt dessen frei herum in der Unendlichkeit der Informationen. Es denkt divergent, in dem es vom Einen (Konkreten) ungerührt zum Vielen (Möglichen) schreitet. Es ist respektlos, disziplinlos, ordnungslos, grenzenlos, subversiv, chaotisch, anarchistisch. Kurz, es entspricht so gar nicht den Merkmalen der instrumentellen Vernunft. Das hat auch einen Nachteil: Man verliert sich leicht im struktur- und grenzenlosen Raum und endet ob der unendlich vielen Möglichkeiten gerne ohne Resultat im Chaos.

Es ist nicht erstaunlich, daß es zum „Glaubenskrieg" zwischen den zwei Denkmustern kam, der zum Nachteil von beiden ausging. Denn sowohl unsere theoretischen Überlegungen als auch alle empirischen Untersuchungen von hochkreativen Menschen zeigen, daß es gerade die Verbindung der beiden Denkweisen, d. h. der beiden Hirnareale ist, die kreative Höchstleistung ermöglicht. Das laterale, freie Denken sucht nach neuen Informationen und Matrizen. Das vertikale, disziplinierte und trainierte Denken verknüpft sie mit den bestehenden Systemen (dem Handlungsrahmen der aktuellen Realität) und führt zum Resultat. Das divergente Denken der rechten Hirnhemisphäre ist rezeptiv (im Rezeptionsmodus), „es nimmt ein Bad". Es ist offen für neue Fragen und Möglichkeiten, es ist achtsam und geduldig. Das konvergente Denken der linken Hirnhemisphäre ist aktiv (im Aktionsmodus): es sucht (ungeduldig) den Abschluß und die Lösung, es folgt den Regeln, es erkennt die Zusammenhänge, es ist pragmatisch und handelt. Frank Barron hat dreißig Jahre lang Persönlichkeiten untersucht, die sich durch besondere kreative Leistungen in Kunst, Wissenschaft und Erziehung ausgezeichnet haben.[112] Er konnte mit Hilfe von standardisierten, klinischen Tests zeigen, daß Hochkreative sowohl auf der Skala Angst, Depression, Schizophrenie und abweichendes Verhalten als auch auf der Skala Stärke, Ausdauer und Frustrationstoleranz überdurchschnittliche Werte erzielen. Er erkannte bei ihnen als Muster das Bedürfnis und die Fähigkeit, Gegensätze und Paradoxien in beide Richtungen bis in die Extreme auszuloten und dadurch zu verbinden, daß sie sich zwischen den Polen mutig hin und her bewegten – zwischen Angst und Stärke, zwischen Ordnung und Chaos, zwischen Intuition und Rationalität, zwischen Zweifel und Gewißheit, zwischen Offenheit und Verschlossenheit. Jay Ogilvy hat dazu ein kybernetisches Modell der mehr-dimensionalen Persönlichkeit entwickelt, die sich in einem polyzentrischen Gleichgewicht befindet.[113] Wir werden im folgenden Kapitel das polyzentrische zu einem dynamischen Gleichgewicht weiterentwickeln.

Auch Mihaly Csikszentmihalyi, ein weiterer Kreativitätsforscher, hat Menschen interviewt und verglichen, die zu außergewöhnlich großen und kreativen Leistungen fähig waren.[114] Wie Frank Barron hat er festgestellt, daß ihnen allen die Fähigkeit gemeinsam ist, große Gegensätze zu vereinen.[115] Und ähnlich wie Sally Potter die Liebe als das Verschmelzen der Liebenden besingt – wir haben das als die Auflösung der Differenz zwischen Subjekt und Objekt bezeichnet –, hat Csikszentmihalyi beobachtet, daß Menschen mit außergewöhnlicher Kreativitäts- und Leistungskraft völlig eins sind mit dem, was sie tun. Er hat dafür den Begriff „Flow" geprägt.[116]

Menschen, die im Fluß sind, verlieren nach eigenen Angaben das Zeitgefühl und das Gefühl von Angst, Anstrengung oder Schmerz. Das sind alles typische Eigenschaften des Affekthirns. Im Flow zu sein heißt also, seine Leistung gerade nicht (mehr) primär auf der Stufe des Affekthirns, d. h. des Wollens, zu erbringen. Die Freestyler der Skate- und Snowboarder haben den Begriff Flow für sich entdeckt und in Anspruch genommen. Tony Hawks, eine Skateboardlegende, sagt, daß ihm der Flow „ein allumfassendes Glücksgefühl" bereitet. Es ist kein Zufall, daß die besten Snow- und Skateboarder, und zwar die Freestyler unter ihnen, den Begriff verwenden. Sie suchen und experimentieren an der vordersten Front der Jugendlichen, deren Zielkatalog wir verfolgen. Und sie kommen am leading edge der individuellen, gesellschaftlichen und technologischen Entwicklung intuitiv zu dem gleichen Ergebnis, das wir wissenschaftlich entwickelt haben. Wir finden in ihrer Welt vier Schlüsselbegriffe unserer Theorie praktisch und bildlich umgesetzt: Bewegung, Gleichgewicht, Freiheit und Fluß. Die „Bewegung" und totale Körperbeherrschung der Snow- und Skateboarder illustriert aufs schönste die Bedeutung des Instinkthirns (inklusive des Kleinhirns). Wenn wir den jungen Menschen beim Boarden oder Surfen zuschauen, wie sie die widerstreitenden physischen Kräfte der Natur mit den eigenen physischen und psychischen Kräften in ein totales „Gleichgewicht" bringen, in dem alle Widerstände und damit alle Gewalt aufgelöst sind, können wir uns das allumfassende Glücksgefühl vorstellen. Der „Freiheit" als einem Aspekt der Liebe und Eigenschaft der empathischen Vernunft sind wir am Ende des „Liedes über die Schönheit und Liebe bei Salomo" begegnet: „Enteile, mein Geliebter, und mache es wie die Gazelle oder wie der junge Hirsch auf den balsamduftenden Bergen!" Der „Flow" ist in unserer Sprache der Fluß durch alle Hirnareale, die Integration der widersprüchlichen Funktionsprinzipien, die Umwandlung der destruktiven in konstruktive Kräfte. „Einssein" mit seiner Tätigkeit heißt, die „Berufung" gefunden und die Hirnareale so darauf ausgerichtet zu haben, daß keine Reibungsverluste mehr entstehen. Weil alle auf das gleiche Ziel gerichtet sind, sind alle Widerstände und das heißt alle Gewalt und aller Zwang aufgelöst.

Es braucht die rohe Kraft und die blinden Automatismen der Instinkte, um die Spannung zwischen den Gegensätzen auszuhalten. Es braucht den unbeugsamen Willen der Affekte, den Ehrgeiz und die Eitelkeit, um den langen Weg von der vagen Vision bis zur Realisierung gegen alle Widerstände, Zweifel, Wenn-und-Abers, gegen die Beharrungstendenz des Etablierten und gegen den bösen Willen der Konkurrenten durchzustehen. Es braucht sie, um trotz aller Mißerfolge und Enttäuschungen nicht aufzugeben und um mit der Angst vor dem Ungewissen zu leben. Es braucht die Schärfe des instrumentellen Verstandes, um die Zusammenhänge und die Verbindung zum Bestehenden zu erkennen, und das Können, um es zu realisieren. Und es braucht die Güte, Bescheidenheit, Geduld und Bewußtheit der empathischen Vernunft, um den göttlichen Funken, die kreative Idee, zu empfangen.

Wozu die Güte? Weil das Gute im Objekt zu sehen eine Voraussetzung dafür ist, die Information, die wir angestrengt suchen, zu erkennen. Wir fragen uns oft bei den genialsten Ideen, die nicht selten die einfachsten sind: Warum sind wir nicht selber darauf gekommen? Die Lösung lag vor Augen, wir haben sie nur nicht gesehen.

Wozu die Bescheidenheit? Um sich bei der Suche nach der Information nicht selber im Wege zu stehen. Michael Hammer sagt als Antwort auf die Frage, welchen Ratschlag er den Unternehmensführern auf den Weg ins 21. Jahrhundert mitgeben würde: „Das Wesentliche, um erfolgreich voranzukommen, ist Bescheidenheit – die Erkenntnis, daß Erfolg in der Vergangenheit keinen Einfluß hat auf Erfolg in der Zukunft. Wenn Sie denken, Sie seien gut, sind sie tot."[117] Und Steven Covey, der Autor von *The Seven Habits of Highly Effective People*, bestätigt ihn: „Ich glaube, daß die höchste Qualität eines Führers Bescheidenheit ist."[118] Die Bescheidenheit bewahrt uns vor dem Größenwahn, dem wir leicht verfallen, wenn wir auf dem Positionsfeld der Affekte erfolgreich sind. Im Größenwahn verlieren wir den Sinn für die Relationen und Proportionen. Er macht blind für alles, was er nicht in einen direkten Ursache-Wirkungszusammenhang zum Erfolg bringt. Er verschließt den Zugang zur empathischen Vernunft und damit zur Kreativität. In der Wirtschaft und Politik ist das Phänomen alltäglich. Wir finden es auch in der Wissenschaft, wo die eindrücklichen Erfolge der instrumentellen Vernunft die Erfolgreichen blind für alle Erfahrungen machen, die außerhalb ihres Erfolgsbereiches liegen. Anders ist die Arroganz (eine Agentin, die wir aus dem Quadranten des Erfolges im Affekthirn kennen) nicht zu erklären, die Wissenschaftlern manchmal eigen ist.[119]

Warum Geduld? Weil wir die Idee, den plötzlichen Einfall, den „göttlichen Funken" nicht erzwingen können. Je mehr wir wollen und je mehr wir uns dabei verkrampfen, desto geringer wird die Wahrscheinlichkeit, daß er überspringt. Oft geschieht es, wenn wir es am wenigsten erwarten. Manchmal auch erst dann, wenn wir es nicht mehr erwarten. Um warten zu können, ohne zu erstarren und ohne aufzugeben, um nicht in die Falle der Frustration zu fallen, brauchen wir die Geduld.

Und die Bewußtheit? „Achtsamkeit" haben wir als Teil der Bewußtheit definiert, Achtsamkeit auch dann, wenn wir ins Bad steigen. Auch das Erkennen der Zusammenhänge, die Kompetenz der instrumentellen Vernunft, haben wir als eine Voraussetzung von Bewußtheit bezeichnet. Es gilt, um es in der Sprache von Koestler und de Bono auszudrücken, sowohl die vertikalen Zusammenhänge innerhalb als auch die lateralen Zusammenhänge zwischen den Matrizen zu erkennen. Das sind in unserer Sprache die Zusammenhänge zwischen den Hirnarealen und der Zusammenhang innerhalb der empathischen Vernunft. Die Bewußtheit brauchen wir, um zu erkennen, wo wir „die kostbare Information", die neue, die noch niemand gesehen hat, suchen müssen und finden können.

Es bleibt die heikle Frage nach dem Zufall. Aus dem Gesagten können wir schließen, daß es kein reiner Zufall ist, wenn der eine Mensch kreativ ist und der andere nicht. Was uns weiter interessiert, ist die Frage, ob es ein Zufall ist, welche konkrete Information ein kreativer Mensch aus der Fülle der möglichen Informationen realisiert. Wir stellen die Hypothese auf, daß es nicht Zufall war, daß Goethe den „Faust" geschrieben hat und daß Karl Lagerfeld für Chanel Kreationen entwirft. Wir sagen, daß es „Berufung" ist. Wir unterstellen, daß jeder Mensch dazu berufen ist, ganz bestimmte Informationen aus dem Pool aller möglichen Informationen zu realisieren. Das Programm dazu können wir uns als Teil der Informationen vorstellen, die in den Nervenzellen des Gehirns vorhanden sind. Die Frage ist nur, ob Sie Ihr ganz eigenes Programm realisieren oder genauer: wieviel Sie davon verwirklichen. Die Frage ist, ob es Ihnen gelingt, den Zugang zu der Information zu finden, die Ihnen sagt, was Ihre Berufung ist, und dann, ob es Ihnen gelingt, diese gegen alle Schwierigkeiten und Widerstände um- und durchzusetzen.

Unter diesen Umständen müssen wir den Anspruch an „Relevanz", den wir in Kreativitätstheorien finden, korrigieren. Nicht die Relevanz von außen, die Beurteilung durch die Experten oder den Markt, interessiert uns primär, sondern die Relevanz von innen. Kreativität ist nicht einfach die zufällige Realisierung irgendeiner neuen Information durch irgendwen, sondern die Materialisierung einer ganz bestimmten Information durch eine ganz bestimmte Person, etwas, das diese Person kreieren mußte. Wir kennen die Aussage von Künstlern, Schriftstellern zum Beispiel, die auf die Frage, warum sie schreiben, antworten, weil sie müssen. Das nennen wir die „Berufung". Die Kreation muß einer inneren Notwendigkeit gehorchen und nicht dem Ehrgeiz, der Berechnung und den Zielen des Affekthirns oder den Bedingungen und Erwartungen einer äußeren Instanz.

In der griechischen Mythologie finden wir dieses Wissen bereits vor. Dort sind die Voraussetzungen zur Kreativität in den Musen personalisiert und symbolisiert. Sie sind uns in „Amor und Psyche" schon begegnet. Wir wollen sie uns hier noch etwas genauer anschauen.

Die Musen sind aus der Liebesverbindung zwischen Zeus und Mnemosyne entstanden. Mnemosyne ist neben Themis, der Mutter der Horen, die andere Tochter der Gaia und des Uranos, mit der sich Zeus vereinigte. Mnemosyne ist die Göttin des „Gedächtnisses". Am „Hieros Gamos" mit Mnemosyne fragte Zeus die beteiligte Götterschar, was ihnen noch fehle. Die anwesenden Götter antworteten: „Die Rühmenden". Sie meinten damit jemanden, der das Wissen der Götter, das ewige oder absolute Wissen, erhalten und weitersagen würde. In unserer Sprache heißt das, Informationen aus dem Unbewußtsein in das Bewußtsein zu übertragen.

Zeus entließ daraufhin seine Geliebte neun Tage und Nächte lang nicht aus der Umarmung. Ein Jahr später gebar ihm Mnemosyne neun gleichgesinnte Töchter, die erfüllt waren von Gesang. Weil sie ganz in der Nähe der Spitze des schneebedeckten Olympos geboren wurden, wo sie später ihre Tempel und Tanzplätze mit den Chariten und Himeros, dem Doppelgänger von Eros/Amor teilten, nannte man sie auch „die Olympischen". An anderer Stelle heißen sie nicht Musai, sondern Mneiai, was eine Mehrzahl von Mnemosyne, „Gedächtnis", bedeutet. Hesiod (ca. 700 v. Chr.), der Schafhirt, in unserer Sprache also der, der seine Instinkte und Affekte hütet, weidete seine Schafe am Berge Helikon, wo die Musen ihre Quellen und Tanzplätze besaßen, als sie ihn ansprachen. Sie sagten ihm, daß sie wohl lügen, aber viel mehr noch die Wahrheit offenbaren könnten, reichten ihm den Lorbeerstab und weihten ihn zum Dichter, auf daß er uns das Götterwissen weitergebe. Seither sagen die Dichter, sie sprächen nur den Musen nach, ihnen verdanken sie alles Wissen. „Die Worte wurden mir in gewisser Weise geschenkt . . . Ich weiß nicht, woher die Worte kommen. In gewisser Weise werden sie mir von meinem Unterbewußtsein eingegeben. Dort ist der Ursprung der Worte . . . Auch bei (meinen) historischen Romanen wurde mir alles geschenkt, was der reinen Phantasie entsprang – doch woher, das weiß ich nicht . . . Meine Bücher schreibt ein anderer, den ich nicht kenne", antwortete Julien Green in einem Interview.[120]

Daß die Musen singen, heißt, daß wir (ihnen) zuhören müssen, um kreativ sein zu können. Daß sie tanzen, bedeutet, daß wir die linke und die rechte Hirnhemisphäre, die instrumentelle und die empathische Vernunft mit dem Instinkthirn verbinden müssen, um schöpferisch sein zu können. Im Tanz verbinden sich Struktur und Ordnung mit Chaos und Ekstase, die Vernunft mit dem Körper. Es gibt kaum eine Mythologie, in welcher der Tanz nicht eine große schöpferische Rolle spielt, zum Beispiel hat Shiva im Hinduismus die Welt im Tanz erschaffen und geordnet. Im Dionysoskult und im Schamanismus spielt der Tanz eine zentrale Rolle, im Instinkthirn entspricht er dem Funktionsprinzip der Bewegung. Daß die Musen lügen oder die Wahrheit sagen, ist das Abbild unserer Erfahrung, daß nicht alles, was wir erfinden, „wahr" ist. Vieles ist flüchtig, vergänglich, Imitation, Manipulation, Illusion, Geschwätz, Unterhaltung, Ablenkung, Lüge, Betrug, „nicht-wahr".

Daß die Musen mit Eros und den Chariten (Grazien) zusammenwohnen, weist auf die Verwandtschaft und Nähe zwischen Kreativität, Liebe und Schönheit hin, auf Zartheit, Lieblichkeit und Freude, das Gegenteil zur Roheit, Grobheit und Gewalt der Instinkte und zum Neid, Haß und Zwang der Affekte. Und nicht zuletzt verweist es auf die Gunst und Dankbarkeit (in der lateinischen Übersetzung). Es ist keine Selbstverständlichkeit, zu einer kreativen Aufgabe berufen und in der Lage zu sein, die Bedingungen einzulösen, um sie zu realisieren. Es ist keine Selbstverständlichkeit, Mensch zu sein.

Wie schwierig es ist, die Voraussetzungen dafür aufzubringen, haben wir gesehen. Es gilt, nicht weniger als vier Hirnareale mit ihren widersprüchlichen Funktionsprinzipien zu entwickeln und in ein dynamisches Gleichgewicht zu bringen. Die Sehnsucht danach ist im empathischen Vernunfthirn jedes Menschen gespeichert. Dort ist die Sehnsucht nach Kreativität wiederum von der Sehnsucht nach Liebe und nach Schönheit nicht zu trennen. Im Leiden, das mit den drei Aspekten dieser Sehnsucht gleichermaßen verbunden ist, wird das deutlich erkennbar. Auch deshalb entwickelt nicht jeder Mensch seine empathische Vernunft in gleichem Maße. Einige entwickeln sie gar nicht. Andere projizieren sie auf Kunst und Künstler. Sie kaufen Kreativität.[121] Wieder anderen fehlt das Können der instrumentellen Vernunft, oder der Wille der Affekte oder die Kraft der Instinkte. Alle suchen den Erfolg, viele strengen sich dafür an, doch oft nicht im Bereich ihrer Berufung, sondern dort, wo sie den Erfolg vermuten. Erfolg werden sie dort vielleicht auch finden, aber um einen hohen Preis. Die Berufung können Sie nicht wählen. Sie können sie nur finden, hören, empfangen. Dabei ist nicht auszuschließen, daß sie gar nicht den Erwartungen entspricht, mit denen Sie die Suche angefangen haben.

Fassen wir zusammen: Jeder Mensch hat die Möglichkeit, seine Berufung zu finden und kreativ zu sein, aber nicht alle nehmen sie wahr. Das ist tragisch, weil die Kreativität ein Teil der empathischen Vernunft und damit ein Teil des Lebens ist. Wir müssen kreativ sein, wenn wir uns realisieren wollen. Wer seine Berufung nicht realisiert, vergibt einen Teil seines Lebens. Aber es ist nicht erstaunlich, daß es nicht öfter gelingt, nachdem wir wissen, was es dazu braucht:

- die Kraft und Stärke der Instinkte, um die ungeheure Spannung der Gegensätze auszuhalten;
- den Willen und die Freude (Enthusiasmus) der Affekte, um gegen alle Widerstände durchzukommen;
- das Wissen und Können der instrumentellen Vernunft, um die Fülle der Informationen zu einem Ergebnis zu verdichten;
- die Wahrnehmungsfähigkeit (Sensibilität) der empathischen Vernunft, um die Informationen aus dem Dunkel des Nicht-Bewußtseins zu empfangen.

Für das letztere, das auch das letzte in der Entwicklung des menschlichen Gehirns ist, funktionieren diese sensiblen Agentinnen:

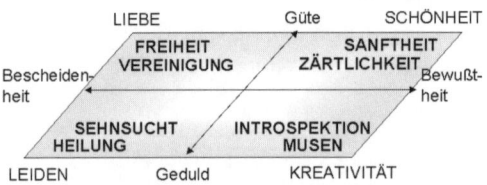

Abbildung 14: Die Agentinnen der empathischen Vernunft

Die Erfahrungen der empathischen Vernunft unterscheiden sich von denen der anderen Hirnareale nicht nur in der Art, sondern auch in der Art der Beziehungen (Verbindungen), die sie eingehen. Während das Beziehungsprinzip im Instinkthirn die Gewalt und im Affekthirn der Tausch ist (und im instrumentellen Vernunfthirn die Kausalität), ist es im empathischen Vernunfthirn der Austausch.

Hirnareal	Beziehungsprinzip
Instinkthirn	Gewalt (Recht des/der Stärkeren)
Affekthirn	Tausch (Komplementarität)
Instrumentelles Vernunfthirn	Kausalität (Gesetz von Ursache und Wirkung)
Empathisches Vernunfthirn	Austausch (Verschmelzung von Subjekt und Objekt)

Im Austausch tauschen die Subjekte das gleiche aus: Schönheit und Schönheit, Liebe und Liebe, Leiden und Leiden, Zärtlichkeit und Zärtlichkeit, Sanftheit und Sanftheit, Hingabe und Hingabe, Sehnsucht und Sehnsucht, Freiheit und Freiheit. Der Inhalt des Austausches ist das Gemeinsame, das das Subjekt mit dem Objekt verbindet, und nicht das Komplementäre (wie beim Tausch). Deshalb unterscheidet sich das empathische Vernunfthirn auch nicht nach den Geschlechtern. Während im Instinkt- und Affekthirn das Unterscheidende, d. h. das jeweils Fehlende, die Geschlechter zur Vereinigung motiviert, ist es im empathischen Vernunfthirn das Gemeinsame. Es besteht kein biologischer Grund für eine geschlechtsspezifische Unterscheidung, und wir können empirisch auch keine feststellen: Ein gütiger, bescheidener, geduldiger und bewußter Mann unterscheidet sich in der Güte, Bescheidenheit, Geduld und Bewußtheit in nichts von einer gütigen, bescheidenen, geduldigen und bewußten Frau. Das gleiche gilt auch für das instrumentelle Vernunfthirn. Es gibt keinen logischen oder biologischen Grund, weshalb sich dieses zwischen den Geschlechtern unterscheiden sollte. Das Wissen um Kausalzusammenhänge und das Können, d. h. Beherrschen beider durch eine Frau unterscheidet sich nicht vom Wissen und Können des gleichen bei einem Mann. Wenn Unterschiede zwischen den Geschlechtern festgestellt werden können, sind sie nicht auf Unterschiede in der Anlage des Vernunfthirns zurückzuführen, sondern auf Unterschiede in den Anlagen der Instinkt- und Affekthirne.

Die vielen Fallstudien, die dazu gemacht wurden, kommen auf praktisch jedem vorstellbaren Gebiet zum gleichen Ergebnis: Wenn eine repräsentative Anzahl von Studentinnen und Studenten eine standardisierte Mathematikprüfung macht, sind die Resultate bei beiden Geschlechtern im Durchschnitt in etwa gleich. Betrachtet man jedoch die Extremwerte, zeigen sich klare Unterschiede. Im mathematischen Teil einer in den USA landesweit durchgeführten Leistungsprüfung bei 15jährigen kamen bei den besten 10 Prozent auf ein Mädchen 1,3 Jungen, bei den besten fünf Prozent kamen auf ein Mädchen 1,5 Jungen und beim besten 1 Prozent pro Mädchen sieben Jungen. Ein ähnliches Verhältnis finden wir ebenso bei den schlechtesten 10, 5 oder 1 Prozent.[122] Auch bei den Schlechtesten sind die Jungen in der Überzahl. Mit anderen Worten: Im Durchschnitt sind die mathematischen Fähigkeiten von Jungen und Mädchen gleich, aber ihre Verteilung ist verschieden. Sowohl in der schlechtesten als auch in der besten Gruppe finden wir mehr Männer als Frauen und in der Mitte infolgedessen mehr Frauen als Männer. Als Erklärung führt man gerne einen feststellbaren Unterschied im Selbstvertrauen an. Befragt man nämlich Jungen und Mädchen nach der Beurteilung ihrer eigenen Leistung, so stellt sich tatsächlich ein Unterschied zwischen den Geschlechtern heraus: Jungen neigen eher dazu, den eigenen Erfolg ihrer Begabung und den Mißerfolg anderen, z. B. dem Lehrer, oder der eigenen, fehlenden Motivation zuzuschreiben. Mädchen führen den eigenen Erfolg eher auf die eigene Anstrengung und den Mißerfolg auf fehlende Intelligenz/Begabung zurück. Das verleitet dazu, den Unterschied auf die Sozialisation zurückzuführen. Dieser Erklärungsansatz ist unbefriedigend, denn er erklärt nicht, warum der Anteil der Männer nicht nur bei den Besten, sondern auch bei den Schlechtesten überproportional höher ist. Unser Ansatz erklärt beides: Der Unterschied liegt tatsächlich nicht im instrumentellen Vernunfthirn, sondern im Instinkthirn. Das männliche ist im Extrem kampfgewohnter und kampfstärker, weil es siegen muß. Das weibliche Instinkthirn kann das alles auch, aber es muß nicht: sein Paarungserfolg hängt nicht davon ab. Die Koalition mit dem Instinkthirn gibt der instrumentellen Vernunft den letzten Kick. Dies macht nicht nur den Unterschied in der Selbsteinschätzung zwischen den Geschlechtern plausibel, sondern auch den Ausschlag auf der Seite der Schlechtesten. In dem Maße, wie es für einen Mann wichtiger ist, zu gewinnen, ist es für ihn auch schlimmer, zu verlieren. Entweder die Niederlage „zerstört" ihn (sein Selbstbewußtsein, seine Leistungskraft) ganz, oder es gelingt ihm, auf einem anderen Gebiet – z. B. im Kampf mit Kette und Messer – zu siegen. Der Leistung in Mathematik sind beide Alternativen nicht förderlich.

Noch ein weiteres, verbreitetes Mißverständnis gilt es zu klären. Liebe ebenso wie Schönheit, Kreativität und Leiden existieren nicht autonom. Liebe, Empathie, Altruismus sind nicht selbstlos. Sie brauchen den Austausch, sonst können sie nicht gedeihen. Liebe braucht Liebe – und Leiden. Leiden braucht (Mit-)Leiden – und Liebe. Schönheit braucht Schönheit – und Liebe. Kreativität braucht Kreativität, Schönheit, Liebe und Leiden. Die empathische Vernunft nährt die empathische Vernunft. Die Ignoranz (auf der Ebene der instrumentellen Vernunft), der Tausch oder die Unterdrückung (Verdrängung, auf der Stufe des Affekthirns) und die Gewalt (auf dem Niveau der Instinkte) zerstören sie.

DIE KONSTRUKTIONSIDEE DES GANZEN MENSCHEN
Für das Gesamtziel sind Sie zuständig

Wir haben festgestellt, daß wir eine hybride Konstruktion aus vier Kompetenzzentren sind, die wir mit dem Bild des Krokodils, der Wölfin, des Roboters und Engels veranschaulicht haben.

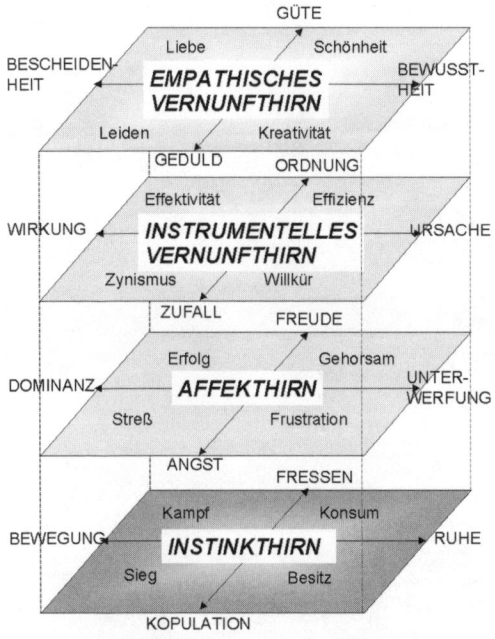

Abbildung 15: Die Konstruktionsidee des ganzen Menschen

Jedes dieser Kompetenzzentren erfüllt eine Hauptaufgabe, für die es konstruiert und kompetent ist:

- Das Instinkthirn bringt Kraft und Stärke auf. Kraft und Stärke wozu? Wenn Sie das Instinkthirn isoliert fragen könnten, würde es Ihnen wohl sagen: Um im Wettbewerb des Lebens zu überleben, um im Ausscheidungskampf zu gewinnen: „The *survival of the fittest*".
- Das Affekthirn bringt den Willen auf und eine bessere Organisation. Wille und bessere Organisation wozu, ist wiederum die Frage. Um im Wettbewerb der eigenen Gene zum Überleben zu verhelfen, wäre die Antwort des Affekthirns.

129

- Das instrumentelle Vernunfthirn hat die Aufgabe, das Wissen und Können bereitzustellen. Wissen und Können wozu? Um Effizienz- und Effektivitätsgewinne zu realisieren, würde Ihnen das instrumentelle Vernunfthirn sagen.

- Das empathische Vernunfthirn hat die Kompetenz, die Frage nach dem Warum absolut (final) zu beantworten. Seine Aufgabe besteht darin, Ihre Berufung zu finden. Warum? könnte die instrumentelle Vernunft fragen. Um zu wissen, wozu Sie leben, um zu wissen, wozu Sie die Kraft und den Willen und das Wissen einsetzen sollen, um zu wissen, was Ihre Lebensaufgabe ist – um Díkē zu realisieren.

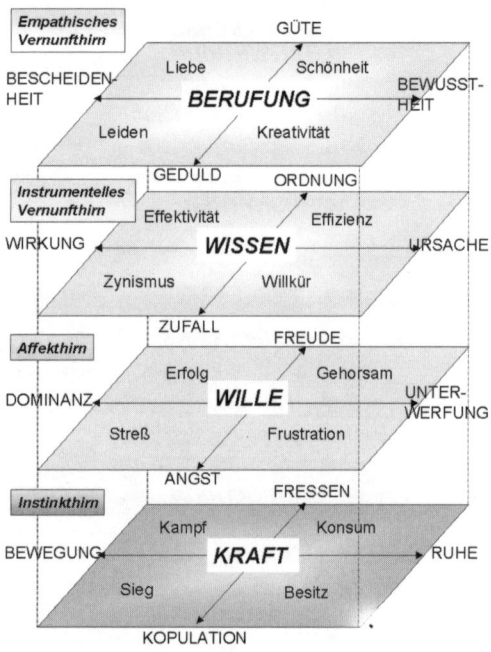

Abbildung 16: Die Kompetenzzentren des Hirns

Diese Konstruktionsidee des Gehirns hört sich so vernünftig an, daß man eigentlich davon ausgehen müßte, sie funktioniere bestens. Wir wissen aus der eigenen Erfahrung, daß das nicht der Fall ist. Wir können nun auch genau erkennen, warum.

Der Grund liegt darin, daß jedes Kompetenzzentrum so organisiert ist, daß es seine eigene Aufgabe, also diejenige, für die es konstruiert ist, bestens erfüllt, jedoch sich nicht um die Gesamtaufgabe kümmert, nämlich die Ausrichtung der Kraft, des Willens und des Wissens auf die Berufung. Für die Wahrnehmung der Gesamtaufgabe ist keines der Kompetenzzentren zuständig. Dafür sind Sie verantwortlich. Verantwortung heißt, die „Führung" zu übernehmen.

Hirnareal (Kompetenz-zentren)	Organisations-prinzip	Funktions-prinzip (Kompetenz)	Ziel (Zweck)
Instinkthirn	Patriarchal	Kraft	Befriedigung
Affekthirn	Matriarchal	Wille	Position
Instrumentelles Vernunfthirn	Logos	Wissen Können	Ökonomie
Empathisches Vernunfthirn	Eros	Berufung	Integration

Sie sind der Prozeßführer oder, wie Michael Hammer sagt, Sie sind der „Process Owner"[123] (der „Prozeß-Besitzer"). Sie sind dafür verantwortlich, daß die Kompetenzzentren so zusammenspielen, daß Sie die Leistung erbringen, die Sie wollen, daß Sie Ihre Berufung finden und Ihre Lebensaufgabe erfüllen können: (that) „. . . *resources come together to produce value* "[124] („daß die Ressourcen zusammenkommen, um Wert zu produzieren", Übersetzung durch den Autor). Michael Hammer hat gezeigt, wie ein modernes, prozeßorientiertes („*process-centered*") Unternehmen, im Unterschied zu einem traditionellen, aufgabenorientierten („*task-centered*") Unternehmen organisiert und geführt sein muß.[125] Die Firmen, die dem Modell gefolgt sind (Rank Xerox, Hewlett-Packard, IBM, Kodak, Mazda u.v.a.), haben gezeigt, welch enorme Leistungssteigerung damit verbunden ist: nicht 10 oder 20, sondern 100, 200 oder mehr Prozent.

Wie ein Unternehmen hat auch unser Gehirn die Tendenz, aufgabenorientiert, das heißt fragmentiert zu arbeiten. Wie ein Unternehmen ist auch das Gehirn in Teilbereiche eingeteilt (strukturiert, organisiert). (Wobei der Kausalzusammenhang natürlich umgekehrt ist: Weil das Gehirn fragmentiert ist, sind die Unternehmen [die eine organisierte Ansammlung von Menschen sind] fragmentiert.) Wir können deshalb Michael Hammers *Process Chart*[126] als Lösung für das Strukturproblem analog auf das menschliche Gehirn übertragen.

Das Auffallendste an diesem Organigramm ist das Fehlen von Hinweisen über Macht, Autorität und Hierarchie. In der Tat ist das Neue am Prozeß-Management das Fehlen von Macht, Autorität und Hierarchie. Im traditionellen, pyramidenförmigen Sinne von Hierarchie sagt derjenige, der oben ist, allen Unteren, was sie zu tun haben und wie. In der pyramidenförmigen Organisation verläuft deshalb auch die Motivation von oben nach unten. Der Mechanismus dazu ist die Achse Belohnung-Bestrafung, die wir vom Affekthirn her kennen. Wir wissen, daß diese Form der Motivation nur sub-optimale, je nach (fehlender) Belohnung auch nur minimale Leistung erbringt. Wir wissen, daß Höchstleistung nur durch Selbst-Motivation möglich ist. Selbst-Motivation erfordert Selbst-Bestimmung, das heißt in einer Organisation, selbst mit-bestimmen zu können, was wichtig und was richtig ist.

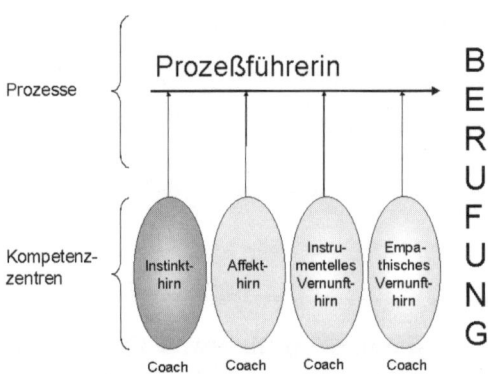

Abbildung 17: Das Prozeß-Management der Hirnareale

In der prozeßorientierten Organisation sind Macht und Autorität, d. h. die Möglichkeit, selbst- oder mit-bestimmen zu können, was wichtig und richtig ist, auf die Funktionsträger verteilt, die am Prozeß beteiligt sind. Jede Beteiligte hat so viel Autorität und Macht, sprich Kompetenz, wie für die Ausübung ihrer Funktion erforderlich ist. Jede kann sich an den Entscheidungen mit-beteiligen, die ihren Kompetenzbereich tangieren. Zwischen den Kompetenzzentren gibt es keine Hierarchie, weil von jedem Kompetenzzentrum und jeder Funktionsträgerin Höchstleistung erforderlich ist, um die Gesamtleistung zu erbringen. Deshalb können Sie es sich als Prozeßführerin nicht leisten, die Aufgaben, Kompetenzzentren und Beteiligten pyramidenförmig zu priorisieren und zu hierarchisieren.

Ihre Aufgabe als „Besitzerin" des Prozesses, der in Ihrem Gehirn abläuft, besteht darin, die Gesamtaufgabe, d. h. Ihre Berufung zu kennen und den Prozeß zu optimieren, der erforderlich ist, um sie zu realisieren. Ihre Herausforderung dabei besteht darin, alle am Prozeß zu beteiligen und alle Beteiligten zu motivieren, mit besten Kräften mitzutun.

Leistungsmotivation ist auch in einer traditionell geführten Organisation keine unbekannte Management-Aufgabe. Der Unterschied liegt darin, ob Sie die Leistungen an den einzelnen Aufgaben oder am Prozeß ausrichten. Traditionellerweise geschieht die Ausrichtung an den Aufgaben. Das ist einfacher, weil es dem natürlichen Verhalten der Leistungsträgerinnen folgt. Das Resultat ist bekannt. Jeder Beteiligte, jede Abteilung, jedes Kompetenzzentrum strengt sich an und leistet viel. Nur geht die Gesamtaufgabe, der Sinn und Zweck der ganzen Geschäftigkeit, verloren. Wenn nicht, dann sind die Anstrengungen der Einzelnen dennoch keineswegs daraufhin optimiert. Und obwohl man am Abend vielleicht erschöpft und zufrieden ins Bett sinkt, besteht aus der Sicht der Gesamtaufgabe kein Grund zur Zufriedenheit.

Sie können sich nicht damit begnügen, Ihre Hirnareale und deren Funktionträger einzeln oder vereinzelt zu Höchstleistungen in ihren Teilbereichen zu motivieren. Sie müssen sie dazu bringen, ihre Teilaufgaben mit bestem Einsatz so zu erfüllen, daß das beste Gesamtergebnis entsteht. Das können Sie nicht einfach dadurch erreichen, daß Sie alle zusammenrufen und über die Gesamtaufgabe informieren oder an die „Solidarität", den gesunden Menschenverstand oder an die Verantwortung für das Ganze appellieren. Daß das nicht funktioniert, beweisen Unternehmensführer und Politiker seit je. Es nützt nichts, die Gesamtziele lediglich zu verkünden. Die am Zustandekommen der Gesamtziele Nicht-Beteiligten hören „teilnahmslos" zu. Auf die Wiederholung der Appelle reagieren sie allenfalls mit Zynismus.[127] Die „Solidarität" zahlt sich nicht aus, wenn sich jeder nur um seine Teilaufgabe kümmert.

Jeder Funktionsträger hat die Neigung, seine Ziele und Aufgaben als die wichtigsten zu erachten, wichtiger als das Gesamtziel und wichtiger als die Ziele und Aufgaben aller anderen Funktionsträgerinnen. Das ist einerseits wichtig und richtig so. Aber es führt automatisch zur Fragmentierung der Entscheidungen. Und es hat eine weitere Konsequenz: Jede Priorisierung, jede Bevorzugung, jede Bevormundung, jede Hierarchisierung, jede Einschränkung eines Ziels oder einer Aufgabe ist mit Motivationsgewinnen auf der einen und mit Motivationsverlusten auf der anderen Seite verbunden, Mehrmotivation für diejenigen, denen mehr Aufmerksamkeit, Bedeutung, Ressourcen, Raum, Macht und Autorität zugesprochen wird, Demotivation für diejenigen, die an Aufmerksamkeit, Bedeutung, Ressourcen, Raum, Macht und Autorität relativ oder absolut verlieren.

Ihre Aufgabe als Motivatorin besteht aus diesem Grunde darin, das optimale Gleichgewicht zwischen den Akteuren zu finden. Das ist ein Begriff aus der Ökonomie. Sind finden dieses Optimum dort, wo die sogenannten Grenzleistungen der involvierten Akteure gleich sind. Jede Abweichung von diesem Gleichgewichtspunkt würde bedeuten, daß die Mehrmotivation, die auf der einen Seite gewonnen wird, kleiner ist als die Demotivation, die auf der anderen Seite erwächst. Da wir diese Grenzleistungen oder

Grenzmotivationen nicht messen können, bleibt dieses ökonomische Modell theoretisch. Aber es gibt uns trotzdem wichtige Informationen:

- Erstens, daß das Gleichgewicht, das wir suchen, ein Gleichgewicht zwischen Motivation und Demotivation verschiedener Akteurinnen ist.

- Zweitens, daß nur ein Gleichgewichtspunkt optimal ist, nämlich der Punkt gleicher Grenzmotivationen.

- Drittens, daß wir uns von der Ausgangslage, die ein Ungleichgewicht darstellt, nur in kleinen Schritten in Richtung des Gleichgewichts bewegen können. Sie dürfen und können – am Resultat gemessen – nicht größer sein, damit die Motivationsverluste auf der einen Seite die Motivationsgewinne auf der anderen nicht überkompensieren. Praktisch heißt das, daß die Veränderungen, die wir vornehmen wollen, in Schritten gemacht werden müssen, die nicht größer sein können als die Bereitschaft der Betroffenen, mitzukommen. Tatsächlich reagieren diese in der Regel mit verstecktem Boykott und innerer Blockade, wenn diese Bedingung nicht erfüllt ist.[128]

- Viertens, daß dieses optimale Gleichgewicht nicht statisch, sondern dynamisch ist.

Das dynamische Gleichgewicht

Das ist ein neuer Gedanke, den wir weiter ausführen müssen. Das Gleichgewicht, das Sie suchen, ist über die Zeit nicht statisch. Wir können das, wie in der ägyptischen Mythologie, mit dem Verlauf der Sonne illustrieren. Am Morgen geht die Sonne auf, wie Ihr Leben, wenn Sie geboren werden. Dann wächst Ihr Leben, wie die Sonne, einem Höhepunkt, dem Zenit entgegen. Danach senkt sich die Sonne langsam wieder, bis sie untergeht. Das ist das Ende des einen Tages und einen Lebens. Jedem Punkt auf dieser Kurve in der Zeit entspricht ein anderer optimaler Gleichgewichtspunkt.

Wenn wir unser Leben strategisch, d. h. in langfristigen Zielen betrachten, besteht diese Lebenskurve aus einem Zwischenziel und einem Endziel. Das Zwischenziel, das der Sonnenaufstieg bis zum Zenit symbolisiert, bezeichnen wir als in das Leben hineinzukommen. Das Endziel demzufolge als aus dem Leben hinauszugehen. Um in das Leben hineinzukommen, brauchen wir vor allem die kompetitiven Hirnareale: Instinkt-, Affekthirn und instrumentelle Vernunft. Um aus dem Leben hinauszugehen, brauchen wir mehr das integrative Hirnareal: die empathische Vernunft. Die Sonnenbahn bleibt die gleiche. Die Lebenskurve jedes Menschen ist anders. Wir können also nicht eine ideale, für alle gültige Kurve zeichnen, aber wir können die Tendenz erkennen.

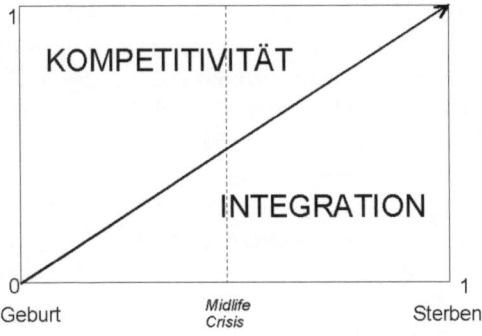

Abbildung 18: Die Tendenz einer Lebenskurve

Diese Kurve besagt, daß die kompetitiven Funktionsprinzipien des Hirns am Anfang des Lebens am wichtigsten sind. Es reicht aber nicht, um zu überleben. Es ist wohl notwendig, kompetitiv, das heißt lern-, leistungs- und durchsetzungsfähig zu sein, aber um konstruktiv zu sein, müssen Sie auch Ihre integrativen Funktionsprinzipien entwickeln. Sie müssen in den Wettbewerb hinein- und über den Wettbewerb hinauskommen, und zwar in einem Prozeß, der sich im Verlaufe des Lebens schematisch von der Dominanz der kompetitiven Funktionsprinzipien zur Dominanz der integrativen Funktionsprinzipien des Hirns entwickelt. Bei den einen wird die Kurve schon früh anfangen, steil zu verlaufen, und bei den andern erst später. Bei einigen kann sie links relativ weit oben beginnen und sich in einer Phase verstärkter, kompetitiver Herausforderung senken. Bei vielen erreicht sie nie die obere rechte Ecke im Diagramm. Wie sie idealerweise verlaufen sollte, wissen wir nicht, aber daß sie in ihrer Tendenz in Beziehung zur Diagonalen steht.

Der Übergang von einem überproportionalen Anteil der kompetitiven Funktionen (üblicherweise in der ersten Lebenshälfte) zu einem überproportionalen Anteil der integrativen Funktionen (üblicherweise in der zweiten Lebenshälfte) wird oft als Lebenskrise erlebt. Weil sie in der Regel tatsächlich in der Mitte der Lebenskurve eintritt, wird sie im Volksmund zu Recht Midlife Crisis genannt. Sie wird als Krise erfahren, weil die kompetitiven Funktionen, die das Leben bisher bestimmt haben, nicht mehr genügend Sinn vermitteln. Gleichzeitig ist der Sinn der neuen Funktionen noch nicht erkennbar, weil die Funktionsträgerinnen der instrumentellen und/ oder der empathischen Vernunft noch nicht genügend stark entwickelt sind. Die Menschen, denen der Wechsel nicht gelingt, sind nicht zu beneiden. Sie haben die Wahl zwischen Resignation und dem hoffnungslosen Rennen nach einem Jugendideal, das ihrem Lebensabschnitt (ihrer Lebensaufgabe) nicht mehr genügt. Beide Optionen enden im Quadranten der Frustration.

Vielleicht fragen Sie sich, warum wir wissen, daß die Kurve oben rechts enden soll. Wir wissen qualitativ nichts vom Tod, weil wir ihn nicht beobachten, nicht repetieren, nicht erfahren und darüber nicht nachprüfbar kommunizieren können. Aber wir wissen viel über das Sterben. Wir sehen, daß es für viele ein schrecklicher, qualvoller, von Angst erfüllter Akt ist. Wir wissen, daß sich das Instinkthirn mit aller Kraft und das Affekthirn mit allem Willen dagegen wehren, solange sie funktionieren, daß es aber dieses Wehren ist, das die Qual und Angst hervorruft. Wir können uns auch vorstellen, daß uns das Leiden, dem wir das ganze Leben lang erfolgreich davongelaufen sind, im Sterben einholt. Wir können ahnen, daß die Qual des Sterbens damit zusammenhängt, daß uns in den letzten Sekunden alle verpaßten Chancen, d. h. alle falschen Entscheidungen, bewußt werden. Julien Green antwortete an seinem 90. Geburtstag auf die Frage, worauf er sich freue: „Ich freue mich, vor Gott zu treten, all die kleinen Lügen über mich selbst zu verlieren, in Gottes Angesicht zu erfahren, wer ich wirklich bin."[129]

Die Funktion des Sterbens kann nicht sein, die Lebenskraft (das Instinkthirn) und den Lebenswillen (das Affekthirn) noch einmal unter Beweis zu stellen. Im Gegenteil, die Funktion des Sterbens besteht darin, genau diese aufzugeben. Die instrumentelle Vernunft kann uns auch nicht mehr helfen. Sie hat im Zeitpunkt des Sterbens schlicht keine Funktion mehr. Das einzige Hirnareal, das noch eine Funktion hat, ist das empathische Vernunfthirn. Seine Funktionen helfen, das Leben ohne Angst und ohne Qual abzugeben, wenn es soweit ist. Seine Funktionen helfen, dem Leiden zu begegnen, vor und im Sterben.

Zurück zum Prozeßmanagement Ihrer Hirnareale: Sie stehen irgendwo auf einem Punkt in dem Feld zwischen Geburt und Sterben, das wir gezeichnet haben. Diesen Punkt müssen Sie zuerst finden. Das ist Ihre Ausgangslage. Es wird ein Ungleichgewichtspunkt sein. Diese Feststellung erlaubt es Ihnen, sich in Richtung des optimalen Gleichgewichts in Grenzschritten in Bewegung zu setzen. Mit Ihnen bewegt sich die Zeit, und mit der Zeit bewegt sich das optimale Gleichgewicht.

Reengineering Yourself

Unsere Absicht ist, die fragmentierten Entscheidungsprozesse in Ihrem Gehirn in integrierte Entscheidungsprozesse zu überführen. Integration gewinnen wir durch Beteiligung. Michael Hammer hat dafür im Bereich der Unternehmensführung den Begriff *reengineering* geprägt. Wir könnten ihn für unsere Belange übernehmen: *Reengineering Yourself!* Der Begriff ist schwer zu übersetzen. Er meint eine radikale Reorganisation der Prozesse, im Gehirn wie im Unternehmen. Das Ziel ist hier wie dort dasselbe:

"... reengineering the processes so that they are no longer fragmented"[130] („... die Prozesse so zu reorganisieren, daß sie nicht mehr fragmentiert sind").

Der Unterschied zwischen dem Gehirn und einem Unternehmen liegt darin, daß wir in Unternehmen Strukturen verändern und Mitarbeiter entlassen und durch andere ersetzen können. Diese Möglichkeit haben wir im Hirn nicht. Wir können die Struktur des Gehirns nicht verändern, und wir können seine Funktionsprinzipien nicht austauschen. Wir müssen mit den bestehenden Strukturen und Funktionen arbeiten. Das hat auch einen Vorteil. Wir können keine Schein- oder Teillösungen produzieren, indem wir Strukturen verändern, ohne daß sich die Einstellung und das Verhalten der Mitarbeiter ändern. Leider versuchen wir es oft gerne mit einer anderen Taktik. Wir produzieren Teillösungen, indem wir Hirnfunktionen, deren Input uns nicht genehm ist, vom Entscheidungsprozeß ausschließen, indem wir sie ignorieren, unterdrücken oder verdrängen. Weil wir sie nicht entlassen können, arbeiten sie im Untergrund weiter – verständlicherweise gegen die fragmentierten Ziele, die wir favorisieren. Sie versuchen von dort, sich mit allen Mitteln der Guerillataktik Gehör zu verschaffen. Das sind zum Beispiel (mit nach unten zunehmender Verzweiflung):

- Unbehagen, Unwohlsein
- Müdigkeit
- Launen
- Unzufriedenheit
- Übergewicht oder Untergewicht
- Schmerzen
- Krankheiten, Verletzungen, Unfälle
- Mißerfolge
- Leichte Depressionen
- Lebenskrisen
- Erschöpfung (Burn-out)
- Angst
- Impotenz, Frigidität
- Versagen
- Verluste
- Neurosen, Psychosen, Phobien
- Schwere Depressionen
- Hirn-, Herz- und Kreislaufstörungen bis -versagen
- Zellveränderungen und -zerfall

Sie sind Signale für unterdrückte Hirnfunktionen, die sich am Prozeß beteiligen möchten. Je drastischer das Signal, desto größer das Ungleichgewicht. Sie laden dazu ein oder erzwingen, das Gleichgewicht zu suchen.

Hammer sagt zu Recht, wir können nicht Abteilungen oder Menschen

„reengineeren", sondern nur Prozesse. Er „reengineert" die Entscheidungsprozesse zwischen Menschen in den Organisationen von Unternehmen. Wir „reorganisieren" die Entscheidungsprozesse zwischen den Hirnarealen und ihren Funktionsprinzipien/Agentinnen im Gehirn. Um die Analogie aufrechtzuerhalten, werden wir die Funktionen/Agentinnen von nun an „Mitarbeiterinnen" bzw. „Mitarbeiter" nennen. Sie sind es in der Tat, denn sie arbeiten für Sie. Sie erbringen Ihre Leistung. Sie setzen und erreichen Ihre Ziele. Sie entscheiden für Sie. Genauer: sie entscheiden, wenn Sie entscheiden. Ihre Mitarbeiterinnen sind Sie, ähnlich wie ein Unternehmen aus seinen Mitarbeitern und deren Informationen (Knowhow) besteht. In der Regel unterscheiden Sie nicht zwischen sich und Ihren Mitarbeiterinnen, sprich Hirnarealen und Funktionen. Aber manchmal sagen Sie doch: „Mein Verstand sagt mir dies, aber mein Gefühl will jenes." Seit Alberto Moravia kennen wir den Unterschied zwischen „Ich und Er"[131], und von Amerikanerinnen hören wir auch schon mal: „He thinks with his dick." Es ist also nicht ganz ungewöhnlich, die Entscheidungsträgerinnen in Ihrem Hirn zu personalisieren.

Wie die Integration Ihrer Entscheidungsträger durch Beteiligung am Entscheidungsprozeß[132] konkret geschehen soll, wollen wir im folgenden zweiten Teil dieses Buches darlegen.

TEIL 2:
DIE VERWIRKLICHUNG DES PLANS –
EINE STRATEGIE

Die Realisierung der Berufung

DIE NEUN HANDLUNGSSCHRITTE

Das Ziel der Strategie ist, die Entscheidungsträger Ihres Hirns zu integrieren, das heißt, alle Mitarbeiter am Entscheidungsprozeß zu beteiligen, die aufgrund ihrer Information und Kompetenz Leistungen zum Gesamtergebnis beitragen. Die Strategie und ihre Umsetzung bestehen aus neun Handlungsschritten, die auch Handlungsprinzipien sind:

1. Kennen und erkennen Sie die Mitarbeiterinnen Ihres Hirns.
2. Bestimmen Sie die stärksten und die schwächsten Mitarbeiter.
3. Fördern Sie Ihre schwächsten Mitarbeiterinnen.
4. Bringen Sie Ihre Mitarbeiter miteinander ins Gespräch.
5. Bewegen Sie sich in Richtung des dynamischen Gleichgewichts.
6. Führen Sie, ohne zu dominieren.
7. Lösen Sie die Aufgaben zuerst in Ihrem Innern.
8. Hören Sie auf Ihre Träume.
9. Sprechen Sie mit Ihren Mitarbeiterinnen.

KENNEN UND ERKENNEN SIE
DIE MITARBEITERINNEN IHRES HIRNS
Am Anfang steht das Wort

Aus der Tatsache, daß wir „wissen", welche Mitarbeiterinnen existieren, können wir noch nicht schließen, daß wir sie bei uns selbst auch erkennen und „erfahren". Einige unter ihnen, die uns besonders unsympathisch sind, wollen wir bei uns selbst vielleicht gar nicht sehen. Eine beliebte Taktik ist, diese Mitarbeiter auf andere Menschen zu projizieren (übertragen) und sie dort vehement zu kritisieren, zu bekämpfen und zu hassen. Eine wichtige Aufgabe wird also sein, die unbeliebten Mitarbeiter im eigenen Hirn zu erkennen und ihre Existenz zu akzeptieren. Die Projektionen auf andere und der Ärger und Haß, die damit verbunden sind, werden dabei sukzessive zurückgenommen werden und verschwinden.

Einige der Mitarbeiterinnen, die Ihnen vielleicht sympathisch wären, können Sie bei sich selbst gar nicht sehen, weil sie so lange und so stark unterdrückt und zugeschüttet worden sind, daß sie in der Tat gar nicht mehr sichtbar sind. Ein erster Schritt wird sein, diese auszugraben. Sie können sich vielleicht (gar nicht) vorstellen, in welch jämmerlichen Zustand sie sind, wenn Sie sie aus den untersten Verliesen, in die Sie sie durch Verdrängung und Unterdrückung verbannt haben, befreien.

BESTIMMEN SIE DIE STÄRKSTEN
UND DIE SCHWÄCHSTEN MITARBEITER
Sie sind (auch), wer Sie nicht sind

Wie wir wissen, sind nicht alle Mitarbeiterinnen in gleicher Weise am Entscheidungsprozeß beteiligt. Die stärksten unter ihnen sind diejenigen, die praktisch alle unsere Entscheidungen dominieren. Die schwächsten sind die, die nie gefragt werden.

Die starken Mitarbeiter zu eruieren ist äußerst einfach. Mit ihnen unterhalten Sie sich täglich. Mit ihnen sind Sie auf du und du. Die schwachen zu sehen ist um so schwieriger, weil Sie sie nicht sehen können oder sehen wollen. Mit ihnen sind Sie nicht vertraut. Sie wissen kaum, wie und worüber Sie mit ihnen sprechen sollten. Mit ihnen fühlen Sie sich unwohl und unsicher. Sie gehen ihnen lieber aus dem Weg.

Weil Sie sich ganz auf die Starken konzentriert und die Schwachen vernachlässigt haben, sind die einen stark und die andern schwach geworden. Indem Sie die Starken (Mitarbeiterinnen) als Ihre Stärken gefördert und die Schwachen als Ihre Schwächen vernachlässigt haben, haben Sie kurz- und mittelfristig nach dem Erfolgsprinzip gehandelt. Sie haben (schon ab Ihrer frühen Kindheit) die Mitarbeiter unterstützt, die Ihnen Erfolgserlebnisse, d. h. Belohnung eingebracht haben. und diejenigen mißachtet, die erfolglos waren, d. h. Bestrafung (Enttäuschung) nach sich gezogen haben. Sie haben den Erfolg an den Teilzielen der Teilaufgaben gemessen und nicht am Gesamtziel des Prozesses. Sie haben taktisch anstatt strategisch gehandelt. Das ist auch gar nicht anders möglich, wenn man den Gesamtprozeß nicht kennt.

Eli Goldratt hat in bezug auf diesen Fehler die *Theory of Constraints* („TOC")[133] („Theorie der Zwänge", Übers. d. A.) geschrieben und in vielen Unternehmen angewandt. Wir wollen uns die Essenz dieser Theorie zunutze machen. Sie besagt folgendes: In jedem System, in jeder Organisation gibt es starke und schwache Glieder. Die Grenzen der Leistungsfähigkeit des Systems bestimmen die schwachen, nicht die starken Glieder. Wenn Sie den Output eines Systems verbessern wollen, konzentrieren Sie sich also auf die schwachen, auf das schwächste Glied und stärken (verbessern) Sie dieses zuerst.

Am schnellsten finden Sie heraus, welches Ihre schwächsten Glieder sind, wenn Sie mit den stärksten anfangen. Ihre schwächsten Mitarbeiter werden jene sein, die den stärksten diametral gegenüberstehen. Wenn Sie ein sehr aktiver, bewegungsstarker, sportlicher, dynamischer, leistungsstarker, ambitionierter Mensch sind, werden die Mitarbeiterinnen Ruhe,

Bescheidenheit, Geduld, vielleicht auch Güte und Bewußtheit einen schweren Stand haben. Wenn Sie eine geduldige, sanfte, bescheidene, vielleicht phlegmatische Person sind, könnten Ihre schwächeren Mitarbeiterinnen bei der Bewegung, Dominanz, vielleicht auch Ordnung und Wirkung liegen. Wenn Sie in einem sozialen Beruf tätig sind und Ihre Stärken im Umgang mit Menschen liegen, werden Sie sich vielleicht eher im Bereich der empathischen als der instrumentellen Vernunft bewegen. Wenn Ihre Stärken in technischen oder organisatorischen Bereichen liegen und Sie sich mehr mit Sachzusammenhängen als direkt mit Menschen beschäftigen, sind Sie mit Vorliebe im Areal der instrumentellen Vernunft zu Hause. Wenn Sie ausgesprochen sportlich sind und viel Zeit im Fitneßclub verbringen, wenn Sie dick und träge sind oder wenn Sie mit Vorliebe Jagd auf Frauen machen bzw. Ausschau nach Männern halten, sind Sie stark im Hirnareal der Instinkte verankert. Wenn Ihnen der Erfolg ausgesprochen wichtig ist und Sie ehrgeizig sind, wenn Sie oft und leicht wütend werden, oft frustriert oder naiv und kindlich sind, dann liegt im Affekthirn Ihre Stärke und mit großer Wahrscheinlichkeit im empathischen bzw. im instrumentellen Vernunfthirn Ihre Schwäche.

Auf Ihre Schwächen müssen Sie sich von jetzt an konzentrieren. Es sind diejenigen unter Ihren Mitarbeiterinnen, die Sie ein Leben lang vernachlässigt haben. Das Problem ist, Sie werden sie am Anfang kaum erkennen. Es ist deshalb leichter, sich über die Stärken an die Schwächen heranzutasten.

- Erstellen Sie dazu eine Liste Ihrer Stärken und bringen Sie sie in eine prioritäre Reihenfolge.
- Teilen Sie sie in zwei Gruppen ein: in Haupt- und Nebenstärken. Sie markieren die Hauptstärken z. B. mit roter und die Nebenstärken mit blauer Farbe.
- Suchen Sie anhand des Modells für jede Stärke das oder die Funktionsprinzipien, die sie begründen. Es können mehrere Funktionsprinzipien aus verschiedenen Hirnarealen sein, die eine Stärke erklären. Wenn Sie z. B. Führungsstärke aufgeschrieben haben und diese analysieren, können Sie z. B. Dominanz und Güte dafür verantwortlich finden.
- Durch die Funktionsprinzipien entdecken Sie die entsprechenden Quadranten und die Mitarbeiterinnen, die bei Ihnen das Sagen haben.
- Sie schraffieren die Felder mit Rot, die Ihre Hauptstärken erklären, und die Felder mit Blau, die Ihren Nebenstärken entsprechen.

Wir haben in Abbildung 21 die Typen aufgeführt, die den einzelnen Quadranten entsprechen, und eine vierstufige Skala der Gewichtung, mit der Sie die Quadranten gewichten sollen. Jeder Typ ist mit Eigenschaften verbunden, die in ihrer Wirkung entweder konstruktiv oder destruktiv sind.

Ob sie das eine oder das andere sind, hängt vom Gleichgewichts- bzw. vom Ungleichgewichtszustand ab, in dem Sie sich befinden. Wir wollen die Profile einzeln beschreiben:

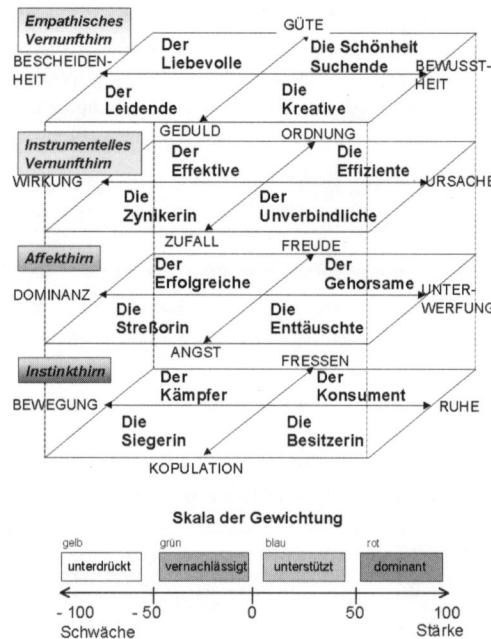

Abbildung 19: Die Typologie des Verhaltens

Typ	Konstruktive Eigenschaften	Destruktive Eigenschaften
Der Kämpfer	dynamisch, explosiv voller Einsatz	risikogefährdet keine Rücksicht auf Verluste
Die Siegerin	souverän, locker alles geht ein bißchen einfacher	unbewußt gleichgültig
Der Konsument	genußfähig hat Reserve	gierig, genußsüchtig
Die Besitzerin	aufbauend stabil	besitzergreifend geizig

Typ	Konstruktive Eigenschaften	Destruktive Eigenschaften
Der Erfolgreiche	ausdauernd tüchtig, organisiert	rücksichtslos größenwahnsinnig
Die Stressorin	erbringt Höchstleistung durchsetzungsfähig	nervös, gereizt überfordert, erschöpft
Der Gehorsame	vertrauensvoll anhänglich	naiv, abhängig steht still
Die Enttäuschte	geht aus der Niederlage gestärkt hervor, lernt aus den Fehlern	bitter, neidisch erstarrt, versteinert
Der Effektive	zielgerichtet ergebnisorientiert	eindimensional unsensibel
Die Effiziente	ökonomisch schnell, klar, präzise	kalt ungeduldig
Der Unverbindliche	flexibel improvisierend	unfaßbar, willkürlich Alles und Nichts
Die Zynikerin	kritisch, scharfsinnig	selbstzerstörerisch verletzend
Der Liebevolle	tolerant, großzügig, offen, anteilnehmend, selbstlos	ausgenutzt übergangen
Die Schönheit Suchende	sanft, zärtlich	verloren, verletzt
Der Leidende	demütig geduldig	selbstbemitleidend selbstgerecht
Die Kreative	vieldimensional, farbig-schillernd verblüffend, fortschrittlich verändernd, erneuernd	diffus, unverständlich chaotisch, unzuverlässig

Nachdem Sie nun Ihre Haupt- und Nebenstärken identifiziert haben, gilt es, die Schwächen, die wir wiederum in Hauptschwächen und Nebenschwächen, d. h. offenkundige und weniger ausgeprägte Defizite unterteilen, zu markieren. Nehmen Sie zum Beispiel Gelb für die Hauptschwächen und Grün für die weniger gravierenden Schwächen.

- Sie beginnen mit der Hauptstärke Nummer Eins und suchen ihr Gegenteil. Sie müssen horizontal und vertikal nach einer weißen Stelle suchen. Wenn Sie z. B. ein ganz extremer Kämpfer sind, könnte es sein, daß Sie eine extreme Schwäche im diagonal gegenüberliegenden Quadranten des Instinkthirns finden, also beim Besitzer. Sie könnten ein verarmter Samurai-Kämpfer sein, der immer nur gekämpft hat, ohne je etwas Dauerhaftes zu gewinnen und zu besitzen. Sie können das Gegenteil auch in vertikaler Richtung finden, in einem der anderen Hirnbereiche, zum Beispiel im Quadranten Die Schönheit Suchende. Sie haben ein Leben lang gekämpft, vielleicht mit großem Erfolg – dann dürfte dieser Quadrant ebenfalls eine Ihrer Stärken sein –, aber Sie haben die Schönheit in Ihrer Tätigkeit und im Ergebnis Ihrer Tätigkeit nie gesucht und auch nie gesehen.

- Sie vergleichen die Quadranten und Funktionen, auf die Sie stoßen, mit Ihrer Erfahrung. Auf diese Weise müßten Sie für jede Hauptstärke eine Hauptschwäche markieren und gelb schraffieren können und für jede Nebenstärke eine weniger massive Schwäche, die Sie mit Grün markieren. Das würde tendenziell je vier Quadranten pro Gewicht ergeben: also je vier rote, blaue, grüne und gelbe Felder.

Somit haben Sie das Profil Ihres Typs definiert. Es entsteht aus der Kombination der 16 Quadranten des Gehirns, genauer gesagt, aus dem Gleichgewicht bzw. Ungleichgewicht, das sich aus der unterschiedlich starken und schwachen Entwicklung der Felder ergibt. Wenn wir jedem Feld vier mögliche Gewichte zuordnen, rot, blau, grün, gelb, ergeben sich daraus 4^{16}, das sind 4 294 967 296 (4,3 Milliarden) Kombinationsmöglichkeiten. So viele unterschiedliche Verhaltens- oder Persönlichkeitstypen können wir ausmachen. Das erklärt aus der Sicht des Verhaltens, warum uns die Menschen so individuell erscheinen, obwohl sie alle nach dem gleichen Bauplan entstanden sind.[134]

Um unseren Typus zu bezeichnen, bieten sich verschiedene Möglichkeiten an. Spontan neigen wir dazu, uns durch unsere Stärken zu definieren. Dies ist verständlich, erstens, weil wir uns gerne ins rechte Licht rücken, und zweitens, weil wir von der irrigen Annahme ausgehen, wir seien, was wir sind. Sie ist deshalb falsch, weil wir eben so sehr sind, was wir nicht sind. Das, was uns fehlt, definiert uns nicht weniger als das, was wir haben, weil das Defizit die Ursache des Ungleichgewichts ist und weil das Ungleichgewicht die Ursache für die destruktiven Konsequenzen der Stärken ist.

Es gibt drei Möglichkeiten: Definition durch die Stärken, die Schwächen oder eine Kombination von beiden. Beginnen wir mit den Hauptstärken. Wenn sich diese in einem Hirnareal konzentrieren, können wir von einer Hirnbereichsdominanz sprechen: also z. B. von einer instinkt-, affektdominierten bzw. durch ihre instrumentelle oder empathische Vernunft dominierten Persönlichkeit. Wenn sie sich auf zwei Bereiche verteilen, oder wenn wir die Hauptstärken in einem und die Nebenstärken konzentriert in einem andern Areal vorfinden, können wir eine Kombination aus den beiden Begriffen bilden und z. B. von einer Dominanz des Instinkthirns, kombiniert mit dem instrumentellen Vernunfthirn, sprechen. Diese Typologisierung ist hilfreich, weil sie schnell auf das Problem und die Lösung verweist. Aber sie trifft auf viele, komplexer gewichtete Fälle nicht zu. Es kann durchaus sein, daß sich die Gewichtungen quer durch die Bereiche verteilen. Wir könnten in diesem Falle die stärksten Quadranten aneinanderreihen und z. B. von einem leidenden und enttäuschten Besitzer-Typ sprechen (wenn Besitzerin die Hauptstärke Nummer Eins ist) oder von einem liebevollen und effektiven Erfolgstyp.

Wirkungsvoller für die Lösung wäre es, die Schwächen zu bezeichnen und mit der Vorsilbe Nicht- oder der Nachsilbe -los zu versehen, also z. B.: Die schönheitslose und unverbindliche Nicht-Kämpferin oder: Der unkreative, zynische Erfolglose. So viel negative Wahrheit auf einmal wollen wir uns in der Regel jedoch nicht zumuten.

Versuchen wir eine Kombination aus Hauptstärken und Hauptschwächen, zum Beispiel: Der Liebevolle-Kämpfer-Ineffiziente-Nicht-Aufsteiger, d. h. eine durch das empathische Vernunft- und das Instinkthirn dominierte Persönlichkeit, deren Schwächen in den Bereichen des instrumentellen Vernunfthirns und des Affekthirns liegen (der Anti-Held im nachfolgenden Beispiel). Oder: Die Effektive-Erfolgreiche-Lieblose-Unkreative, also eine durch das instrumentelle Vernunft- und das Affekthirn dominierte Person, die ihre größten Defizite im Areal der empathischen Vernunft vorfindet (die Macherin im nachfolgenden Beispiel). Das ist wohl richtig, aber zu kompliziert. Wir wollen es vereinfachen.

Die acht Grundtypen

Wenn wir die einfachsten, zweidimensionalen Kombinationsmöglichkeiten zwischen den älteren und den jüngeren Hirnbereichen betrachten, ergeben sich acht Möglichkeiten, die wir als Grundtypen bezeichnen. Weil sie so grundsätzlich – in der Jungschen Sprache archetypisch, d. h. universell – und einfach sind, sind es ideale Identifikationstypen. Jede kann sich leicht im einen oder anderen Typ oder in Kombinationen beider selbst erkennen. Die Typen, die Ihnen näher sind, weisen auf Ihre Grundkonstellation – im Sinne einer Ausgangslage, die Sie vielleicht auch schon verlassen haben – hin. Die interessantere Information lautet: Die Typen, mit denen Sie sich nicht oder nur im Gegensinn identifizieren können, verweisen auf Ihr Defizit.

Wir kombinieren also das empathische und das instrumentelle Vernunfthirn je mit dem Instinkt- oder Affekthirn (und ignorieren mögliche Koalitionen innerhalb der beiden Gruppen). Die acht Typen illustrieren wir beispielhaft mit einigen Filmstars. Sie sind „Stars", weil sie einen oder mehrere dieser Identifikationstypen deutlich wahrnehmbar „spielen" können. Wie bei der Erläuterung unserer ästhetischen Ideale anhand des Gesichts gilt auch hier: Wir beschäftigen uns nicht mit den Qualitäten der Filmstars, die wir nicht kennen, sondern mit den typologischen Eigenschaften, die sie in der Wahrnehmung des großen Publikums verkörpern.

Lassen Sie sich von den positiven Bezeichnungen der Typen nicht verführen. Sie täuschen tatsächlich über die Defizite hinweg, die sie nicht benennen. Das (Haupt-)Defizit jedes Typs finden Sie in seiner Diagonalen. Es wäre nicht erstaunlich, wenn Sie in der Paarbeziehung dort Ihrem Partner oder Ihrer Partnerin begegnen würden.

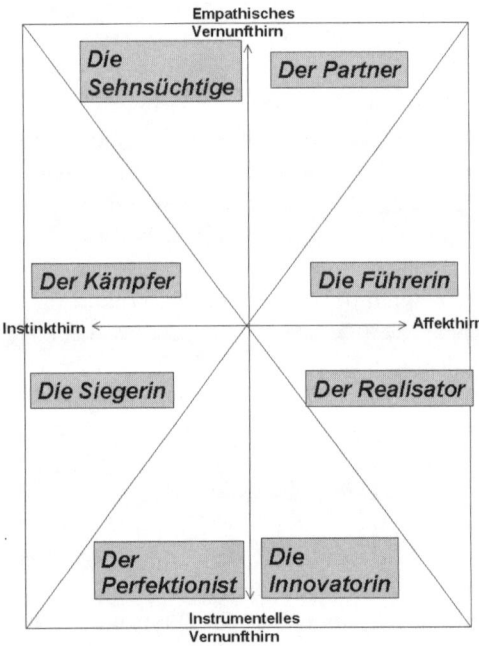

Abbildung 20: Die acht Grundtypen

- Die Siegerin ist Kraft in Bewegung. Diese spiegelt sich im athletischen Körper, in dessen explosiver Dynamik wider und ist idealer Ausdruck für den jugendlichen Aktionsmodus. Das Selbstbewußtsein und die Leichtigkeit des Sieges machen die Siegerin zur Prinzessin. Was oft fehlt, sind

Bescheidenheit und Wille. Die Bescheidenheit hat im Angesicht des Erfolges nur wenig Chance, und der Wille ist nicht gefordert, weil ihr alles in den Schoß fällt. Zwischen „Prinzessin" und „Königin" steht deshalb oft ein ungewohnter und entbehrungsreicher Weg, der „unten durch" geht, um die vernachlässigten Funktionen zu entwickeln. Till Schweiger, Brad Pitt, die jungen Jean-Paul Belmondo, Clint Eastwood und John Travolta, Brigitte Bardot, Marilyn Monroe, Ornella Muti, Olivia Newton-John, Pamela Anderson, Julia Roberts und viele andere haben als Sieger oder Siegerinnen angefangen. Sean Connery ist in den Rollen, die er verkörpert, den Weg vom „Prinzen" (James Bond, dem alles gelingt) bis zum „König", der alle Quadranten belegt (und dem alle folgen), gegangen.

- Der Perfektionist verbindet Kraft mit Wissen/Können. Wir begegnen diesem Typ in mächtigen Priestern, Eingeweihten oder z. B. in der Figur des Pygmalion. Dieser zyprische König und Bildhauer schuf die Statue einer Frau als das vollendete Abbild seiner Sehnsucht. Aphrodite, ein Symbol für die beim König noch fehlende empathische Vernunft, hauchte ihr das noch fehlende Leben ein, so daß Pygmalion sie lieben konnte. Perfektionisten stehen oft als Förderer oder Trainer hinter den Karrieren der strahlenden Prinzen und Prinzessinnen. Was ihnen fehlt, um sich selbst zu realisieren, sind die empathische Vernunft und der Wille. Wenn sie die empathische Vernunft nicht finden, enden sie als Misanthropen in der bitteren Enttäuschung, weil die Menschen ihren Ansprüchen nach Perfektion nicht genügen können. Romy Schneider, Michelle Pfeiffer, Isabella Rossellini, Jean-Louis Trintignant, Michel Piccoli, Peter O'Toole haben diese Rollen verkörpert.
- Die Innovatorin verbindet Wissen mit Ehrgeiz. Sie ist mit dem Bestehenden nicht zufrieden und bringt das Wissen/Können und den Willen auf, um es verändern zu können. Ihr sind viele Erfindungen und wissenschaftlich-technische Durchbrüche zu verdanken. Ihren Antipoden erscheint sie kalt und unheimlich, als Zweiflerin und Verunsicherin. Wenn sie nicht zur empathischen Vernunft findet, endet ihre Anstrengung im Zynismus. Glenn Close, Jane Birkin, Catherine Deneuve, Cher, Madonna, Serge Gainsbourg, Alain Delon, Al Pacino entsprechen dieser Rolle. Steve McQueen hat die Position mit dem Typ des Siegers und des Kämpfers kombiniert. Kevin Costner fügt den Sehnsüchtigen dazu und Harrison Ford den Partner oder Beschützer. Auch Michael Douglas gelingt eine solche Kombination.
- Der Realisator verbindet Wille mit Können. Es ist die Figur des Machers. Darunter finden wir Karrieristen ebenso wie Feministinnen. Sie sind durchsetzungsstark und gut organisiert und erreichen die Ziele, die sie sich setzen. Sie sind oft Manager und Unternehmer. Ihr größtes

Defizit besteht darin, daß sie sich nicht bewußt sind, warum sie tun, was sie erreichen, und welche Konsequenzen damit verbunden sind. Auf dem Weg zum Ziel gehen sie über Leichen, ohne es zu merken. Ihr Erfolg ist tödlich. Robert DeNiro ist diese Rolle auf den Leib geschnitten, ebenso Bruce Willis (stark kombiniert mit dem Kämpfer), Arnold Schwarzenegger, Jane Fonda, Sally Fields, Sigourney Weaver und Demi Moore.

- Die Beschützerin verbindet Position mit Charisma, Status mit Ausstrahlung. Es sind erfolgreiche Politikerinnen, Unternehmerinnen, Filmstars. Ihr Wille zu dominieren und ihr Zugang zu den Menschen sind die Pfeiler ihres Erfolges. Ihr Defizit liegt auf der Seite der körperlichen und geistigen Beweglichkeit. Sie sind oft fettleibig und konservativ. Es fehlt ihnen an Leichtigkeit und Flexibilität. Die Gefahr ist groß, daß sie erstarren. Weniger sichtbar ist das Defizit an Intellektualität und Klarsicht. Es läßt sich hinter der Jovialität und dem Erfolg leicht verbergen. Helmut Kohl und Boris Jelzin verkörpern diesen Typus, Phillip Noiret und der ältere John Travolta, Sophia Loren und Liz Taylor. Ronald Reagan hat das Unmögliche möglich gemacht, und Warren Beatty will es versuchen. Marcello Mastroianni hat diesen Typus mit dem Sehnsüchtigen kombiniert, Vittorio Gaßman (in *Perfume di Donne*) mit dem des Perfektionisten, Jack Nickelson mit dem Zynismus des Innovators.

- Der Partner verbindet Güte mit Organisation. Diese Menschen sind geborene Mütter und Väter, zuverlässig und geordnet, das Rückgrat einer funktionierenden Gesellschaft. Ihr Defizit versteckt sich hinter der Idylle. Die Wohlgeordnetheit erstickt die Sehnsucht. Hinter der Routine der Geschäftigkeit verblaßt der Reichtum des Wissens. Es fehlt die Kraft, um auszubrechen. Es wartet die Langeweile und die nagende Enttäuschung über die verpaßten Chancen. Mia Farrow, Audrey Hepburn, Meg Ryan, Doris Day verkörpern bestens diese Rolle. Paul Newman, Richard Gere, Robert Redford, Harrison Ford können sie spielen, kombiniert mit den Rollen der Perfektionisten, Sieger und Beschützer.

- Die Sehnsüchtige verbindet Bewußtheit mit Ohnmacht. Sie ist der Typ, der die destruktive Wirkung des Instinkt- und Affekthirns erkannt und die Sehnsucht der empathischen Vernunft nicht verloren hat. Sie ist gütig und bescheiden, geduldig und bewußt. Was ihr fehlt, ist das instrumentelle (technische) Wissen/Können und der eiserne Wille, um die Destruktion zu korrigieren, unter der sie leidet. Sie wirkt deshalb leicht wehleidig und zerbricht an der Diskrepanz zwischen Wunsch und Wirklichkeit, die sie nicht zu schließen vermag. Woody Allen und Dustin Hoffmann, auch Merryl Streep spielen diese Rolle.

- Der Kämpfer verbindet Kraft mit Ohnmacht. Die unbändige, weil ungebändigte Kraft dieses Typus fasziniert immer wieder. Er ist der Archetyp

150

des Macho, der rohe Natur, Freiheit, Mut und Abenteuer verkörpert, die rohe Kraft und den rohen Sex des Vamps und Hengstes. Je größer das Ungleichgewicht, desto näher die Gefahr der Lächerlichkeit, Vulgarität und (Selbst-)Zerstörung. Am meisten fehlt es ihm an Wille und Wissen. Je mehr er trotz seiner Kraft und Stärke ahnt und erfährt, wie machtlos er ohne die anderen Funktionen ist, desto wilder und lächerlicher wird er sich benehmen. Am Ende zerstört er sich wie Samson in ohnmächtiger Wut. Sylvester Stallone in *Rocky und Rambo* ist das Lehrstück für diese Rolle. Charles Bronson und Arnold Schwarzenegger gehören dazu. Birgitt Nielsen ist die „Macha", die auch Tina Turner (in *Mad Max*) und Pamela Anderson (in *Barb Wire*) prächtig spielen.

Tennessee Williams (1911–1983) hat Figuren geschaffen, die den Kämpfer und den Sehnsüchtigen vereinen. Der junge Marlon Brando (in Elia Kazans Verfilmung von Williams' *A streetcar named desire* [Endstation Sehnsucht] ebenso wie in *Cat on a hot tin roof [Die Katze auf dem heißen Blechdach]*) hat diesen Typus programmatisch umgesetzt. Auch der Mythos von James Dean – Mythos hier im alltagssprachlichen Sinne als verklärte, weil unerklärte Faszination verstanden – beruht auf der Grundlage dieser Rolle (gespielt in John Steinbecks/Elia Kazans *East of Eden [Jenseits von Eden]*, in *Rebel without a cause [Denn sie wissen nicht, was sie tun]* und *Giants [Giganten]*). James Dean hat den Mythos des sehnsüchtigen Kämpfers, der sich zwischen Kraft und Ohnmacht bewegt, mit dem Unfalltod im Sportcabriolet im Alter von 24 Jahren besiegelt.

Es ist nicht einfach, sich so zu sehen, wie man (aktuell) ist. Genauer gesagt: zu sehen, was man nicht ist und welche Konsequenzen daraus entstehen. Es tut weh und wird deshalb mit allen Mitteln vermieden. Tatsächlich unterliegen wir dabei einem perfiden Mechanismus. Wir reagieren aggressiv, d. h. mit Angriff, auf jeden und jedes, was uns mit unseren Schwächen/ Defiziten konfrontiert.[135] Wenn die instrumentelle Vernunft unsere Schwäche ist, reagieren wir unter Umständen gereizt auf Intellektuelle und unternehmen alles, um sie klein zu machen, weil wir uns ihnen auf ihrem Territorium unterlegen fühlen. Wenn die empathische Vernunft die Schwäche ist, werden uns möglicherweise Kreative suspekt sein, oder wir werden uns über Nonnen lustig machen. Wenn unsere Schwäche im Affekthirn liegt, wird sich unsere Aggression vielleicht gegen Manager richten. Und wenn das Instinkthirn (auf der Seite der Bewegung) unser Schwachpunkt ist, werden die Sport- und Körperfreaks unser Mißfallen auf sich ziehen. Noch schmerzhafter ist es, die Wahrheit zu bezeichnen, d. h. schwarz auf weiß in Worten auszudrücken. Die Sprache ist präzise (obwohl sie oft nicht so gehandhabt wird) und verbindlich. Es ist so schmerzhaft, diese Wahrheit zu sehen, daß man selber darauf kommen muß, um sie zu akzeptieren. Sie von jemand anderem zu hören löst oft alle Verteidigungsmechanismen aus, die zur Verfügung stehen. Es ist dennoch eine Voraussetzung, um weiterzukommen, eine Voraussetzung, um das Potential auszuschöpfen, das man hat.

FÖRDERN SIE IHRE
SCHWÄCHSTEN MITARBEITERINNEN
Werden Sie, wer Sie nicht sind

Wir fördern lieber solche, die Erfolg versprechen, als andere, die Mißerfolg verheißen. Das ist natürlich, weil drei unserer vier Gehirne den Erfolg suchen. Wir ignorieren, unterdrücken und verdrängen deshalb die Mitarbeiter, mit denen wir keinen Erfolg haben oder hatten, ohne daß wir es merken oder wollen. Wir wenden den Erfolgreichen mehr Aufmerksamkeit, Unterstützung und Ressourcen zu. Aus diesem Grunde erzielen die Starken ihre maximalen Ergebnisse auf Kosten der Schwachen. Das ist dort ohne weiteres ersichtlich, wo es sich um Gegensätze handelt, also z. B. zwischen Bewegung und Ruhe oder zwischen Dominanz und Bescheidenheit. Aber es gilt auch für die neutral erscheinenden Konstellationen, weil es immer darum geht, eine beschränkte Menge an Aufmerksamkeit, Bedeutung, Motivation, Raum, Zeit und Ressourcen (Energie) auf die verschiedenen Aktivitäten (Funktionen) aufzuteilen.

Die *Theory of Constraints* (TOC) hat recht: Die größten Fortschritte werden Sie erzielen, wenn Sie sich den schwächsten Gliedern in der Kette Ihres Entscheidungsprozesses zuwenden. Dazu müssen Sie allerdings in die dunkelsten Verliese hinabsteigen, in die Sie sie verbannt haben und ausgraben, was Sie zugeschüttet haben. Sie müssen sich in die Bereiche begeben, die Sie am wenigsten mögen. Sie werden sich dort anfänglich sehr unsicher und sehr unwohl fühlen. Sie werden sich unbeholfen und schwerfällig bewegen. Es sind die Bereiche Ihres (früheren) Mißerfolges. Es sind Ihre Schwächen. Es ist alles, was Sie vernachlässigt haben. Sie müssen sie langsam und vorsichtig nähren, pflegen und schützen. Sie müssen ihnen Aufmerksamkeit, Raum, Zeit, Ressourcen und Bedeutung geben. Sie müssen sie bestätigen. Sie können nur langsam vorgehen, weil Sie das Gesetz der Grenzmotivation berücksichtigen müssen. Ihre starken Mitarbeiterinnen werden nicht begeistert sein, weil Sie die Aufmerksamkeit, den Raum, die Zeit und die Ressourcen, die Sie den Schwachen zuführen, von den Starken abziehen müssen. Wenn Sie damit zu weit gehen, werden die Starken Sie boykottieren, offen oder versteckt. Und Sie kommen nicht vom Fleck oder fallen weiter zurück, als Sie fortschreiten wollten. Sie müssen Geduld und Ausdauer beweisen und sich von Rückschlägen nicht beirren lassen. Sie müssen den Schwachen Sicherheit geben, indem Sie sie loben und bei jeder Unsicherheit ermutigen. Sie werden mit den starken Mitarbeitern verhandeln und zu Kompromissen bereit sein müssen. Ein Beispiel: Wenn „Ruhe" Ihre Stärke und „Bewegung" Ihre Schwäche ist, können Sie nicht plötzlich mit einem strengen Körpertraining beginnen. Die „Ruhe" wird von Ihren Plänen nicht begeistert sein und mit Hilfe von Koalitionspartnern versuchen, Ihre Pläne zu durchkreuzen: „Es ist ja gar nicht gesund, im Wald herumzurennen, oder hoffnungslos", wird Ihnen eine Stimme der instrumentellen Vernunft oder des Affekthirns vielleicht ins Ohr flüstern. Sie werden der Mitarbeiterin „Ruhe" die eine oder andere Belohnung geben müssen, bis Sie ein Gleichgewicht zur „Bewegung" gefunden haben.

Ihre starken Mitarbeiter (und Sie selbst, in dem Maße, wie Sie sich mit Ihren Stärken identifizieren) nehmen ihre schwachen Kollegen nicht ernst. Dazu sind sie ihnen zu schwach, zu langsam, zu unsicher, zu leise, zu unterlegen, zu erfolglos. In diesem Zustand sind sie nur stumme Gäste an den Gesprächen der Starken, und die Entscheidungen werden ohne sie gefällt.

Je stärker Ihre Stärken sind, desto stärker müssen Ihre Schwächen werden, um an den Entscheidungen partizipieren zu können. Sie können die beiden unterschiedlichen Typen nur miteinander in Verbindung bringen, indem Sie das Gefälle zwischen ihnen verringern.

Die Regel, daß Sie die Schwachen geschwächt haben, weil Sie die Starken gestärkt haben, gilt es jetzt umzudrehen. Wenn Aufmerksamkeit, Bedeutung, Raum, Zeit und Ressourcen beschränkt sind, werden Sie in Zukunft davon den Starken weniger und den Schwachen mehr zur Verfügung stellen müssen. Mit dem Ziel, den letzteren bei Ihren Entscheidungen mehr Gewicht zu geben, womit sich das Gewicht der ersteren relativ mit Notwendigkeit verringert. Dazu die folgende, einfache, auf den ersten Blick paradox anmutende Verhaltensregel:

Werden Sie weniger von dem, was Sie sind, und mehr von dem, was Sie nicht sind.

- Wenn Sie praktisch sind, werden Sie theoretischer. Wenn Sie theoretisch sind, werden Sie praktischer.
- Wenn Sie aktiv (dynamisch, schnell, vielbeschäftigt) sind, werden Sie passiver (rezeptiver, langsamer, weniger beschäftigt). Wenn Sie passiv (rezeptiv, langsam, wenig beschäftigt) sind, werden Sie aktiver (dynamischer, schneller, beschäftigter).

Diese Liste läßt sich beliebig fortsetzen. Anstatt Eigenschaften können wir auch Berufsbilder einsetzen, die in der Regel mit bestimmten Eigenschaften verbunden sind:

- Wenn Sie Managerin sind (d. h. zielorientiert und effizient), seien Sie weniger Managerin. Wenn Sie nicht Managerin sind, seien Sie mehr Managerin (d. h. zielorientierter und effizienter).
- Wenn Sie Sportler sind, seien Sie weniger Sportler. Wenn Sie nicht Sportler sind, seien Sie mehr Sportler.

- Wenn Sie Wissenschaftlerin (Analytikerin) sind, seien Sie weniger Wissenschaftlerin. Wenn Sie nicht Wissenschaftlerin sind, seien Sie mehr Wissenschaftlerin.
- Wenn Sie Sozialhelfer sind, seien Sie weniger Sozialhelfer. Wenn Sie nicht Sozialhelfer sind, seien Sie mehr Sozialhelfer.
- Wenn Sie Mutter sind, seien Sie weniger Mutter. Wenn Sie nicht Mutter sind, seien Sie mehr Mutter (auch das gilt für beide Geschlechter).
- Wenn Sie Hausfrau/-mann sind, werden Sie weniger Hausfrau/-mann. Wenn Sie es nicht sind, werden Sie mehr davon.
- Die Beispiele lassen sich beliebig fortsetzen.

Die Konsequenz von TOC ist dramatisch und scheinbar paradox: Sie werden genau das lernen und praktizieren müssen, was Sie am wenigsten gut können. Vielleicht hat Sie das Leben schon einige Male dazu eingeladen, doch es ist Ihnen auf die eine oder andere Art gelungen, zu entwischen – durch Projektion, Delegation, Arbeitsteilung, Verweigerung, Ignoranz. Strategisch kommen Sie nicht darum herum, das zu tun, was der instrumentellen Vernunft bei fragmentierter Betrachtung als ineffizient erscheint. Die Paradoxie und Ineffizienz löst sich auf, sobald Sie den Betrachtungshorizont vom Teilziel auf das Gesamtziel erweitern.

Werden Sie Ihre Stärken dadurch verlieren? Nein, aber Sie werden an Einseitigkeit verlieren. So fade eine Suppe ohne Salz ist, so schlecht schmeckt sie, wenn Sie nur Salz, aber davon jede Menge hineingeben. Ihre Stärken werden Ihre Stärken bleiben. Aber sie werden angereichert, d. h. reicher werden. Und sie werden relativiert werden. Das heißt, sie werden Sie weniger beherrschen. Sie werden sie beherrschen. Wie Sie das erreichen können, werden wir bei jedem Mitarbeiter einzeln besprechen.

BRINGEN SIE IHRE MITARBEITER MITEINANDER INS GESPRÄCH

Wenn Sie den Prozeß sich selbst überlassen, findet er nicht statt

Obwohl sich diese Empfehlung so einfach anhört, daß man meinen könnte, sie wäre banal, gehört sie zu den zwei zentralen Punkten dieser Strategie: Die Beteiligung der Mitarbeiterinnen am Entscheidungsprozeß kann nur über das Gespräch zustande kommen. Wir haben gerade gesehen, warum es zwischen ungleichen Partnern nicht stattfindet. Es gibt noch weitere Gründe dafür.

Erstens fehlt in der Regel die Zeit. Das ist das einfachste Argument, um nicht miteinander reden und denken zu müssen. Zeit ist Geld, und niemand hat genug davon. Alle sind beschäftigt. Daß sich eine Zeitinvestition in ein Gespräch lohnen würde, wesentlich mehr als die hektische Routine des Tagesgeschäfts, ist erst im Endresultat nachweisbar. Und das ist im Unterschied zum Teilresultat des Tagesgeschäfts am Abend noch nicht fertig.

Zweitens fehlt das Motiv. Der Affekt tut nur, was seiner eigenen Position nützt. Und der Instinkt, der nicht in Zeit denkt, tut nur, was ihm sofort nützt.

Drittens ist da die Angst. Die Angst, seine Position aufs Spiel zu setzen, die Angst vor dem Neuen, die Angst vor der Aggression (dem Willen, zu dominieren) der anderen, die Angst zu verlieren.

Viertens fehlt das Können. Es reicht nicht, zusammen reden und denken zu wollen, d. h. die ersten zwei Hürden zu überwinden. Man muß es auch noch können. Auch das ist alles andere als selbstverständlich.

Es kann nur jemand die richtigen Mitarbeiterinnen miteinander ins Gespräch bringen, der den Prozeß kennt. Es kann sie nur jemand im Gespräch halten, der die Ungleichgewichte ausgleichen kann. Es braucht jemanden, der die Fakten einbringt und Ordnung und Disziplin hält, um zu vermeiden, daß das Gespräch zum Geschwätz wird. Es braucht jemanden, der die Richtung kennt, um zu vermeiden, daß sich die Teilnehmer im Kreis bewegen. Es braucht jemanden, der das Gesetz der Grenzmotivation anwendet, um Boykotte zu vermeiden. Wenn Sie den Prozeß sich selbst überlassen, findet er nicht statt. Es braucht eine Prozeß-Führerin, die das Gesamtziel kennt und daran das Gesamtergebnis mißt – und das sind Sie. Und es verlangt Techniken der Prozeßführung, die in erster Linie Kommunikationstechniken sind.[136]

156

BEWEGEN SIE SICH IN RICHTUNG
DES DYNAMISCHEN GLEICHGEWICHTS

Das Problem wie die Lösung hängt vom Ungleichgewicht bzw.
Gleichgewicht ab,
mit dem Sie Ihre Mitarbeiter am Entscheidungsprozeß beteiligen

Wir haben von der Richtung vielleicht nur eine ungefähre Ahnung, doch sie reicht, um uns in Bewegung zu setzen, ganz gleich, von welchem Ausgangspunkt, von welcher aktuellen Konstellation Sie ausgehen.

Wir gehen alle Mitarbeiter nacheinander durch, nicht notwendigerweise in der Reihenfolge ihrer prioritären Behandlung, denn diese ist bei jedem Mensch unterschiedlich und hängt von der Liste der Stärken und Schwächen ab, die Sie aufgestellt haben. Wir folgen hier einfach der Entwicklungsgeschichte der einzelnen Hirnbereiche.

Die Frage, die es zu stellen gilt, ist bei allen Mitarbeiterinnen die gleiche: Hören Sie zu viel oder zu wenig auf sie? Hat der einzelne Mitarbeiter bei Ihren Entscheidungen zu viel oder zu wenig Gewicht?

Die Mitarbeiterinnen des Instinkthirns

Wir beginnen mit der Achse Bewegung-Ruhe. Sie ist einfach zu beschreiben. Schauen wir nur einem Krokodil oder einer Schlange zu, wie sie ruhen und wie sie sich bewegen.

Die Bewegung

Sie gehört, zusammen mit ihrer Gegenspielerin „Ruhe" und einer gesunden Ernährung (Fressen) zu den Faktoren Ihrer Gesundheit, die Sie am leichtesten beeinflussen können. Allerdings werden Sie damit nur Erfolg haben, wenn Sie auch die anderen Mitarbeiterinnen miteinbeziehen. Wenn wir nun jede Mitarbeiterin vorerst isoliert besprechen, meinen wir nie, daß wir ihre jeweiligen Aufgaben isoliert lösen können. Um sich gesund bewegen und ernähren zu können, brauchen Sie das Wissen der instrumentellen Vernunft über die Funktionsweise des Körpers, der Muskeln, der Verdauung, der Zusammensetzung der Nahrungsmittel usw. Sie brauchen außerdem die Erfahrung der empathischen Vernunft von Schönheit, Harmonie, Sanftheit, Geduld usw. Sie brauchen die Mitarbeit des Affekthirns, die Freude, den Ehrgeiz, wenn Sie keinen haben, und keinen Ehrgeiz, wenn Sie zuviel davon haben, die Bereitschaft, Zeit zur Verfügung zu stellen usw. Natürlich benötigen Sie auch das Einverständnis der Kolleginnen des Instinkthirns: allen voran die Mitarbeiter Fressen und Ruhen. Wenn sie nicht mitmachen, wird es eine Sisyphusarbeit und ein ewiges Martyrium.

Wenn Sie bis jetzt viel für Ihren Körper getan haben, wird die Aufgabe vielleicht sein, herauszuhören, ob Sie dabei nicht andere Mitarbeiterinnen ignoriert und übergangen haben. Das Ergebnis könnte sein, daß Sie sich weniger oder anders bewegen. Wenn Sie bisher wenig für Ihren Körper getan haben oder dabei wenig Erfolg hatten, wird die Hauptaufgabe sein, die anderen Mitarbeiter zu überzeugen, der Kollegin Bewegung mehr Raum, mehr Freude, mehr Aufmerksamkeit zu geben. Das Ergebnis wird sein, daß Sie sich mehr und anders bewegen.

Es sollte dabei kein Zwang ins Spiel kommen. Zwang ist meistens unökonomisch. Er führt Sie weg vom optimalen Gleichgewicht, weil die Grenzkosten, d. h. der Widerstand, den Sie bei den Mitarbeitern hervorrufen, deren Willen Sie brechen oder ignorieren, mit großer Wahrscheinlichkeit größer ist der Grenznutzen, d. h. die Leistung, die Sie bei der Mitarbeiterin generieren, die Sie fördern – in diesem Falle die Bewegung.

Es ist ganz wichtig, daß Sie sich in der Natur bewegen. Denken Sie daran, daß Sie sich im Bereich des Instinkthirns grundsätzlich nicht von einem Krokodil unterscheiden. Sie brauchen den Geruch, die Geräusche, die Bewegungen, die Spiegelungen, die Ruhe, die Kraft, den Boden, die Bäume, die Tiere, die Pflanzen, den Regen, den Wind, das Wasser, den Sauerstoff der Natur. Bewegen Sie sich im Wald, in der freien Landschaft, in den Bergen, Seen oder am (im) Meer.

Bewegen Sie sich so geschmeidig, so achtsam, so konzentriert, so leicht, so kraftvoll und so elegant wie ein Tier. Beobachten Sie ein Reh beim Laufen. Es fliegt mehr, als es läuft. Es berührt kaum den Boden. Seine Muskeln und Gelenke sind wie Federn. Bewegen Sie alle Muskeln. Achten Sie auf den Fluß, auf den Rhythmus, auf die Atmung, auf die Kontraktion und Dekontraktion der Muskeln, die Kraft entwickeln. Und darauf, daß die Muskelgruppen, die zur Bewegung keine Kraft beitragen, vollkommen entspannt sind.

Denken Sie an die *Theory of Constraints:* Achten Sie auf das schwächste Glied in der Kette Ihres Körpers. Richten Sie die Intensität Ihrer Aktivitäten an diesem Glied aus, so daß Sie es nicht überfordern. Wenn es zum Beispiel die Atmung ist, laufen Sie nur so schnell, wie Sie noch kontrolliert und regelmäßig durch die Nase einatmen und durch den Mund ausatmen können. Sicher, Ihr Atem soll schneller gehen, und Ihr Puls soll sich erhöhen, aber nie, bis Sie keuchen müssen oder bis Ihr Kopf rot anläuft oder bis Sie Seitenstechen kriegen. Wenn Sie ein kaputtes Knie oder Schmerzen in der Hüfte oder sonst eine Verletzung oder eine Behinderung haben, müssen Sie eine Bewegungsform finden, die dieses Handicap berücksichtigt. Wenn Sie nicht laufen können, ohne Schmerzen zu bekommen oder ohne den geschwächten Teil Ihres Körpers zu überfordern, müssen Sie vielleicht zuerst Fahrrad fahren oder schwimmen oder gehen oder sonst eine Form der Bewegung finden, die dem Entwicklungsstand des schwächsten Gliedes Ihres Körpers angemessen ist. Vielleicht müssen Sie wie nach einer Gelenkoperation mit physiotherapeutischer Hilfe beginnen und dann die geschwächten Muskeln z. B. in einem Fitneßclub mit ergonomisch und sportmedizinisch richtig konstruierten Geräten[137] so lange aufbauen, bis Sie sich in der Natur wieder frei bewegen können.

Ihr Körper wird von Ihren Muskeln gehalten. Haltungsschäden und Haltungsschwächen und die damit verbundenen Verspannungen und Schmerzen können Sie nicht ohne Stärkung der Muskulatur korrigieren: Hals-, Rücken-, Brust-, Arm-, Bauch-, Becken-, Gesäß- und Beinmuskulatur; insbesondere mit zunehmendem Alter, weil Sie alle zehn Jahre durchschnittlich 5–7 Prozent an Muskelmasse verlieren, wenn Sie nicht trainieren (bei 14tägiger Ruhestellung, z. B. nach einer Operation, verringern sich Muskulatur und Kraft um über 25 Prozent)[138]; auch, um die Symmetrie und Kontur Ihres Körpers zu erhalten. Das Muskeltraining verbessert die Fettverbrennung (die natürlicherweise ebenfalls pro Lebensjahrzehnt um 2–5 Prozent abnimmt) und den Stoffwechsel, u. a. den Zucker-Stoffwechsel und die Verdauungszeit. Es fördert die Durchblutung, Reinigung und Versorgung des Gewebes mit Nährstofffen. Durch die Erhöhung der Muskelmasse verschiebt sich das Verhältnis von Fett zu Magermasse absolut und relativ. Ein angeregter Stoffwechsel, eine gute Nährstoffversorgung und ein ausgewogenes Fett-Muskelverhältnis sind für einen gesunden Muskeltonus (Spannungszustand des Gewebes) und eine schöne, straffe und geschmeidige Haut unumgänglich. Das Muskeltraining fördert auch die Knochendichte und ist deshalb eine gute Vorbeugung gegen Osteoporose (Knochengewebeschwund, der mit zunehmendem Alter, besonders bei Frauen auftritt). Es reduziert den Blutdruck im Ruhezustand und wirkt dadurch als Infarktprophylaxe. Am effizientesten für den Muskelaufbau und -erhalt und für die Gelenke schonungsvoll sind die oben erwähnten Trainingsgeräte. Ideal für die Bewegung in der Natur sind Trimm-dich-Pfade im Wald, auf denen Stationen und Geräte aufgebaut sind, die Übungen für alle Muskelpartien enthalten. Die meisten dieser Übungen sind fast so alt wie die Menschheit selbst, aber immer noch wirkungsvoll: Die klassischen Dehnungs- und Lockerungsübungen, Hängen am Reck und Klimmzüge zur Brust und zum Nacken, Barrenstützen, Liegestütze mit dem Rücken und mit der Brust zum Boden, Übungen für den Bauch, den unteren Rücken und das Gesäß sind die wichtigsten.

Bewegungsübungen unterscheiden sich in ihrem Zweck nach Ausdauer, Beweglichkeit und Kraft. Dabei ist die folgende Beobachtung zu machen: Männer lassen oft und gerne die Übungen für die Beweglichkeit aus und konzentrieren sich mehr auf die Kraft (oder Ausdauer), und Frauen zeigen die gleiche Tendenz in umgekehrter Richtung. Bei diesen Männern dominieren im Entscheidungskalkül die Agenten der Instinkte. Diesen geht es um die Kraft, die sie brauchen, um zu kämpfen und zu siegen. Gerne ist aus dem Bereich der Affekte auch die Mitarbeiterin Dominanz beteiligt. Der Ehrgeiz und der unbedingte Wille zum Erfolg, die auf dieser Ebene zu Hause sind, treiben diesen Typus an, sein Letztes zu geben (Ausdauer!), um im ewigen Wettbewerb gegen sich selbst und gegen alle anderen auch im Sport und in der Freizeit zu gewinnen. Einige Männer nennen das „den inneren Schweinehund besiegen". Das ist wahrlich keine feine Selbsteinschätzung, aber als Bild für das Instinkt- und Affekthirn ist es verständlich. Gerne werden dazu auch noch falsche Überlegungen aus dem Bereich der instrumentellen Vernunft zur Bestätigung des Fehlverhaltens herbeigezogen, etwa die physiologisch irrige Annahme, die Dehnbarkeit und Beweglichkeit der Muskeln seien für die Leistung weniger wichtig als die Kraft. Ganz auf der Strecke bleiben bei dieser Einschätzung die Mitarbeiterinnen der empathischen Vernunft. Güte, Milde und Sanftheit haben bei den Menschen, die sich im Training selber schinden, kein Mitspracherecht. Die Bescheidenheit findet bei den ehrgeizigen Leistungs- und Steigerungszielen keinen Platz. Umgekehrt ist die Geduld bei denen nicht gefragt worden, die frühzeitig aufgeben. Und die Bewußtheit? Wo bleibt die Bewußtheit (Achtsamkeit), wenn sie mit eingezogenem Kopf und starrem Blick zum Kampf gerüstet durch die Gegend oder auf dem Laufband rennen und nichts wahrnehmen von der Schönheit der Natur und der Bewegung?

Bei Frauen, die die Kraftübungen lieber auslassen, werden andere Mitarbeiter übergangen. Im Instinkthirn dominieren die Agenten auf der Seite des Konsumierens und Besitzens wahrscheinlich gegenüber den Kollegen auf der Seite des Kämpfens und Siegens. Bei Jenen, die gar nicht auf den Parcours gehen oder gar nicht (mehr) laufen, ist das ziemlich sicher. Bei ihnen hat die Mitarbeiterin Bewegung gegenüber denjenigen der Ruhe, des Fressens und vielleicht des Kopulierens gar nichts mehr zu sagen. Im Affekthirn dürfte in diesem Gespräch die Unterwerfung stärker sein als die der Dominanz. Das ist aus zwei Gründen unglücklich: Zum einen fehlt der Wille des Affekthirns, um gegen die Stimmen der Bequemlichkeit (das sind die Mitarbeitern Ruhe und Kolleginnen auf den Feldern Konsum und Besitz) genügend Bewegung durchzusetzen. Zum andern führt die Schwäche der Dominanz mit Notwendigkeit zur Frustration und zu einer Art von Kompensation, die beide destruktiv sind. Dafür ist die Chance größer, daß die Mitarbeiterinnen der empathischen Vernunft besser in die Entscheidung (auf die Kraftübung zu verzichten) miteinbezogen worden sind. Es ist nur eine Chance, weil die rechten Seiten der Instinkt- und Affekthirne durchaus in der Lage sind, auf alle Voten der instrumentellen und der empathischen Vernunft ganz zu verzichten.

Wenn Sie versuchen, die Mitarbeiterinnen Ihres Hirns vermehrt ins Gespräch miteinzubeziehen, die Sie gerne übergehen, wenn Sie sich also auf den Weg in die Richtung des optimalen Gleichgewichts begeben, werden Sie sich einem Programm annähern, das ungefähr so aussieht:

- Sie bewegen sich jeden Tag, so lange, wie Sie das Bedürfnis dazu haben, wie es Ihnen Spaß macht, wie es Ihnen guttut.
- Sie bewegen sich in der Natur, idealerweise im Wald oder am Meer (bzw. im See oder Meer, wenn Sie schwimmen).
- Sie laufen oder gehen so schnell, daß sich Ihr Pulsschlag und Ihre Atmung leicht erhöhen.[139]
- Sie kombinieren das Laufen (Gehen, Schwimmen) gleichgewichtig mit Übungen für die anderen Muskelgruppen, Gelenke und Zwecke.
- Sie kombinieren Übungen für die Beweglichkeit gleichgewichtig mit Übungen für Kraft und Ausdauer.
- Vielleicht tanzen Sie, oder Sie machen Yoga oder Dehnübungen.
- Wenn Sie eher ehrgeizig sind, bewegen Sie sich ohne jeglichen Ehrgeiz.
- Wenn Sie nicht ehrgeizig sind, bewegen Sie sich mit ein bißchen Ehrgeiz, mindestens so viel, daß Sie Ihre trägen und bequemen Mitarbeiter ausgleichen können.
- Sie achten auf alle Ihre Bewegungen: Die Art und Weise, wie Sie auftreten, wie Sie Ihren Fuß abrollen, wie Sie abstoßen, die Haltung Ihres Kopfes, Ihrer Arme und Hände. Achten Sie auf jede Unregelmäßigkeit in der Bewegung und korrigieren Sie sie durch Reduktion der Geschwindigkeit und der Kraft.
- Sie richten sich nach dem schwächsten Glied Ihres Körpers und bewegen sich so, daß Sie es nicht überfordern.
- Sie achten auf Ihren Atem.
- Sie bewegen sich leicht und elegant.
- Alle Ihre Bewegungen sind rund und weich. Reduzieren Sie die Geschwindigkeit so weit, daß Sie diese Bedingung erfüllen können.
- Ihre Bewegungen sind präzise.
- Sie suchen den Flow (den rhythmischen, sanften, präzisen, d. h. effizienten Ablauf) in der Bewegung.
- Sie suchen in jeder Bewegung die Symmetrie, das Gleichgewicht, die Koordination und die Kontrolle.
- Sie spannen und entspannen bewußt jeden Muskel, den Sie für die Bewegung brauchen, und Sie entspannen alle Muskeln, die Sie dafür nicht direkt brauchen.

- Sie sind nie und an keiner Körperstelle verkrampft. Entspannen Sie solche Stellen durch langsame Bewegungen, durch Schütteln, Dehnen, Öffnen, auch durch Wärme, zum Beispiel, indem Sie Ihren Körper mit Öl einreiben.
- Ihr Gesicht ist vollkommen entspannt. Bedenken Sie: Ihre Gesichtsmuskulatur verrät die Absicht Ihres Hirns. Sie sind nicht in Gefahr. Sie sind nicht im Streß (Angriff). Sie sind nicht in der Frustration. Sie sind nicht im Affekt! Sie haben keinen Grund dazu. Öffnen und entspannen Sie regelmäßig Ihre Kiefergelenke. Im Bereich des Gesichts und Schädels gibt es nicht weniger als zehn Muskelsysteme. Entspannen Sie alle. Erinnern Sie sich an das oben erwähnte Sprichwort: „Mit vierzig sind Sie für Ihr Gesicht selbst verantwortlich".[140]
- Ihre Nackenmuskulatur ist entspannt. Bei Übungen, bei denen Sie flach auf dem Rücken liegen, legen Sie ein Buch unter den Kopf.[141] Wenn Ihr Nacken verspannt ist, lockern Sie auch den unteren Rückenbereich. Dort liegt oft die Ursache.
- Sie tun nur, was Ihnen guttut, und nichts, was Ihnen Schmerzen bereitet. Wenn Sie laufen und es möglich ist, laufen Sie barfuß. Dazu eignen sich natürlich hervorragend der Sand am Meer und ebensogut eine echte Finnenbahn. Das gibt Ihnen eine kostenlose Reflexzonenmassage. Am schönsten ist vielleicht das Laufen auf dem weichen, unberührten Schnee in einem frisch verschneiten Wald (wenn Sie dabei einem Reh begegnen, sind Sie nicht mehr weit vom Paradies). Sie laufen nie auf Asphalt und harten Unterlagen (egal wie teuer die Laufschuhe).
- Wann immer es möglich ist, begeben Sie sich mit dem Fahrrad oder zu Fuß dorthin, wo Sie laufen. Auf dem Fahrrad können Sie Ihren Körper ideal vorwärmen. Die Zeit auf dem Fahrrad ist Bewegungszeit.
- Sie nehmen die Natur wahr, in der Sie sich bewegen: den Geruch des Waldes, die Frische des Regens, die Geräusche des Windes, den Gesang der Vögel. Sie beobachten die Tiere, denen Sie begegnen, Sie umarmen die Bäume, wenn Sie Lust haben.

Beim Aufbau von Kraft sind Sie ganz im Funktionsbereich der Instinkte und Affekte. Kraft ist ein wirksames Mittel, um zu kämpfen, zu gewinnen und zu dominieren. Bei der Förderung von Beweglichkeit, z. B. wenn Sie dehnen oder tanzen, kommen Sie in Berührung mit den Mitarbeiterinnen der empathischen Vernunft. Wenn Sie Ihren Körper sanft und ohne Ehrgeiz dehnen, begegnen Sie der Milde und Sanftheit, das sind Verwandte der Güte und Geduld. Mit der Bewußtheit sind Sie in Kontakt, wenn Sie sich ganz auf die Körperbereiche konzentrieren, die Sie dehnen. Wenn Sie tanzen, nähern Sie sich dem Quadranten der Kreativität.[142] Sie erinnern sich: Die Lieblingsbeschäftigung der Musen waren Tanz und Gesang. Wenn Ihre

Mitarbeiterin Bewegung aus dem Instinkthirn mit den Mitarbeiterinnen Güte, Bewußtheit und Geduld aus der empathischen Vernunft in Kontakt kommt, verbindet sich der Instinkt mit der Schönheit und der Kreativität. Es gibt zahlreiche Bücher und Kurse zum Dehnen, und die wissenschaftlichen und sportmedizinischen Erkenntnisse darüber entwickeln sich laufend weiter. Sehr zu empfehlen sind die Meridian-Dehnübungen aus dem Shiatsu, weil sie das physiologische Wissen der westlichen Sportmedizin um die Erkenntnisse der asiatischen Gesundheitslehre über den Energiefluß bereichern[143], und viel mehr noch, weil sie die Mitarbeiterinnen Güte (Sanftheit) und Bewußtheit nicht übergehen. Natürlich sind auch die Übungen aus dem Yoga geeignet für die Dehnung und Beweglichkeit Ihres Körpers.[144]

- Sie achten auf die Haltung Ihres Körpers (Füße, Knie, Becken, Rücken, Hals, Kopf). Wenn er krumm oder schief ist, fehlt ihm das Gleichgewicht. Sie stärken Ihren Körper (Muskeln), um vom Ungleichgewicht zum Gleichgewicht zu gelangen. Das Ungleichgewicht des Körpers können Sie ohne weiteres als Abbild eines Ungleichgewichts Ihrer „Hirnmannschaft" verstehen.
- Sie zwingen sich zu gar nichts. Was Sie tun, beruht auf der Entscheidung Ihrer Mitarbeiterin Bewegung und auf dem Einverständnis ihrer Kolleginnen. Es ist der Kompetenzbereich der Bewegung, nicht derjenige der Dominanz, des Ehrgeizes oder der Eitelkeit, von den Funktionen des Affekthirns nur der Freude.
- Sie tun nichts, was Schmerz bereitet.

Es ist am Gesicht und an den Bewegungen leicht zu erkennen, ob jemand, der an seinem Körper arbeitet, dabei mit den Mitarbeiterinnen aller Hirnbereiche in Verbindung steht oder ob die Körperübungen und Anstrengungen nur Zielen des Affekthirns dienen. Wenn das Gesicht und die Bewegungen verkrampft sind, wenn die Mund- und Kieferpartie verbissen ist, wenn die Augen starr oder blind sind, wenn die Bewegungen steif, hölzern, hektisch, abrupt oder eckig sind, quält sich das Instinkthirn erfolglos ab, weil es nur von den Kolleginnen aus dem Affekthirn (meistens Ehrgeiz und Eitelkeit) und falschen Informationen aus der instrumentellen Vernunft unterstützt ist. Schade um die Anstrengung. Sie endet mit großer Sicherheit im Quadranten der Frustration.

- Und der Erfolg? Wenn wir fragmentiert, d. h. in Teilaufgaben denken, messen wir den Erfolg jeder Leistung an ihrem eigenen Kriterium. Das können z. B. Zeit, Gewicht, Muskelgröße oder Wettkampfresultate sein. Wenn wir im Prozeß denken, messen wir den Erfolg am End- bzw. Gesamtergebnis. Wir beachten den Beitrag oder die Voraussetzung, die

die Mitarbeiterin Bewegung dazu liefert: Die Gesundheit, die Energie, die Frische, die Harmonie, das Wohlbefinden, die Kraft und Stärke, die Ideen und die Eingebungen, die Klarheit. Wir messen den Beitrag nicht mehr in Sekunden, Metern, Kilogramm, Frequenzen oder Punkten – nicht mehr in Quantitäten, sondern in Qualitäten.

Die Ruhe

Wenn Sie nur auf die Mitarbeiterin Bewegung hören, würden Sie sich zu Tode bewegen. Sie müssen auch Ihrer Mitarbeiterin Ruhe genügend Gehör schenken. So wie wir im Durchschnitt wohl eher zu wenig Bewegung haben, können wir mit Bestimmtheit feststellen, daß wir uns tendenziell zu wenig und immer weniger Ruhe gönnen. Daß die Ruhe am Entscheidungsprozeß unseres Gehirns immer mehr an Gewicht verliert, ist auf drei Faktoren zurückzuführen: die Geschwindigkeit, die Informationsmenge/Kommunikationstechnik und die Mobilität.

Wir wissen, daß alles immer schneller geht. Große gesellschaftliche Veränderungen, die früher 20, 50 oder 100 Jahre dauerten, bis sie abgeschlossen waren, brauchen heute nur noch wenige Monate, um bereits wieder von neuen Entwicklungen abgelöst zu werden. Noch vor wenigen Jahren dachte man an einen Zeithorizont von zehn Jahren, wenn von gesellschaftlichen Trends die Rede war. Heute verschwinden Trends schon nach sechs Monaten oder schlagen in ihr Gegenteil um. Früher planten Unternehmen in Zeiträumen von fünf bis zehn Jahren. Heute gelten Szenarien, die über mehr als zwei Jahre angelegt sind, als Verschwendung von Ressourcen. Wenn wir ehrlich sind, können wir die Zukunft kaum länger vorausplanen als für ein Jahr.

Wir wissen außerdem, daß die Informationsmenge, die uns angeboten wird, exponentiell zunimmt. Die schiere Menge könnte uns schon erdrükken. Aber nicht nur die Menge nimmt zu, sondern auch die Intensität des Wettbewerbs unter den Informationsanbietern. Da die Aufnahmefähigkeit und die Speicherkapazität unseres Gehirns nicht wachsen, müssen die Informationsanbieter immer mehr, immer neue und immer wirkungsvollere Mittel einsetzen, um in dem riesigen Überangebot an Informationen ihre Zielgruppe zu erreichen. Der Angebotswettbewerb hat sich von einem Produkt- über einen Dienstleistungs- wesentlich zu einem Kommunikationswettbewerb entwickelt.

Daneben gibt es einen dritten Faktor, der der Mitarbeiterin Ruhe schwer zu schaffen macht: die Mobilität, die wie die anderen Faktoren ebenfalls explodiert ist. Mobilität hat auch etwas mit Freiheit zu tun, Mobilität ist Bewegung und wir haben eine Mitarbeiterin dieses Namens in unserem Gehirn.

Es ist keine Frage. Geschwindigkeit, Unterhaltungsinformation und Mobilität machen Spaß.[145] Sie sprechen natürliche Bedürfnisse der Instinkte und Affekte an, die uns wohlvertraut sind.

Geschwindigkeit ist Kraft, ist Rausch, ja sie ist sogar ein Teil von Schönheit. Die Schönheit der Bewegung. Sie kann ein Teil des Flows sein, des allumfassenden Glücksgefühls. Wir verspüren es beim Gleiten auf Schnee, Wasser oder in der Luft, beim Galoppieren auf einem Pferd, beim Druck auf das Gaspedal eines schnellen Autos, bei der Startgeschwindigkeit eines Flugzeugs.

Die Unterhaltungsindustrie läßt uns allzu oft die ungelebte Realität unserer Instinkte und Affekte erleben – die Kämpfe und Siege der Helden und Heldinnen, die wir nicht sind, die Erotik, die wir nicht haben, den Erfolg, der uns fehlt. Wir kämpfen, siegen und lieben mit den Stars. Und wir trösten uns am Schrecken und Mißerfolg der Verlierer. Wir haben durch die Medien jeden Tag immer wieder an den gleichen Tragödien und Komödien teil.

Es ist leichter, Informationen durch die Mitarbeiter der Instinkt- und Affekthirne in die Köpfe der Empfänger zu transportieren, als durch die Vernunfthirne. Und sie sind leichter über die lauten Bilder zu erreichen, die das Instinkt- und Affekthirn versteht, als über die präzise Sprache der instrumentellen Vernunft oder die leisen Töne der empathischen Vernunft. Die Mehrheit der Unterhaltungs- und Tagesinformation ist auf die Befriedigung der Instinkte und Affekte ausgerichtet.

Die meisten Filme und Serien, die ein größeres Publikum erreichen, zeigen Kampf, Sieg und Kopulation. In der Regel enden der Streß, die Frustration und das Leiden im Erfolg (Happy-End). Liebe und Schmerz spielen sich gern im Quadranten des Gehorsams und Vertrauens ab: bevorzugt in Zusammenhang mit Tieren, Kindern und Großeltern. Die Shows sind auf der Ebene der Affekte angesiedelt. Hier können wir Frustration, Streß und Erfolg life verfolgen, am liebsten in Verbindung mit den Instinkten und unschlagbar, wenn sie mit Sex (Kopulation) verbunden sind. Ausschließlich davon lebt die Pornographie, die sich im Sado-Maso wiederum mit dem Affekt (Dominanz-Unterwerfung) verbündet.

Wir können an unserem Medienkonsum sehr gut den Ungleichgewichtszustand in unserem Hirn erkennen. Wenn wir uns vor allem für Pornographie und Erotika interessieren, heißt das, daß der Mitarbeiterin Kopulation ein großes Gewicht zukommt und daß die Verbindung zur empathischen Vernunft nicht gelungen ist. Wenn wir Pornographie und Erotika hassen und vermeiden wie die Pest, bedeutet es, daß die Hirnfunktion verdrängt und unterdrückt und auf diese Weise ebenfalls nicht integriert ist. Wenn wir vor allem Action-Filme und kampfbetonte Sportarten sehen, sind die Quadranten Kampf und Sieg des Instinkthirns strukturbeteiligt, und die empathische Vernunft spielt eine schwache Rolle. Wenn wir vorwiegend Shows sehen, steht das Ungleichgewicht im Affekthirn im Vordergrund. Die Wahrscheinlichkeit ist groß, daß wir uns in diesem Fall stark auf den Quadranten der Frustration oder des Gehorsams bewegen. Wenn es vor allem Liebesfilme sind, die Sie lieben, geben Sie Ihrem empathischen Vernunfthirn im Leben noch zu wenig Raum und kompensieren im Film. Wenn Sie Liebesfilme nicht ausstehen können, verdrängen und unterdrücken Sie die empathische Vernunft auf Ihre Weise.

Mit Hilfe der Mobilität versuchen wir, uns äußerlich aus dem Teufelskreis zu befreien, in dem wir uns innerlich auf dem Niveau der Instinkte und Affekte bewegen. Taktisch kann das sinnvoll und manchmal auch notwendig sein. Aber wie der Volksmund richtig weiß: Wir können vor uns selber nicht davonlaufen. Strategisch bringt sie Sie nirgendwo hin, aber sie fordert einen hohen Preis. Die Kosten der Umweltbelastung sind die eine Seite, die Tatsache, daß sie Sie von der Ruhe entfernt, die Sie brauchen, die andere.

Oft bilden die Mitarbeiter, die für das Ungleichgewicht verantwortlich sind, Koalitionen untereinander, um ihre Interessen besser durchzusetzen. So wird das Ungleichgewicht noch verstärkt, wenn sich zum Beispiel die Funktionen Bewegen, Fressen, Dominieren mit der Frustration in der Freizeitmobilität zusammenschließen: Der Erfolg will sich zeigen und feiern lassen. Dafür fahren wir an die mondänen Orte. Der Streß braucht dringend Erholung, und dafür jetten wir auf die andere Seite des Erdballs. Die Frustration schreit nach Belohnung und findet sie an der Hotelbar. Der Eitelkeit hilft die Sonne. Die Lust auf Kopulation hofft auf ein Ferienabenteuer. Für die Agenten des Besitzens bauen wir ein Ferienhaus. Dem Fressen begegnen wir wieder am offenen Buffet. Die Kämpfer und Sieger be(s)tätigen sich im Abenteuer- und Actionurlaub. Der Quadrant der Schönheit, der im Alltag wahrlich nicht viel Schönes hat, projiziert sein Bedürfnis auf die Südseeinseln. Der Quadrant der Kreativität, der am Verhungern ist, versucht sich in den Ferienkursen. Die instrumentelle Vernunft hört andächtig auf die Worte der Reisebegleiterin, registriert die Namen und Zahlen im Führer und bestaunt alles, was es zu Hause nicht gibt.

Die Arbeitsmobilität hat nicht minder krasse Formen angenommen. Koalitionen aus den Quadranten Besitz, Streß und Erfolg bringen Millionen von Menschen dazu, Arbeitswege von zwei, drei oder mehr Stunden pro Tag in Kauf zu nehmen. Wenn man diese Zeit zusammenzählt, kann man auf 10 bis 20 % des Lebens kommen. Diese Zeit verbringen viele Pendler in einem Umfeld, das laut und hektisch und von der Aggression und Frustration der Affekte gezeichnet ist. Meistens ist es nicht das einzige Umfeld dieser Prägung, dem sie ausgesetzt sind. Oft unterscheidet sich der Arbeitsplatz nur wenig davon, und oft wiederholt das Abendprogramm am

Fernsehen noch einmal das gleiche deprimierende Muster. Vielen fällt es leicht, ihr Verhalten zu legitimieren. Sie könnten im Auto abschalten, hört man gerne, oder sie würden im Zug lesen oder arbeiten. Welch ein Preis, welche Verschwendung von Ressourcen. Welch bescheidene Ansprüche an das eigene Leben!

Die Gefahr ist groß, daß die Mitarbeiterin Ruhe unter dem Gewicht der Geschwindigkeit, der Informationsfülle und der Mobilität mehr und mehr erdrückt wird. Sie wirken auf der Ebene des Affekthirns und des empathischen Vernunfthirns wie Aggressoren („Angreifer"). Der Körper braucht Ruhe, um sich davon zu erholen. Nur so kann er gesund, aktiv und widerstandsfähig bleiben. Wenn Sie zu den Aggressoren Geschwindigkeit, Information und Mobilität nicht bewußt ein Gegengewicht schaffen, d. h. wenn Sie Ihrer Mitarbeiterin Ruhe im Instinkthirn nicht genügend Raum und Gehör verschaffen, werden Sie weder gesund sein noch die empathische Vernunft entwickeln können.

Der Dichter Julien Green, den wir schon zweimal zitiert haben, könnte auch hier als Vorbild dienen. Immerhin ist er – mit Stil und ohne Senilität – 98 Jahre alt geworden. Vormittags schrieb er. „Ich setzte mich an meinen Tisch und begann zu schreiben, bis eine Seite voll war. Das ging fast wie von selbst . . . Und wenn die Seite dann voll war, hörte ich mit dem Gedanken auf: So viel für heute, morgen geht's weiter." Am Nachmittag las er Klassiker und die Bibel. Am Abend hörte er Musik, die ihn die unsichtbare, „wahre Heimat" ahnen ließ. Kein Fernsehen, kein Radio, eine einzige Zeitung – der konservative *Figaro*.[146]

Genügend Ruhe heißt fast immer weniger Geschwindigkeit, weniger Information und weniger Mobilität. Das Gleichgewicht zwischen Bewegung und Ruhe und allen anderen Mitarbeiterinnen, das es dabei zu finden gilt, erfordert kleine Schritte. Das Programm, das wir aufzeichnen, weist in diese Richtung:

- Wenn Sie schnell sind, werden Sie langsamer. Dazu eignen sich, neben vielen anderen Möglichkeiten, Atem- und Bewegungsübungen, die die Körperbewegungen und -funktionen bewußt verlangsamen.[147]
- Wenn Sie sich bewegen, bewegen Sie sich auch langsam. Wenn Sie fahren, fahren Sie auch langsam.
- Gehen Sie nicht mehr schnell irgendwohin, sondern langsam (d. h. auch bewußter) oder (noch besser) gar nicht.
- Reduzieren Sie Ihre Mobilität.
- Achten Sie auf Ihren Schlaf. Der Schlaf hat die lebenswichtige Aufgabe zu regenerieren, das heißt, das Gleichgewicht wiederherzustellen, das Sie verloren haben. Das gilt physisch wie psychisch, d. h. für Ihren Körper genauso wie für Ihr Hirn. Die Organe, die Sie tagsüber überbelastet

und dadurch geschwächt haben, können sich im Schlaf von den Strapazen erholen. Die Mitarbeiter im Hirn versuchen, das gleiche zu tun. Diejenigen, die Sie überstrapaziert haben, versuchen, sich zu erholen, und diejenigen, die Sie übergangen und verdrängt haben, versuchen, sich Gehör zu verschaffen. Das geschieht in Ihren Träumen. Wir werden sie uns in Handlungsschritt 8 genau anschauen.

- Schlafen Sie genug. Britische Schlafforscher um Jim Horn vom Schlafforschungszentrum in Loughborough haben messen können, daß Schlafmangel die Intelligenz eines Menschen schädigen kann. Jede Stunde weniger als acht Stunden Nachtschlaf können circa einen Punkt des Intelligenzquotienten kosten, und weil sich die Verluste kumulieren, können in einer Woche durch Schlafmanko leicht 15 Punkte verloren gehen. Die Beobachtung der Forscher ist aufgrund unserer Theorie aus drei Gründen plausibel. Erstens, die Regeneration des Hirns an sich erhöht dessen Leistungsfähigkeit, wie die jedes anderen Organs oder Muskels. Zweitens, die tendenzielle Wiederherstellung des Gleichgewichts der am Prozeß beteiligten Mitarbeiter erhöht das Gesamtergebnis des Prozesses massiv, wie wir theoretisch und praktisch aufzeigen konnten. Drittens, der Schlaf ist eine Voraussetzung dafür, daß Informationen aus dem nicht-bewußten Speicher in den bewußten Speicher aufsteigen und sich dort konkretisieren können (wie wir in Zusammenhang mit dem Träumen noch zeigen werden). Wenn Sie ein aktiver/kreativer Mensch sind, können Sie nicht zu viel schlafen.

- Schlafen Sie regelmäßig. Aus der Schlafforschung wissen wir, daß die Schlaf- und Traummuster der Menschen an einen bestimmten, natürlichen Zeitrhythmus gebunden sind, der nicht nur relativ, sondern absolut ist. Relativ würde bedeuten, daß nur die Dauer des Ablaufs bestimmt ist. Absolut heißt, daß die verschiedenen Phasen des Schlafes an ganz bestimmte Nachtzeiten geknüpft sind, die für alle Menschen gelten. Deshalb ist es für die Qualität des Schlafes nicht unbedeutend, wann Sie schlafen. Wenn Sie z. B. einen Beruf haben, bei dem Sie tagsüber schlafen und nachts arbeiten, ist das für Ihre Gesundheit ein großer Nachteil. Halten Sie sich, wenn immer möglich, an den Tag-Nacht-Rhythmus der Natur. Gehen Sie so früh schlafen, daß Sie am Morgen ausgeruht und ohne Wecker gerne aufstehen.

- Schlafen Sie gut. Ob Sie gut oder schlecht geschlafen haben, erkennen Sie am besten daran, wie Sie am Morgen aufstehen. Wenn Sie leicht und gerne aufstehen, ist es in der Zeit des Schlafes gelungen, das Gleichgewicht wiederherzustellen. Wenn Sie müde, gerädert, schlechtgelaunt, schwer und ungern aufstehen, ist Ihnen das nicht gelungen. Ob es Ihnen gelingt, hängt am meisten von der Ausgangslage ab, mit der Sie sich in den Schlaf begeben, und in zweiter Linie von den äußeren Bedingungen, unter denen der Schlaf stattfindet. Die Ausgangslage wird dadurch bestimmt, wieweit Sie vor dem Schlafengehen vom Gleichgewichtszustand entfernt sind. Dies hängt einerseits von der Grundkonstellation ab, in der Sie sich befinden, und andererseits von der aktuellen Situation, von der Sie kommen und in die Sie sich begeben. Je größer die Distanz, desto mehr Ausgleichsarbeit muß der Schlaf vollbringen, desto mehr Schlaf und Ruhe brauchen Sie also.

Wie Sie wissen, schlafen Sie schlecht (ein), wenn Sie (kurz) vor dem Schlafengehen essen und wenn Sie viel und schwer essen; (mehr dazu unter dem Kapitel (Fr-)Essen. Sie finden keine Ruhe, weil der Körper (Magen, Darm, Nieren, Leber, Milz, Gallenblase) keine Ruhe findet. Das gleiche gilt auch für die nicht-physische Nahrung, die Sie sich vor dem Schlafengehen zuführen. Das Hirn muß diesen Input genauso verarbeiten wie die Organe die Speisen. Wenn Sie also das Ungleichgewicht, dem Sie am Tag ausgesetzt sind, am Abend noch weiter verstärken, vergrößern Sie den sogenannten Gap (die Lücke). Wenn Ihr Tag aggressiv und hektisch oder intellektuell äußerst anspruchsvoll war, wenn also vor allem Ihre Mitarbeiter des Affekt- und oder des instrumentellen Vernunfthirns das Sagen hatten und die Kollegen der empathischen Vernunft und der Instinkte wenig zum Zuge kamen, empfiehlt es sich, dieses Ungleichgewicht vor dem Schlafengehen nicht noch zu verstärken, also sich nicht noch mehr Informationsunterhaltung aus den Massenmedien oder Sachinformationen für die instrumentelle Vernunft zuzuführen oder sich nicht noch einem Geschäftsessen oder einem Streitgespräch auszusetzen. Nähren Sie vielmehr vor dem Schlafengehen die Mitarbeiter, die Sie tagsüber vernachlässigt haben. Suchen Sie die Ruhe oder die Bewegung vor der Ruhe. Zum Beispiel, indem Sie ruhige, sanfte Musik hören, einen Abendspaziergang machen, Schönheit und Zärtlichkeit genießen oder meditieren. Vermeiden Sie, was Ihre Instinkte und Affekte in Aufregung versetzt oder Ihre Vernunft verletzt. Das kann ein Gespräch, ein Mensch, aggressive Musik, Alkohol oder ein Film sein.

• Achten Sie darauf, wie Sie am Morgen aufwachen und aufstehen. Bringen Sie miteinander in Verbindung, was Sie am Abend/Tag davor gemacht haben und wie Sie sich am Morgen danach fühlen.

• Wenn Sie krank sind, seien Sie krank. Krankheiten (wie z. B. Allergien oder Grippen), Unfälle und Schmerzen (z. B. im Rücken) machen Sie langsamer. Sie verstehen die Krankheiten, Unfälle und Schmerzen, die Sie in Ihrer Leistung und Aktivität reduzieren, auch als ein Signal Ihrer unterdrückten Mitarbeiterin Ruhe. Sie will und braucht wesentlich mehr Mitsprache. Sie müssen sie stärken. Gönnen Sie sich die Ruhe, die Sie brauchen, aber nicht nur, bis die Krankheit oder die Verletzung geheilt sind (was ja immer schneller geht). Die Tatsache, daß Sie krank geworden sind, weist darauf hin, daß die „Lücke" zu groß war und daß ein neues Gleichgewicht gefordert ist.

- Wenn Sie müde sind, seien Sie müde und ruhen Sie sich aus. Chronische Müdigkeit und Erschöpfung sind ein Zeichen für ein massives Ungleichgewicht. Gewöhnlich dominieren die Affekte, die zu viel (und mitunter das Falsche) wollen, auf Kosten der empathischen Vernunft. Aus der empathischen Vernunft speisen Sie Ihre Batterien.

- Unternehmen Sie lange, wenn möglich einsame, auf jeden Fall ruhige (nicht geschwätzige) Spaziergänge und Wanderungen in der Natur.

- Legen Sie sich in die Sonne wie ein Krokodil – möglichst regelmäßig und (wenn es die Umstände erlauben) nackt, aber nicht so lange (und unter Berücksichtigung aller Vorsichtsmaßnahmen für die Haut und den Kopf).

- Baden Sie oft. Das Bad gibt Ihrem Körper Entspannung und Ruhe. Verwenden Sie ölige Badezusätze, die entspannend auf die Muskeln und beruhigend auf die Haut wirken (z. B. Kamille, Lavendel, Rosmarin, Jojoba, Ylang-Ylang). Massieren Sie sich anschließend mit Öl ein (z. B. mit Mandelblütenöl).

- Hören Sie einfache, sanfte, zärtliche, ruhige, beruhigende Musik.

- Setzen Sie sich in den Raum einer Kirche. Der Raum einer Kirche kann Ihnen helfen, die Quadranten der empathischen Vernunft zu erfahren. Dazu muß er physisch den Bedingungen genügen, die die empathische Vernunft konstituieren. Die Ruhe im Kirchenraum führt Sie zu Ihrer physischen und psychischen Ruhe. Die Schönheit der Ausstattung und des Schmucks ebenso wie die Schönheit der Architektur, Struktur und der Materialien läßt Sie den Quadranten der Schönheit erahnen. Die Liebe, Güte, Einfachheit und Bescheidenheit, die in Bildern, Statuen und im Schmuck des Raumes zum Ausdruck kommen, führen Sie in den Erfahrungsbereich des Quadranten der Liebe. Die Bilder und Geschichten über das Leiden und das Klagen von Millionen von Menschen über Hunderte von Jahren, das Sie vielleicht an den abgewetzten Kirchenbänken, den rauhen Wänden, den vom Knien gebogenen Stufen und vom Berühren abgegriffenen Statuen erspüren können, begleiten Sie in den Quadranten des Leidens. Die Kühnheit der Architektur und die Kunstfertigkeit des geschnitzten, gemeißelten, gehämmerten, gemalten und vergoldeten Kirchenschmucks tragen Sie in den Quadranten der Kreation. Die Ehrfurcht und der Respekt vor dem Göttlichen, der in dem Kirchenraum zum Ausdruck kommt, verweist Sie auf die Ernsthaftigkeit und Konzentration, mit der Sie den Informationen Ihres empathischen Vernunfthirns begegnen, und auf die Ergriffenheit und Erschütterung, die Sie dabei erfahren werden.[148] Sie tun gar nichts.

Vielleicht erinnern Sie sich an folgende Geschichte von Anthony di Mello:

Es war einmal ein alter Mann, der jeden Tag viele Stunden in der Kirche verbrachte und andächtig betete. Der Pfarrer wunderte sich und fragte ihn eines Tages, was er Gott so viel und so lange zu sagen habe. „Nichts", antwortete der Mann, „ich höre nur zu."
Nun wollte der Pfarrer wissen, was ihm Gott erzähle.
„Nichts", sagte der Mann, „er hört auch nur zu."

- Meditieren Sie. Meditation, z. B. in der Form des Zen oder der Kontemplation in der christlichen Mystik, ist eine hoch-konzentrierte und das heißt hoch-effiziente Form der Ruhe. Wir werden die Technik des Zen am Schluß dieses Kapitels vorstellen.

Der dritte Faktor, welcher der Mitarbeiterin Ruhe die Ruhe stiehlt, ist die Quantität und Qualität der Informationen. Das sind unsere Empfehlungen zum Medienkonsum:

- Reduzieren Sie die Menge des Medienkonsums auf ein Minimum. Dieses Minimum, z. B. eine intelligente Tageszeitung, hat allerdings einen hohen Stellenwert: Sie erhöhen die Qualität und vermindern die Quantität.
- Wählen Sie einen Informationsanbieter (ein Medium), der sich mehr auf der Ebene der instrumentellen und empathischen Vernunft und weniger im Bereich der Instinkte und Affekte bewegt.
- Achten Sie darauf, wie Sie sich nach dem Medienkonsum „fühlen". Schlafen Sie danach gut? Fühlen Sie sich danach gut? Wie fühlen Sie sich am nächsten Morgen? Ausgeruht? Ausgeglichen? Erfüllt? Glücklich? Kompensation kann Sie nicht erfüllen und deshalb auch nicht glücklich machen.
- Achten Sie darauf, welche Hirnbereiche Sie mit dem Medienkonsum bedienen. Das Mengenverhältnis zeigt Ihnen an, welches Gewicht den einzelnen Mitarbeiterinnen und Quadranten im Entscheidungsprozeß Ihres Gehirns zukommt. Wenn Sie offensichtlich mehr von einer Kategorie konsumieren als von einer andern (z. B. Politik, Wirtschaft/Affekthirn oder Sex and Crime/Instinkthirn), wissen Sie, daß die entsprechenden Mitarbeiterinnen bei Ihnen entweder in einem akuten Über- oder Untergewicht vertreten sind. Wenn Sie von anderen Kategorien (z. B. Sport) gar nichts wissen wollen, lohnt es sich zu fragen, wo die entsprechenden Mitarbeiterinnen (im Beispiel Kampf und Kompetitivität) hingekommen sind. Auf diesem Wege ist die eine oder andere Leiche zu entdecken.

- Reduzieren Sie Informationen, die sich im Bereich des Aktionsmodus befinden, z. B. Actionfilme, wenn er Ihr Leben sonst schon dominiert.
- Reduzieren Sie Informationen der instrumentellen Vernunft, wenn diese bei Ihnen eine dominante Rolle spielt.
- Erhöhen Sie den Anteil der Informationen, die sich im Rezeptionsmodus bewegen, wenn dieser ansonsten eine geringe Rolle spielt. Das sind Erfahrungen der Liebe, des Leidens, der Schönheit und der Kreativität. Sie finden sie in der Natur, in der Kunst und in den Menschen (wir werden mehr auf sie eingehen, wenn wir zu den Mitarbeiterinnen der empathischen Vernunft kommen).

Wie bei der Bewegung wird sich auch die Ruhe mit anderen Mitarbeitern Ihres Hirns verbinden, vor allem natürlich mit denjenigen der empathischen Vernunft, weil sie eine Voraussetzung für den Rezeptionsmodus, d. h. eine Voraussetzung für die empathische Vernunft ist:

- In der Ruhe finden Sie zur Liebe zu sich selber und zu anderen und anderem. In der Ruhe finden Sie zur Güte und zur Sanftheit. In der Ruhe können sich Ihre Zartheit und Schönheit entwickeln.
- In der Ruhe werden Sie bescheiden und geduldig.
- In der Verbindung zwischen Ruhe und Bescheidenheit beruhigen sich Dominanz und Ehrgeiz.
- In der Ruhe wächst Ihre Bewußtheit.
- In der Verbindung zwischen Ruhe und Bewußtheit reduzieren Sie Ihre Mobilität.
- In der Ruhe, wie in der Bewegung, kommen Ihnen eine Flut von – vielleicht den besten – Ideen. Achten Sie auf den Morgen, wenn Sie aufwachen. Wenn Sie am Tag vorher intensiv an einer Aufgabe gearbeitet haben (d. h. wenn Sie die Verbindung zur instrumentellen Vernunft hergestellt haben), werden Ihnen am Morgen dazu neue Erkenntnisse bewußt sein. Der Volksmund weiß, warum er sagt, daß wir die Dinge überschlafen sollen. Die Ruhe ist die Zeit, in der Informationen aus dem Speicher Ihres Hirns in Ihr Bewußtsein aufsteigen können. Mit Hilfe der instrumentellen Vernunft müssen Sie sie dann noch ordnen.
- In der Natur kann sich die Ruhe mit Mitarbeiterinnen der empathischen Vernunft verbinden: mit der Ästhetik in der Schönheit der Blumen, der Erhabenheit der Bäume, der Bewegung der Tiere, der Formen und Farben des Himmels und der Erde; mit dem Leiden in der Angst der gejagten Tiere und in der Trostlosigkeit der zerstörten Umwelt; mit der Bewußtheit durch die Achtsamkeit, mit der Sie der Natur begegnen.
- In der Kunst kann sich die Ruhe mit fast allen Mitarbeitern verbinden: mit der Kraft und Bewegung der Instinkte, mit dem Willen der Affekte,

mit der Perfektion und Präzision der instrumentellen Vernunft und natürlich mit dem Leiden, der Schönheit und der Kreativität der empathischen Vernunft. Im vollkommenen Kunstwerk finden Sie das vollkommene Gleichgewicht des Gehirns wieder und im unvollkommenen die verschiedensten Ausprägungen des Ungleichgewichts. Wir werden im Quadranten der Kreativität darauf zurückkommen.

Weil Meditation eine so wichtige Technik ist, um der Mitarbeiterin Ruhe und den Funktionsprinzipien der empathischen Vernunft Raum zu geben, wollen wir sie genauer beschreiben.

Die Technik der Meditation am Beispiel von Zen

Seit einiger Zeit spricht man viel von Meditation, und es gibt unzählige Vorstellungen und Anleitungen dazu. Allen gemeinsam ist das Ziel, Ruhe zu finden, sich von der äußeren Welt abzukehren und nach innen zu wenden, um damit etwas zu erfahren, das nicht außen, sondern innen ist. In unserer Sprache heißt das, Informationen zu gewinnen, die im Hirn gespeichert, aber noch nicht im Bewußtsein sind.

Das Passive dabei ist ganz entscheidend, und wir wissen, warum. Die Informationen, die wir suchen, sind im empathischen Vernunfthirn gespeichert – und dieses funktioniert im sogenannten „Rezeptionsmodus". Wir beschreiben damit einen Zustand, in dem Sie Informationen aufnehmen, indem Sie sie auf sich zukommen, auf sich einwirken lassen. Das Gegenteil davon beschreibt der sogenannte „Aktionsmodus", in dem Sie Informationen einsetzen, um etwas zu bewegen, zu bewirken, zu verändern, zu erreichen. Er beschreibt die Art und Weise, wie die anderen drei Hirnareale funktionieren.

Der Begriff Meditation ist etymologisch aus der Wortsippe Mal, Maß, messen, ermessen (griechisch *métron* = Maß, lateinisch *meditari* = erwägen, nachdenken, *medicus* = Arzt = klug ermessender, weiser Ratgeber) entstanden. Es bedeutet Nachdenken, aber nicht im Sinne der instrumentellen, sondern der empathischen Vernunft, also nicht im Aktions-, sondern im Rezeptionsmodus. Es gilt, das Unermeßliche zu ermessen oder, wie wir sagen, das Absolute zu erfahren. Das Wissen und die Techniken dazu wurzeln im Veda[149], der im Hinduismus, im Buddhismus und in der christlichen Mystik seinen Niederschlag gefunden hat.[150] Die Anweisungen bewegen sich auf zwei Ebenen, einer psychischen und einer physischen:

Psychisch lehren sie, die Funktionsvoraussetzungen Güte, Geduld, Bescheidenheit und Bewußtheit zu entwickeln.

Physisch lehren sie, durch Atmung und Körperhaltung, die anderen Hirnareale, die nicht im Rezeptions-, sondern im Aktionsmodus sind (das

Instinkt-, Affekt- und instrumentelle Vernunfthirn), stillzulegen, zu neutralisieren, auszuschalten. Viele der heute verbreiteten Meditationstechniken wenden Mittel der Autosuggestion an. Dabei reden sich die Meditierenden einen Zustand ein, der einem Ideal (meistens einem idealen Bild) entspricht: „Ich fühle ein Licht in mir aufsteigen" oder „Ich öffne mich wie eine Blume", zum Beispiel. Oder sie repetieren Mantras, das sind Formeln, die für die Meditierenden keinen kognitiv erkennbaren Inhalt haben (müssen), sondern allein durch ihren wohltuenden Klang eine den Aktionsmodus beruhigende Wirkung ausüben. Diese Mittel der Selbstmanipulation erachten wir weder für notwendig noch für sinnvoll. Sie widersprechen ganz und gar unserer Vorstellung von Bewußtheit. Bewußtheit erfordert, die Dinge so zu sehen, wie sie sind, und nicht so, wie wir sie gerne hätten. Zu dem Licht und zu der Öffnung (Wärme, Schönheit usw.), die wir suchen, gelangen wir nicht, indem wir sie uns einreden. Anstelle der Repetition und des blinden Vertrauens (Glaubens), das wir im Affekthirn im Quadranten des (blinden) Gehorsams angetroffen haben, fällt der instrumentellen Vernunft bei der Erfahrung von Bewußtheit eine wichtige Rolle zu: Es ist eine unabdingbar notwendige (wenn auch nicht hinreichende) Voraussetzung, die Zusammenhänge zu (er-)kennen. Im Gegensatz dazu fördert das Sich-Einreden von Idealen (selbst dann, wenn es Liebe, Friede und Schönheit ist) eine Tendenz, die wir mit allen Mitteln vermeiden wollen: das Verschließen der Augen vor Mitarbeiterinnen, die uns nicht genehm und geheuer sind, weil sie so gar nicht zu unseren Idealen passen, die Agenten Neid, Bitterkeit, Ehrgeiz und Haß zum Beispiel aus dem Affekthirn oder Kampf und Sieg bis zur Vernichtung der Konkurrenten und Kopulation ohne Rücksicht auf Verluste aus dem Instinkthirn. Das Ignorieren dieser Mitarbeiter ist in der Wirkung nichts anderes, als das Unterdrücken und Verdrängen.

Wir sind bei der Autosuggestion auch nicht im Rezeptionsmodus. Wir wollen das Licht und den Frieden, auch wenn wir noch so artig darum bitten: „Herr, gib uns dies, und Herr, gib uns jenes." Wir sind damit über das Niveau des Affekthirns nicht hinausgekommen. Daran ändert auch das gute Gefühl nichts, das man bekommt, wenn man im Kreise von Gleichgesinnten die guten Geister heraufbeschwört. Unter dem schönen Schein rumoren die Mitarbeiterinnen der Instinkte und Affekte ungeliebt und unbemerkt, dafür mit um so giftigerem Eifer weiter. Das böse Erwachen kommt früher oder später.

Eine Meditationstechnik, die die Gefahr der Selbstmanipulation vermeidet, ist Zen. Sie ist so radikal wie die Direttissima beim Bergsteigen, die Route, die direkt zum Gipfel führt. Zen begegnet der Zielgerichtetheit der Instinkte, Affekte und instrumentellen Vernunft mit dem genauen Gegenteil: der Absichtslosigkeit. Alles weitere ergibt sich daraus. Es braucht fast nichts mehr. Keine (Selbst-)Manipulation, keine Tricks, kein Delirium, keine Ekstase – und vor allem keinen Aktionsmodus. Nur noch

- das Selbstverständnis, auch das Nicht-Wollen nicht zu wollen (das Nicht-Erlangen),
- die Technik des Sitzens (Zazen) und
- das Üben von Güte, Geduld, Bescheidenheit und Bewußtheit (Achtsamkeit).

Das Ziel ist das Eins-Werden, das wir erkenntnistheoretisch als Auflösung der Differenz zwischen Subjekt und Objekt definiert haben. „Im Dharma (dem Zustand der Erleuchtung) gibt es keine Zweiheit."[151] Zen verwendet dafür den Begriff Satori, was Erleuchtung oder Erwachen heißt. Zen ist auf den Grundlagen der Lehren des Buddha, wörtlich der Erwachte, entstanden.[152]

Der Zustand der Absichtslosigkeit im Zen, der in der Ruhe des Sitzens geübt wird, wird gerne mit dem Bild eines Berges (Fuji, des Heiligen Berges) erklärt, an dem die Wolken vorbeiziehen. Die Wolken symbolisieren die Gedanken der verschiedenen Hirnareale, die uns bewegen: die sexuellen Phantasien, die Ängste, die Verpflichtungen, Erwartungen, Erinnerungen usw. Die Sitzende läßt sie kommen und gehen, wie der Berg die Wolken an sich vorüberziehen läßt. So wenig wie der Berg den Lauf der Wolken zu beeinflussen sucht, so wenig manipuliert die meditierende Person ihre Gedanken. Sie ist einfach da, so wie der Berg einfach da ist. Sie will weder Gedanken noch keine Gedanken, weder Licht noch kein Licht, weder Wärme noch keine Wärme, weder Frieden noch keinen Frieden. Sie will auch nicht die Erleuchtung. Sie will gar nichts, nicht einmal das Nicht-Wollen. Sie ist absichtslos. Das ist der konsequent zu Ende gedachte Rezeptionsmodus der empathischen Vernunft. Das ist das Gegenteil der Intentionen aller anderen Hirnareale.

Eine Schule des Zen, Rinzai, beschäftigt sich aktiv damit, das instrumentelle Vernunfthirn auszuschalten. Sie tut dies, indem sie Fragen (Kôan) stellt, die nicht kausal beantwortet werden können. Sie freut sich schelmisch, wenn sie uns vor Augen führen kann, wie sehr wir von der instrumentellen Vernunft beherrscht sind, weil wir immer nach logischen Antworten suchen. Sie verblüfft mit Antworten, die nicht-logisch sind und aus der Sicht der instrumentellen Vernunft deshalb absurd erscheinen. Der Sinn für die Übenden ist auch hier, sich von der Dominanz der instrumentellen Vernunft zu lösen, um der empathischen Vernunft den nötigen Raum zu geben.

Zen bereitet das Hirn darauf vor, im Modus der empathischen Vernunft zu funktionieren. Er tut dies, indem er die Funktionsprinzipien der rechten Hirnhemisphäre lehrt und indem er die anderen Hirnteile durch die Ruhe

175

der Meditation beruhigt und „neutralisiert". Das großartig Konsequente des Zen ist, das er die Realisierung der empathischen Vernunft vollkommen sich selbst überläßt. Diese Vollkommenheit geht so weit, daß auch das Ziel der Aktivität nicht bestimmt ist (das Nicht-Erreichen). Die meisten anderen Meditationstechniken können der Versuchung nicht widerstehen, der empathischen Vernunft doch noch den einen oder anderen Hinweis (in bezug auf die Richtung) oder die eine oder andere (technische) Unterstützung zu geben.

Die einfachen technischen Anleitungen des Zen zur Körperhaltung und Atmung beim Sitzen entsprechen grundlegenden physiologischen Erkenntnissen, die so alt sind wie der Veda. Der Lotus-Sitz (bzw. die Annäherungen daran, die wir Normal-Gelenkigen einnehmen können),

- öffnet das Becken und die Kniegelenke,[153]
- bringt den Schwer- und Mittelpunkt des Körpers so nahe zum Boden wie möglich und
- hält die Wirbelsäule und den Kopf aufrecht und gerade.

Das Gesäß ist durch ein Sitzkissen leicht erhöht. Das Becken wird dadurch leicht nach vorne gekippt. Dadurch öffnet sich das Hara[154], und der Energiefluß, der über die Meridiane vom einen Teil des Körpers durch das Becken zum anderen Teil fließt, wird erleichtert.

Der Scheitel sucht den höchstmöglichen Punkt. Dadurch wird die Wirbelsäule automatisch gestreckt und gerade. Das Gesicht ist ganz leicht vornüber geneigt, und der Blick ist leicht gesenkt, so daß die Augen etwa zwei Meter vor der sitzenden Person auf den Boden treffen. Die Augenlider sind halb oder ganz geschlossen.

Die Oberschenkel liegen mit den Knien flach auf dem Boden, was Stabilität vermittelt und den Rücken entlastet. Die Füße liegen an den Unterschenkeln (Schneidersitz) oder, wenn Sie können, auf den Unterschenkeln (Halber Lotus) bzw. auf den Oberschenkeln (Lotus). Der Körper bildet dadurch eine horizontale und eine vertikale Achse – und findet damit das Ideal der Symmetrie und des Gleichgewichts.

Die Atmung ist ruhig, langsam, regelmäßig und geht tief in den Bauch. Beim Einatmen hebt sich die Bauchdecke, und beim Ausatmen senkt sie sich ohne Anstrengung. Das Zentrum des physiologischen Gleichgewichts, das zwischen der Atmung und der Haltung gefunden wird, ist im Bauch, im Hara. Es ist ein perfektes Gleichgewicht zwischen Ruhe und Konzentration.

Symbolisch ist das Sitzen auf dem Boden ein Ausdruck von Bescheidenheit und Erdverbundenheit.

Beim Sesshin, das sind mehrere Tage intensiven Sitzens, wird jeweils 30 Minuten lang zwölf oder mehr mal pro Tag gesessen. Die Erfahrung der

176

Schmerzen, die beim Sitzen in den ersten Jahren des Übens auftreten, bekommen einen Sinn, wenn wir an den Quadranten des Leidens denken. Das Ertragen der Schmerzen ist ein Sinnbild für das Nicht-Entfliehen vom Leiden und Nicht-Manipulieren desselben. Die Schmerzen kommen und gehen ohne Zutun und Wollen, wie die Gedanken. Sie sind ein Teil der Erfahrung der empathischen Vernunft, die ohne Leiden nicht möglich ist. Und sie sind nicht ohne Sinn. Die asiatische Medizin geht von der Vorstellung aus, daß sich alle psychischen Erfahrungen und Verletzungen (auch die, die wir uns selber zufügen), die wir Ungleichgewichte nennen, auch physisch, in Form von Verspannungen und Verhärtungen des Stützapparates und in Form von Über- und Unterbelastungen der Organe, niederschlagen. Die Schmerzen beim Sitzen verweisen auf diese Stellen. Wir können die Schmerzen auch als die Härten der Instinkte und Affekte verstehen, die wir durch das Ausharren langsam mürbe machen, aufweichen und schließlich auflösen. Wir finden dazu in der Alchemie eine interessante Parallele.[155] Der (männliche oder weibliche) Adept, der den Stein der Weisen sucht, muß auf dem Weg dazu eine Phase der *putrefactio* („Putrefaktion") durchmachen. Der lateinische Begriff bedeutet mürbe machen, in Fäulnis übergehen. Als Bild dafür wird auch das Schmoren im siedenden Öl verwendet. Es zeigt, daß das Bewußtwerden nicht nur eine Frage des Wissens ist (d. h. der instrumentellen Vernunft, obwohl sie dazu einen notwendigen Beitrag liefert), sondern auch der Erfahrung.

Zen ist konsequent auf Handlung und Erfahrung ausgerichtet. Worte sind aus der Not geborene Hilfsmittel, um zur richtigen Einstellung, Handlung und Erfahrung zu führen. Ganz im Sinne Buddhas sollen sie wie ein Floß nach der Überquerung des Flusses, wenn die gesuchte Handlung und Erfahrung erreicht ist, zurückgelassen werden. Es gibt deshalb im Zen nur wenig Texte, wenig Rituale, keine Kanonisierung, keine Dogmen und keine Spitzfindigkeiten – nur Erfahrung.

Den Weg dazu beschreibt der Dichter Kuo-an[156] in den folgenden Bildern:

Zehn Ochsenbilder

1. Bild: Die Suche nach dem Ochsen

> *Trostlos in endloser Weite*
> *bahnt er sich auf und ab den Weg*
> *in wucherndem Gras*
> *und sucht seinen Ochsen.*
> *Weites Wasser, ferne Berge,*
> *und der Weg zieht sich endlos dahin.*

Völlig erschöpft ist der Körper,
verzweifelt ermattet das Herz;
wo nur soll er suchen?
Im Abendnebel hört er einzig
Zikaden im Ahorn zirpen.

Die suchende Person hat überall gesucht, in den Büchern und Lehren, in der Verfolgung bestimmter Ziele, in der Unendlichkeit der Informationen. Sie hat sich in den Widersprüchen, die die verschiedenen Hirnareale bilden, hoffnungslos verlaufen. Sie weiß nicht einmal mehr, wonach sie suchen soll. Sie ist erschöpft und verzweifelt (wie Psyche).

2. Bild: Erblicken der Spuren

Im Wald und am Gestade des Wassers
finden sich unzählige Fußspuren;
sieht er wohl das zerteilte Gras?
Selbst die tiefsten Schluchten der höchsten Berge
können des Ochsen Nase nicht verbergen,
reicht sie doch bis in den Himmel.

Was die Person sucht, ist im eigenen Hirn gespeichert, so nahe vor den Augen, daß es leicht übersehen wird, obwohl es nicht zu übersehen ist.

3. Bild: Erblicken des Ochsen

Eine Nachtigall schlägt auf einem Zweig,
warm scheint die Sonne, sanft weht der Wind,
die Weiden grünen.
Dort steht der Ochse, wo könnt' er sich verbergen?
Das herrliche Haupt, die stattlichen Hörner,
kein Maler kann solches je malen.

Die Ziel, das unbeschreibbar ist, ist in der Sanftheit, Lieblichkeit, Geduld und Schönheit der empathischen Vernunft angesiedelt.

4. Bild: Einfangen des Ochsen

Fest muß der Hirt das Leitseil packen,
darf es nicht loslassen,
denn noch hat der Ochse schlimme Neigungen und wilde Kraft.
Bald rennt er ins Hochland hinauf,
bald läuft er tief in Stätten voller Dunst und Nebel
und verweilt dort.

Die Kräfte und Eigendynamik der Hirnareale sind gewaltig. Ohne Kraft und Willen können wir das Ziel nicht im Auge behalten.

5. Bild: Zähmen des Ochsen

Der Hirte darf Peitsche und Leitseil
keinen Augenblick aus der Hand lassen,
sonst läuft der Ochse davon in den Staub.
Recht gezähmt jedoch, wird er sauber und sanft,
gelöst vom Seil, folgt er willig dem Hirten.

Am Anfang sind Konzentration, Präzision, Kraft, Wille und Disziplin erforderlich. Doch wenn die Beziehung zur empathischen Vernunft gefunden ist und diese die Führung übernimmt, die führt, ohne zu führen, folgen die Instinkte und Affekte freiwillig, ohne Gewalt und Anstrengung.

6. Bild: Heimritt auf dem Ochsen

Er reitet auf dem Ochsen heim
in heiterer Gelassenheit.
Den fernhinziehenden Abendnebel
begleitet weithin der Klang seiner Flöte.
Ein Klatschen, der Takt eines Liedes
ist von unumschränktem Sinn.
Wer diesen Sinn kennt,
braucht der denn noch Worte?

Die Teilziele der Hirnareale gehen auf im Gesamtziel. Die Kraft, der Wille und das Wissen sind ausgerichtet auf die Berufung. Die destruktiven Wirkungen, Streß, Angst und Schrecken, haben sich aufgelöst. Darauf beruht die heitere Gelassenheit. Wie bei den Musen erscheint das Gleichgewicht im Klang der Musik.

7. Bild: Der Ochse ist vergessen, der Mensch bleibt

Heimkehren konnte er nur auf dem Ochsen,
nun gibt es den Ochsen nicht mehr.
Allein sitzt der Hirte, heiter und ruhig.
Die rote Sonne steht schon hoch am Himmel,
doch er träumt friedlich weiter.
Unter dem Strohdach liegen nun
Peitsche und Leitseil nutzlos herum.

Nun bedarf es keines Zieles mehr.

8. Bild: Ochse und Mensch sind vergessen

Peitsche und Leitseil, Ochs und Hirte
gehören gleichermaßen der Leere an.
Der blaue Himmel ist so allumfassend weit,

daß alles Mitteilen in ihm beinah endet.
Über loderndem Feuer kann keine Schneeflocke bestehen.
Ist diese Geistesverfassung erreicht,
begegnet er endlich
dem Geist der Patriarchen alter Zeit.

Die Differenz zwischen Subjekt und Objekt hat sich aufgelöst.

9. Bild: Zum Ursprung zurückgekehrt

Er ist zum Ursprung zurückgekehrt,
doch waren seine Schritte umsonst.
Besser ist es für ihn, wie blind und taub zu sein.
In seiner Hütte sitzt er,
sieht von all dem da draußen nichts.
Die Ströme fließen, wie sie fließen,
und rote Blumen blühen von selber rot.

Das ist ein Zustand, der schon immer war. Die Immanenz des Absoluten im Wesen aller Dinge.

10. Bild: Betreten des Marktes mit offenen Händen

Mit entblößter Brust kommt er barfuß zum Markte.
Schmutzbedeckt und mit Asche beschmiert,
lacht er doch breit übers ganze Gesicht.
Ohne Zuflucht zu mystischen Kräften
bringt er verdorrte Bäume schnell zum Blühen.

Nach dem langen Rückzug in die innere Welt und nach aller Entbehrung kehrt die Person zurück in die äußere Welt des Wollens und des Tausches, der Instinkte und Affekte – und bringt ihr Freude und Leben.

Wir verstehen und empfehlen die Meditationstechnik des Zen als Mittel, um das Gleichgewicht zu fördern. Die metaphysische Theorie des Zen, die vom Buddhismus stammt, verfolgen wir nicht. Wir können sie mit den wissenschaftlichen Methoden, die wir hier anwenden, nicht überprüfen. Sie ist für die Anwendung und das Verständnis in unserem Kontext auch nicht notwendig. Ganz bewußt wollen wir die Unterdrückung oder Abkoppelung von den Instinkten und Affekten vermeiden, eine Gefahr, die in der Praxis des Buddhismus, wie in anderen Religionen, vorhanden ist.[157]

Das Fressen

Dieser Mitarbeiter bereitet uns größte Schwierigkeiten, wenn es nicht gelingt, ihn mit allen anderen Hirnarealen zu verbinden. Die Konsequenzen sind schnell sichtbar: in häßlichen Körperformen und in Störungen der Gesundheit im Verwertungs- und Ausscheidungsbereich und in der Blutversorgung. Es ist ganz einfach: Wenn wir diesen Kollegen sich selbst überlassen, fressen wir wie ein Krokodil – einfach alles –, und das ist zuviel und ungesund. Wir können also auch an unserem Eßverhalten und an unserer Körperform ablesen, wie ungleichgewichtig oder wie gleichgewichtig die Entscheidungsprozesse in unserem Hirn sind. Wenn Sie ein Gewichts- und Figurproblem haben, können Sie es nicht mit Pillen oder Diäten oder Kuren allein lösen. Das sind wiederum bloß taktische Maßnahmen, die Ihnen nur kurzfristige Lösungen bieten. Strategisch – und das heißt definitiv – können Sie es nur lösen, wenn Sie das dynamische Gleichgewicht finden, das wir suchen.

Ihr Mitarbeiter Fressen braucht die Unterstützung der instrumentellen Vernunft. Sie müssen die Kausalzusammenhänge zwischen dem, was Sie essen, und dem, was es in Ihrem Körper bewirkt, kennen. Sie müssen wissen, welche Nahrungsmittel in welcher Form welche Nährwerte haben und was sie bewirken. Sie werden dann weniger Junk und Processed Food essen, weil Sie wissen, daß es Ihren Organismus schwer belastet, ohne genügend Nährwert zu liefern. Sie werden schrittweise – d. h. nicht mit einer Zwei-Wochen-Diät – zu einem neuen Eßverhalten gelangen, weil Sie keinen Zwang anwenden und weil Sie die alten Gewohnheiten Ihres Mitarbeiters nicht mit Gewalt unterdrücken werden.

Sie brauchen den Willen der Affekte. Wenn Sie undiszipliniert essen und Ihre Vorsätze zum hundertsten Male gebrochen haben, wissen Sie, daß Ihre Affekte Entwicklungsarbeit nötig haben. Wenn Ihr Wille zu schwach ist, sind Ihre Affekte zu schwach. Und Sie enden regelmäßig im Quadranten der Frustration. Sie müssen Ihre Affekte stärken, und Sie müssen eine Koalition zwischen den Mitarbeitern Dominanz und Fressen herstellen, an der natürlich auch die Agenten Ursache, Wirkung und Ordnung der instrumentellen Vernunft beteiligt sind.

Um zu vermeiden, daß Sie von der Dominanz der Instinkte in die Dominanz der Affekte geraten, brauchen Sie die Mitarbeit der empathischen Vernunft. Sie brauchen unbedingt die Güte und die Bescheidenheit, um die Ausgangslage zu akzeptieren, d. h., um sich so akzeptieren und lieben zu können, wie Sie jetzt sind. Nicht so, wie Sie morgen gerne sein möchten. Sie brauchen unbedingt die Güte und die Bewußtheit, um die Schönheit Ihres Körpers zu sehen und zu lieben und um das Wachstum

Ihrer Schönheit in jedem kleinsten Detail und in jedem kleinsten Schritt zu erkennen und sich daran zu erfreuen. Sie brauchen die Geduld und die Bescheidenheit, um das Leiden zu ertragen, dem Sie vielleicht jetzt ausgesetzt sind und das ein Grund sein kann, warum Sie fressen wie ein Krokodil, und dem Sie sich vielleicht noch aussetzen werden, wenn Sie verzichten und nicht mehr alles fressen, wonach Ihr Mitarbeiter Fressen verlangt. Sie brauchen die Geduld, um die Rückfälle zu akzeptieren und die Tatsache, daß der Erfolg sich nur langsam, dafür aber sicher und nicht schnell und vorübergehend einstellt. Und Sie brauchen die Bewußtheit. Wenn Sie diese Mitarbeiterin gestärkt haben, werden Sie vieles nicht mehr als Verzicht erleben, was Sie heute als solchen erfahren. Im Gegenteil: Alles, was ungesund ist, werden Sie nicht mehr anrühren können, und das Geringste, das gesund ist, wird Ihnen den größten Genuß bereiten.

Und schließlich brauchen Sie auch noch die Unterstützung Ihrer Mitarbeiter auf der Ebene der Instinkte. Das Gleichgewicht, das wir suchen, ist immer horizontal (auf der gleichen Ebene) und vertikal (zwischen den Ebenen). Sie brauchen die Bewegung in der Natur, die wir oben beschrieben haben, und die Ruhe, nicht zu viel und nicht zu wenig. Wenn Sie übergewichtig sind, haben Sie mit großer Wahrscheinlichkeit zu wenig Bewegung, wenn Sie untergewichtig sind, haben Sie mit großer Wahrscheinlichkeit zu wenig Ruhe.

Ein Wort noch zum Quadranten des Konsums. Wir haben Fressen bislang nur im wörtlichen Sinne besprochen, aber wir verstehen den Begriff nicht nur im Sinne der Nahrungsmittelaufnahme. Wir sind ja heute in der bequemen Lage, nicht nur Nahrung zu verzehren, sondern praktisch alles, was sich kaufen und bezahlen läßt. Wir konsumieren Bildung, Information, Unterhaltung, Erotik, Ästhetik, Abenteuer, Erlebnis, Erfahrung, Begegnung usw., und wir kaufen dazu die notwendigen Produkte, Geräte, Kurse und Programme. Wir „verzehren" diese Dinge wie die Nahrung. Wir nehmen sie durch die Sinnesorgane auf und scheiden sie oft achtlos wieder aus. Das ist in dem Maße destruktiv, wie es zur Verstärkung des inneren und äußeren Ungleichgewichts beiträgt. Wir wollen diesen Zusammenhang in der Reihenfolge von innen nach außen und von den harmloseren zu den dramatischeren Konsequenzen aufzeigen.

Wie bei der Nahrung belastet jeder Input, den wir unserem System zuführen, dieses System. Es kostet Zeit, Energie und Ressourcen, die Inputs zu verarbeiten, durchzuschleusen und auszuscheiden. Jede Verarbeitung ist mit Abnützungserscheinungen und Rückständen verbunden. So wie der Junk beim Essen (zu dem von Zucker über Weißmehl bis zu den Stabilisatoren und allen anderen chemischen Zusätzen ziemlich viel gehört) Ihr System belastet, ohne es zu nähren, so belastet Sie der Müll an Information, Bildung, Unterhaltung, Erlebnis, Erfahrung usw., ohne Sie zu stärken, das heißt, ohne Sie dem Ziel, das Sie verfolgen, näherzubringen. Daran können Sie erkennen, ob es sich bei dem, was Sie sich zuführen, um Konsum oder Investition handelt: Die Investition baut Ihr Gleichgewicht auf, der Konsum bringt Sie nicht weiter. Tendenziell bringt er Sie eher davon weg. Weil Konsum verpaßte Investition ist, können wir selbst im neutralen Falle von Opportunitätskosten (Kosten der verpaßten Chance) sprechen.

Um all das kaufen zu können, was Ihre Kollegen aus den Abteilungen Konsum und Besitz anmelden, müssen Sie viel Geld verdienen. Dazu brauchen Sie den Ehrgeiz und die Dominanz der Affekte. Ihr Mitarbeiter Fressen wird eine Koalition eingehen mit den Mitarbeitern im Quadranten des Stresses, und wenn diese Koalition nicht erfolgreich ist, wird er sich mit den Mitarbeitern im Quadranten der Frustration verbinden. Der Konsum als Freund der Angst, sowohl auf der Seite der Dominanz als auf der Seite der Unterwerfung, ergibt eine mächtige Koalition. Er verstärkt das Ungleichgewicht auf Kosten der instrumentellen und empathischen Vernunft in dem Maße, wie er die Agenten der Affekte stärkt. Den Teufelskreis brauchen wir nicht mehr an die Wand zu malen.

Nach außen passiert das gleiche wie nach innen. Die Produktion und Entsorgung des ganzen Mülls belastet das ökologische System der Umwelt mehr und mehr und führt von dem Gleichgewicht, das auch diese braucht, immer weiter weg in ein lebensgefährliches Ungleichgewicht. Was können wir tun? Wir müssen zuerst das Gleichgewicht in unseren Köpfen finden. Dann erst kann auch das äußere System wieder zu seinem Gleichgewicht finden. Alle Vorschriften, Gesetze, Appelle, Konferenzen und der ganze Verwaltungsapparat, der dazu erforderlich ist, ebenso wie der ökologisch-technische Fortschritt, den wir erzielen, können nicht mehr Gleichgewicht erreichen, als wir in unseren Hirnen schaffen.

Nun zu den Maßnahmen. Wir folgen in der Reihenfolge wiederum dem Aufbau unserer Hirnstruktur:

● Stärken Sie Ihre Mitarbeiterin Bewegung nach dem Programm, das wir oben beschrieben haben.
● Stärken Sie Ihre Mitarbeiterin Ruhe nach dem Programm, das Sie aufgestellt haben.
● Stärken Sie Ihre Mitarbeiterin Dominanz, wenn Ihr Wille bisher nicht ausgereicht hat, um die Vorsätze einzuhalten, die Sie gefaßt haben (siehe das Kapitel: Die Mitarbeiterinnen des Affekthirns).
● Relativieren Sie das Gewicht Ihrer Mitarbeiter im Affekthirn – Narzißmus, Hedonismus, Arroganz, Ambition, Neid, Bitterkeit –, indem Sie die Kolleginnen der empathischen Vernunft stärken.
● Beobachten Sie mit Bewußtheit (Achtsamkeit und instrumenteller Vernunft), welche Koalitionen Ihr Mitarbeiter Fressen auf der Ebene der

Affekte eingeht. Beliebte Koalitionspartnerinnen (Motive) des Konsums sind:

- der Neid – Sie kaufen, weil die andern haben;
- der Ehrgeiz – Sie wollen mehr als die andern haben;
- die Arroganz – Sie demonstrieren Ihr Bedürfnis, mehr, besser, erfolgreicher zu sein als die andern, im Konsum (z. B. von Status-, Prestige-, Luxusgütern);
- die Gönnerhaftigkeit – Sie genießen die Bewunderung Ihres Erfolges;
- die Dominanz – Sie kaufen Belohnung für den Gehorsam;
- die Unterwerfung – Sie lassen sich den Gehorsam belohnen;
- die Frustration – Sie entschädigen sich für die Enttäuschung;
- die Bitterkeit – Sie versüßen sich die Niederlage;
- die Freude - am Genuß, am Besitz, an der Belohnung.

- Befreien Sie sich von der Macht der Instinkte und Affekte nicht mit den Mitteln der Instinkte und Affekte, d. h. nicht mit Gewalt und Wille, also nicht dadurch, daß Sie die anderen Mitarbeiterinnen dominieren. Befreien Sie sich davon, indem Sie die anderen Mitarbeiter stärken und mit den Koalitionspartnern ins Gespräch bringen.
- Involvieren Sie die Mitarbeiterin Freude bei jedem Schritt in Richtung des Gleichgewichts, der Ihnen gelingt.
- Setzen Sie aktiv die Mitarbeiter der instrumentellen Vernunft ein. Lesen Sie Fachbücher/-artikel über die Kausalzusammenhänge zwischen Ernährung und Gesundheit.[158]

Wir wollen einige grundsätzliche Empfehlungen zur Ernährung vorstellen, die allgemein akzeptiert sind:[159]

- Essen Sie Vollwertkost. Verwenden Sie, wenn immer möglich, Nahrungsmittel, die vollwertig, frisch, unbehandelt und organisch gewachsen sind. Vermeiden Sie so weit wie möglich alle chemischen und mechanischen Behandlungen und Zusätze, also alle prozessierten Nahrungsmittel. Wir brauchen nicht zu sagen, wieviel besser ein Gewürz, ein Salat, ein Gemüse oder eine Frucht schmeckt, die Sie direkt vom Garten auf den Tisch bringen, als alles, was Sie kaufen (müssen).
- Essen Sie ausgewogen. Ohashi[160] leitet das Mengenverhältnis zwischen Getreide/Nüsse, Gemüse/Salat/Früchte und Fleisch/Fisch vom Mengenverhältnis der Zähne ab. Wir besitzen 32 Zähne (gleich viele wie Rückenwirbel). Das macht je Seite und Reihe acht Zähne. Davon sind:

- 5 Backen- oder Mahlzähne – zum Kauen von Getreide und Nüssen.

- 2 Schneide- oder Vorderzähne – zum Abbeißen von Gemüse/Salat/
Früchten,
- 1 Eck- oder Reißzahn – zum Reißen und Zerkleinern von Fleisch/
Fisch.

Gemessen an unseren Zähnen sollte die Nahrung deshalb aus fünf Teilen
Getreide/Nüsse (62,5 %), zwei Teilen Gemüse/Salat/Früchte (25 %)
und einem Teil Fleisch/Fisch (12,5 %) bestehen.
Essen Sie also vorwiegend Vollwertgetreide wie Weizen, Roggen,
Hafer, Hirse, Gerste, Naturreis usw. Diese versorgen Sie mit Kohlehy-
draten, Eiweiß, Vitaminen, Mineralien und Faserstoffen. Zusammen mit
frischem Gemüse, Salaten, Bohnen, Nüssen, eßbaren Meerespflanzen
(getrocknetem Seetang), Fisch und Früchten sind sie die Grundlage für
eine optimale Diät.
- Kauen Sie das Essen gründlich. Es ist ein wichtiger Teil des Verdauungs-
prozesses. Nur gut gekaute Nahrung kann richtig verdaut, verwertet und
ausgeschieden werden. Unvollständig gekaute Nahrung wird auch nur
unvollständig verwertet. Durch das Kauen verbindet sich die Nahrung
mit dem Speichel, der die nötigen Enzyme enthält, um den Verdauungs-
prozeß in Gang zu setzen. Der Speichel ist stark alkalisch (basisch). Dieser
Basezusatz ist wichtig, um mit den Säuren im Magen ein Gleichgewicht
zu bilden. Mehr als die Hälfte der Menschen leidet an Übersäuerung.
Die überschüssigen Säuren greifen die Magenschleimhaut an und führen
zu Magengeschwüren und anderen Magen- und Darmbeschwerden.
Wenn Sie gründlich kauen, werden Sie quantitativ weniger essen, weil
Sie besser verwerten und verdauen. Sie reduzieren die Gefahr der Übersäuerung und fördern durch das Training der Mund-, Kiefer- und Hals-
muskeln die Versorgung des Hirns mit Blut, und das heißt mit Sauerstoff,
von dem das Hirn 30mal mehr braucht als der Körper. Und das Kauen
verlangsamt: Wenn Sie gründlich kauen, haben Sie Zeit, die Mitarbeiterinnen (Fr-)Essen und Bewußtheit zu verbinden. Indem Sie während des
Kauens überlegen können, woher das Essen kommt, das Sie zu sich nehmen, wer dafür wieviel gearbeitet hat, wie es transportiert wurde, wer es
wie zubereitet hat, was es ist, wozu Sie es essen, und welche Konsequenzen damit verbunden sind. Sie glauben gar nicht, wie sehr sich der
Magen freut, wenn er weiß, was auf ihn zukommt.

Ihrer Gesundheit, Ihrer Figur, Ihrer Verdauung, Ihrem Kopf und der
Umwelt zuliebe sollten Sie idealerweise jeden Bissen 35mal oder häufiger kauen.
- Vermeiden Sie Fett. Es blockiert die Blut- und Sauerstoffversorgung im
ganzen Körper. Der Alterungsprozeß wird beschleunigt, und es kommt
zu degenerativen Erkrankungen. Übermäßiger Fettkonsum kann zu

Krebs, Herzerkrankungen und Bluthochdruck führen und die Entstehung von Diabetes, Schlaganfall und Senilität begünstigen. Tierische Nahrung, besonders rotes Fleisch, Molkereiprodukte und Eier enthalten viel verstecktes Fett und sollten nur sparsam verwendet werden.

- Ein Wort zum Fleisch. Die Tiere, die vorwiegend Fleisch fressen, wie Raubtiere, Hunde und Katzen, haben im Unterschied zum Menschen vorwiegend oder ausschließlich spitzige Reißzähne und einen sehr kurzen Verdauungsweg, damit sie das Fleisch rasch wieder ausscheiden können. Je länger das Fleisch in den Eingeweiden bleibt, desto größer ist die Gefahr, daß es dort verwest und Krankheiten verursacht. Mit unseren Mahlzähnen können wir Fleisch nicht richtig zermalmen. Wir schlukken es wie die Raubtiere als Klumpen von Sehnen herunter. Der Darm kann die Nahrung in dieser Form nicht vollständig verdauen. Ein Teil davon wird auch nicht ausgeschieden, sondern bleibt als Rückstand in den Taschen und Falten des Darms hängen und verfault. Das überschüssige, tierische Eiweiß verwandelt sich bei der Aufspaltung in Stickstoff, der das hochgiftige und unangenehm riechende Ammoniak bildet. Je größer der Fleischkonsum, desto größer ist der Anteil an Ammoniak im Organismus. Ammoniak ist einer der stärksten toxischen Stoffe im Körper. Nach Ohashi kann er sich auf die Zellen und das DNA deformierend auswirken und Krebs verursachen.[161] Zusammen mit dem Fett, das im Körper ranzig wird, führt Ammoniak zu einem starken und schlechten Körpergeruch und gleichzeitig zu einer Schwächung des Geruchssinns – der eigene, schlechte Geruch wird nicht mehr wahrgenommen. Im Gegensatz zu Fleisch werden Getreide und Gemüse vollständig verdaut. Pflanzliche Nahrungsmittel geben beim Verbrennen Wasser und Kohlendioxyd ab. Beide scheidet der Körper mühelos aus, ohne daß ein unangenehmer Geruch entsteht. Zudem helfen die Ballaststoffe, die sie enthalten, den Darm von Abfällen zu reinigen. Wenn Sie (noch) Zweifel haben: achten Sie auf den Geruch eines Babys, bevor es erstmals Fleisch und Industrienahrung zu sich nimmt. Er ist himmlischer als Hermes.

    Sie kennen vielleicht das Sprichwort: „Sag mir, was du ißt, und ich sage dir, wer du bist." Wenn Ihre Mitarbeiterinnen Bescheidenheit und Bewußtheit aus der empathischen Vernunft bei Ihren Entscheidungen mitreden können, werden Sie nicht zuviel essen. Güte, Sanftheit und Leiden werden beim Fleisch sehr zurückhaltend sein. Am Anteil des Fleisches speziell und an der Art, Zusammensetzung und Menge der Nahrung generell können Sie das Gewicht Ihrer Mitarbeiter an Ihren Entscheidungsprozessen ebenfalls erkennen.

- Verwenden Sie vorwiegend saisonale und einheimische Nahrungsmittel.

- Essen Sie nicht zuviel. Sie wissen ja selbst, wie Sie sich danach fühlen.

Überernährung belastet Ihren Organismus, führt zu Übergewicht, fettiger und unreiner Haut, schwachem Tonus, unsymmetrischer Figur, Überforderung der Verdauungsorgane und trägt zur Entstehung von Herzerkrankungen, Darm- und Leberleiden bei. Zudem macht es träge im Denken, weil der Verdauungsvorgang sehr viel Blut und Sauerstoff beansprucht und weil die Ablagerungen in den Arterien und die Verschlackung der Zellwände die Sauerstoffversorgung generell verschlechtern. Halten Sie sich lieber an das japanische Sprichwort: „Ist der Magen ein wenig leer, verlangt der Geist nach Erkenntnissen."

• Essen Sie nicht kurz vor dem Schlafengehen. Sie wissen, daß Sie schlechter schlafen, wenn Sie erst verdauen müssen, und wie sehr der Schlaf dazu beiträgt, daß sich Ihr Körper regenerieren und selber heilen kann. Welchen wichtigen Beitrag er zum Erreichen des Gleichgewichts Ihrer Hirnmannschaft leistet, werden wir später noch besprechen.

• Reinigen Sie Ihren Körper – äußerlich und innerlich –, d. h. Ihre Organe, Körperzellen und Gewebe, ganz besonders Ihren Magen- und Darmbereich, Ihre Haut und Ihre Geruchs- und Geschmackszellen: Die abgelagerten und nicht ausgeschiedenen Abfallstoffe verstopfen den Darmtrakt und reduzieren die Durchlässigkeit der Zellwände. Das überfordert den Verdauungstrakt und erschwert die Nährstoffassimilation zusehends. Das ist sehr ineffizient, denn es bedeutet, daß Sie immer mehr Nahrungsmittel zu sich nehmen müssen, um eine gegebene Menge an Nährwert aufzunehmen. Das führt zu einer chronischen Überernährung und bedeutet zunehmend mehr Belastung, Rückstände, Schad- und Abfallstoffe. Diese blockieren nicht nur Ihren Verdauungsapparat, sondern den gesamten Blutkreislauf, weil sich die Ablagerungen in den Blutgefäßen und Arterien festsetzen. Das heißt im Klartext: Nicht nur die Assimilation der Nährstoffe, sondern auch ihre Verteilung im Körper wird immer schlechter. Der Müll in Ihrem Körper reduziert den Fluß (Flow) und die Beweglichkeit – im wörtlichen (physischen) wie im übertragenen (psychischen) Sinne.

Zur Reinigung sind Fasten- und Entschlackungskuren geeignet[162], eine professionelle Magen- und Darmsanierung (Spülung), Badekuren, Sauna und Massage.[163] Was wir im Kapitel Ruhe gesagt haben, gilt natürlich auch hier: Baden Sie oft. Das Bad öffnet und reinigt Ihren Körper. Verwenden Sie ölige Badezusätze, die reinigend, entspannend und beruhigend wirken (z. B. Kamille, Lavendel, Rosmarin, Zitrone, Eukalyptus, Jojoba). Massieren Sie sich anschließend mit Öl ein (z. B. mit Mandelblütenöl[164]), idealerweise den ganzen Körper, vor allem Ihr Hara (der Bauch- und Beckenraum, der untere Rücken mit den Nieren, die Genitalien und der Anus – insbesondere bei einer Neigung zu oder als Vorbeugung gegen Hämorrhoiden), das Gesicht, den Kopf (wenn Sie können), die Gelenke und Füße. Das Öl pflegt, nährt, wärmt und schützt Sie – und macht Sie weich und schön.

● Achten Sie ganz besonders auf Ihren Magen-Darm-Bereich. In der fernöstlichen Sicht bildet er, als Teil des Hara, das Zentrum des Menschen. Das stimmt im räumlichen Sinne ja in der Tat und auch im energetischen, weil wir dort die Nahrungsmittel, die wir unserem Körper von außen zuführen, in Nährstoffe (in die Stoffe, die uns nähren) umwandeln und in das Blut aufnehmen, das sie überall dorthin transportiert, wo wir sie brauchen. Die Aufgabe, das Blut mit den notwendigen Nährstoffen zu versorgen, obliegt dem Dünndarm. Wenn die wichtigen Nährstoffe in der Nahrung fehlen oder wenn sie der Dünndarm nicht mehr effizient absorbieren kann, z. B. weil seine winzigen Darmzotten mit Fett und Cholesterin verschmiert sind, können wir nicht genügend Nährstoffe aufnehmen. Fehlt es uns deshalb zum Beispiel an Eisen, kann das Blut die Körper- und Hirnzellen nicht mehr mit genügend Sauerstoff versorgen, weil das Eisen eine wichtige Funktion beim Transport des Sauerstoffs erfüllt. Diese Defizienz wiederum wirkt sich auf die Hirntätigkeit besonders verheerend aus.

● Achten Sie auf Ihre Zunge. Sie ist, wie der Mund und die Lippen,[165] ein verläßlicher Indikator für den Zustand Ihres Magen-Darm-Traktes und der anderen Organe im Bereich des Hara, die mit der Nährstoffassimilation und Abfallverarbeitung verbunden sind: die Nieren, die Leber, die Gallenblase und die Milz.

Wenn Sie z. B. einen (dicken) weißen Belag auf der Zunge haben, leiden Sie unter einer akuter Stauung im Verdauungsapparat. Der Darm ist nicht mehr in der Lage, alle Abfallstoffe auszuscheiden, und der Körper versucht es über alle anderen Möglichkeiten, die ihm zur Verfügung stehen: über die Haut, die sich dabei entzündet und die bekannten Unreinheiten und Geschmacksabsonderungen und Ekzeme bildet; und über die Zunge (und den schlechten Geschmack im Munde). Wenn sich Ihre Zunge dunkel bis schwarz verfärbt, weist das darauf hin, daß die Niere nicht mehr in der Lage ist, gefährliche Giftstoffe auszuscheiden (es droht ein Nierenversagen, und Sie sollten in diesem Fall unbedingt eine gute Komplementär-Medizinerin aufsuchen). Eine gelbe Verfärbung ist ein Zeichen für eine Störung im Bereich der Leber, Gallenblase[166] oder Milz[167] und einen Überschuß an Galle im Blutkreislauf. Entzündungen und Wunden auf der Zunge weisen auf eine Milz- und Magenstörung hin, die durch Übersäuerung, z. B. durch stark säurehaltige oder -bildende Nahrungsmittel,[168] entstanden ist. Die Mundwinkel zeigen den Zustand des Zwölffingerdarms an. Wenn sie ständig wund und entzündet sind, ist das eine Folge von zu fettreicher Ernährung, die zu Stauungen im Zwölffingerdarm und zu einem Überschuß an Galle (Säure) führt.

Reinigen Sie Ihre Zunge, zum Beispiel mit einer Zahnbürste und einem natürlichen Kräuter-Mundwasser mit reinigender und entzündungshemmender Wirkung. Damit geben Sie Ihren Organen, dem Magen, Darm, den Nieren, der Leber, Milz und Gallenblase, gleichsam eine Massage. Und Sie führen dadurch die giftigen Abfallstoffe auch wirklich ab und lassen sie (über die Schleimhäute) nicht zurück in Ihren Blutkreislauf – und in denjenigen der Person, die Sie küssen. Achten Sie auf die Befindlichkeit, die Farbe und den Geruch Ihres Mundes (und aller Schleimhäute).

● Achten Sie auf Ihre Atmung. Die fernöstliche Sichtweise bringt dem, was wir von außen zu uns nehmen und was damit im Innern unseres Körpers geschieht, große Aufmerksamkeit entgegen – außer der Nahrung (und dem Samen des Mannes) ist dies noch die Luft, durch die wir uns mit Sauerstoff versorgen. Um mit der ersten Frage zu beginnen. Welche Luft atmen Sie ein? Stadtluft (und von welcher Stadt)? Um so wichtiger ist es, auch im Wald atmen zu können. Achten Sie auf Ihre Atemwege und auf Ihre Atmung. Atmen Sie immer regelmäßig und ruhig (durch die Nase ein und durch den Mund oder die Nase aus). Atmen Sie tief und ohne Anstrengung in den Bauch. Ob Sie das tun oder nicht, merken Sie, wenn Sie Ihre Hand auf den Bauch legen. Wenn Sie tief atmen, hebt sich Ihre Bauchdecke beim Einatmen, und beim Ausatmen senkt sie sich. In der Zen-Meditation können Sie diese Atmungstechnik sehr schön üben. Sie wird von dort automatisch in Ihr normales Leben übergreifen. Wenn Sie tief in den Bauch atmen, verbinden Sie örtlich die beiden Formen der quantitativen, physischen Energieaufnahme miteinander. Sie stärken dadurch das Zentrum Ihrer Energieverarbeitung.[169]

● Achten Sie ganz besonders auf die Nieren (und Nebennieren). Ihre Aufgabe besteht darin, das Blut von den Schad- und Abfallstoffen, die es belasten, zu reinigen. Die Nebennieren produzieren das Adrenalin, das die Reaktionsschnelligkeit in Streßsituationen (Krisensituationen) erhöht. Im asiatischen Verständnis von Gesundheit sind die Nieren eines der wichtigsten Organe, der Speicher Ihrer Lebenskraft und Vitalität (Ki) und die Schatzkammer Ihrer genetischen Informationen. Wir brauchen uns von der westlichen Schulmedizin nicht zu entfernen, um uns mehr auf die Nieren zu konzentrieren. Überforderung und Schädigung der Nieren äußern sich in Schwäche, Müdigkeit und Erschöpfung. Augenringe und Tränensäcke sind gut sichtbare Signale dafür, ebenso wie Schmerzen im unteren Rücken, die sich auch in einem steifen Hals (einer Versteifung der oberen Halswirbel) bemerkbar machen können. Ohashi[170] führt drei Ursachen auf, die die Nieren hauptsächlich schädigen:

- Das Leben gegen den Rhythmus und die Zyklen der Natur. Das geschieht generell, wenn wir die Nacht zum Tag und den Tag zur Nacht machen, wenn wir unregelmäßig essen oder wenn wir über die Zeit- und Klimazonen hinaus reisen, aber auch, wenn wir nicht dann arbeiten können, wenn uns der Körper anzeigt, daß er bereit ist, zu arbeiten und ruhen, wenn er sagt, daß er jetzt Ruhe braucht: Wenn wir nicht selbst den Arbeitsrhythmus bestimmen können.

- Der exzessive Verbrauch von Energie: durch zuviel Arbeit, vor allem, wenn sie keine Freude macht; durch Streß (er blockiert die Nieren); durch exzessive Freizeitbeschäftigung; durch exzessive sexuelle Betätigung. Doch was ist exzessiv? Das können wir nun genauer definieren. Alles, was das Ungleichgewicht Ihrer Hirnmannschaft verstärkt, das heißt alle Aktivitäten, die Ihre starken Mitarbeiterinnen noch stärker und Ihre schwachen noch schwächer machen.

- Die ungesunde Ernährung: Prozessierte, denaturierte und mit chemischen Zusätzen angereicherte Nahrungsmittel, Alkohol und zu kalte Getränke überlasten die Nieren. Fett, Salz und Cholesterin blockieren sie.

Die letzten zwei Punkte zusammen führen ins Herz unserer Strategie: Der Erfolg jeder Entscheidung jedes Mitarbeiters kommt nie isoliert, sondern immer nur in Verbindung mit den anderen Mitarbeiterinnen zustande. Sie können nicht gesund werden, wenn Sie sich nur gesund ernähren. Die Ernährung ist eines von den 16 Haupt-Funktionsprinzipien, die Ihre Gesundheit bestimmen. Gesund können Sie nur sein, wenn Sie alle in das dynamische Gleichgewicht bringen. Gesundes Essen wird dann auch kein Problem mehr sein (wenn es jetzt eines ist). Es wird keinen Zwang und keinen Verzicht bedeuten, sondern nur Freude. Sie werden nichts vermissen und nichts begehren. Sie werden im Einfachsten das Beste schmecken. Ihre Sinnesfreuden werden nicht zurückgehen, sondern sie werden sich, wie Ihre Geschmackszellen, entfalten. Nur der Aufwand dafür wird immer kleiner, d. h. die Effizienz immer größer werden.

In diesem Sinne können wir das Tischgebet des Zen-Lehrers Nagaya verstehen:[171]

Denke daran, woher diese Speise kommt und wieviel Arbeit damit verbunden ist.
Iß so viel, wie du Gutes getan hast.
Sieh dich vor, daß du nicht zerstreut und geizig bist.
Voll Freude essen wir, um gesund zu sein, nicht um zu genießen.
Iß, um die Wahrheit zu verwirklichen.
Beim ersten Bissen geloben wir, nichts Böses mehr zu tun.
Beim zweiten Bissen geloben wir, nur Gutes zu tun.
Beim dritten Bissen geloben wir, alle Wesen zu erretten.
So vollenden wir den wahren Weg.

Die Kopulation

Im Begriff Kopulation verbirgt sich das Geheimnis dieses schillernden Instinktes, der uns so sehr beschäftigt. Copula (lat.) heißt Band. Die Funktion dieser Mitarbeiterin ist, im eigentlichen Sinne des Wortes, zu ver-binden. Sie verbindet zwei Menschen. Damit vollzieht sie als physisches Bedürfnis und Symbol, was wir erkenntnistheoretisch als Verschmelzung von Subjekt und Objekt bezeichnet haben. Die Erfahrung des Orgasmus, bei dem in einem Moment der höchsten Verzückung und Ekstase die Differenz zum Partner/zur Partnerin verschwindet, gibt uns eine Ahnung, was mit der Auflösung der Differenz zwischen Subjekt und Objekt gemeint ist. Ekstase vom griechischen *ékstasis* kommt von *exístēmi* und bedeutet, etwas von seinem Platz oder Zustand weg- oder herausbewegen, aus sich heraustreten, aus seiner Begrenztheit als Subjekt heraustreten, um in das andere, das Objekt, einzutreten und mit ihm zu verschmelzen. Das empathische Vernunfthirn sehnt sich nach dieser Vereinigung psychisch-neuronal nicht weniger, als das Instinkthirn physisch-genital danach verlangt. Wie wir am Beispiel der Krokodile gesehen haben, ist die Auswahl im Instinkthirn einfach: Die Weibchen wählen den Sieger, und der Sieger wählt die Weibchen, die sich im unterwerfen und bereit sind zur Kopulation. Komplizierter wird die Wahl, wenn die Mitarbeiter des Affekthirns mit ins Spiel kommen. Die Komplementarität der Gene (Cryptic Female Choice) und die Positionsgewinne spielen nun zusätzlich eine wichtige Rolle bei der Entscheidung, mit wem sich wer verbindet. Die empathische Vernunft schließlich macht die Auswahl vollkommen exklusiv:

„Wie eine Lilie unter den Dornen, so ist meine Freundin inmitten der Mädchen
Wie ein Apfelbaum unter den Bäumen des Waldes, so ist mein Geliebter inmitten der Burschen
Eine einzige ist meine Taube, meine Reine . . . "

haben wir im „Lied der Schönheit und Liebe bei Salomo" gehört. Was der Mitarbeiterin Kopulation noch leichtfällt – einen passablen Partner zu finden –, machen die Kolleginnen der empathischen Vernunft zur anspruchsvollsten Aufgabe:

„Auf meinem Lager in den Nächten, da sucht' ich ihn, den meine Seele liebt: ich
suchte ihn und fand ihn nicht . . .
Ein wohlverschloß'ner Garten ist meine bräutliche Schwester,
ein verschloß'ner Born, ein versiegelter Quell. "

Dem Aktionsmodus im Rahmen der Instinkte und Affekte, die sich nehmen, was sie wollen, steht der Rezeptionsmodus auf der Ebene der empathischen Vernunft diametral entgegen:

„Störet die Liebe nicht auf und wecket sie nicht, bis es ihr selber gefällt!"

Wer sich mit wem verbindet, hängt davon ab, welche Mitarbeiter darüber entscheiden. Wir wollen das anhand von zwei dramatischen, historischen Beispielen zeigen. Weil wir nicht wissen, wie es „wirklich" war, zeichnen wir die Beispiele so, wie es hätte sein können.

Der Regisseur John Maybury gibt uns seine Version von der Verbindung zwischen dem englischen Maler Francis Bacon (1909–92) und George Dyer, die 1971 mit Dyers Selbstmord endete.[172] Sie lautet so: Bacon überrascht den jungen Dyer beim Einbruch in sein Studio und lädt ihn in flagranti ein zur Kopulation. Daraus entsteht eine Beziehung, die sieben Jahre dauert und an der der junge Liebhaber schon bald zerbricht. Bacon ist ein hochbegabter und hochgebildeter Zyniker, sehr eitel, sehr ehrgeizig, sehr gönnerhaft und sehr kontrolliert: unzweifelhaft eine starke Koalition zwischen Affekthirn und instrumenteller Vernunft. Dyer ist ein junger Hengst mit muskulösem Körper und mächtigem Phallus, vollkommen ungebildet, aus der Unterschicht, sehr anhänglich, abhängig, chaotisch, traurig, schön, naiv, verletzlich – eine klassische Verbindung von starkem Instinkthirn und empathischer Vernunft. Bacon findet im jungen Liebhaber die Muse, die ihn zur kreativen Leistung anregt, weil dieser die Liebe, die Schönheit und das Leiden verkörpert, die Bacon verzweifelt sucht. Diese Verzweiflung stellt Bacon in seinen Bildern dar, und zwar mit einer Gewalt, die die (Kunst-)Welt erschüttert. Bacon fasziniert an seinem Liebhaber, nach seinen eigenen Worten, die „Verbindung von Unschuld und Amoralität", die dieser verkörpert. Dyer kann Bacon gegenüber nur artikulieren, daß er ihn liebt. Dieser fragt ihn darauf sarkastisch, wo er diese Vokabeln nur herhabe, und beantwortet die Frage gleich selbst: wohl aus dem TV. Bacon kann die Naivität und Lebensuntüchtigkeit, die fehlende Intelligenz und Süchtigkeit des Liebhabers bald nicht mehr ausstehen, und Dyer zerbricht an der Kälte und Grausamkeit seines Geliebten. Während der Maler den Höhepunkt seines Triumphes auf dem Kunstmarkt von Paris feiert, bringt sich der Liebhaber um.

Bacons Stärken, d. h. die starken Mitarbeiter seines Gehirns, sind im Affekt- und im instrumentellen Vernunfthirn angesiedelt: Hochbegabung, Bildung, Brillanz, Zynismus, Eitelkeit, Ehrgeiz, Gönnerhaftigkeit und Kontrolle. An der Grausamkeit seines Verhaltens, am Zynismus und an der Verzweiflung können wir erkennen, daß die Mitarbeiterinnen seiner empathischen Vernunft komplett verschüttet sind. Deshalb fasziniert ihn sein junger Liebhaber so sehr, weil er genau all die Mitarbeiterinnen repräsentiert, die ihm fehlen: die Unschuld als Ausdruck der empathischen Vernunft und die Amoralität als Ausdruck der Instinkte.

Dyer ist in der Tat ganz Instinkt- und empathisches Vernunfthirn. An seiner Unterwerfung und Naivität, an der Ordnungs- und Disziplinlosigkeit, an der Sucht, am fehlenden Willen und Wissen erkennen wir gut, wo

192

seine unentwickelten und unbeteiligten Mitarbeiter liegen. Seine Faszination für den Künstler liegt genau dort begründet: bei dessen Willensstärke, dessen Wissen und Können, bei dessen Position und Erfolg, Prestige und Luxus.

In den sado-masochistischen Liebesspielen versuchen die beiden starken Hirne Bacons verzweifelt, die unerfüllte Sehnsucht nach der Vereinigung von Instinkt und empathischer Vernunft, von Kraft und Stärke mit Liebe, Schönheit und Leiden zu erreichen. Unter dem Diktat (Zwang) der starken Mitarbeiter kann das nicht gelingen. Weil der Versuch gerade das Gegenteil von dem bewirkt, was er anstrebt, erscheint er als Perversion. Perversion ist die Verzweiflung, die genau das Gegenteil von dem erreicht, was eigentlich angestrebt wird.

Die Geschichte zeigt, wo die gesellschaftlichen Gewinner und Verlierer sind. Die Koalition aus Affekt und instrumenteller Vernunft, zwischen Wille und Wissen, ist die große Gewinnerin. Die Verbindung aus empathischer Vernunft und Instinkt ist der große Verlierer, als den sich Dyer selbst bezeichnet. Der maßlose Instinkt, wenn ungezügelt, zerstört sich mit seiner ganzen Kraft selbst. Die empathische Vernunft, ohne den Willen und das Wissen der Affekte und der instrumentellen Vernunft, hat keine Chance, gegen die Dominanz der Affekte und die kalte Effizienz und Effektivität der instrumentellen Vernunft zu bestehen. Sie zerbricht ohne diese Unterstützung am eigenen Leiden.

Die Konstruktionsidee, die hinter der Paarung von komplementären Genen steht, liegt auf der Hand: Die Leistungsfähigkeit und Überlebenschance wächst mit der Kombination von komplementären Fähigkeiten. Die Konstruktionsidee der komplementären Paarung von Hirnarealen ist analog, daß die jeweils starken Hirnbereiche den schwächeren des Partners helfen, stärker zu werden oder wenigstens, komplementär für den Partner einzuspringen und diesen vor den Defizienzen der eigenen Schwächen zu schützen.

Beides hat in der Paarung Bacon-Dyer nicht funktioniert. Bacon hat von seinem Liebhaber als Antwort auf dessen wiederholte Selbstmordversuche stets gefordert, daß er sein Leben „in den Griff" bekommen solle. Das ist eine typische Fähigkeit der Affekte in Koalition mit der instrumentellen Vernunft – Wille und Ordnung –, die er selbst besaß, aber er hat dem Partner zur Entwicklung dieser Funktionen keine Hilfe geleistet. Im Gegenteil, er hat den bedauernswerten Liebhaber mehr und mehr gedemütigt und der Lächerlichkeit preisgegeben, und zwar dort, wo es am leichtesten fiel: im Bereich von Dyers Schwächen, dem fehlenden Wissen und Können, der mangelnden Intelligenz und Bildung im Rahmen der instrumentellen Vernunft. Diese Grausamkeit war nur möglich, weil Bacon selbst die Mitarbeiterinnen der empathischen Vernunft fehlten: die Bewußtheit, um die Situation überhaupt zu sehen und zu verstehen, die Geduld, um sich Zeit für die Hilfestellung zu nehmen, die Bescheidenheit, um nicht nur die eigenen Ziele der Affekte zu verfolgen und die Ansprüche herunterzuschrauben, die Güte, um die Schönheit und die Liebe nicht durch die eigenen Mitarbeiter – allen voran den Zynismus der instrumentellen Vernunft – im Angesicht der Defizite des Partners zu zerstören. Umgekehrt konnte auch Dyer dem Maler nicht helfen. Dazu fehlten ihm das Wissen, der Wille und die Disziplin, die instrumentelle Vernunft und die Mitarbeiter der Affekte, um nicht nur dem Liebhaber, sondern vorab sich selbst zu helfen.

Beiden Männern gelang die Verbindung mit ihren eigenen, schwachen Mitarbeitern nicht, und die Projektion auf die Partner, d. h. die Herstellung eines äußeren Gleichgewichts, brachte sie in der Entwicklung ihres inneren Gleichgewichts nicht weiter. Das ist die ernüchternde Schlußfolgerung, die wir aus dem Beispiel ziehen müssen. Wenn die inneren Defizite zu groß sind, wird die äußere Verbindung zur Hölle. Die Partner brauchen einander, weil die Mitarbeiter ihrer Hirne die Verbindung brauchen. Aber sie zerstören einander, wenn sie die Zusammenhänge des Prozesses nicht verstehen und wenn ihre Stärkeverhältnisse so weit auseinandergehen, daß sie nicht mehr miteinander sprechen können. Das empathische Vernunfthirn ist das einzige, das die funktionalen Voraussetzungen mitbringt, um den Prozeß zu führen. Weil es bei Bacon vollständig fehlt, kann er den Prozeß nicht führen. Dyer kann ihn nicht führen, weil ihm dazu das Wissen und der Wille (die Dominanz) fehlen. Auch war das Übergewicht der Affekte und Instinkte bei Bacon bzw. Dyer derart massiv, daß es schon außergewöhnlicher Kräfte bedurft hätte, um die empathische Vernunft und damit das Leben der beiden vor dem Untergang zu retten. Wenn die Spirale der Zerstörung einmal anfängt, sich zu drehen, wird es immer schwieriger, sie aufzuhalten und zu wenden. Mit zunehmender Verzweiflung auf der Ebene der empathischen Vernunft – beim einen, weil sie mit Füßen getreten wird, beim andern, weil sie unerreichbar bleibt – gewinnen der Zynismus der instrumentellen Vernunft, der Haß der Affekte und die Gewalt der Instinkte immer mehr die Oberhand.

Von der zweiten Geschichte wollen wir nur einen kleinen Ausschnitt erzählen. Sie handelt vom deutschen Realisten und Expressionisten Max Beckmann (1884–1950). Von ihm wird gesagt, daß er von seiner Muse, der Sängerin Mathilde Kaulbach, die er „Quappi" nannte – sie nannte ihn „Tiger" –, verlangte, daß sie keine Kinder haben sollte und alle Auftritte in der Öffentlichkeit unterlasse, und daß der ehrgeizige Künstler nach Paris zog, weil er sich dort mit den großen Stars der Avantgarde – Picasso, Matisse, Léger, Braque, Rouault – messen wollte. Dabei trat das Schlimmste ein, was ihm passieren konnte: Er wurde von den Künstlern und der Szene ignoriert. Erst in Amerika erlebte er eine späte Genugtuung, als sein Triptychon im Museum of Modern Art neben dem von Picasso hing. Unsere Interpretation der neuro-psychologischen Konstellation von Beckmann und seiner Muse Kaulbach beziehen wir aus den Bildern und aus diesen beiden Anekdoten.

Beckmanns bedingungs- und rücksichtslose Forderung an seine Geliebte und sein Ehrgeiz verweisen beim Künstler auf die übergroße Dominanz der Instinkt- und Affekthirne. Das mächtige Instinkthirn will die Kopulation und uneingeschränkte Bewunderung und Bestätigung seines Sieges durch die Frau. Kinder und die Verlagerung der Aufmerksamkeit der Mutter auf diese, ebenso wie eine eigene Karriere, hätten dem im Wege gestanden. Das mächtige Affekthirn verfolgt nur seine eigene Position und verlangt von der Muse die totale Unterwerfung. Die beiden Hirne sind eine Koalition eingegangen, die die uneingeschränkte Bewunderung und Bestätigung von der ganzen Welt einfordert. Die extreme Kraft der Instinkte paarte sich mit dem rücksichtslosen Willen der Affekte zu dominieren. „Quappi" mußte sich bedingungslos dem „Tiger" und seinen Zielen unterwerfen. Die empathische Vernunft hatte daneben keine Chance, weder bei Beckmann noch bei der Muse. Dazu war die empathische Vernunft beim Maler zu sehr auf die Kreation, beschränkt und diese war zu stark dem Ehrgeiz unterstellt. Den Rest mußte er auf die Geliebte projiziert haben. Wohl hatte er, wie Bacon, seine Muse und wohl auch seine Berufung gefunden, aber die Realisierung der Berufung stand bei beiden Künstlern zu sehr unter dem Diktat der Affekte.

Wir können die unbändige Kraft und die maßlose Härte der starken Instinkt- und Affekthirne Beckmanns leicht in seinen Bildern erkennen, ebenso wie die zunehmende Vereinsamung, Verhärtung und Verbitterung in den Gesichtern der Muse und des Malers. Was uns am Werk fasziniert, ist die geballte, rohe Kraft der Instinkte (vergleichbar einem jungen Wilden) und der unbeugsame Wille, die Radikalität und Rücksichtslosigkeit, mit der der Künstler die Kreation verwirklicht, und, wie bei Bacon, auch das Leiden, die Destruktion und das Scheitern, die dabei zum Ausdruck kommen.

Mathilde Kaulbachs Schwäche mußte, wie bei George Dyer, das Affekthirn gewesen sein, sonst hätte sie sich nicht derart stark unterworfen, und ihre Stärke das Instinkthirn und die empathische Vernunft. Auf beiden gründete ihre Rolle als Muse. Die starken Instinkte erlaubten ihr gegenüber dem „Tiger", die Rolle der Bestätigung einzunehmen und die Erwartungen als Kopulationspartnerin zu erfüllen. Ihre empathische Vernunft war die Projektionsfläche für die Sehnsucht des Künstlers nach Liebe, Schönheit und Kreativität. Der Hunger des „Tigers" nach Erfolg und der unbändige Wille und die Kraft, diesen zu erreichen, waren ihre Schwächen und also die Attraktoren ihrer Wahl.

Durch das Fehlen der Stimmen der Mitarbeiterinnen Güte und Bescheidenheit bei Beckmann hat der Künstler die Frau und sich selber zerstört. Weil er der empathischen Vernunft keinen Raum gab, mußte er auf dem Niveau der Affekte im Quadranten der Frustration, und das heißt in der Verbitterung enden. Weil Kaulbach ihre affektiven Mitarbeiterinnen auf der Seite der Dominanz nicht entwickelt hatte und weil wohl auch das Wissen der instrumentellen Vernunft zu ihren Schwächen zählte, konnte sie Beckmanns zerstörerischem Ungleichgewicht äußerlich und ihrem eigenen Ungleichgewicht innerlich nichts entgegenhalten. Um seine Schwächen zu stärken, waren ihre Schwächen zu groß. Und um ihre Stärken zu retten, waren seine Stärken zu groß.

Der Versuch, das Gleichgewicht der Hirne durch die äußere Verbindung herzustellen, mißlang im Leben beider Paare. Wenn sich die Partner nicht zerstören wollen, muß jeder einzelne von ihnen ein Mindestmaß an Gleichgewicht im eigenen Hirn realisieren. Die Partner können und sollen sich dabei helfen. Dazu sind sie jedoch nur in der Lage, wenn die Entwicklung und Verbindung der eigenen Mitarbeiter ein minimales Niveau erreicht haben, weil sonst die destruktiven Kräfte der starken Hirnbereiche zu groß sind, um von den komplementären Kräften des Partners im Gleichgewicht gehalten zu werden. Bacons Affekt, in Koalition mit seiner instrumentellen Vernunft, zerstörte seine und seines Liebhabers empathische Vernunft. Der alleingelassene Instinkt des Liebhabers, in Koalition mit der verzweifelten empathischen Vernunft, zerstörte sich selbst. Das Gleichgewicht kann nicht in der äußeren Paarung eingelöst werden, obwohl der äußere Schein vieler Bilderbuchpaare und -familien diesen Eindruck erweckt. Die äußere Harmonie ist nur Fassade. Wenn die Diskrepanz zu groß ist, findet die Tragödie dahinter statt: bis zur Zerstörung des Partners oder der Paarung.

Wir wollen das anhand eines dritten, realen Beispiels erörtern, das nicht von einem Künstlerpaar, sondern von einer ganz normalen Familie handelt: Eine Frau und ein Mann verlieben sich ineinander. Bei der Frau sind die stärksten Mitarbeiterinnen jene des Affekthirns, gefolgt von denen aus der empathischen Vernunft. Die Mitarbeiter der instrumentellen Vernunft und des Instinkthirns dagegen sind äußerst schwach entwickelt. Beim Mann ist es genau umgekehrt. Bei ihm sind die starken Mitarbeiterinnen diejenigen der instrumentellen Vernunft und des Instinkthirns. Diese vollkommen komplementäre Konstellation ist der Grund, warum sich die beiden ineinander „verlieben". Ökonomisch betrachtet kombiniert die Frau ihre Schwächen mit den Stärken des Mannes und der Mann seine Schwächen mit den Stärken der Frau. Organisatorisch delegieren sie ihre Schwächen arbeitsteilig aneinander. Psychologisch gesehen projiziert[173] die Frau ihre Schwächen (die instrumentelle Vernunft und die Instinkte) auf die

Stärken des Mannes, und der Mann projiziert seine Schwächen (die empathische Vernunft und die Affekte) auf die Stärken der Frau. Darauf beruht ihre gegenseitige Anziehung. Der Tausch ist perfekt, und es kommt zur Heirat.

Biologisch gesehen ist dieses Paarungsverhalten durchaus sinnvoll. Weil in jeder Zelle des Nachwuchses die Hälfte der Gene der Mutter mit der Hälfte der Gene des Vaters zusammenwirken, ist der Nachwuchs genetisch ganzheitlicher ausgerüstet. Auch praktisch können wir uns gut vorstellen, daß die Überlebenschancen des Paares – in unserer Zivilisation sind es die Positionierungschancen – durch die Verbindung steigen. Er denkt und sie lenkt. Er weiß und sie will. An den Teilzielen der Instinkt-, Affekt- und instrumentellen Vernunfthirne gemessen macht die Paarung Sinn. Aber das Gesamtziel der Protagonisten, das dynamische Gleichgewicht zu finden, gelingt auch in diesem Beispiel nicht. Unter der Führung der Affekte bei der Frau und der Instinkte beim Mann beginnt die Spirale unbarmherzig, in Richtung des Quadranten der Frustration zu drehen.

Die Projektion der eigenen instrumentellen Vernunft bei der Frau auf die instrumentelle Vernunft des Mannes ist wohl erfolgreich, denn er ist in der Tat außerordentlich intelligent. Fatal ist jedoch, daß die Frau mit der geglückten Projektion jeden Versuch aufgibt, ihre eigenen Mitarbeiter der instrumentellen Vernunft zu fördern. In der Arbeitsteilung der Familie ist das jetzt die Aufgabe des Mannes. Die Konsequenz davon ist, daß die Frau die Kausalzusammenhänge ihres Leidens nie verstehen wird und nicht erkennt, daß viele ihrer Entscheidungen (Einstellungen und Handlungen) das Unglück mitverursachen, also falsch sind, weil alles, was sie tut, gut gemeint ist, eine Fehleinschätzung, die typisch ist (und in der Politik und im Sozialbereich oft anzutreffen ist), wenn sich Mitarbeiter der Affekte und der empathischen Vernunft – zum Beispiel der Ehrgeiz mit der Sehnsucht nach Liebe oder Gerechtigkeit – bilateral zusammenschließen.

Die Projektion der Instinkte der Frau auf die Instinkte des Mannes ist nicht erfolgreich. Die starken Affekte der Frau, insbesondere der große Ehrgeiz, erwarten vom Mann die Position, die sie sich selber wünschen. Die Kraft der Instinkte allein reichen bei diesem nicht aus, um diese Erwartung zu erfüllen, weil die Unterstützung durch den schwachen Willen der Affekte fehlt. Der ausbleibende Erfolg löst beim Mann Aggressionen aus, und diese verbünden sich mit seinen Instinkten. Durch die unentwickelten Mitarbeiterinnen der eigenen empathischen Vernunft ohne jede Führung, treten sie die empathische Vernunft der Frau mit Füßen. Auf der Ebene der Affekte verstärken sich bei die Frau die Mitarbeiter im Quadranten der Frustration. Und im Bereich der empathischen Vernunft wächst die Mitarbeiterin des Leidens auf Kosten der anderen. Die Frau entwickelt sich zur „leidenden Mutter".

Auch aus der Sicht des Mannes ist die eine Projektion erfolgreich und die andere nicht. Erfolgreich ist die Projektion auf die Affekte der Frau. Sie gebärt ihm Kinder und ist die gute Mutter, die sein eigener Affekt nicht ist (weil seine Mitarbeiter es von seiner Mutter nicht lernen konnten). Sie hält mit dem großen Willen der Affekte die Familie gegen alles Ungemach zusammen und fördert die Kinder. Das kommt diesen zugute, aber nicht dem Mann. Sein schwacher Wille, der ihn schon in der Gesellschaft auf die Seite der Unterworfenen stellt, wird unter der Dominanz der Affekte der Frau noch schwächer. Ohne es zu wissen, trägt die Frau mit ihrer Stärke dazu bei, daß der Mann beim Versuch, ihre Erwartungen zu erfüllen, noch mehr versagt. Das gleiche Drama, das sich auf der Ebene der instrumentellen Vernunft abspielt, wiederholt sich mit umgekehrtem Vorzeichen auf der Ebene der Affekte. Die jeweils starken Mitarbeiterinnen werden bei beiden auf Kosten der jeweils schwachen Mitarbeiter noch stärker. Der Mann und die Frau verstärken ihre Ungleichgewichte und als Folge davon ihre Frustrationen gegenseitig. Die Frustration des Mannes wächst mit der wachsenden gesellschaftlichen und familiären Unterwerfung auf der Ebene der Affekte. Die Frustration der Frau wächst mit dem Positionsverlust, den sie durch ihre Stärke (die Dominanz ihrer Affekte, die den Mann zunehmend unterwerfen) mitverursacht und erleidet.

Die Projektion der empathischen Vernunft des Mannes auf die Frau ist nicht erfolgreich. Am Anfang ist der Mann von der Schönheit und der Liebe der Frau angezogen. Und die Frau setzt ihre Schönheit und Liebe ein, um den Mann zu gewinnen, mit dem sie die gesellschaftliche und familiäre Position zu erreichen hofft, die sich ihre Affekte wünschen. Nachdem sich die beiden gewonnen haben, verschwinden die äußeren Zeichen der Quadranten der Liebe und der Schönheit. Die Frau und der Mann machen sich nicht mehr schön füreinander, sondern nur noch dann, wenn sie ihre Position in der Gesellschaft zeigen. Der Ausdruck von Schönheit sinkt auf die Ebene der Affekte. Die Zärtlichkeit als Ausdruck der Liebe reduziert sich auf das Niveau der Instinkte (bei der Kopulation). Die Mitarbeiter der empathischen Vernunft der Frau ziehen sich verletzt und geschlagen in die letzten Winkel und Verliese zurück, ausgehungert vom fehlenden Austausch mit dem unentwickelten empathischen Vernunfthirn des Mannes, verletzt von der Gewalttätigkeit seiner Instinkte, aber auch unterdrückt von der Dominanz der eigenen Affekte. Damit erlöschen auch die letzten Anzeichen von Liebe, die die Frau aufgrund ihrer empathischen Vernunft hätte schenken können. Das ist auch der Tod für die schwache Mitarbeiterin „Kopulation" bei der Frau, die nur unter der Mithilfe der eigenen empathischen Vernunft und der empathischen Vernunft des Mannes eine Chance gehabt hätte, sich zu entwickeln. Damit ist auch die Frustration des Mannes total. Auf der Ebene der Instinkte ist er ohne Partnerin. Im Bereich der Affekte ist er unterworfen. Auf der Ebene der empathischen Vernunft begegnet ihm nur die leidende Frau, und die instrumentelle Vernunft allein bleibt ohne Wirkung.

Der Tauschhandel, den wir in der Alltagssprache Liebe nennen, ist erbarmungslos mathematisch. Auf beiden Seiten der Gleichung steht gleich viel. Unabhängig davon, was sich auf der Ebene der Affekte nach außen abspielt (also unabhängig davon, wie die Familie in der Öffentlichkeit erscheint): Der Mann und die Frau können einander nur geben, was sie haben. Und das sind nur die Outputs der Mitarbeiterinnen, die sie entwickelt haben.

Das Wachstum des Ungleichgewichts, und das heißt der Abstieg, ist nicht aufzuhalten. Mit wachsender Frustration greift der Mann mehr und mehr zum Alkohol. Mit wachsender Unterdrückung, von der die Frau natürlich gar nichts weiß, weicht er wie ein verletztes Tier zurück auf die letzte Kraft der Instinkte, die ihm bleiben. In ohnmächtiger Wut schlägt er um sich und trifft die Frau. Der Frau fehlt die Kraft der Instinkte und das Wissen und die Kontrolle der instrumentellen Vernunft, um sich aus der Situation zu retten oder um die Situation zu retten. Ihre empathische Vernunft reduziert sich auf den Quadranten des Leidens, und sie stürzt sich auf jede Gelegenheit, die sich ihr bietet, um zu leiden. Allein der starke Wille ihrer Affekte verhindert den Zusammenbruch der Organisation. Damit rettet sie die Familie (den Nachwuchs) und zerstört den Mann. Damit genügt sie ganz und gar der Funktion der Affekte: der Weitergabe und Überlebenssicherung der eigenen Gene.[174]

Der Mann, der in seinem Leben keine Chance fand, um seine schwachen Mitarbeiter zu entwickeln, stirbt früh, nach mehreren Hirnschlägen an „Herzversagen". Die Frau, die ihre Mitarbeiterinnen der empathischen Vernunft den Wünschen ihres Affekts geopfert und verloren hat, weil sie ihre Mitarbeiter des Instinkthirns und des instrumentellen Vernunfthirns nicht genügend entwickeln konnte, stirbt später an einer Zelldegeneration im Hirn. Die Kraft der Instinkte und der Wille der Affekte reichten bei beiden Partnern nicht aus, um sich aus der Situation zu befreien, in der sie gefangen waren. Bei beiden fehlten die Ressourcen der projizierten und vernachlässigten Hirnbereiche. Was nicht funktioniert, ist die Arbeitsteilung zwischen den Liebenden, weil sie mit der Vernachlässigung der Mitarbeiter verbunden ist, deren Aufgaben delegiert werden, und weil sich der oder die einzelne die Vernachlässigung einzelner Mitarbeiter nicht leisten kann.

Die Lösung liegt deshalb nicht in der „Verbindung" (durch Projektion und Kopulation) der eigenen Schwächen mit den Stärken des Partners (obwohl genau diese seine attraktiven Merkmale [„Attraktoren"] sind), sondern in der Verbindung der eigenen Schwächen mit den eigenen Stärken – mit dem Ziel, die Schwächeren zu stärken:

- Sie bestimmen die Stärken und Attraktoren Ihres Partners/Ihrer Partnerin. Das dürften Ihre Schwächen sein. Auf diese werden Sie sich von nun an konzentrieren. Sie gilt es, zu stärken.
- In dem Maße, wie Sie Ihre eigenen Schwächen stärken, werden Sie die Projektion auf den Partner zurücknehmen.
- Wenn auch die Partnerin bereit ist, ihre Schwächen zu bestimmen, können Sie vorsichtig beginnen, ihr bei der Stärkung zu helfen. Vorsichtig, weil Sie dazu sehr viel empathische Vernunft, sehr viel Güte, Bescheidenheit und Geduld benötigen. Weil die Schwächen Ihres Partners Ihre Stärken sind, ist die Gefahr riesengroß, daß Sie ihn überfordern. Sie brauchen die Bescheidenheit, weil die kleinsten Fortschritte zählen und die Schwächen nie zu Stärken werden. Sie brauchen die Geduld, weil Sie nur sehr langsam vorankommen werden und immer wieder Rückschritte erleben. Sie brauchen die Güte, um das Gute zu sehen und nicht die Defizite. Tatsächlich sind Sie der schlechtest denkbare Trainer. Trotzdem sollten Sie es versuchen. Die Übung hilft vor allem auch Ihnen, Ihre empathische Vernunft zu überprüfen und zu entwickeln.
- Wenn Ihre Mitarbeiterin Kopulation stark ist, überprüfen Sie, welche Kollegen an der Kopulationsentscheidung beteiligt waren oder sind. Wenn es Mitarbeiterinnen aus dem Affekthirn sind, wird für die empathische Vernunft möglicherweise wenig Platz bleiben. Diese Mitarbeiter müssen Sie ausgraben, aufbauen und mit ins Gespräch bringen. Vielleicht sind sie mit der Wahl, die Sie getroffen haben, nicht einverstanden. Vielleicht werden Sie von Ihnen und Ihrem Partner oder Ihrer Partnerin mit Füßen getreten. Achten Sie darauf, wie Sie sich nach der Kopulation – am Morgen danach – fühlen. Wenn Sie „das ungute Gefühl danach" haben, das viele kennen, wissen Sie, daß einige Ihrer Mitarbeiterinnen mit der Kopulation nicht einverstanden waren.
- Wo finden Güte, Bescheidenheit, Geduld und Bewußtheit in Ihrer Beziehung ihren Platz, wenn Ansprüche, Erwartungen, Ambitionen, Mißtrauen, Machtkämpfe, Vorwürfe, Enttäuschungen, Erfolg, Belohnung, Freude, Lust, Befriedigung im Vordergrund stehen? Wo und wie erfahren Sie Liebe (definiert aus Güte und Bescheidenheit), Schönheit, Leiden und Kreativität in Ihrer Kopulationsbeziehung, die wir in der Umgangssprache generell als Liebesbeziehung bezeichnen?
- Sie suchen die Antwort nicht zuerst bei Ihrer Partnerin, obwohl wir genau das in der Regel tun. Sie suchen sie zuerst bei Ihren eigenen Mitarbeiterinnen.
- Wenn Sie dort schon etwas fortgeschritten sind, suchen Sie das Gespräch mit dem Partner. Beide müssen die Konstellation bei beiden erkennen. Dann können und sollen Sie beginnen, einander zu helfen. Das heißt,

die eigenen Schwächen zu stärken und die Stärken relativ dazu zurückzunehmen.

- In vielen Märchen wird die Kopulation für eine gewisse, meistens lange Zeit unterbrochen. So auch in „Amor und Psyche" und „Die Nixe im Teich". Diese Unterbrechung geschieht in der Regel nicht freiwillig. Dafür sind die Kraft der Kopulation und die Sehnsucht nach Liebe zu groß. Wenn Sie eine schmerzhafte Trennung erfahren, können Sie darin vielleicht diesen Sinn entdecken. Vielleicht geht es darum, Ihren Instinkt Kopulation und seine allfälligen Koalitionspartner aus dem Instinkt- und Affekthirn so lange zu hüten (wie die Schafe, welche die voneinander getrennten Liebenden in „Die Nixe im Teich" hüten mußten), d. h. unter Kontrolle zu halten, bis Sie Ihre instrumentelle und empathische Vernunft (Ihre Schwächen) genügend gestärkt und entwickelt haben. Dann wird sich, wie im Märchen, die Liebesbeziehung einstellen, die Sie wünschen. Aber erst dann. Das ist im „Lied der Schönheit und Liebe bei Salomo" mit dem Satz gemeint: „Wecket die Liebe nicht auf, bis es ihr selber gefällt."

- Wenn Sie zusammen mit Ihrer Partnerin erfolglos versucht haben, die Kopulationsbeziehung von einer Tausch- zu einer Austauschbeziehung zu bewegen, wenn die Beziehung auf die Entwicklung Ihrer instrumentellen und empathischen Vernunft destruktiv und nicht konstruktiv wirkt, wenn sie die Beziehung zerstört, empfiehlt es sich, sie vorher aufzulösen.

- Wenn die Mitarbeiterin Kopulation Ihr Leben diktiert, bedeutet das, daß die Verbindung zu den Mitarbeiterinnen der empathischen Vernunft nicht hergestellt ist. Statt dessen bietet sich eine mächtige Koalition mit den Kollegen der Affekte an: In den Quadranten des Erfolgs und Gehorsams ist sie mit Freude und Genuß verbunden, in den Quadranten des Stresses und der Frustration mit Eifersucht, Haß und Bitterkeit. Im Norden und im Süden herrschen Härte und Kälte vor, Rücksichtslosigkeit und Tauschkalkül. Weil die innere Verbindung zur empathischen Vernunft nicht stattfindet, wird sie außen um so vehementer angemeldet: mit aller Unersättlichkeit und Dringlichkeit der Instinkte – und in der Koalition mit aller Berechnung der Affekte.

In den *Metamorphosen oder Der goldene Esel* von Apuleius,[175] welche die Rahmenhandlung für die Geschichte von *Amor und Psyche* bildet, wird der Held, Lucius (Licht) am Anfang in einen Esel verwandelt. In dieser Gestalt muß er lange und schrecklich leiden, bis er am Ende von der Göttin Isis befreit wird und seine menschliche Gestalt wiederfindet. Im Esel können wir unschwer ein Symbol für die im Instinkthirn isolierte Kopulation erkennen und in Isis ein Symbol für die empathische Vernunft.[176] Die Verwandlung von Lucius in den Esel bedeutet den erzwungenen Verlust des stolzen, erfolgs- und genußgewohnten Koalitionspartners der Affekte. Lucius muß lange leiden und lernen, bis an deren Stelle genügend Platz für die empathische Vernunft geschaffen ist.

- Suchen Sie die Verbindung zur Mitarbeiterin Kopulation. Nehmen Sie sie auf in den Prozeß und verbinden Sie sie mit den Mitarbeitern der empathischen Vernunft. Es ist zu befürchten, daß die Affekte, wenn sie bis jetzt die mächtigen Koalitionspartner der Instinkte waren, den Platz nicht ohne weiteres räumen werden. Ihre Dominanz werden sie aufgeben müssen (siehe dazu auch die folgenden Kapitel).
- Kopulieren Sie nur (erst) dann, wenn alle Mitarbeiterinnen (alle Hirnareale) damit einverstanden sind. Narkotika wie Alkohol und Nikotin betäuben die instrumentellen und empathischen Vernunfthirne und verzerren den Einfluß des Affekthirns zugunsten des Instinkthirns (wir werden den Zusammenhang noch genauer betrachten).

Wenn die Mitarbeiterin Kopulation bei Ihnen eine schwache Position einnimmt, gilt es, sie zu stärken:

- Überprüfen Sie zuerst das Gleichgewicht innerhalb des Instinkthirns und die Stärke des ganzen. Vielleicht hat die Mitarbeiterin Fressen eine kompensatorische Rolle übernommen. Weil sie der Kollegin Kopulation gegenüberliegt, bietet sich dieser Rollentausch an. In diesem Falle müssen Sie auch mit ihr arbeiten, wie im Kapitel Fressen beschrieben. Ebenso verfahren Sie mit der Achse Bewegung-Ruhe. Die gleichgewichtige Stärkung der Mitarbeiterinnen im Instinkthirn wird auch die Kollegin Kopulation stärken.
- Die Schwächung der Instinkte kann die direkte Folge der starken und übergewichtigen Affekte sein: der übergroßen Angst, des übergroßen Stresses, der übergroßen Frustration, des übergroßen Gehorsams. In diesem Falle besteht die Hauptarbeit darin, das Übergewicht dieser Faktoren zu korrigieren.
- Sie gebrauchen die instrumentelle Vernunft, um die kausalen Zusammenhänge zu erkennen.
- Die empathische Vernunft liefert Ihnen den Rahmen, innerhalb dessen Sie die Kopulation stärken werden:

  - Auf dem Quadranten der Schönheit finden Sie die Sinnlichkeit, die Sie brauchen, um die körperliche Vereinigung zu zelebrieren und zu genießen. Die Güte und das Bewußtsein, die Sanftheit, Zärtlichkeit und Achtsamkeit brauchen Sie, um die eigene Schönheit und die des Partners zu erkennen und zu schätzen. Entwickeln Sie Sex Appeal - innerlich und äußerlich: innerlich, indem Sie Ihre Mitarbeiterinnen des Instinkthirns und der empathischen Vernunft stärken – sie bestimmen Ihre Ausstrahlung; äußerlich, indem Sie Ihren Körper und Ihre Sinnesorgane pflegen. Viel dazu haben wir in den Kapiteln Bewegung, Ruhe und Fressen gesehen:

- Pflegen, balsamieren, ölen Sie Ihre Haut.
- Pflegen und achten Sie auf die Berührung.
- Pflegen und achten Sie auf den Geruch. Riechen Sie sich und andere. Verwöhnen Sie sich mit feinen Düften (z. B. ätherischer Öle), in der Luft, im Wasser, am Körper.
- Pflegen und achten Sie auf das Licht. Es soll weich und warm sein und Ihre Schönheit und Sinnlichkeit untermalen.
- Pflegen und genießen Sie die Nacktheit.
- Gönnen Sie sich Wärme.
- Lenken Sie Ihre Achtsamkeit (Bewußtheit) auf das Hara.
- Lieben Sie Ihren Körper (und den Ihres Partners), vor allem auch das Hara, zu dem die Genitalien gehören.
- Machen Sie Ihren Körper zu „... ein(em) Lusthain voll köstlichster Früchte und Düfte ... ein(em) Kunstwerk von Elfenbein ... gesättigt von Balsam, Milch und Honig ... gesättigt von der Liebe".[177]

● Auf dem Quadranten der Liebe finden Sie die Hingabe, die Wärme und das Vertrauen, das Sie beide suchen. Die Güte und die Bescheidenheit helfen Ihnen, das Glück nicht durch die Dominanzansprüche und das Mißtrauen Ihrer Affekte zu zerstören, sich selbst und der Partnerin die Freiheit zu geben, die Sie brauchen, um das Liebesglück zu finden.

● Im Quadranten des Leidens finden Sie die Erfahrung, die Sie brauchen, um die Unersättlichkeit Ihrer Instinkte davon abzuhalten, das Glück zu zerstören. Nur das Leiden, das Sie selbst erfahren haben, kann vermeiden, daß Ihre Instinkte und Affekte das gleiche Leid verursachen.

● Im Quadranten der Kreation schließlich finden Sie die männliche oder weibliche Muse. Er oder sie sucht die innere Verbindung mit Ihnen. Er oder sie wird Ihnen sagen und geben, was Sie suchen. Sie suchen die Muse in Ihrem Partner. Wenn Sie die innere Kopulation mit ihr vollzogen haben, wenn Sie das Gleichgewicht und die Berufung gefunden haben, werden Sie ihr in der äußeren Welt, als Geliebte und Geliebter, als männliche oder weibliche Muse, begegnen. Vorher werden Sie draußen vergeblich suchen. Das besingt „Das Lied der Schönheit und der Liebe bei Salomo". Das ist die Antwort auf die Frage, ob das Liebesglück in dem Lied als innere oder als äußere Wahrheit zu verstehen ist.

Die Mitarbeiter des Affekthirns

Weil der Instinkt muß und der Affekt will, bilden sie eine natürliche Koalition. Weil der Instinkt des Mannes kopulieren muß und der Affekt der Frau kopulieren will, entsteht zwischen ihnen eine natürliche Verbindung.[178] Es gibt keine Geschichte, die die Koalition zwischen den Instinkten und Affekten und die Konsequenzen daraus anschaulicher erzählt als die Tragödie des Ödipus.[179] Sie beschreibt das Schicksal des Menschen, das darin besteht, vier unabhängig voneinander funktionierende Kompetenzzentren im Gehirn in einem Prozeß vereinen zu müssen. Wie weit das dem Menschen gelingt, liegt zu einem großen Teil in seinen Händen. Die Geschichte zeigt, wie wir das tun sollen und wie wir es nicht tun wollen. Es ist unsere eigene Geschichte. Es ist Ihre Geschichte. Daß Ödipus ein Mann ist, ist irrelevant und rührt daher, daß die Geschichte aus einer Zeit stammt, in der das patriarchale Instinkthirn dominierte. Sie können sich den Helden genausogut als Frau vorstellen und brauchen bloß die Geschlechter seiner bzw. ihrer Gegenspielerinnen analog zu tauschen.

Ödipus

Ödipus ist der Sohn von Laios, des Königs von Theben, und dessen Gemahlin Iokaste. Schon vor seiner Geburt wird dem Vater geweissagt, daß er dereinst von seinem eigenen Sohn erschlagen würde, und zwar als Strafe für eine Freveltat, die zurücklag: Laios hatte seinem Wohltäter, König Pelops, den Sohn geraubt, in den er sich verliebt hatte. Der Knabe, Chrysippos, nahm sich darauf das Leben. Laios und Iokaste beschließen nach diesem Orakel, sich zu trennen, lautet eine Version, Laios verstößt Iokaste, ohne ihr den Grund mitzuteilen, lautet eine andere. Aber die Macht der „Liebe" ist stärker[180] – „es geschah wie im Wahnsinn", heißt es bei Aischylos; und „von Brunst und Wein besiegt" bei Euripides[181]; bei Ranke-Graves ist es der Wein und die Verführungskunst der Iokaste[182] – und ein Sohn wird gezeugt. Um dem Orakelspruch zu entgehen, lassen ihn die Eltern unmittelbar danach mit durchstochenen und gebundenen Füßen aussetzen, in der Annahme, er würde von wilden Tieren gefressen werden. Durch das Mitleid der Hirten kommt es anders, und „Ödipus", was Schwellfuß heißt, gelangt zu König Polybos von Korinth und seiner Gemahlin Merope, die ihn als ihren eigenen Sohn aufziehen (nach einer anderen Version wird Ödipus wie Moses auf dem Wasser ausgesetzt und von der Königin Merope gefunden und als ihr eigenes Kind ausgegeben).

Doch Ödipus bekommt durch die Bemerkung eines Kameraden Zweifel an der Rechtmäßigkeit seiner Herkunft und zieht aus, um das Orakel darüber zu befragen. Als Antwort bekommt er zu hören, daß er seinen Vater ermorden, seine Mutter heiraten und mit ihr verwerfliche Nachkommen zeugen werde. Um diesem schrecklichen Orakelspruch zu entgehen, kehrt er nicht nach Korinth zurück, wo er seine geliebten Eltern glaubt. Statt dessen wandert er von Delphi nach der Stadt Daulia. Auf dem schmalen Weg begegnet ihm ein Wagen, auf dem ein ihm unbekannter alter Mann mit vier Begleitern sitzt. Der Wagenlenker drängt den Fußgänger ungestüm zur Seite. „Wanderer, weiche dem König", befiehlt Laios bei Euripides. Dabei soll auch noch der Huf eines Pferdes auf Ödipus' Fuß getreten sein. Dieser, von Natur aus stolz und jähzornig, läßt sich das nicht gefallen und schlägt den Lenker mit dem Stock. Darauf schlägt ihm der Alte mit seinem Stab auf den Kopf. Es entwickelt sich eine Schlägerei, die zu einem Kampf um Leben und Tod eskaliert. Ödipus ist der stärkere und der Sieger. Er erschlägt alle, außer einem Diener, der entkommt.[183]

Nach dem Tod des Königs übernimmt Kreon, der Bruder von Iokaste, die Macht. Nicht lange danach erscheint vor den Toren der Stadt Theben die Sphinx, ein Ungeheuer, das den Thebanern Rätsel aufgibt und sie frißt, wenn sie die Antwort nicht wissen. Auch der neue Herrscher verliert seinen Sohn an die Sphinx und verspricht demjenigen, der die Stadt von dem Ungeheuer befreit, die Hand seiner verwitweten Schwester. Ödipus weiß die Anwort auf das Rätsel der Sphinx. Zum Lohn wird er durch die Heirat mit Iokaste, von der er nicht weiß, daß sie seine Mutter ist, König von Theben. Sie gebärt ihm vier Kinder, zuerst zwei Söhne und dann zwei Töchter.

Nach einer Zeit erfolgreicher Regentschaft brechen Pest und Unglück über das Land herein. Ödipus läßt das Orakel fragen, wie dem Einhalt geboten werden könne, und erhält als Anwort, der Mord an Laios müsse gesühnt werden. Ödipus läßt angestrengt nach dem Mörder suchen und erfährt schließlich durch den blinden Seher Teiresias die Wahrheit. Nachdem der alte Diener und die Hirten, die Zeugen des Totschlags bzw. der Aussetzung waren, keinen Zweifel mehr an der Aussage lassen, erhängt sich Iokaste in der Verzweiflung. Ödipus sticht sich die Augen aus und fordert eine harte Strafe für sich selbst.

Das Volk verzeiht ihm. Aber sein Schwager und seine Söhne jagen ihn, trotz seines Flehens, im Palast bleiben zu dürfen, als Bettler aus der Stadt. Nur seine Töchter halten zu ihm, und Antigone, die ältere, begleitet ihn in das Elend der Verbannung. Ödipus sucht noch einmal das Orakel auf. Die Götter wissen, daß er die Verbrechen ohne Wissen und Absicht, ja gegen seinen Willen begangen hat. Trotzdem müssen sie gebüßt werden, doch soll die Strafe nicht ewig dauern. Das Orakel prophezeit, daß er nach langer Zeit der Sühne, am Ende seines Weges, Erlösung finden würde.

Die findet er auch nach vielen Jahren der Entbehrung, am Ende seines Lebens, im Hain der Eumeniden, der Rachegöttinnen, in Kolōnos bei

Athen. Dort bitten ihn sein Schwager und seine Söhne, die sich bis zum Ruin bekämpft haben, um seine Hilfe und Vergebung, die er ihnen aber verweigert. Ödipus' Abschied von der Welt wird als ein Wunder geschildert, nicht unähnlich der Himmelfahrt Jesu Christi, aber über hundert Jahre früher. Unter Donnerschlag und nur von Theseus, dem großen Helden und König von Athen, geschaut, tritt er lebendigen Leibes in das Reich der Toten ein.[184]

In unserer Interpretation ist Ödipus das Produkt aus der Verbindung der Instinkte und Affekte. Laios, der König von Theben, steht für die Instinkte. Er, d. h. der patriachale Instinkt, ist der König. Er nimmt sich den Knaben Chrysippos, weil er ihn will, weil er mit ihm kopulieren will. Und nichts und niemand kann ihn, d. h. seinen Instinkt, davon abhalten. Nicht einmal die Freundschaft und Verbundenheit zu seinem Wohltäter. Er kennt den Schmerz nicht, den er dem Vater und dem Knabengeliebten zufügt. Wie bei Bacon zerbricht die Muse und nimmt sich das Leben. Der Instinkt allein läßt ihr kein Leben. Die Brunst und der Wein, die zur Zeugung führten, obwohl die Zeugenden wußten, daß sie sich damit selbst zerstören würden, illustrieren deutlich, daß auch die instrumentelle Vernunft – das Wissen um den Kausalzusammenhang – gegen die selbstzerstörerische Macht der Instinkte keine Chance hat.

Iokaste, die Königin, repräsentiert die matriarchalen Affekte. Ihre Position hängt mit der Verbindung zum König zusammen. Ihre höchsten Ziele sind ihre eigene Position und die Überlebenssicherung der eigenen Gene. Auch sie ist dafür bereit, alles andere zu zerstören. Und in dem Moment, wo sie ihre Position verloren sieht, zerstört sie sich selbst. Wenn es ihre Verführungskunst war, wie Ranke-Graves die Dichter interpretiert, zeigt es, daß auch die Affekte nicht davon abzuhalten sind, ihr Ziel zu erreichen, selbst dann nicht, wenn sie um die destruktiven Konsequenzen wissen.

In Ödipus vereinen sich die Instinkte und Affekte seiner Eltern, obwohl er alles versucht, um anders zu handeln. Er erschlägt den Vater im Instinkt und im Affekt – gewalttätig, stolz und jähzornig, wie er ist. Der Instinkt muß kämpfen und siegen, sonst kann er nicht bestehen. Als Mann muß er die Rivalen aus dem eigenen Geschlecht besiegen, sonst bekommt er keine Frau. Wenn es sein muß, besiegt er dafür auch seinen Vater – ohne es zu „wissen". Eine Frau würde analog ihre Mutter umbringen, wenn damit die von ihr gewollte Position, die Weitergabe der Gene und die Sicherung des Nachwuchses verbunden wäre.

Tatsächlich hat Ödipus den gleichgeschlechtlichen Elternteil erschlagen und die Gene mit dem gegengeschlechtlichen geteilt, obwohl er den Vatermord und den Inzest nicht wollte und davon nichts wußte. Ödipus wollte die Macht und hat dafür mit der Frau, die zufällig seine Mutter war, kopuliert. Die Frau wollte die Position als Königin und den Nachwuchs und hat

206

dafür mit dem Mann, der zufällig ihr Sohn war, geschlafen. Daß es sich dabei um ein Sohn-Mutter- bzw. Tochter-Vater-Verhältnis handelt, soll zeigen, daß die Instinkte und Affekte bei der Verfolgung ihrer Ziele keine Grenzen kennen und daß die Konsequenzen katastrophal sind.

Die alten Dichter werden nicht müde, von grausamem Frevel und schrecklichem Verbrechen zu sprechen. Aber die Aufregung und Empörung zielt in die falsche Richtung und kaschiert nur die Tatsache, daß es sich dabei um unsere eigenen Instinkte und Affekte und deren Intentionen handelt. Das Schicksal, das das Orakel Ödipus „weis-sagt" und dem er sich nicht entziehen kann, obwohl er alles versucht, ist ernüchternd und banal zugleich. Es sagt (mit Weisheit) voraus, was wir alle tun (müssen): Wir kopulieren zwischen Instinkt und Affekt und erschlagen mit der Kraft der Instinkte und der Härte der Affekte, was sich uns in den Weg stellt. Der männliche Ödipus, dessen Aktionsprinzip stärker vom Instinkthirn bestimmt ist, erschlägt die Rivalen (symbolisiert durch den Vater) mit den Mitteln des (patriarchalen) Instinktes und kopuliert mit dem Affekt (symbolisiert durch die Mutter). Eine Frau in dieser Situation, deren Aktionsprinzip stärker vom Affekthirn geführt ist, greift die Rivalinnen (symbolisiert durch die Mutter) mit den Mitteln des (matriarchalen) Affektes an und kopuliert mit dem Instinkt (symbolisiert durch den Vater). Ödipus hat die Mutter geheiratet, weil er unter dem Diktat der Instinkte und Affekte stand – nicht weil die Verbindung Liebe, Schönheit und Kreativität, sondern weil sie Kopulation und Macht versprach. Und er hat den Vater unter der Führung der Instinkte und Affekte getötet. Der Stolz und die Dominanz der Affekte ließen ihn (wie den Vater) nicht zur Seite treten und die Kampfbereitschaft und der Siegeswille der Instinkte, gepaart mit dem (Jäh-)Zorn der Affekte, ließ nur einen Sieger und einen Verlierer zu. Daß Ödipus nicht wußte, mit wem er sich einließ, zeigt mit aller Deutlichkeit, daß wir die Verbindungen zwischen dem Instinkt- und Affekthirn nicht-bewußt (d. h. unbewußt) eingehen. Entscheidend ist die Tatsache, daß sich die Instinkte und Affekte vereinen müssen, ob wir wollen oder nicht. Unsere Instinkt- und Affekthirne sind in der Verbindung miteinander darauf programmiert, mit jedem und jeder zu kopulieren, die Sieg und Bestätigung, Position und optimale Nachwuchschancen[185] versprechen und jeden, jede und alles aus dem Weg zu räumen, das dem im Wege steht. Die Koalition, die wir mit Entsetzen von uns weisen, obwohl wir sie schon beim Kleinkind deutlich erkennen könn(t)en, muß und wird zustande kommen, um in das Leben hineinzukommen, obwohl sie am Ende für das Leben destruktiv ist, wenn es uns nicht zunehmend gelingt, die anderen Hirnareale am Entscheidungsprozeß zu beteiligen. Dem Schicksal der Kopulation können wir nicht entrinnen, aber wir können bestimmen, wen wir daran beteiligen wollen.

Mit welcher Kraft und Selbstverständlichkeit die Kopulation zwischen Instinkt- und Affekthirn über das Inzestverbot hinaus vollzogen wird, demonstriert aufs schönste eine Geschichte aus dem Alten Testament:[186]

Das sündhafte Verhalten der zwei Töchter Lots

Nach der Zerstörung von Sodom und Gomorrha versteckt sich Lot, der Neffe Abrahams, mit seinen beiden Töchtern in einer Höhle. Dort sagt die eine zur andern:

„Unser Vater ist alt, und kein Mann ist sonst im Lande, der Umgang mit uns haben könnte, wie es in aller Welt Brauch ist. Komm, wir wollen unserem Vater Wein zu trinken geben und uns zu ihm legen, damit wir von unserm Vater Nachkommenschaft ins Leben rufen."[187]

Gesagt, getan. Der Vater muß viel Wein getrunken haben, denn er hat von allem nichts bemerkt. Die Töchter gebaren je einen Sohn. Den einen nannten sie „Moab", d. h. „vom Vater" und den andern „Ben-Ammi", d. h. „Sohn meines nächsten Verwandten". Sie wurden die Stammväter der „Moabiter" und der „Ammoniter". Beide waren Nachbarvölker der Israeliten, die später unter Davids Führung besiegt, abgeschlachtet[188] und unterworfen wurden. Politisch diente die Geschichte zur Legitimation der Expansionspolitik der Israeliten, psychologisch zeigt sie, mit welcher grenzenlosen Radikalität auch das Affekthirn (repräsentiert durch die Frauen) seine Intentionen verfolgt.

Bei Ödipus ist das instrumentelle Vernunfthirn gut entwickelt. In Koalition mit dem Affekthirn stellt er sich dem Risiko und weiß das Rätsel der Sphinx zu lösen. Mut, Wille und Wissen ermöglichen ihm, die Macht über das Königreich zu gewinnen. Auch die empathische Vernunft ist bei ihm entwickelt. Wir erkennen sie in der Liebe zu seinen Pflegeeltern, die er verläßt, um ihnen das Böse nicht anzutun, das ihm verheißen wurde, und in der Bescheidenheit, mit der er seine Position als Kronprinz opfert. Die Konstellation ist erfolgreich, und Ödipus ist ein beliebter und erfolgreicher König. Das geht so lange gut, bis der Erfolg beginnt, auszubleiben. Erst der äußere Mißerfolg, die Pest und das Unglück, zwingen Ödipus, das vermeintliche Gleichgewicht näher anzuschauen.

Doch woher kommt der Mißerfolg? In den Sagen schicken ihn die Götter, in Form von Niederlagen, Strafen, Katastrophen. Wir kennen nur die Hirnareale und die dort gespeicherten Informationen. Den Mißerfolg, dem Ödipus begegnet, können wir nur aus der Konstellation zwischen Instinkt und Affekt und instrumenteller Vernunft erklären und dem Untergewicht der empathischen Vernunft. Tatsächlich sind die ersten drei kraft ihrer Stärke, ihres Willens und ihres Wissens und Könnens eine Zeitlang in der Lage, Erfolge zu produzieren. Und tatsächlich können wir feststellen, daß sich die Koalition aus Instinkten und Affekten längerfristig selber abnützt, schwächt und schließlich erschöpft: weil der Erfolg wohl auf Kraft und Wille beruht, aber nicht auf Berufung, weil die Anstrengung im Konflikt zur empathischen Vernunft steht und deshalb von dieser nicht getragen wird. In diesem Sinne können wir das Gehirn als ein sich selbst regulierendes System verstehen, das Mißerfolge (Niederlagen, Schicksalsschläge) „produziert", um den Prozeß in Gang zu setzen, der zum Gleichgewicht führt.

Iokaste verschließt die Augen länger vor der Wahrheit als Ödipus, so lange, wie sie kann. Das ist vom Affekthirn nicht anders zu erwarten. Es braucht die gewichtige Mitsprache der instrumentellen und empathischen Vernunft, um die Wahrheit wissen zu wollen und zu können, d. h. um Bewußtheit zu erlangen. Daß der Seher, der die Wahrheit kennt, blind ist,[189] symbolisiert mit aller Deutlichkeit, daß wir diese Wahrheit nicht in der Außenwelt, nicht im Aktionsmodus, sondern in der Innenwelt, durch Introspektion, im Rezeptionsmodus, finden werden.

Die unmittelbaren Reaktionen von Ödipus und Iokaste auf die Wahrheit zeigen uns, wie wir es nicht tun wollen. Iokaste bringt sich um und Ödipus sticht sich die Augen aus.[190] Beide reagieren mit Gewalt in dem Moment, als sie die Wahrheit über die Gewalt ihrer Instinkte und Affekte erfahren. Daß Ödipus sich blendet, verweist symbolisch wohl auf den richtigen Weg der Introspektion, um zur empathischen Vernunft zu gelangen, nicht jedoch auf das richtige Mittel. Im Affekt fordert er auch gleich die härteste Strafe, nur um nachher um Gnade zu flehen. Aber die Instinkte und Affekte kennen kein Erbarmen. Mit Gewalt, mit Wille, mit Zwang, mit Disziplin, mit Kasteiung, mit Kastration, kurz, mit ihren eigenen Mitteln können wir uns von ihrer destruktiven Gewalt nicht befreien, auch nicht mit der Rache, Buße und Strafe, die die Götter und Göttinnen der Instinkte und Affekte fordern.

Den richtigen und einzigen Weg weist Antigone. Sie symbolisiert die empathische Vernunft. Sie begleitet ihren blinden Vater, d. h. ihre eigenen Instinkte und Affekte, freiwillig in die Verbannung, in das Ungewisse, in die Armut und Entbehrung. Sie führt ihn, ohne zu führen: Er, der mittlerweile blinde Instinkt und Affekt, sagt noch eine Weile auf der Reise, wohin er gehen will. Er, der stolze und zornige Herrscher, muß sich unter die Führung der Mitarbeiterinnen begeben, die bei ihm am schwächsten entwickelt sind: Bescheidenheit und Geduld, Güte und Bewußtheit. In der Erniedrigung und Armut des Ausgestoßenen und in der Länge des Weges lernt er sie erst kennen. Für ihn, den Instinkt und Affekt, ist die Demütigung, die Armut und Entbehrung eine Strafe. Für sie, die Güte, Bescheidenheit, Geduld und Bewußtheit, ist es keine Strafe. Sie akzeptiert und trägt das Leiden, das die Koalition aus Instinkten, Affekten und instrumenteller Vernunft verursacht hat, anstatt dagegen anzukämpfen, wie es diese natürlicherweise tun. Sie besitzt die Bescheidenheit, auf den Reichtum zu verzichten. Sie hat die Güte, nicht zu verurteilen. Sie besitzt die Geduld, um den blinden Vater bis ans Ziel zu führen.

Ödipus' Weg zur (Er-)Lösung ist der Weg von der Führung der Instinkte, Affekte und instrumentellen Vernunft zur Führung durch die empathische Vernunft, von der Dominanz der Mitarbeiterinnen, welche die Figuren Laios, Jokaste, Ödipus, seines Schwagers und seiner Söhne repräsentieren, bis zur „führungslosen" Führung durch die Mitarbeiterinnen, die hinter der Figur von Antigone stehen. Die Erlösung gelingt Ödipus erst im Sterben – und bei Homer und anderen Versionen gar nicht. Bei Sophokles folgt Ödipus der empathischen Vernunft nicht. Er bleibt in den Kellern des Palastes von Theben, d. h. im Instinkt und Affekt (innerhalb der Stadtmauern) gefangen und tyrannisiert seine Umgebung mit lächerlichen Wutausbrüchen. Diese Erzählungen zeigen die Situationen, in denen der Weg aus dem Affekthirn nicht gelingt und die Opfer im Quadranten der Frustration verenden.

In der Tragödie von Ödipus, wie in vielen anderen Märchen und Geschichten, sind das Problem und die Lösung dargelegt. Wir wollen diese Schlußfolgerungen betonen:

● Erkennen Sie die Momente, die Sie dazu einladen, der Einseitigkeit Ihrer Koalitionen zwischen Instinkt- und Affekthirn ins Auge zu schauen: es sind Mißerfolge (im Beruf, in der Liebe, in der Familie, in der Freizeit), Erschöpfungszustände, Krankheiten – sogenannte Schicksalsschläge. Es ist der Wendepunkt in der Geschichte.
● Erkennen Sie die Schicksalsschläge als Signale des sich selbst regulierenden Hirnsystems, das Ungleichgewicht der am Entscheidungsprozeß beteiligten Hirnmannschaft in Richtung des dynamischen Gleichgewichts zu bewegen.
● Tun Sie dies nicht mit den Mitteln der Instinkte oder Affekte: also nicht mit Gewalt, Askese, Wille, Disziplin, Unterdrückung, Verurteilung, Verzweiflung, Bitterkeit, Haß usw.[191]
● Tun Sie es, indem Sie die Mitarbeiter instrumentellen und empathischen Vernunft stärken und am Entscheidungsprozeß beteiligen.

Die Dominanz

Dominanz als Stärke

Wenn Dominanz Ihre Stärke ist, gibt es nur eine Möglichkeit, sich dem Gleichgewicht anzunähern, ohne die Dominanz, zu dominieren, und das heißt zu frustrieren: die schwächeren Mitarbeiterinnen zu stärken. Das können Mitarbeiter der Instinkte sein, wenn diese schwach sind, oder solche der instrumentellen oder der empathischen Vernunft. Tendenziell sind die Defizite in Richtung Vernunfthirn größer, weil hier der Nutzen aus der Verbindung weniger offensichtlich ist. Tatsächlich können wir ohne große Beteiligung der Vernunfthirne leben, wie genügend Beispiele zeigen, zum Teil sogar sehr erfolgreich, vor allem bei kurzfristiger Betrachtung. Innerhalb der Vernunfthirne ist das Defizit zur empathischen Vernunft in der Tendenz wiederum größer als zur instrumentellen Vernunft. Weil auch hier die Vorteile aus der Verbindung zu dieser leichter zu erkennen sind. Um die Vorteile und Notwendigkeit der Verbindung zur empathischen Vernunft zu sehen, braucht es in der Tat ein gehöriges Maß an Bewußtheit. Und diese befindet sich dummerweise in dem gesuchten Areal.

Die Bewußtheit ist notwendig, weil sich der Widerspruch zwischen der empathischen Vernunft und den älteren Hirnarealen erst im Gleichgewicht auflöst. Das Wissen darum ist wichtig, um sich dorthin zu bewegen und um den Widerspruch auf dem Weg auszuhalten. Tatsächlich brauchen die Dominanz und die Bescheidenheit einander. Beide sind notwendige Funktionen und beziehen ihre Berechtigung aus ihrer Funktionalität. Die Dominanz braucht die Bescheidenheit, weil sie sonst – wie die Instinkte – ihre eigene Grundlage zerstört. Die Bescheidenheit braucht die Dominanz, weil ihr sonst die Grundlage fehlt, um sich zu realisieren. Der Grund dafür ist die Tatsache einer kompetitiven Welt. Die eine Mitarbeiterin ist notwendig, um sich in dieser Realität durchzusetzen, die andere, um sich dabei nicht selbst zu zerstören. Beide Funktionsprinzipien führen einander. Jede muß der komplementären Kompetenz der anderen vertrauen. Dazu müssen beide stark sein. Das ist das Geheimnis des dynamischen Gleichgewichts und des aufgelösten Widerspruchs.

- Achten Sie auf die Rolle, die Ihre Mitarbeiterin Dominanz bei Ihren Entscheidungen spielt.
- Achten Sie auf die Koalitionen, die sie eingeht. Wenn Sie präzise, schnell, effizient und effektiv sind, ist es die instrumentelle Vernunft. Wenn Sie es nicht sind, fehlt sie. Wenn Sie sich mit der Gewalt eines Panzers durchsetzen, ist es der Instinkt. Wenn Sie es nicht tun, fehlt er. Wenn Sie es mit List und Schlauheit (Verschlagenheit) tun, sind es die Kolleginnen des

Affekthirns. Wenn Sie es nicht tun, fehlen diese. Wenn Sie mit Verbissenheit und (Arbeits-)Wut voranschreiten, sind es die Mitarbeiter aus dem Quadranten der Frustration

- Nehmen Sie Ihre Mitarbeiterin Dominanz zurück, wo immer Sie können. Sie beginnen dort, wo es weniger wichtig ist. Sie dominieren weniger. Sie gehen in Grenzschritten vor.
- Achten Sie auf die inneren und äußeren Akteurinnen, von denen Sie beherrscht und geschwächt werden. Sie erkennen die Zeichen der Frustration und Schwächung, die sie bei Ihnen auslösen: das Fehlen von Begeisterung und Erfolg; das Aufkommen von Angst, Resignation, Aggression, Wut, Haß, Neid, Bitterkeit; die Präsenz von Naivität und Angst vor Verantwortung.
- Werden Sie weniger kompetitiv. Beginnen Sie dort, wo es nicht wichtig ist, z. B. in der Freizeit, etwa im Sport.
- Wählen Sie z. B. eine Freizeitbeschäftigung, die Sie gerne tun, bei der Sie aber nicht und nie zu den Besten, nicht einmal zu den Guten gehören werden und wollen. Sie lernen z. B. ein Musikinstrument. Lernen und spielen Sie es ohne Ziel und ohne Ehrgeiz (also auch ohne einen ehrgeizigen Lehrer), nur zu Ihrem Vergnügen. Vor allem, um Bescheidenheit, Geduld und Güte (erstmals sich selbst gegenüber) zu üben.
- Lassen Sie anderen mehr Raum.
- Erzwingen Sie weniger.
- Lassen Sie den Dingen ihren Lauf. Die Zen-Meditation hilft Ihnen, loszulassen und zuzulassen.
- Setzen Sie weniger (und bescheidenere) Ziele.
- Seien Sie weniger aktiv und weniger beschäftigt.
- Suchen Sie die Ruhe.
- Beobachten Sie sich selbst, zum Beispiel Ihr Gesicht: Zusammengekniffene Lippen oder Falten, die auf die Lippen zulaufen, verweisen auf Verbissenheit oder Bitterkeit. Ringe unter den Augen sind ein Zeichen dafür, daß Sie Energie abbauen, weil Sie zuviel wollen (Überlastung der Nieren). Tiefe Falten an der Nasenwurzel deuten darauf hin, daß Sie sich mit Wut und Zorn beladen, weil Sie nicht erreichen, was Sie wollen (Überlastung der Leber).
- Achten Sie auf Ihren Rücken. Rückenschmerzen sind ein Zeichen dafür, daß Sie zu viel und wohl auch das Falsche wollen.
- Stärken Sie Ihre schwächeren Mitarbeiter.
- Suchen Sie die Verbindung zu den Instinkten und den Vernunfthirnen.

Je mehr Vertrauen Ihre Mitarbeiterin Dominanz in die anderen Mitarbeiterinnen gewinnt, um so mehr wird sie sich beruhigen, das heißt, um so mehr werden sich Ihre Kolleginnen Ehrgeiz und Eifersucht beruhigen, wenn Sie sich auf der Seite des Stresses befinden, und um so ruhiger werden die Agentinnen Hochmut/Arroganz und Hedonismus/Gönnerhaftigkeit werden, wenn Sie auf der Seite des Erfolges sind. Das gleiche gilt für die Eitelkeit und Aggression. Je stärker Ihre empathische Vernunft wird, um so mehr wird sich der Wille der Affekte mit ihr verbünden, um so weniger Raum wird für die destruktiven Kräfte übrigbleiben.

Dominanz als Schwäche

Wenn Dominanz bei Ihnen eine schwach entwickelte Mitarbeiterin ist, müssen Sie sie stärken. Sonst werden Sie die Wünsche, die Sie haben, und die Ziele, die Sie sich setzen, nie erreichen, weil Ihnen der Wille und die Disziplin fehlen, um das zu Ende zu bringen, was Sie angefangen oder sich auch nur vorgenommen haben. Die Gefahr ist groß, daß Sie dann wohl große Pläne schmieden, aber keinen in die Tat umsetzen. Es bleibt dann nur der Traum vom Kampf, vom Sieg, vom Erfolg, von der Liebe, von der Schönheit, von der Kreativität – und der Konsum und vermeintliche Besitz davon auf der Ebene der Instinkte, die Verherrlichung der Idole und die Identifikation mit den Stars, die den Traum verkörpern.

Die Illusion, der wir dabei unterliegen, ist tragisch. Wir meinen zwar für die kurze Zeit des Filmes oder des Rausches, daß wir die Heldinnen wären, mit denen wir uns identifizieren. Aber unsere Mitarbeiterinnen wissen es besser. Wir können uns täuschen, indem wir sie (aus unserem Bewußtsein) verdrängen, aber wir können sie nicht täuschen. Den Affekten, die keine Macht entwickeln, bleibt nur die Ohnmacht, und das heißt die Frustration. Macht heißt, etwas gegen Widerstand (der Beharrung und der anderen) bewirken zu können. Ohnmacht heißt, der Wirkung anderer hilflos ausgesetzt zu sein. Dabei sind zwei Dinge wichtig: daß das Etwas das Richtige und nicht selbst eine Illusion ist und daß die Macht, es auszuführen, vorhanden ist. Das richtige Etwas ist die Berufung. Die Macht, es zu tun, ist die Kombination aus Kraft, Wille und Wissen/Können. Ohnmacht heißt demzufolge, nicht genügend von diesen Voraussetzungen mitzubringen. Daß Macht, die die Ebene der empathischen Vernunft nicht erreicht, destruktiv wirkt, haben wir gezeigt. Daß auch Ohnmacht destruktiv ist, können wir überall erkennen, unter anderem bei den Hooligans und in den links- wie rechtsextremen Szenen. Die Aggression, d. h. die Kraft der Instinkte und der Wille der Affekte, sich durchzusetzen, äußert sich dort in blinder Zerstörung, weil sie nicht genügend Kraft, Willen und Wissen haben, um das Ziel zu erreichen, das sie sich setzen. Dieses Verhalten ist ein Verhalten nach außen. Aber wir dürfen uns nicht täuschen. Das gleiche gewaltsame Verhalten erleben wir nach innen. Die Mitarbeiter, die Sie unterdrücken (ignorieren, betäuben), bis sie keine Kraft mehr haben, werden sich durch „blinde" Zerstörung Gehör verschaffen: durch Krankheiten, Unfälle, Verluste, Niederlagen, Zusammenbruch.

Wir setzen im Kampf um Dominanz (nach innen und nach außen) unter anderem zwei perfide Mittel ein, um Mitarbeiterinnen zu betäuben: Nikotin und Alkohol. Beide sind Giftstoffe. Das Nikotin ist eines der stärksten Pflanzengifte und ab ca. 0,05 g, der Alkohol ab ca. 5 Promille Blutanteil für den Menschen tödlich. Nikotin wirkt wie der Streß erregend auf das gesamte vegetative Nervensystem, indem es Adrenalin (Catecholamin) freisetzt – ein Neurotransmitter, der das Instinkt- und Affekthirn auf Angriff trimmt: Die Verengung der Blutgefäße, die Erhöhung des Blutdrucks, die Beschleunigung des Herzschlags, die Verbesserung der Hirndurchblutung und die Erweiterung der Atemwege, die das Nikotin über das Adrenalin auslöst, sind die physische Vorbereitung für den Kampf. Ähnlich wie beim Streß hat der Giftstoff nach der erregenden Wirkung kleinerer Dosen mit höherer Dosis eine lähmende Wirkung. Ähnlich wie der Alkohol lähmt er u. a. die Mitarbeiterin Angst. Dafür sorgt in direkter Weise das freigesetzte Adrenalin und in indirekter Weise die Narkotisierung des instrumentellen und empathischen Vernunfthirns. Indem dessen Funktionen sukzessive ausgeschaltet werden, wird die Fähigkeit zur Beurteilung der Situation und der Konsequenzen des Handelns (die Bewußtheit) reduziert und die Entscheidung allein dem Instinkthirn überlassen. Deshalb sind Gewaltausschreitungen (z. B. im Fußballstadion) und „*Instand*-Kopulationen" (von unbedarften Eine-Nacht-Geschichten über das Trauerspiel in der Prostitution bis zur grausamen Vergewaltigung) vor allem unter dem Einfluß von Nikotin und Alkohol möglich. Daher rührt der plötzliche Mut, die Bereitschaft zur Gewalt und die Blindheit gegenüber Destruktion und Unterwerfung. Deshalb der Griff zur Zigarette oder zum Glas, in jedem Moment, in dem Sie sich unsicher, d. h. bedroht fühlen. Weil die biologische Halbwertszeit des Nikotins im Hirn nur 15 Minuten (im Blut 90 Min.) beträgt, (was dafür verantwortlich zeichnet, daß das Gift nicht sofort tödlich wirkt), müssen Sie dauernd nach einer neuen Zigarette greifen, wenn Sie sich für den Angriff aufbauen und nach dem Kampf entspannen wollen. Weil sich auch der Alkohol abbaut[192] und die Vernunft und die Angst verzweifelt versuchen, sich zu melden, brauchen Sie immer mehr Alkohol, um sie zu narkotisieren. Die Ritualisierung und Heroisierung von übermäßigem Alkoholkonsum unter Männern und die Zunahme des Rauchens bei jungen Frauen haben hierin ihre Ursache.

Die betäubende Wirkung des Alkohols auf das Vernunfthirn können Sie gut an der zunehmenden Störung der Sprachkoordination erkennen, die bis zum Lallen reicht. Den Einfluß des Nikotins (wie des Alkohols) auf die Motorik des Instinkthirns (Kleinhirns) und das Gleichgewicht Ihrer Hirnmannschaft erkennen Sie daran, wie sich Ihr Schriftbild verändert, wenn Sie rauchen (oder trinken), während Sie schreiben.

Die gesundheitlichen Schäden von Nikotin und Alkohol sind hinlänglich bekannt. Leider reicht das Wissen darum bei vielen nicht aus, um das Handeln zu verändern. Tatsächlich ist die Wirkung berauschend und der Bedarf nach einer Stimulierung der Instinkt- und Affekthirne bei gleichzeitiger Narkotisierung der Vernunfthirne mit zunehmendem Ungleichgewicht (= Druck) steigend. Für das Gleichgewicht Ihrer Hirnmannschaft sind die Narkotika ebenso schädlich (tödlich) wie für Ihre Gesundheit. Nach Schätzung der Weltgesundheitsorganisation WHO stirbt alle 13 Sekunden ein Mensch an den Folgen des Rauchens. Nach epidemiologischen Studien erhöht sich das Todesrisiko bei starken Passivrauchern um circa 30 Prozent. Etwa ein Fünftel der in die Entgiftungsstationen der Allgemeinen Krankenhäuser eingelieferten Patienten leiden unter akuter Alkoholvergiftung. Leberzirrhose (Leberverfettung und vermehrte Blutfülle des Hirns), eine der typischen Folgeerscheinungen von übermäßigem Alkoholgenuß,[193] gehört in vielen Ländern zu den fünf häufigsten Todesursachen in der Altersgruppe von 25 bis 64 Jahren.

Das Perfide ist, daß diese Mittel Macht suggerieren und tatsächlich die Ohnmacht nur verstärken. Sie schwächen Sie gesundheitlich und, was noch schlimmer ist, entfernen Sie vom Gleichgewicht, anstatt Sie ihm anzunähern. In der Ohnmacht kann die empathische Vernunft nicht wachsen. In der Ohnmacht kann nichts wachsen, außer Eifersucht, Neid, Haß und Bitterkeit, die sich nach außen oder innen in selbstzerstörerischen Aktionen Luft verschaffen. Das Bild, das Fritz Zorn in *Mars* von seiner Krankheit Krebs, an der er gestorben ist, vor 30 Jahren gezeichnet hat, ist höchst aktuell; nicht in erster Linie nach außen, als Gesellschaftskritik und Schuldzuweisung, sondern als Hinweis auf die eigenen inneren Voraussetzungen, die zur Zerstörung führen.

Es gibt nur einen Weg, um nicht im Quadranten der Frustration und Destruktion zu enden. Dieser führt über den Willen der Mitarbeiterin Dominanz, sich der fatalen Tendenz der Affekte nicht zu unterwerfen. Das heißt nicht weniger als dies: wir müssen zuerst Willen haben, um nichtwollen zu können. Wir müssen erst Wölfinnen sein, um Schafe zu werden.

Wenn die Mitarbeiterin Dominanz schwach ist, stärken Sie sie:

- Setzen Sie sich Ziele.
- Definieren Sie den Ist-Zustand und den Soll-Zustand, d. h. die Ausgangslage und das Ziel präzise mit Hilfe der instrumentellen Vernunft.
- Definieren Sie die Ausgangslage realistisch und das Ziel nur einen kleinen Schritt davon entfernt, d. h. bescheiden mit Hilfe der empathischen

Vernunft, so daß Sie es sicher erreichen können. Die Gefahr der Über- und Unterschätzung ist groß.

- Verfolgen Sie immer nur ein Ziel auf einmal. Auf das nächste konzentrieren Sie sich erst, wenn Sie dieses erreicht haben und halten können. Beteiligen Sie die Mitarbeiterin Geduld.
- Wenn Sie etwas anfangen, führen Sie es zu Ende, bevor Sie etwas Neues anfangen.
- Fangen Sie mit diesen Regeln im kleinsten an, z. B. zu Hause und dort, wo es Ihnen am leichtesten fällt.
- Planen Sie den Tag im voraus und halten sich an den Plan. Wenn Sie sehen, daß das nicht möglich ist, ändern Sie den Plan, so daß Sie ihn einhalten können. Die Methoden des Zeit- und Zielmanagements können hier hilfreich sein.
- Suchen Sie nach Regelmäßigkeiten: in der Arbeit, in der Freizeit, im Haushalt usw.
- Achten Sie auf Ihre Haltung. Eine krumme Rückenhaltung ist ein Symbol für einen schwachen Willen. Die Sitz- und Meditationstechnik des Zen (ebenso wie der Fersensitz) hilft Ihnen, den Willen und den Rücken zu stärken – und gleichzeitig den Nicht-Willen, d. h. die Verbindung zur empathischen Vernunft herzustellen.
- Achten Sie auf die Personen, die Sie bewundern. Schreiben Sie auf, was Sie an ihnen bewundern. Machen Sie sich einen Plan, wie Sie diese Eigenschaften oder Errungenschaften selber im kleinen und in kleinen Schritten realisieren können.
- Suchen Sie die Gesellschaft von Menschen, die Ihnen Mut machen und Sie in Ihren Zielen unterstützen und fördern.
- Identifizieren Sie Menschen, die Ihnen wenig Mut machen, die nicht an Sie glauben, die Sie einschränken, die fordern, ohne zu fördern, die blinden Gehorsam und bedingungsloses Vertrauen verlangen, die Sie dominieren, unterdrücken, unterwerfen, klein und abhängig halten. Entwerfen Sie einen Plan, wie Sie sich dem Einfluß dieser Menschen entziehen können.
- Werden Sie zielgerichteter, präziser, schneller, organisierter, effizienter. Das heißt, Sie suchen die Verbindung zur instrumentellen Vernunft.
- Werden Sie fordernder zu sich selbst.
- Werden Sie härter mit sich selbst.
- Werden Sie ein bißchen ehrgeizig.
- Werden Sie kompetitiver. Üben Sie z. B. einen kompetitiven Sport oder Ihren Sport kompetitiv aus (vielleicht eine Kampfsportart).
- Werden Sie artikulierter. Melden Sie sich mehr zu Wort. Beteiligen Sie sich aktiver und intensiver an den Diskussionen. Lassen Sie sich von den Stimmen der andern nicht so leicht beeindrucken (und überfahren), nur

weil sie schneller, lauter, aggressiver sind oder selbstsicherer und klüger erscheinen. Halten Sie Referate, wenn Sie etwas zu sagen haben, und vertreten Sie Ihren Standpunkt (auch dazu brauchen Sie die Verbindung zur instrumentellen Vernunft).

- Gewinnen Sie an Selbstvertrauen. Das heißt, vertrauen Sie mehr auf Ihre eigenen, inneren Mitarbeiterinnen, als auf die Stimmen der anderen. Die Stimmen Ihrer eigenen Mitarbeiter sind oft die ersten Stimmen, die Sie hören.
- Werden Sie durchsetzungsfähiger. Setzen Sie Ihren Standpunkt bei Dingen, die Ihnen sehr wichtig sind, mehr durch.
- Kämpfen Sie für Ihren Standpunkt – wenn er Ihre Berufung ist. Genauer: Verteidigen Sie ihn gegen die Angriffe, denen er ausgesetzt ist. Kämpfen Sie gegen die Gewohnheiten, Vorstellungen, Vorschriften, die Sie davon abhalten wollen. Kämpfen Sie gegen die Meinungen und Normen, die Ihnen andere aufzwingen wollen, weil sie Sie dominieren, d. h. weil sie ihre und nicht Ihre Ziele verfolgen. Kämpfen Sie gegen Ihre eigenen Ängste, Urteile und Vorurteile. Entwickeln Sie die Kampfkraft der Instinkte.
- Gewinnen Sie an Vertrauen, zuerst in sich selber. Und auf der Basis Ihrer wachsenden inneren Sicherheit, in andere Menschen.
- Rauchen Sie nicht und trinken Sie wenig Alkohol – ohne jeden Zwang.

Die Freude

Sie ist eine wichtige Mitarbeiterin, um das horizontale Gleichgewicht auf der Ebene der Affekte aufrechtzuerhalten: Wenn Sie wenig Freude haben, haben Sie nicht viel vom Leben. Es lohnt sich also, auch dieser Mitarbeiterin Sorge zu tragen. Es gilt nur aufzupassen, daß die Freude nicht zum Selbstzweck wird. *Let's have fun* ist genau das falsche Motto. Es wird in Unternehmen und an Veranstaltungen oft beschworen und bewirkt mit tödlicher Sicherheit das Gegenteil. Es ist die falsche Lustigkeit, die auch fast nur mit Alkohol funktioniert und früher oder später in peinlichen Witzen endet. Sie ist falsch, weil sie die Lustigkeit (die Freude) zum Ziel setzt. Wir arbeiten, feiern, spielen, tanzen, snowboarden nicht, um *fun* zu haben, sondern wir haben beim Arbeiten, Feiern, Spielen, Tanzen, Snowboarden usw. Freude, wenn (weil) wir es im Gleichgewicht tun. Die Freude ist die Erfahrung der Tätigkeit und nicht das Ziel.

Wenn Sie sich dessen bewußt sind, vermeiden Sie automatisch die Fallen, die mit der Freude verbunden sind. Sie kann Sie nämlich, wenn sie als Ziel mißverstanden wird, leicht in die Quadranten des Stresses oder der Frustration locken. Im Quadranten des Stresses werden Sie zum Opfer des

Ehrgeizes, der mit allen Mitteln den Erfolg, die Belohnung, die Freude und den Spaß erzwingen will. Im Quadranten der Frustration werden Sie zum Opfer des Neides, der den andern die Freude mißgönnt, weil er sich selbst nicht freuen kann. Auch in den nördlichen Quadranten wird sich die falsch verstandene Freude negativ auswirken. Im Quadrant des Erfolges äußert sie sich in der unangenehmen Arroganz und Gönnerhaftigkeit, mit der sie als Ziel der Leistung und als Beweis des Erfolges gezeigt wird. Und im Quadranten des Gehorsams hält sie die Unterworfenen davon ab, den Quadranten zu verlassen, aus Angst, die Freude (Belohnung) zu verlieren.

Gut können wir die Mitarbeiterin Freude bei kleinen Kindern beobachten. Sie freuen sich an allem, was ihnen nicht Angst macht, an jeder Begegnung, an jeder Entdeckung, an jedem Fortschritt, an jedem kleinen Erfolg. Die Welpen freuen sich an jedem Tier und an jedem anderen Objekt, das ihnen wohlwollend begegnet. Die kleinen Kinder lachen uns an, wenn sie keine Angst haben. Orientieren Sie sich an der Freude der kleinen Kinder, wenn Sie Ihre Mitarbeiterin stärken:

● Freuen Sie sich an den Dingen, die Sie haben – die Natur, Gesundheit, Schönheit, den Fortschritt, das Glück, die Liebe, die Freude –, und nicht an den Dingen, die Sie nicht haben.
● Freuen Sie sich an den kleinen Dingen.
● Zeigen Sie Ihre Freude.
● Lachen Sie viel (Lachen fördert die Gesundheit).

Die Unterwerfung

Wir dürfen auf keinen Fall den Fehler machen, diese Mitarbeiterin negativ zu betrachten, obwohl sie negative Konsequenzen nach sich ziehen kann. Mit den unerwünschten Folgen haben wir uns auseinandergesetzt: der Naivität und blinden Bewunderung auf der nördlichen Seite des Positionierungsfeldes und den Neid und der Bitterkeit im Süden. Aber wir besitzen diese Mitarbeiterin, und das allein ist Hinweis genug, daß sie auch eine positive Funktion haben muß. In der Tat haben wir sie bei den Kindern, Welpen und juvenilen Wölfen angetroffen. Sie brauchen die Unterwerfung unter die Ordnung der Gruppe, weil die Gruppe sonst nicht funktionieren kann und weil sie ohne die Gruppe nicht überleben können. Sie brauchen die Zeit und den Raum und den Schutz und die Sicherheit, um lernen zu können. Sie brauchen das Gleichgewicht der Gruppe, um das Gleichgewicht zu erlernen, mit dem sie selber leben können.

Im südafrikanischen Pilanesberg-Nationalpark sind hundert junge Elefanten ausgesetzt worden, die zu früh von ihren Herden weggenommen

wurden. Die jungen Bullen erreichten ihre sexuelle Reife zehn bis fünf-
zehn Jahre früher als gewohnt und verhielten sich extrem aggressiv. Sie griffen Menschen und Nashörner an. Mit den Nashörnern zusammen, von
denen sie etwa vierzig töteten, bildeten sie eine Herde. Die Zoologen im
Park bezeichneten die Elefanten als verhaltensgestört. Gestört ist in der Tat
das Gleichgewicht. Die jungen Elefanten haben nicht gelernt, sich zu
unterwerfen. Wir kennen das Verhalten aus der Ödipussage. Wenn der
Instinkt (die Mitarbeiterin Kopulation der jungen Bullen) in Verbindung
mit dem Affekt (der Herde) allein entscheidet, nimmt er sich, was er muß,
und tötet, was sich ihm in den Weg stellt. Die Experten haben darauf sechs
ältere Bullen aus dem entfernten Krüger-Nationalpark nach Pilanesberg
umgesiedelt, in der Erwartung, daß sie die jüngeren Tiere nachträglich disziplinieren würden.[194]

An dieser Tatsache sehen die pädagogischen Modelle vorbei, die die Erziehung einseitig nur mit der empathischen Vernunft verfolgen. So lebens-
wichtig diese ist und so wohlgemeint die Intentionen der mit Liebesgefüh-
len[195] reich gesegneten Erzieherinnen sind, so ungleichgewichtig und
unglücklich ist das Resultat der Erziehung. Die Kinder müssen das Gleichgewicht zwischen Dominanz und Unterwerfung lernen können. Wenn nicht
früher, dann später. Dominanz heißt Gewalt des Stärkeren und Unterwerfung
heißt Unterwerfung unter diese. An dieser Lektion führt kein Leben vorbei,
weil sie im Hirn programmiert ist. Alle Formen der Verwöhnung – auch
wenn sie aus „Liebe" gedacht sind, die sich bei genauer Betrachtung meistens
als Affekt entpuppt – helfen nicht, das Gleichgewicht zu finden. Und wenn
Alleinerziehung ein Nachteil ist, dann in dem Maße, wie es dem alleinerziehenden Elternteil nicht gelingt, das Gleichgewicht zu lehren.

Wenn Sie Ihre Mitarbeiterin Unterwerfung stärken, heißt das also:

● Erkennen und anerkennen Sie Grenzen, ohne in den Quadrant des
  Gehorsams oder der Frustration zu fallen. Das gelingt Ihnen nur in
  Koalition mit der instrumentellen und empathischen Vernunft:

  – Die instrumentelle Vernunft erlaubt Ihnen, die Fakten und Chancen
    realistisch einzuschätzen und effizient und effektiv auszunützen.
  – Die empathische Vernunft ermöglicht Ihnen, auf die Unterwerfung,
    d. h. Einschränkung (der Bedürfnisse und Wünsche Ihrer Instinkte
    und Affekte) mit Güte, Geduld, Bescheidenheit und Bewußtheit zu
    reagieren, d. h. weder bitter zu werden noch zu resignieren.

● Erkennen und anerkennen Sie die Realität und die Notwendigkeit von
  Gleichgewichtszuständen.
● Erkennen Sie, daß Sie diese mit der Stärke der Instinkte und/oder der
  Dominanz der Affekte allein nicht herstellen können.

- Seien Sie flexibel wie das Schilfrohr in „Amor und Psyche", das Psyche gesagt hat, wie sie die Bestien besänftigen kann. Wir erkennen die „wilden Schafe mit dem goldenen Vlies" nun unschwer als Symbol für die Instinkt-Affekt-Koalition: die Kraft und Potenz der Böcke für den Instinkt und die Herde, das Gold und die Hartköpfigkeit (die Tiere stoßen im Kampf mit den Hörnern und Köpfen zusammen) für den Willen der Affekte.[196]
- Seien Sie gelassen (nicht verbissen).
- Lernen Sie auch zu verlieren.
- Verlieren Sie nicht die Sicherheit, den Mut, die Zuversicht, die Hoffnung.

Die Angst

Für sie gilt noch mehr, was wir oben gesagt haben. Mit Angst haben wir bisher nur negative Konsequenzen verbunden, und es ist unser aller Anliegen, uns davon so weit wie möglich zu entfernen. Aber auch die Angst ist eine positive Mitarbeiterin. Ihre Funktion besteht darin, uns zu warnen, wenn wir uns vom Gleichgewicht zu sehr entfernen wollen, und uns davon abzuhalten. Wenn wir vom Gleichgewicht zu weit entfernt sind, fordert sie uns auf, zum Gleichgewicht (zurück-)zufinden.

Wenn Sie z. B. Angst vor einem Vortrag oder Auftritt haben – eine der am meisten verbreiteten Formen von Angst, die wir Lampenfieber nennen –, dann deshalb, weil Sie in dieser Situation nicht in Ihrem Gleichgewicht sind. Das kann viele Ursachen haben. Vielleicht beanspruchen Sie eine Position, die Ihnen nicht zusteht oder die Ihnen das Publikum nicht zugesteht. Vielleicht sind Sie zu wenig sicher, um die Position zu halten. Vielleicht fehlt Ihnen die Kraft der Instinkte, vielleicht das Wissen und Können der instrumentellen Vernunft. Vielleicht ist das, was Sie sagen wollen, (noch) nicht einfach genug, so daß Sie es selbst noch nicht ganz verstehen. Vielleicht wollen Sie – d. h. Ihre Mitarbeiter Dominanz und Erfolg – zu viel. Vielleicht wollen Sie das Publikum mit Gewalt von etwas überzeugen, anstatt es dem Publikum zu überlassen, sich selbst zu überzeugen. Vielleicht wollen Sie damit Ihre Position verbessern. Mit Sicherheit haben Sie Angst, wenn Sie nicht in Ihrer Berufung sind, weil Sie dann nicht in Ihrem Gleichgewicht sind.

Wenn Sie große Angst vor einem bestimmten Menschen haben, dann deshalb, weil Sie sich mit ihm in der direkten Konfrontation (noch) nicht messen können. Gehen Sie ihm und der Konfrontation so lange aus dem Weg, bis Sie eine Chance haben zu gewinnen. Unterwerfen Sie sich der Situation, nicht dem Menschen. Machen Sie sich nicht zum Kanonenfutter. Akzeptieren und ertragen Sie die Situation so lange, bis Sie sie zu Ihrem Vorteil ändern können. Vielleicht ändern Sie die erfolgsentscheidenden Faktoren bei sich selbst. Vielleicht ändert sich der Kontrahent. Vielleicht ändern Sie die Situation, oder die Situation ändert sich mit der Zeit von selbst. *Reculer pour mieux sauter* (sich zurückzuziehen, um einen besseren Anlauf zu nehmen) heißt das französische Sprichwort dazu, oder „das Warten" in der chinesischen Mythologie.[197] Darin besteht die positive Funktion der Paarung zwischen Angst und Unterwerfung. Zwei weitere Mitarbeiterinnen können Ihnen dabei große Hilfe leisten: die Bewegung aus dem Instinkthirn und die Geduld aus der empathischen Vernunft. Das ist die Zweckursache solcher leidvoller Situationen. Üben Sie Geduld und Beweglichkeit. Gehen Sie nicht mit dem Kopf durch die Wand und dabei zugrunde.

Soweit zur Regulationsfunktion der Angst nach außen. Ebenso relevant ist sie nach innen. Die Mitarbeiterin Angst ist das affektive und das heißt von Ihrem Bewußtsein autonome Gleichgewicht zu allen Hirnfunktionen, die wir dem Aktionsmodus zugeordnet haben. Den Mitarbeiterinnen im Rezeptionsmodus geht vieles, was die „aktiven" Kolleginnen wollen, zu schnell und zu weit. Neben der instrumentellen Vernunft ist die Angst eine Stimme, mit der sie versuchen, auf das Ungleichgewicht aufmerksam zu machen.

Einen ganz entscheidenden Punkt im Umgang mit der Angst erkennen Sie sofort. Je schwächer die Stimmen der Mitarbeiter im Rezeptionsmodus sind, desto lauter muß die Angst schreien, weil sie die einzige ist, die sich noch Gehör verschaffen kann. Wenn Sie also stark unter Angstzuständen leiden, d. h. wenn Ihre Mitarbeiterin Angst ein starkes Übergewicht hat, ist das ein Zeichen dafür, daß Ihr Affekthirn stark dominiert. Wenn Sie gar keine Angst haben, wenn Sie gar nicht wissen, was das ist, ist die Wahrscheinlichkeit groß, daß Sie die Mitarbeiterin unterdrücken: mit den Mitarbeitern der Instinkte, der Dominanz oder der instrumentellen Vernunft.

Um sich von der Angst zu befreien, müssen Sie die anderen Mitarbeiter stärken. Um der Angst eine Stimme zu geben, müssen Sie auf sie hören.

Wenn wir auf die Angst nicht hören (wollen), greift sie zu radikalen Mitteln. Die erste Stufe sind Körperschmerzen. Angst zieht sich zusammen, d. h., die Muskeln und Fasern ziehen sich zusammen. Wenn wir am Ende des Tages oder am Morgen nach dem Schlafen verspannt sind, liegt das oft nicht (nur) am Bürostuhl oder am Bett (auf deren Qualität wir selbstverständlich achten sollen). Die Verspannung ist ein Zeichen dafür, daß Sie auf die Angst und die Kolleginnen, die sie vertritt, bei den Entscheidungen des Tagesgeschäftes nicht gehört haben. Wenn Sie am Morgen Schmerzen haben, weist das darauf hin, daß die Angst in der Nacht schwer zu arbeiten hatte, weil Sie sie bzw. die Mitarbeiter, die sie vertritt, tagsüber schwer vernachlässigt haben. Angstträume sind nichts anderes als die Hilfeschreie der Mitarbeiterin Angst (mehr dazu im Kapitel 8: Sie hören auf Ihre Träume).

Wir können die Funktion der Mitarbeiterin Angst einmal mehr an den kleinen Kindern beobachten. Es ist schon erstaunlich zu sehen, wie kleine Kinder, die wohlbehütet aufwachsen, früh und ohne äußeren Grund Angst haben und diese auch zeigen, „vor dem bösen Mann im dunklen Gang" zum Beispiel, den wir beim besten Willen nicht eruieren können, oder in den Angstträumen, deren Ursache wir uns nicht erklären können. Die Angst ist im Affekthirn programmiert und hilft den Kleinen, das Gleichgewicht zwischen Dominanz und Anpassung zu finden. Natürlich lernt das Kind auch diese Anpassung an seiner Umgebung. Wenn Sie diese Umgebung sind, wird der Umgang des Kindes mit der Angst das Abbild sein von Ihrem eigenen Umgang mit diesem Mitarbeiter.

So stärken Sie Ihre Mitarbeiterin Angst:

- Haben Sie keine Angst mehr vor der Angst. Das ist möglich, weil Sie nun ihre Zweckursache kennen.
- Seien Sie achtsam gegenüber Ihrer Angst.
- Hören Sie auf Ihre Angst.
- Nehmen Sie sie ernst.
- Geben Sie ihr eine Stimme.
- Reden Sie mit Ihrer Angst (siehe Kapitel 9: Sie sprechen mit Ihren Mitarbeiterinnen)
- Finden Sie heraus, welche unterdrückten Mitarbeiter die Angst vertritt.
- Suchen Sie nach der Zweckursache der Angst: Wenn Sie z. B. am Morgen mit einer unerklärlichen Angst aufwachen (oder diese zu irgendeiner Tageszeit plötzlich aufkommt), verfolgen Sie die Zeit zurück, bis zu dem Moment, seit dem Sie sich schlechter (anders) fühlen als vorher. Diese Situation ist mit großer Wahrscheinlichkeit die Auslöserin der Angst, die sich zu einem späteren Zeitpunkt, oft erst am nächsten Morgen, bemerkbar macht. Rekonstruieren Sie die Situation. Wie haben Sie sich verhalten, wenn Sie aktiv waren? Wie haben sich andere verhalten, wenn Sie passiv waren? Welche Ihrer Mitarbeiterinnen waren aktiv? Die Angst weist auf ein Ungleichgewicht in Ihrer Hirnmannschaft hin, das durch die Situation aktiviert wurde. Vielleicht waren Sie zu dominant, zu aggressiv, vielleicht sind Sie zu wenig oder gar nicht auf andere eingegangen. Vielleicht ist niemand auf Sie eingegangen. Vielleicht haben Sie Ihre Mitarbeiter nicht verteidigt. Vielleicht verletzten der Zynismus und die Rücksichtslosigkeit der Umgebung permanent Ihre empathische Vernunft. Entweder waren Sie zu dominant oder zu wenig dominant. Entweder haben Sie Ihre Kräfte überschätzt oder unterschätzt. Vielleicht

haben Sie für die falsche Sache gekämpft. Vielleicht waren Sie zu schnell. Vielleicht wollten Sie zu schnell zu viel.

- Finden Sie das Ungleichgewicht, das die Angst verursacht, und arbeiten Sie in Richtung des Gleichgewichts.
- Schätzen Sie Ihre Mitarbeiterin Angst, weil sie Sie auf das Ungleichgewicht aufmerksam macht und damit hilft, das Gleichgewicht zu finden.

Im Zusammenhang mit der Angst können Sie die Bedeutung des dynamischen Gleichgewichts gut erkennen: Wenn Ihnen die Kraft der Instinkte fehlt, werden Sie Ihre Position nicht halten können und Angst davor haben, sie zu verlieren. Wenn Ihnen der Wille der Affekte fehlt, werden Sie keine Position haben und dafür Angst, die Statthalter der Belohnung zu verlieren, oder Frustration, wenn Sie nicht in den Genuß der Belohnung kommen. Wenn Ihnen das Wissen und Können der instrumentellen Vernunft fehlt, werden Sie Ressourcen verschwenden und Angst vor dem Tag haben, an dem sie Ihnen ausgehen. Wenn Ihnen die Berufung fehlt, ist alle Anstrengung umsonst gewesen, und Sie werden Angst vor dem Moment haben, an dem Sie es merken.

Wenn die Kraft der Instinkte zu groß ist, werden Sie sich mit Gewalt zerstören und Angst haben müssen, daß Sie jemand zerstört (besiegt), der gewaltiger (stärker) ist als Sie. Wenn Sie zuviel Affekt haben, leben Sie in der dauernden Angst, die Position zu verlieren, weil Sie nichts haben außer dem Willen, um sie zu halten. Wenn die instrumentelle Vernunft dominiert, wird der Zynismus an Ihnen nagen und die Angst, die Kontrolle zu verlieren. Wenn Sie viel empathische Vernunft haben und sonst keine Mitarbeiterinnen, werden Sie nichts realisieren können und Angst haben (müssen), von den Instinkten und Affekten weggespült zu werden.

Die Mitarbeiter des instrumentellen Vernunfthirns

Seit Beginn des 17. Jahrhunderts, seit der Aufklärung und dem Siegeszug der naturwissenschaftlichen Erkenntnis, steht unsere Kultur ganz im Banne der instrumentellen Vernunft. Unser ganzes vorberufliches Leistungssystem ist auf ihr aufgebaut. Wer ihren Kriterien in dieser Lebensphase nicht genügt, hat es, wenigstens in der Schule und bei der Berufswahl, schwer. Ein Aufatmen ging durch die ganze Welt, als jemand auf die clevere Idee kam, den Begriff Intelligenz nicht nur für die Messung des Wissens und Könnens der instrumentellen Vernunft zu reservieren, sondern auch auf andere Fähigkeiten und Tätigkeiten auszudehnen. Seither braucht niemand mehr Angst zu haben, nicht intelligent zu sein.

Diese Wohltat befreit uns nicht davon, uns darüber klar zu werden, ob die instrumentelle Vernunft in unserer Entscheidungsfindung eine starke oder eine schwache Rolle spielt, und darüber hinaus, mit welchen anderen Mitarbeiterinnen sie eine Koalition eingeht. Die instrumentelle Vernunft ist dann Ihre Stärke, wenn Sie digital, in Sprache oder Mathematik, präzise, abstrakt, kausal, systematisch, strukturiert, geordnet, theoretisch, strategisch denken. Die instrumentelle Vernunft ist Ihre Schwäche, wenn sie analog, in Bildern, diffus, konkret, spontan, ganzheitlich, konfus, chaotisch, praktisch, taktisch denken. Wenn sie Ihre Stärke ist, wird sie Ihre Entscheidungen dominieren. Wenn sie Ihre Schwäche ist, wird sie Ihnen fehlen. In beiden Fällen sind Sie vom optimalen Ergebnis weit entfernt.

Wenn die instrumentelle Vernunft Ihre Stärke ist, sind die Koalitionen anzuschauen. Die instrumentelle Vernunft ist ein Reisläufer, der sich jedem in den Dienst stellt, der ihn anheuert und bezahlt. Ein beliebter Auftraggeber ist der Affekt, der Dominanz und Erfolg will und sie mit Hilfe der instrumentellen Vernunft erreicht. In diesem Falle bestimmt der Affekt auch, was er sehen, wissen und können will. Er wird nur genau das wissen wollen, was ihm hilft, seine Ziele zu erreichen, und er wird nicht wissen wollen, was ihnen im Wege steht. Der instrumentellen Vernunft fällt es leicht, diesen Anweisungen nachzukommen. Es ist ihre Spezialität, den Rahmen der Betrachtung auf jedes gewünschte Maß einzustellen. Je enger die Grenzen gesteckt sind, um so präzisere und sicherere Informationen kann sie generieren.

Die Koalition zwischen dem Affekt und der instrumentellen Vernunft kann tödlich sein, wie uns die folgende Geschichte zeigt:

Dädalus und Ikarus

Der Athener Daidalos war der größte Baumeister und Bildhauer seiner Zeit, ein genialer Ingenieur, Erfinder und Künstler. Weil er Angst hatte, sein Schüler Talos, der Sohn seiner Schwester, könnte berühmter werden als er selbst, ermordete er ihn. Schließlich entwickelte er ein Gerät, das den Menschen erlaubte zu fliegen. Sein junger Sohn Ikarus stürzte damit zu Tode, weil er sich nicht an die Ermahnung des Vaters hielt und zu hoch hinauswollte. Daidalos lebte noch lange danach und erreichte an Erfolg und Bewunderung, was er wollte. Aber er fand nicht zum Glück, sondern versank immer mehr in Frustration, Depression und Bitterkeit über den Tod seines Sohnes. Der Ehrgeiz des Wissenschaftlers und Künstlers, die Eitelkeit und Eifersucht, gepaart mit der Gewalttätigkeit, der Hochmut seines Sohnes, die Frustration und Bitterkeit trotz aller Erfolge sind Mitarbeiter der Instinkt- und Affekthirne, die wir bestens kennen. Die Koalition mit der instrumentellen Vernunft macht sie noch stärker.

Wenn Ihre instrumentelle Vernunft Ihre Stärke ist, besteht Ihre Aufgabe wie in allen Ungleichgewichtssituationen darin, sich von der Dominanz des instrumentellen Vernunfthirns zu befreien. Dies erreichen Sie wie üblich dadurch, daß Sie die unterdrückten Mitarbeiter stärken.

Die große Herausforderung stellt sich Ihnen dabei auf der Achse Ordnung und Zufall. Wenn Sie stark auf der Seite der Ordnung stehen und dort eine Erfolgsposition aufgebaut haben – wozu Ihnen Effizienz und Effektivität zusammen mit den Instinkten und Affekten verholfen haben – werden Sie wenig Anlaß sehen, die Position zu verlassen. Im Gegenteil, der Affekt und die Vernunft werden mit allen Kräften auf die Sicherheit und den Erfolg pochen und nie und nimmer das Risiko eingehen wollen, die das Verlassen jeder Position immer mit sich bringt. In diesem Fall laufen Sie Gefahr, in der sicheren und gesicherten Ordnung der instrumentellen Vernunft zu erstarren.

Wenn Sie stark auf der Seite des Zufalls stehen, werden der Zynismus und seine versteckten Anverwandten alles daransetzen, Sie von jeder ernstgemeinten Weiterentwicklung abzuhalten. „Es ist eh alles sinnlos", wird der Zynismus sagen. „Die Welt ist ungerecht und unverbesserlich", sagt die Frustration. „Wenn du es nicht tust, tut es ein anderer", meint der Streß. Es wird Ihnen leicht fallen, sich über die Mitarbeiterinnen der empathischen Vernunft lustig zu machen. Sie können sie ins Lächerliche ziehen. Sie sind ein Meister der bitteren Ironie. Sie werden sich drehen und wenden, um sich nicht festlegen zu müssen. Weil alles relativ und nichts absolut ist, ist alles möglich. Vieles kann die Ursache sein und vieles die Wirkung. Außerhalb der Mathematik und der experimentell gesicherten Resultate ist nichts bewiesen. Deshalb lassen Sie sich gerne eine Hintertüre offen. Warum auch nicht? wird die instrumentelle Vernunft bestätigen.

Wir dürfen es Ihnen nicht zu schwer machen. Folgen Sie der instrumentellen Vernunft, aber bleiben Sie bei ihr nicht stehen. Wagen Sie die Schritte in die Hirnbereiche, die Sie nicht kontrollieren können. Beginnen Sie mit kleinen Schritten. Wie Sie die Instinkte und Affekte stärken, wenn diese Ihre Schwächen sind, haben wir gezeigt. Wie Sie die empathische Vernunft stärken, werden wir noch sehen.

- Unternehmen Sie kleine Ausflüge aus der Welt der Ordnung oder des Zufalls, aus der Kontrolle von Ursache und Wirkung heraus – also nicht gleich nach Indien zu einem Guru fliegen.
- Denken Sie daran: Die Hirnbereiche müssen sich berühren, nur so können sie miteinander reden.
- Betreten Sie vorsichtig die Quadranten Ihrer schwachen Mitarbeiterinnen. Vergessen Sie nicht – dort sind Sie ein Anfänger.

- Welcher Quadrant zuerst? Wir haben in Anlehnung an die *Theory of Constraints* gesagt, wir konzentrieren uns auf die schwächsten Mitarbeiter. Das ist so lange richtig, wie wir uns damit nicht überfordern. Sonst beginnen Sie in einem einfacheren Quadranten.
- Vergessen Sie ob des Quadranten die Mitarbeiter nicht. Primär geht es um sie. Es ist leicht, einen Kreativitätskurs zu belegen, wie die Popularität der entsprechende Angebote zeigt, wenn Sie z. B. den Quadranten der Kreativität im Auge haben. Es kostet wenig, einen Töpfer-, Mal- oder Tanzkurs zu besuchen. Aber es bringt Sie Ihrem Ziel nicht näher, wenn Sie Ihre Mitarbeiterinnen Bewußtheit und Geduld und ihre Kolleginnen Güte und Bescheidenheit nicht stärken.
- Beobachten Sie die Wirkung, welche die Ausflüge auf Sie haben. Was gewinnen Sie und was verlieren Sie?
- Gehen Sie in kleinen Schritten – aber gehen Sie immer weiter. Es ist dramatisch: Sie betreten (in Ihrem erwachsenen Leben vielleicht zum ersten Mal) den Raum des Absoluten.
- Überprüfen Sie die Plausibilität der neuen Welten mit Hilfe der instrumentellen Vernunft. Sie sind eine Nichtschwimmerin – verlassen Sie nicht den Kontakt zum festen Boden. Sonst gehen Sie unter.
- Aber lassen Sie für einen Moment los. Wie beim Schwimmenlernen werden die Momente immer länger – bis Sie schwimmen.
- Legen Sie sich erst fest, wenn Sie sicher sind. Die Sicherheit werden Ihnen die neuen, gestärkten Mitarbeiter geben.

Die instrumentelle Vernunft als Schwäche

Wenn die instrumentelle Vernunft zu Ihren Schwächen zählt, müssen Sie sie stärken:

- Stellen Sie sich und anderen Fragen.
- Hinterfragen Sie alles. Fragen Sie bei allem, *warum* – insbesondere bei dem, was für Sie selbstverständlich ist. Hinterfragen Sie alle Automatismen und Irrationalitäten.
- Fragen Sie nach der Ursache. Was ist der Grund, daß es so ist, wie es ist.
- Verfolgen Sie die Wirkungen (Konsequenzen) über mehrere Stufen der Konsalkette hinaus.
- Suchen Sie nach einer Theorie, die Ihnen
  1. die Gesetzmäßigkeit zwischen Ursache und Wirkung in einem Gesamtzusammenhang widerspruchsfrei und plausibel erklären und
  2. das Eintreten dieser Gesetzmäßigkeit durch Fakten (empirisch nachprüfbaren Daten) zuverlässig bestätigen kann.

Das Wichtigste aber ist dieses: die Daten und Ergebnisse müssen mit Ihren eigenen Beobachtungen und Erfahrungen übereinstimmen. Allerdings: So kritisch, wie Sie gegenüber den Aussagen und Daten der Theorie sein müssen, so kritisch müssen Sie auch gegenüber Ihrer persönlichen Wahrnehmung sein. Denn diese ist gegen die eigenen Interessen, Urteile, Vorurteile und Sinnestäuschungen nicht besser gefeit als die Wahrnehmung der Wissenschaftler, die die Theorie entwickelt haben. Und die Überprüfung darf nicht auf den Bereich der instrumentellen Vernunft beschränkt sein. Sie muß auch vor den Mitarbeitern der empathischen Vernunft bestehen (was der Volksmund als Bauchgefühl bezeichnet). Instrumentelle und empathische Vernunft müssen übereinstimmen. Die beiden sind vollkommen komplementär, weder widersprüchlich noch hierarchisch. Das absolute Wissen nützt der Erleuchteten wenig, wenn der Blinddarm platzt. Und das relative Wissen, mit dem Sie viel erreichen können, nützt Ihnen wenig, wenn Sie depressiv oder verbittert sind. Medikamente sind relatives Wissen, und sie nützen – kurzfristig.

Die Entwicklung und Überprüfung von Theorien, wie wir sie oben beschrieben haben, ist die Aufgabe der Wissenschaft. Wenn Sie Ihre Mitarbeiter der instrumentellen Vernunft stärken wollen, müssen Sie sich ein Stück weit mit Wissenschaft beschäftigen (das tun Sie zum Beispiel, wenn Sie dieses Buch lesen). Sie produziert instrumentelles Wissen.[198] Wie wir gesehen haben, ist es immer relativ, relativ in bezug auf die Kausalkette, die keinen Anfang und kein Ende kennt, relativ in bezug auf die Bedingungen, unter denen die Aussagen stimmen, relativ auch in bezug auf die Wissenschaftler, also die Menschen mit ihren persönlichen Gehirnen und den darin angelegten Zielen, Intentionen und Informationen.[199] Das ist unumgänglich. Es macht die Ergebnisse der Wissenschaft, d. h. die Theorien, deshalb nicht weniger wertvoll und nützlich, weil sie Ordnungssysteme sind, die uns erlauben,

1. im Rahmen der Gesetzmäßigkeiten, die wir dank einer Theorie kennen, Kontrolle über die Realität auszuüben. Kontrolle heißt, der Willkür, dem Zufall, dem Chaos nicht vollständig ausgeliefert zu sein;
2. über die Realität miteinander zu sprechen. Das heißt, eine Chance zu haben, uns zu verständigen, zu einigen, Erkenntnisfortschritte, d. h. Fortschritte in der Kontrolle der Realität zu erzielen.

- Achten Sie deshalb auf die Präzision der Sprache. Qualität können wir rational, d. h. im Rahmen der instrumentellen Vernunft, nur verbal ausdrücken. Alle qualitativen Aussagen sind im Bereich der instrumentellen Vernunft an die höchste Präzision der Sprache gebunden.

  - Achten Sie darauf, daß die Begriffe, d. h. die qualitativen Inhalte, mit denen Sie bzw. die Theorie operieren, präzise definiert sind.

227

- Achten Sie darauf, daß die Begriffsinhalte erfahrbar oder erahnbar sind und daß der Sender und Sie sie erfahren haben oder erahnen können.[200]
- Achten Sie in der Kommunikation darauf, daß die Erfahrung der Senderin und die Erfahrung des Empfängers identisch oder die Unterschiede ersichtlich sind.

Gleichzeitig ist es notwendig, um die Relativität der instrumentellen Vernunft zu wissen, um gegenüber der Wissenschaft nicht im Quadranten des Gehorsams und Vertrauens, d. h. in naiver Bewunderung und falscher Sicherheit, zu enden. Deshalb ist es erforderlich, daß Sie jede Theorie in den Kontext einer übergeordneten Theorie, einer sogenannten Meta-Theorie, stellen, um daran die Voraussetzungen erkennen zu können, unter denen sie gilt. Die Gefahr, daß die implizit getroffenen Annahmen übersehen werden und ungeprüft bleiben, ist groß. Ebenso ist es wichtig, die persönlichen Werte und Absichten der Wissenschaftler, Auftraggeberinnen und Verwender der Information im Auge zu behalten.

● Unterscheiden Sie zwischen theoretisch fundiertem Wissen (im obigen Sinne) einerseits und Meinungen, Behauptungen, Spekulationen, Dogmen – eigenen wie fremden – andererseits.

Die Mitarbeiterinnen des empathischen Vernunfthirns

Diese Mitarbeiter zu verstehen und zu integrieren ist der schwierigste Teil unseres Unternehmens. Wir haben schon darauf hingewiesen, warum: einerseits, weil es nicht genügt, um die empathische Vernunft zu „wissen", sondern erfordert, sie zu „erfahren", und andererseits, weil die Mitarbeiter der anderen Hirnareale viel daran setzen werden, um das zu verhindern. Der Grund für ihre Obstruktion ist der direkte Widerspruch zwischen ihren Zielen und jenen der empathischen Vernunft. Dieser Widerspruch löst sich erst auf, wenn die Integration gelungen ist. Wir haben gesehen, daß die Dichter bereits seit einigen tausend Jahren mit dieser Frage beschäftigt sind. Vor 2000 Jahren hat auch Jesus Christus[201] versucht, die Rolle des empathischen Vernunfthirns aufzuzeigen. Im Vordergrund seiner Betrachtungen standen zwei Quadranten: die Quadranten der Liebe und des Leidens. Weniger Aufmerksamkeit hat er der Überlieferung nach dem Quadranten der Schönheit geschenkt, und ganz außer acht gelassen hat er den Quadranten der Kreativität.

Wenn wir die Texte der Evangelisten[202] im griechischen Originaltext betrachten und mit dem Wissen interpretieren, das wir bis heute über die Struktur des Hirns und das Management seiner Prozesse gewonnen haben, kommen wir zu einer verblüffenden Übereinstimmung.

Wir halten uns im folgenden an die „Elberfelder Studienbibel mit Sprachschlüssel, Neues Testament".[203] In dieser Bibelausgabe sind alle wichtigen Begriffe in der deutschen Übersetzung markiert, und im lexikalischen Sprachschlüssel wird der entsprechende, originale, griechische Begriff auf seine genaue und ursprüngliche Wortbedeutung hin analysiert. Diese Sprachanalyse beruht auf der *Hebrew-Greek Key Study Bible*, die von Spiros Zodhiates herausgegeben wird. Die deutsche Bearbeitung erfolgte unter Philippus Maier.[204]

Der erste Satz,den wir von Jesus Christus im Neuen Testament in der direkten Rede finden, heißt in der üblichen Übersetzung:

„Tut Buße, denn das Reich der Himmel ist nahe gekommen!"[205]

Metanoéō ist der Begriff, der mit Buße übersetzt wurde. *Noéō* heißt denken, wissen. Meta heißt mit im Sinne von Verbindung, Vereinigung, Gemeinschaft und nach im Sinne von Bewegung, Richtung, Übergang, Wechsel. *Metanoéō* heißt somit wörtlich übersetzt in-Verbindung-denken, vereinigt-denken, zusammen-denken oder -wissen, ebenso wie mit-denken, mit-wissen, nach-denken (im Gegensatz zu *pronoéō* – vor-denken/wissen), weiter-denken, über-denken, anders-denken, um-denken – auf Englisch treffend auch durch rethinking ausgedrückt. Einen Zusammenhang zur Buße, etwa im Sinne von „für etwas Falsches/Böses zu bezahlen", können wir beim besten Willen nicht erkennen.

Es bedeutet vielmehr, zu denken und zu wissen. Es ist die explizite Einladung und Aufforderung, das instrumentelle Vernunfthirn zu verwenden – das war den gebildeten Griechen alles andere als fremd – aber dabei nicht stehenzubleiben, sondern dieses mit dem empathischen Vernunfthirn zu verbinden. Das war den römischen Politikern, die die Lehre Jesu Christi zur offiziellen Staatsreligion erklärten, um ihre Macht zu retten, und ihren Nachfolgern, deren Absichten die gleichen geblieben sind, kein Anliegen.[206] Ihre Intentionen waren und sind auf der Ebene des Affekthirns angesiedelt. Seine Absicht ist, zu unterwerfen: die anderen nach außen und die anderen Hirnareale nach innen.

An die Stelle des Denkens und Wissens haben die Dominanten blinden Glauben und Bestrafung gesetzt. Wir kennen beide als Mitarbeiter des Affekthirns auf der Seite der Unterwerfung; wir finden sie in den Quadranten des Gehorsams und der Frustration. In der originalen griechischen Wortbedeutung jedoch ist das Neue Testament eine Aufforderung zum Denken und Wissen – nicht zum Gehorsam und zur Unterwerfung.

Soweit zum Begriff *noéō*. Er erscheint zusammengesetzt mit *meta*. Beide Gruppen von Begriffsinhalten, die Gruppe der Bewegung wie der Verbindung, treffen den Punkt unserer Überlegungen genau: Weiterdenken im Sinne von weiter als die instrumentelle Vernunft – aber diese voraussetzend – und verbindendes Denken im Sinne der Verbindung (Vereinigung) von instrumenteller und empathischer Vernunft, Instinkt und Affekt, ebenso wie im Sinne der Vereinigung von Subjekt und Objekt (die Denkfähigkeit der empathischen Vernunft).

Diese Erkenntnis und Aufforderung des Jesus von Nazareth war, vielleicht müssen wir noch immer sagen: ist im abendländischen Kulturraum revolutionär. Sie beinhaltet nicht nur die Entdeckung der empathischen Vernunft, sondern auch – und das ist wohl auch heute noch das Revolutionäre – die Einsicht in die Notwendigkeit, diese mit der instrumentellen zu verbinden. Der Titel, unter dem sich diese Aufforderung findet, lautet in der herkömmlichen Bibelübersetzung: „Bußpredigt in Galiläa". Aufgrund der Originalvorlage müßte er vielmehr heißen: „Aufforderung zum Weiter-Denken" oder „Aufforderung, ganzheitlich zu denken".

Die Möglichkeit dieser Verbindung und das Resultat davon drückt der zweite Satzteil aus. Dort ist *basileía* mit „das Reich" und *oranós* mit „der Himmel" übersetzt. „Basileía" bedeutet das Königreich und „oranós" ist die überirdische, unsichtbare Welt, der Aufenthaltsort Gottes. „Gott" ist ein Begriff für „das Ewige" – das wir „das Absolute" nennen. *Engízō* heißt „im räumlichen Sinne herbeibringen", „nahe herbei- oder herankommen", „sich nähern": „im gleichen Raum sein". In unserer Sprache bedeutet das zweierlei: Die Erfahrung des Absoluten ist möglich (geworden), und sie ist im „Raum des Denkens", im Gehirn, genauer, im Gehirn, das „zusammen (integriert, ganzheitlich) denkt", möglich. Das zu verstehen fällt uns jetzt wesentlich leichter als damals den von den Römern unterworfenen Israeliten, die sehnsüchtig darauf hofften, von ihrem Kriegsgott aus der Knechtschaft befreit und zum Erfolg geführt zu werden. Nach tausend Jahren Niederlage und blutiger Unterdrückung waren sie zu tief im unteren rechten Quadranten der Frustration angesiedelt, um die Botschaft zur Befreiung nicht als Befreiung aus der tiefsten Erniedrigung und als Sieg und Triumph über die verhaßten Unterdrücker zu verstehen.[207]

Wir schlagen vor, den Satz „Tut Buße, denn das Reich der Himmel ist nahe gekommen!" wie folgt zu übersetzen und zu verstehen:

Denkt ganzheitlich, denn ihr könnt das Absolute erfahren.[208]

Im zweiten Zitat, das wir von Jesus in der Bibel finden, wird gesagt, wie wir diese Erfahrung gewinnen können und welchen Nutzen wir daraus ziehen. Es steht im 5. Kapitel, das traditionellerweise mit „Seligpreisungen" betitelt ist.[209] Diese erste Bergpredigt, die Jesus vor einer großen Volksmenge hielt, enthält acht Anleitungen, die „Glückseligkeit" versprechen. Jede Anleitung beginnt mit: Glückselig die . . ., denn . . .

Der Begriff dafür im griechischen Originaltext ist *makários* von *makaviótē*, was wörtlich übersetzt „völlige Zufriedenheit besitzend" bedeutet. Wir könnten dafür auch den Begriff verwenden, den Tony Hawks benutzt, wenn er vom Flow spricht: das allumfassende Glücksgefühl. Wir nennen sie:

Anleitungen, um völlige Zufriedenheit zu erlangen

Eine übliche deutsche Übersetzung der ersten Anleitung lautet: „Glückselig die Armen im Geist, denn ihrer ist das Reich der Himmel." „Die Armen" ist eine irreführende Übersetzung von *ptōchós*. Es kommt von *ptōssō* und heißt genau sich bücken, beugen, herabneigen. Es ist nicht im geringsten die Idee, arm im oder an Geist zu sein. Ganz im Gegenteil. Es ist die Aufforderung, sich zu dem Wissen der empathischen Vernunft, dem *pneūma*, das bedeutet Geist, Wind, Hauch, Atem, Lebensodem, „herabzuneigen". Es ist die Anleitung, nicht dem Hochmut und der Arroganz der nach Dominanz strebenden Affekte und der eventuell in ihrem Dienste stehenden instrumentellen Vernunft zu folgen, sondern sich der Bescheidenheit der empathischen Vernunft zuzuwenden. *Ptōchós* ist jemand, der Hilfe benötigt, um aus seiner Armseligkeit herauszukommen. Mit der Hilfe ist der Rezeptionsmodus der empathischen Vernunft gemeint, der anstelle des stolzen, ehrgeizigen oder gierigen Aktionsmodus der anderen Hirnareale steht. Daß der Wind als Symbol für die Erkenntnis der empathischen Vernunft Verwendung findet, hängt mit der Unfaßbarkeit dieser Information in dem Sinne zusammen, daß sie von der qualitativen nicht in die quantitative Dimension übersetzt werden kann. Daß der Begriff Atem oder Lebensodem (wie in den vedischen Religionen) dafür verwendet wird, drückt aus, daß die empathische Vernunft der Schlüssel zum Leben ist.

Die Lehre Jesu richtet sich also keinesfalls an „Arme im Geiste", die man sich leicht als naiv, infantil, geistig zurückgeblieben oder idiotisch vorstellen kann. Das zweite Wort Jesu ist vielmehr die präzise Anleitung, die Mitarbeiterin Bescheidenheit am Entscheidungsprozeß zu beteiligen, und der Hinweis, daß sie und die empathische Vernunft eine Voraussetzung sind, um das Absolute zu erfahren.

In unserer Sprache lautet die Anleitung demzufolge:

1. *Wer sich zur empathischen Vernunft herabneigt, wird völlige Zufriedenheit erlangen, denn sie wird das Absolute erfahren.*

Die zweite Anleitung lautet üblicherweise: „Glückselig die Trauernden, denn sie werden getröstet werden."

Die Trauernden ist die Übersetzung von *penthéō*. Es heißt Leid tragen, trauern und bezeichnet das „milde Zeigen von innerer Trauer nach außen". Getröstet werden steht für *parakaléō*. *Pará* heißt neben und *kaléō* heißt rufen. Es bedeutet aktiv, jemanden an seine Seite zu Hilfe rufen und passiv, jemanden zur Seite zu bekommen, d. h. nicht allein zu sein.

Die zweite Anleitung bezieht sich auf den Umgang mit dem Leiden. Sie sagt uns, was wir tun sollen, um nicht allein zu sein. Wir haben das Leiden als einen der Quadranten der empathischen Vernunft kennengelernt und festgestellt, daß es äußerst schwierig ist, sich darin zu bewegen, weil der Affekt mit dem Leiden ganz anders umgehen will, als es die empathische Vernunft erfordert. Das Affekthirn versucht, jegliches Leiden sofort zu vermeiden, und erfährt Leiden als Bestrafung. Es ist darauf programmiert, der Bestrafung zu entgehen und Belohnung zu gewinnen. Dazu nimmt es die instrumentelle Vernunft zu Hilfe, aber auch die eigene Aggression und die Kraft der Instinkte. Wir sollen auf das Leiden nicht mit den Mitteln der Affekte reagieren, also nicht mit Dominanz (Angriff-Aggression) und Härte, sondern mit Geduld und Milde. Dann werden wir nie allein sein.

Die Vereinsamung, die wir als wachsendes Phänomen in unserer Gesellschaft beobachten, ist nicht eine Vereinsamung im physischen Sinne. Alte Menschen in Altersheimen, die sich oft über die Vereinsamung beklagen, sind physisch nie alleine, wenn sie nicht wollen. Sie sind im Eßsaal, Schlafsaal, Aufenthaltsraum und im Park in permanenter Gesellschaft. Die Einsamkeit, unter der sie und jüngere Menschen leiden, ist primär eine innere Einsamkeit. Einsam sind die Menschen, weil sie den Kontakt zu ihren eigenen Mitarbeiterinnen verloren haben, den Kontakt zu den Kameradinnen im Instinkthirn, weil der Körper als Folge der Vernachlässigung verschiedenster Hirnbereiche krank, schwach und impotent/frigide geworden ist; den Kontakt zur empathischen Vernunft, weil sie ihre Mitarbeiterinnen unter dem Diktat der Affekte – der Angst, dem Ehrgeiz, dem Neid, der Naivität, der Frustration – begraben haben. Sie sind einsam, weil sie nicht (mehr) an die Information der empathischen Vernunft herankommen, weil sie sie nicht erfahren können. Sie vereinsamen im Affekthirn und spüren es um so mehr, je mehr sich die Instinkte erschöpfen und je weniger Menschen sie mit Belohnung oder Androhung von Bestrafung in ihrem Bann halten können oder wollen. Einsamkeit und die Angst vor Einsamkeit sind Kinder des Affekthirns. Einsamkeit ist die Folge eines Mangels an empathischer Vernunft. Mit der Anleitung, dem Leiden mit Milde zu begegnen, vermeiden wir, im Affekt zu verhärten, zu verbittern und zu vereinsamen.

Die traditionelle Übersetzung verspricht einen Tröster von außen. Damit will sich jemand unentbehrlich machen. Da verspricht jemand Belohnung. Und wer Belohnung verspricht, verlangt dafür Gehorsam, und das heißt Unterwerfung. Die Lehre, die eine Anleitung zur empathischen Vernunft und zur Befreiung vom Affekt sein möchte, wird damit auf die Intentionen des Affekthirns umgedeutet. Wir schlagen im Unterschied dazu diese Interpretation vor:

2. Wer das Leiden mit Milde erträgt, wird völlige Zufriedenheit erlangen, denn er wird nicht allein sein.

Eine klassische Übersetzung der dritten Anleitung lautet: „Glückselig die Sanftmütigen, denn sie werden das Land erben."

„Das Land erben" möchte der Affekt. Dafür gibt es das Erbrecht. Typischerweise funktioniert es nicht nach den Prinzipien von Sanftheit und Milde. Diese Übersetzung macht wenig Sinn. Die Grundlage ist *klēronoméo*. Es bedeutet nebst „erben" auch „Anteil haben", und zwar „Anteil am ewigen Leben". „Das Land" leitet der Übersetzer von *gē* ab, der Erde. Seine Intention war, den Besitzlosen (Sklaven) das zu versprechen, was ihr Affekt so sehnlichst wünscht: Landbesitz auf Erden, ein Versprechen, das nie jemand eingelöst hat. Gemeint ist, daß die Erfahrung des Ewigen (= Absoluten) auf der Erde, d. h. in diesem, realen, irdischen Leben möglich ist.

Sanftheit gehört wie Milde zum Funktionsprinzip der Güte. Gütig sein, d. h. das Gute zu sehen und Bescheidenheit und Geduld zu üben heißt, sanft und milde mit sich selbst, allen und allem umzugehen. Es bildet ein Gleichgewicht zum Funktionsprinzip des Affektes: nicht-aggressiv, nicht-dominant, nicht-mit-Willen, nicht-mit-Macht, nicht-mit-Gewalt. Unsere Übersetzung lautet:

3. *Wer sanft ist, wird völlige Zufriedenheit erfahren, denn sie wird in ihrem realen Leben Anteil am Absoluten haben.*

Die vierte Anleitung lautet gewöhnlich so: „Glückselig die nach Gerechtigkeit hungern und dürsten, denn sie werden gesättigt werden."

Das ist in dieser Form eine Behauptung, die viele erfolglos versucht haben, einzulösen. Der entscheidende Begriff, den die herkömmliche Interpretation mit „Gerechtigkeit" übersetzt, ist *dikaiosýnē*. Er kommt von *díkaios*, das sich von *díkē* – herleitet – ein Begriff, der uns wohlvertraut ist. Nicht gemeint ist mit Díkē genau das, wozu die Menschen den Begriff auf der Ebene des Affekthirns immer mißbraucht haben: zur Legitimation und Verteidigung ihrer Privilegien. Die „absolute Grundordnung" *díkē*, die wir in der Übereinstimmung von Kraft, Wille, Wissen und Berufung erkennen können, ist keine äußere, sondern eine innere Ordnung.

Daß die Bibelübersetzung auf den Begriff Gerechtigkeit setzt, ist vor dem hellenistischen, sprachlichen und mythologischen Hintergrund verständlich. Wir müssen aufpassen, daß wir den Begriff im Zusammenhang mit den Horen verstehen und nicht als relativen und äußeren Tauschbegriff. Als solcher ist er ein Begriff des Affektes und der instrumentellen Vernunft, der festschreibt, wie sich die zwei Seiten eines Verhältnisses zu verhalten haben. Die „Gerechtigkeit", die darauf beruht, ist eine Konvention. Sie definiert ein Gleichgewicht zwischen Belohnung und Bestrafung durch Übereinkunft und Vertrag.

Gewöhnlich verstehen wir Gerechtigkeit auf diese relative Weise, um festzustellen, daß es wenig davon gibt. Oder finden Sie es „gerecht", daß die einen reich sind und die andern arm, daß die einen schön und gesund sind und die anderen häßlich oder krank, daß die einen vereint sind und die andern getrennt werden, daß die einen gefoltert werden und die anderen nicht, daß die einen vergewaltigt werden und die anderen nicht?

Im Zusammenhang mit den Horen ist *díkē* ein „göttlicher" und ein „dreifaltiger" Begriff. Deshalb ist er im Bereich des Absoluten und in Verbindung mit „Ordnung" und „Friede" anzusiedeln. Deshalb beschreibt er eine „innere" Grundordnung, und nicht eine „äußere", eine „absolute" Grundordnung und nicht eine „relative", und deshalb ist die „Belohnung" dafür der „Friede" oder die „völlige Zufriedenheit". Im griechischen Verständnis beinhaltet „Gerechtigkeit" die gerechte Vergeltung. Wir können diese im Sinne des selbstregulierenden Mechanismus verstehen, der uns für jede Abweichung vom optimalen Gleichgewicht in Form der destruktiven Wirkungen „bestraft", um uns den Weg zu Díkē zu weisen.

Peináō haben die Übersetzer als „hungern und dürsten" interpretiert. Das Wort kommt von *pénomai* und bedeutet „sich für das tägliche Auskommen abrackern". Es bedeutet, daß die Suche und Realisierung der eigenen Berufung eine anstrengende Arbeit ist, der wir täglich, d. h. unermüdlich nachgehen sollen.[210]

Unsere Interpretation der vierten Anleitung lautet:

4. Wer unermüdlich versucht, Díkē zu realisieren (Kraft, Wille, Wissen und Berufung zu vereinen), wird völlige Zufriedenheit erfahren, denn die Anstrengung wird Früchte tragen.

Die traditionelle Übersetzung der fünften Anleitung lautet: „Glückselig die Barmherzigen, denn ihnen wird Barmherzigkeit widerfahren."

Die zentralen Begriffe sind *eleémōn, eleós, eleéō*. Sie bedeuten Mitleid haben, mitleiden, Erbarmen oder Mitleid finden, wohltätig sein. Die Bibelinterpreten betonen, daß *eleó* ... „einen besonderen und unmittelbaren Bezug auf das menschliche Elend (hat), welches Folge der Sünde ist."[211] Um zu verstehen, was das bedeutet, müssen wir den Begriff Sünde genau verstehen. „Sünden" sind in der christlich-jüdischen Lehre Intentionen der Instinkt- und Affekthirne: das Töten, das Fressen (Völlerei, Fleischgenuß an bestimmten Tagen, Fleischarten), das Kopulieren (außerhalb der Ordnung), die Bewegung (z. B. am Sabbat), die Ruhe (Faulheit), die Freude (Alkoholgenuß), Stolz, Eitelkeit, Neid, Haß usw. Das „menschliche Elend" als Folge dieser „Sünden", die wir Intentionen oder Funktionen nennen, bezeichnen wir als destruktive Konsequenzen der sich selbst steuernden Instinkt- und Affekthirne. Daß in der Jesuslehre zu Mitleid, Erbarmen, Barmherzigkeit, Wohltaten, Almosen (*eleēmosýnē*) gegenüber den Funktionen der Instinkt- und Affekthirne aufgerufen wird, trifft die Intention unserer Theorie auf den Punkt:

234

Tatsächlich besteht die Funktion der empathischen Vernunft darin, gegenüber den Absichten und Handlungen der Instinkte und Affekte gütig und geduldig (und darüber hinaus auch bewußt) zu sein, auch dann, wenn sie destruktiv sind, das heißt, wenn die empathische Vernunft unter ihnen leidet, von ihnen getreten und geschunden wird. Das ist die Güte und Wohltätigkeit, die die Interpretinnen mit „Barmherzigkeit" übersetzen. Die Güte bedeutet, das Gute in den Instinkten und Affekten zu erkennen, selbst wenn sie in ihrer Wirkung destruktiv und schmerzhaft sind. Die Wohltätigkeit erfordert, sich mit ihnen an einen Tisch zu setzen, ihnen zuzuhören, auf sie einzugehen, ihren Ansprüchen entgegenzukommen, sie in Grenzschritten zur Berufung zu führen, sie zu integrieren – und nicht, sie zu bekämpfen, zu hassen, auszureißen, zu ignorieren, zu unterdrücken. Das Gegenteil zu *eleéō* ist *sklērýnō*. Es bedeutet hart sein, in unserer Sprache, im Affekt sein. Unsere Interpretation der fünften Anleitung lautet:

5. *Wer gütig ist, wird völlige Zufriedenheit erfahren, denn er wird Güte erfahren.*

Die nächste Anleitung wird zum Beispiel so übersetzt: „Glückselig, die reinen Herzens sind, denn sie werden Gott schauen."

Kardía, das Herz, beschreibt „. . . in der Schrift das Zentrum der Person, den Ort, an dem die Entscheidungen fallen . . ."[212] Wir wissen, daß dies das Hirn ist. Die Bibel schreibt dem Begriff *kardía* die folgenden Funktionen zu: „. . . Gedanken, Verstehen, Willen, Urteilskraft, Planung, Verlangen, Liebe, Haß, Furcht, Freude, Sorge und Zorn . . ."[213] Da haben wir die Funktionen der Instinkt-, Affekt-, instrumentellen und empathischen Vernunfthirne beinahe vollständig beschrieben.

Dieses Zentrum soll im Originaltext *katharós*, d. h. „. . . rein, sauber, klar, lauter im natürlichen, physischen Sinn", im Gegensatz zu *rhyparós*, „schmutzig, dreckig. . ." sein.[214] Diesen Begriff müssen wir genau anschauen, denn er gibt leicht Anlaß zu Mißverständnissen. Wichtig ist der Hinweis, daß hier Sauberkeit und Lauterkeit im „natürlichen, physischen Sinn" gemeint sind. Das schließt allen Hokuspokus, alle Zauberei, alle „Teufelsaustreibungen" aus. *Katharós* wird öfters synonym zu *eilikrinés* verwendet, was rein und unvermischt bedeutet und etwas bezeichnet, das durch Hin- und Herschütteln in einem Sieb gereinigt wurde. Wir kennen dieses Motiv auch aus *Amor und Psyche* (und anderen Märchen), wo die Aufgabe gestellt ist, einen Haufen vermischter Saatkörner zu entmischen, d. h. zu ordnen.

Wir finden auch an anderen Stellen der Lehre Jesu den Hinweis, daß Vermischungen, die wir auch als Kompromisse bezeichnen können, nicht zulässig sind.[215] Das müssen wir ernst nehmen. Natürlich verleitet das Bild des Siebes zur Annahme, daß hier etwas getrennt werden soll, das Gute vom Schlechten, zum Beispiel. Und genügend Interpreten sind dieser Vorstellung gefolgt. Sie kann nicht richtig sein, weil gerade die vorhergehende Anleitung zur Güte das Gegenteil verlangte: auch und gerade auf diejenigen zu- und einzugehen, die destruktiv (in anderer Sprache schlecht oder sündig) sind, ihnen Wohltätigkeit zukommen zu lassen und mit ihnen zu leiden (mit-leiden). Wir verwenden dafür den (technischen) Begriff der Integration. Er kann nicht einmal gelten und einmal nicht.

Die Reinheit und Unvermischtheit, der Nicht-Kompromiß, kann also nicht durch Ausscheidung und Abtrennung erreicht werden – eine Praxis, die gang und gäbe ist –, sondern durch klare Strukturierung und Zuordnung; das nennen wir Differenzierung; und durch die Integration der Teile, nicht durch ihre Abkoppelung. Die Reinheit ist eine Folge der Klarheit, die wir Bewußtheit nennen. Die Ausrichtung der Hirnareale erfolgt nicht durch Zwang, sondern durch die Bewußtheit um die Struktur, die klare Zuteilung der Funktionen und Kompetenzen und durch die Identifikation mit dem gemeinsamen Ziel.[216] Unsere Interpretation der sechsten Anleitung ist:

6. *Wer sein Gehirn klar geordnet hat, wird völlige Zufriedenheit erlangen, denn sie wird das Absolute erfahren.*

Die nächste Anleitung ist in diesem Wortlaut bekannt: Glückselig die Friedensstifter, denn sie werden Söhne Gottes heißen.

Der „Friedensstifter" ist im Original *eirēnopoiós*. Das Wort setzt sich zusammen aus *eirēnē* und *poiéō*. *Eirēnē* bedeutet Frieden, Ruhe, Sicherheit im Gegensatz zu Streit, Entzweiung, Trug, Unordnung, Verwirrung (Sie erinnern sich: Eirene ist neben Eunomia und *Díkē* die dritte Göttin der Horen). Es bezeichnet eine Situation des ungestörten, ungetrübten Wohlseins. Wir wissen aus der Ökonomie, daß dieser Zustand zwischen zwei oder mehreren Akteurinnen mit eigenen, z. T. widersprüchlichen Intentionen (z. B. Nachfrager und Anbieter) im Zustand des optimalen Gleichgewichts möglich ist. *Poiéō* bedeutet „tun, machen". Diesen Zustand müssen wir also herbeiführen, wenn wir Frieden, Ruhe, Sicherheit und ungestörtes Wohlbefinden (Wellbeing) erreichen wollen. *Hyiós*, „Sohn" bedeutet, Nachkomme der Eltern zu sein. Ein „Sohn" Gottes zu sein heißt demzufolge, vom Absoluten abzustammen, die gleiche Information (den gleichen genetischen Code) mit ihm zu teilen. Wir interpretieren die siebte Anleitung wie folgt:

7. *Wer zum dynamischen Gleichgewicht führt, wird völlige Zufriedenheit erlangen, denn er wird Teil des Absoluten sein.*

Eine gängige Übersetzung der nächsten Anleitung lautet: „Glückselig die um der Gerechtigkeit willen Verfolgten, denn ihrer ist das Reich der Himmel."

Wir haben die Begriffe „Gerechtigkeit" und „Reich der Himmel" oben (in der vierten und ersten Anweisung) besprochen. Daß wir „verfolgt" und, wie im nächstfolgenden Vers (11) gesagt wird, „verschmäht" und „mit Lügen bestraft" werden, wenn wir versuchen, der empathischen Vernunft zu folgen, können wir jetzt richtig verstehen. Im Vordergrund steht nicht die äußere Verfolgung, obwohl diese eine brutale Realität sein kann, sondern die Unterdrückung und Diskriminierung (Verdrängung) von eigenen Mitarbeitern durch eigene Mitarbeiter, d. h. durch uns selbst. Verhöhnt werden die Intentionen der empathischen Vernunft unter Umständen von der instrumentellen Vernunft. Verschmäht und belogen werden sie von Mitarbeitern des Affekthirns: die Geduld vom Ehrgeiz, die Güte von der Bitterkeit, die Bescheidenheit von der Arroganz zum Beispiel. Verfolgt und gefoltert werden sie z. B. von Mitarbeiterinnen des Instinkthirns: von der Gewalt der Kopulation, die Befriedigung und Bestätigung sucht um jeden Preis, von der Unruhe der Bewegung, die kämpfen und (be-)siegen muß, von der Trägheit der Ruhe, die jeder Anstrengung ausweicht, von der Gier des Fressens, die jeder Vernunft spottet.

Unsere Übersetzung der achten Anleitung lautet so:

8. *Wer auf dem Weg zu Díkē alle Widerstände erträgt, wird völlige Zufriedenheit erlangen, denn sie wird das Absolute erfahren.*

Fassen wir die acht Anleitungen zusammen. Um das Absolute zu erfahren und so völlige Zufriedenheit zu erlangen, sollen wir:

1. uns zur empathischen Vernunft herabneigen,
2. Leiden mit Milde tragen,
3. sanft sein,
4. unermüdlich versuchen, Kraft, Wille, Wissen und Berufung zu vereinen,
5. gütig sein,
6. unser Gehirn klar ordnen,
7. zum dynamischen Gleichgewicht führen,
8. auf dem Weg zu Díkē alle Widerstände ertragen.

Wir könnten mit der Interpetation der Originaltexte des Evangeliums in dieser Weise weiterfahren. Tatsächlich ist die Lehre des „Rabbi" (Lehrer) aus Nazareth eine bisher weitgehend mißverstandene Anleitung, die Hirnareale und ihre Funktionen zu entwickeln und in ein Gleichgewicht zu bringen. Wir wollen noch einen zweiten Text betrachten, in dem die Funktionsweise des Quadranten der Liebe speziell beschrieben wird. Wir finden dort auch eine Definition des Begriffes „Liebe", die die Erfahrung, die wir damit im empathischen Vernunfhirn bezeichnen, von den Erfahrungen im Affekt- und Instinkthirn, die den Begriff in der Umgangssprache teilen, unterscheidet.

Der Quadrant der Liebe

Der Text steht im ersten Brief des Apostels Paulus an die Christengemeinde in Korinth[217] und ist wie folgt überschrieben:[218]

Das Hohelied der Liebe

Die ersten drei Verse besagen, daß alle Aktivitäten und Erfolge für den Handelnden sinnlos sind,

- selbst wenn er von allen verstanden wird (Vers 1),
- selbst wenn er alles Wissen erlangt (Vers 2),
- selbst wenn er allen Glauben hat (Vers 2),
- selbst wenn er alles an die Armen verteilt (Vers 3),
- selbst wenn er sein Leben opfert (Vers 3),

wenn sie nicht von Liebe getragen sind.

„Liebe" wird wie folgt definiert:

1. „Die Liebe ist weit entfernt vom Zorn."

In der traditionellen Übersetzung heißt es: „Die Liebe ist langmütig". Mit langmütig sein wird gemeinhin *makrothyméō* übersetzt. Es heißt wörtlich: einen langen Weg bis zum Zorn haben (*makrós* heißt lang und *thymós* heißt Zorn). Zorn ist, wie wir wissen, ein Mitarbeiter des Affekthirns. Den langen Weg zum Zorn (Affekt) können nur starke Mitarbeiterinnen der empathischen Vernunft bewirken. Interessant ist auch an dieser Definition, daß sie den Zorn erkennt und weder ignoriert noch unterdrückt. Einen langen Weg bis zum Affekt zu haben schließt die Möglichkeit mit ein, ihn auszuleben. Jesus erreicht diesen Zustand in seinem Leben zum Beispiel dort, wo er die Händler wütend aus dem Tempel wirft.

2. „Die Liebe ist gütig."

Chrésteúomai beinhaltet *chrēstós* und *chráomai*. Es bedeutet gütig, nützlich, hilfreich, gut, sanft, angenehm, freundlich, wohlwollend sein und steht im Gegensatz zu *apotomía*: Strenge. Strenge ist ein Mittel der Bedrohung und damit des Affektes. Strenge ist angsteinflößend. Liebe ist das Gegenteil davon. Liebe flößt Mut, Zuversicht, Sicherheit, Wohlbefinden ein. Liebe ist motivierend und vom Affekt, z. B. von der Angst, befreiend.

3. „Die Liebe ist nicht ehrgeizig und nicht eifersüchtig."

Die traditionelle Übersetzung lautet: „Die Liebe neidet nicht."

Das griechische Wort ist *zēlóō*, eifern, von *zēlos*, was Eifer oder auch Eifersucht bedeutet.[219] *Zēlos* beschreibt exakt die Mitarbeiter aus dem Quadranten des Stresses: Ehrgeiz und Eifersucht. Aus einer Kombination aus Dominanzstreben und Angst vor Unterdrückung geboren, versuchen sie mit Gewalt und ohne Rücksicht auf Verluste, den Quadranten des Erfolges

zu erreichen. Die obige Übersetzung verwendet den Begri|
kennen ihn aus dem Quadranten der Frustration und wisse\
tive Wirkung.

4. *„Die Liebe ist bescheiden."*
Die Bibel, aus der wir zitieren, übersetzt: Die Liebe tut\
bläht sich nicht auf. Perpereūomai heißt großtun, wichtig
sich der Dinge rühmen, die man besitzt. Die Liebe bildet das (̣...̣gewicht
zu dem, wozu der Affekt im Quadrant des Erfolges leicht verführt: zur
Arroganz und zum Narzißmus. Die Liebe bleibt bescheiden.

5. *„Die Liebe fordert nicht, begehrt nicht, besitzt nicht."*
Die traditionelle Übersetzung sagt: „Sie sucht nicht das ihre". Zētéō
heißt: „in seinen Besitz bringen wollen, zu erlangen suchen, begehren, fordern, verlangen". Das sind Intentionen, die wir im Instinkt- und Affekthirn
angetroffen haben. Die Liebe bildet das Gleichgewicht zu beiden. Sie
besitzt nicht und sie dominiert nicht. Liebe und Freiheit sind identisch.

6. *„Die Liebe wird nicht bitter."*
Auf Enttäuschung, Verlust, Schmerz und Leiden gibt es auf der Ebene
des Affektes zwei Möglichkeiten zu reagieren: mit Aggression und Härte –
zurückschlagen, Rache nehmen – oder mit Frustration und Bitterkeit.

7. *„Die Liebe verurteilt nicht."*
Die traditionelle Übersetzung lautet: „Sie rechnet Böses nicht zu."
An- oder zurechnen heißt *logízomai.* Dahinter steht der Begriff *lógos,* die
instrumentelle Vernunft. Diese sucht nach dem kausalen Zusammenhang,
nach der Ursache bzw. dem Verursacher des Übels. Nach dem Schuldigen.
Und der Affekt verwendet das Wissen, um zu richten, das heißt, um Belohnung und Bestrafung zu verteilen. Um Gerechtigkeit im Sinne des Affektes
zu üben. *Kakós* von *kakía* heißt Bosheit, Übel, Unrecht. Die Liebe sucht
nicht nach der Schuld. Sie richtet nicht. Sie trägt nicht nach. Die Liebe verurteilt nicht.

8. *„Die Liebe entsteht nicht in der Abweichung von Díkē. Sie ist ein Geschenk
von Díkē."*
Die übliche Übersetzung lautet: „Sie freut sich nicht über die Ungerechtigkeit, sondern sie freut sich mit der Wahrheit."
Adikía, was hier mit Ungerechtigkeit übersetzt wird, leitet sich von *a-
Díkē* her. *A -* ist die Negation oder Abweichung von díkē. Die Liebe „freut
sich nicht" darüber, heißt es in der traditionellen Übersetzung, *chaírō* heißt
„sich freuen". Wir kennen den Begriff von den „Chariten" (römisch „Grazien") her. Er ist verwandt mit *cháris,* was Gnade und Freude heißt. „Gnade" wird als eine „unverdiente Freude" verstanden, wie auch der Begriff
chárisma als „Gnadengabe" oder „unverdientes Geschenk". Wir können
nun genau verstehen, was mit dem Begriff „unverdient" gemeint ist: Die
Freude oder das Geschenk, das hier ausgetauscht wird, findet nicht auf der

des Affektes, d. h. des Tausches statt. Es wird nicht Belohnung gegen ₋istung oder Gehorsam getauscht. Es ist nicht die „Freude" des Affekthirns. Das „Geschenk", das nicht aus dem Tausch, sondern aus dem Austausch (der Verschmelzung von Subjekt und Objekt) entsteht, ist die Erfahrung des Absoluten oder die „völlige Zufriedenheit". Das Charisma, das wir nicht erklären können, ist die Ausstrahlung davon. „Die Liebe freut sich mit" alḗtheia, heißt es weiter. Das Verb ist synchaívō. Syn- heißt zusammen mit. Das Geschenk der Liebe findet zusammen mit alḗtheia statt. Es wird oben mit Wahrheit übersetzt und heißt auch Wahrhaftigkeit, Zuverlässigkeit, Aufrichtigkeit, Treue und Wahrnehmung der Wirklichkeit, im Gegensatz zum Schein. Der Begriff leitet sich von a-lḗthē ab. Das heißt wörtlich das Nicht-Vergessen oder die Unverborgenheit. Sie erinnern sich, daß die Musen die Töchter von Mnemosyne, die Töchter des Gedächtnisses, des Nicht-Vergessens sind. Und daß sie von Zeus gezeugt wurden, weil die Götterschar verlangte, daß jemand das Wissen der Götter, das ewige Wissen oder die ewige Wahrheit, weitergeben solle.

9. „Die Liebe stellt sich geduldig unter alles. "

Die Bibel, die wir zitieren, übersetzt diese Stelle mit „. . . sie erträgt alles, . . . sie erduldet alles."

Der Originalbegriff ist hypoménō. Hypó heißt unter und ménénō bleiben. Es heißt also wörtlich „unter etwas bleiben, sich unter etwas stellen" und wird gewöhnlich mit „erdulden, aushalten, ausharren" übersetzt. Wir finden darin unsere Funktionsprinzipien der Bescheidenheit und der Geduld wieder.

10. „Die Liebe ist absolut. "

In der traditionellen Übersetzung steht: „Die Liebe vergeht niemals."

Absolut ist ein Synonym für ewig. Ewige Liebe haben wir auch als Ergebnis der Geschichte von „Amor und Psyche" vorgefunden.

Wir wollen dieses 10-Punkte-Definitionsprogramm von Liebe wiederum zusammenfassen. Im „Hohelied der Liebe" ist „Liebe" definiert als:

1. weit entfernt vom Zorn
2. gütig
3. nicht ehrgeizig und nicht eifersüchtig
4. bescheiden
5. nicht fordernd, nicht begehrend, nicht besitzend
6. nicht bitter
7. nicht verurteilend
8. ein Geschenk von Díkē
9. geduldig
10. absolut

Die Erfahrung von Liebe ist nur im empathischen Vernunfthirn möglich. Der zweite Teil des Textes beschäftigt sich ausschließlich mit diesem „Erkenntnisvorgang". Er beschreibt in Vers 9, was wir analysiert haben: „Denn wir erkennen stückweise, und wir weissagen stückweise . . ." Wir verwenden dafür den Begriff „fragmentiert".

In der Übersetzung von Vers 10 wird gesagt: „Wenn aber das Vollkommene kommt, wird das, was stückweise ist, weggetan werden."

„Das Vollkommene" heißt im Originaltext *téleios* und kommt von *télos*, „das Endziel, die Vollendung, die Erfüllung." Es ist ein dynamischer Begriff und bedeutet präzise das Gesamtziel oder Endziel eines Prozesses im Unterschied zu den Teilzielen, die mit den Teilaufgaben (Fragmenten) verbunden sind, in die der Prozeß aufgeschlüsselt ist. Der 2000 Jahre alte Text besagt genau das, wovon die Prozeßtheorie seit zehn Jahren redet.[220] „Wer nicht mit mir sammelt, zerstreut",[221] ist die exakte Formulierung einer fragmentierten, prozeßorientierten und keiner Entscheidungspraxis. Wenn wir das Gesamtziel im Auge haben, sind die Teilziele nur noch so wichtig, wie sie zur Erreichung des Endziels beitragen. Sie sind relativ im wahrsten Sinne des Wortes, so wie das End- oder Gesamtziel absolut ist und nur als solches bezeichnet werden kann, wenn es dies auch ist. *Érchomai*, heißt auch, zustande kommen, zu sich kommen, sich bewußt werden. Somit können wir Vers 10 wie folgt übersetzen:

„Wenn das Gesamtziel (die Berufung) bewußt wird, verlieren die Teile (Fragmente) an Dominanz. "

Das ist eine ganz entscheidende Erkenntnis: so sehr wir unter der Dominanz autonomer Entscheidungsträger im Hirn leiden können, oder so schwer es uns erscheint, sie zähmen zu können, so leicht ordnen sie sich ein, wenn Sie das Gesamtziel erkennen.

Die Lehre Jesu ist tatsächlich eine Erkenntnis-, eine Bewußtheits- und eine Ganzheitslehre. In Vers 12 heißt es:

„Jetzt erkenne ich stückweise, dann aber werde ich ganz erkennen."

Gignóskō im ersten Satzteil heißt „erkennen, erfahren, bewußt sein, denken, wissen." *Epiginóskō* steht im zweiten Satzteil. *Epí-* (auf, über), zusammen mit *ginóskō*, bedeutet „genau oder ganz erkennen."[222]

Der letzte Vers (13) lautet in der traditionellen Übersetzung:

„Nun aber bleibt Glaube (*Pístis*), Hoffnung (*Elpís*), Liebe (*Agápē*), diese drei; die größte aber von diesen ist die Liebe."

Diese drei Kernbegriffe des Christentums können wir so interpretieren:

● *Pístis* das traditionellerweise mit „Glaube" übersetzt wird, kommt von *peíthō*, was „überreden" oder „überzeugen" heißt. Es bedeutet tatsächlich „Überzeugung, Erkenntnis, Treue, Sicherheit, Beweis." Wir haben keinen Grund, es als blinden Glauben auf der Ebene des kindlichen Affekthirns zu verstehen, sondern allen Grund, es mit „Überzeugung" zu übersetzen. Diese Überzeugung hat nichts gemein mit dem Quadranten des Gehorsams, nichts mit der Unterwerfung unter die Macht dominanter Affekte. Sie beruht auf der Erkenntnis und dem Wissen der instrumentellen Vernunft einerseits und auf der Erfahrung der empathischen Vernunft andererseits. Die Überzeugungskraft hängt von der Stärke der Mitarbeiterinnen der empathischen Vernunft ab. Ihre Stärke wächst nicht zuletzt mit dem Leiden, das sie erträgt, wie wir im nächsten Kapitel sehen werden.

- *Elpís* wird als „Hoffnung" interpretiert. Es bedeutet auch „Aussicht und Erwartung, Zuversicht und Freude", im griechischen Altertum auch „positive und negative Zukunftserwartung". Die entscheidende Frage ist auch hier, wo wir die Begriffe ansiedeln. Auf dem Niveau des Affekthirns, im Quadrant des blinden Gehorsams, bedeuten sie für die Dominierten: Naives Vertrauen in die Dominanten – das ist die Intention der Führer – und Hoffnung auf die Belohnung, Hoffnung auf den „lieben Gott" – das ist das Motiv der Geführten. Auf dem Niveau der Vernunft bedeutet der Begriff die Sicherheit, das Richtige zu tun und die Zuversicht, das Ziel zu erreichen.

- *Agápē* ist der Begriff für „Liebe". Im Neuen Testament finden wir dafür meistens diese Bezeichnung und tatsächlich nie den Begriff *érōs*, dem wir bei Amor und Psyche in der Gestalt des Gottes Eros begegnet sind. *Agápē* beschreibt die Quadranten der Liebe und des Leidens. Eros kann man im Vergleich als einen ganzheitlicherer Begriff verstehen – es hängt tatsächlich davon ab, wie und an welcher Stelle seiner Entwicklungsgeschichte man den Gott interpretiert.

Im *Hohelied der Liebe* wird auch die Geduld als ein Funktionsprinzip erklärt. Wir haben damit, zusammen mit der Bescheidenheit, den Quadranten des Leidens definiert. Tatsächlich ist die Lehre Jesu nicht nur eine Liebes-, sondern auch eine Leidenslehre.

Der Quadrant des Leidens

Die Leidensgeschichte Jesu ist die Leidensgeschichte, die unser Hirn erfahren muß, wenn es die empathische Vernunft erfahren will. Üblicherweise wird die Leidenserfahrung Jesu „nach außen" interpretiert. Danach bestand der Zweck des psychischen Leidens der Demütigung und des physischen Leidens der Kreuzigung Jesu darin, alle Menschen „von der Sünde zu befreien". Diese Hypothese können wir weder durch unsere persönliche noch durch die gesamte geschichtliche Erfahrung noch durch unsere theoretischen Überlegungen nachvollziehen. Jeder von uns leidet seit dem Tod des „Erlösers" nicht mehr und nicht weniger an den widersprüchlichen Intentionen und destruktiven Wirkungen der verschiedenen Hirnareale als die Menschen zuvor.

Das unsagbare Leiden, das wir in der Geschichte der Menschheit bis heute feststellen können, unterscheidet sich in seiner Brutalität und Grausamkeit nicht grundsätzlich von früheren Epochen, und unsere theoretischen Überlegungen geben nicht den geringsten Hinweis, daß wir eine Befreiung von außen zu erwarten oder gar schon hinter uns hätten. Wir müssen diese These einem Bereich des „Glaubens" überlassen, mit dem wir uns erkenntnis- und erfahrungswissenschaftlich nicht beschäftigen können und dem wir uns auch psychologisch weder unterwerfen wollen – weil er im Affekthirn, im Quadranten des Gehorsams und Vertrauens, angesiedelt ist – noch sollen. Die Lehre Jesu fordert uns an keiner Stelle auf, im Sinne des Affekthirns zu „glauben", sondern, mit dem instrumentellen und empathischen Vernunfthirn zu „erkennen" und uns zu „überzeugen" (*metanoéō* und *pístis*). Der blinde und naive Glaube im Quadranten des Gehorsams des Affekthirns, zu dem der Aberglaube gehört, steht nicht im Interesse unseres erklärten Ziels.

Wenn wir die Leidensgeschichte Jesu aber als Beschreibung des „inneren" Prozesses verstehen, dem wir alle ausgesetzt sind, wenn wir dieses Ziel erreichen wollen, macht sie sehr viel Sinn. Tatsächlich ist sie ein genaues Abbild der Erfahrung der empathischen Vernunft, die wir im Quadranten des Leidens aufgezeichnet haben. Wir wollen das anhand der Hauptthemen der Passionsgeschichte nach Markus kurz aufzeigen.[223]

Die Markus-Passion

Das Thema „Verrat" (14.18) kennen wir aus der Geschichte von „Samson und Delila". Einzelne Mitarbeiter des Affekthirns, solange sie nicht integriert sind, können nicht anders, als das empathische Vernunfthirn zu verraten; sie sind auf Belohnung (Erfolg, Position usw.) programmiert. Die 30 Silberlinge für Judas und die 1100 Silberstücke pro Philisterfürst bei Delila sind dafür die Symbole.

Das „gemeinsame Mahl" (14.22–24) und „der Bund" symbolisieren die Notwendigkeit und Möglichkeit der Integration aller Mitarbeiter: alle an einen Tisch zu bringen. „Das Blut, das dafür vergossen wird", ist das Leiden, das die empathische Vernunft tragen muß, bis es ihr gelingt, alle für das gemeinsame Ziel zu gewinnen.

Die „Verleugnung durch Petrus" (14. 27–30) beschreibt das Verhalten der Mitarbeiterin „Angst" im Affektirn. Auch der „Eifrigste" wendet sich von der empathischen Vernunft – symbolisiert durch Jesus – ab, wenn die Angst bei der Entscheidung die Oberhand gewinnt.

243

Der „Kelch", der weggenommen werden soll (14. 36), kündigt das Leiden an, dem sich die empathische Vernunft gegen alle „Vernunft" der anderen Hirnareale aussetzen muß. „Doch nicht, was ich will, sondern was du willst", ist die Bereitschaft, der Führung durch die empathische Vernunft zu folgen.

„Der Geist ist zwar willig, das Fleisch aber schwach" (14. 38), ist wohl richtig gemeint, aber falsch ausgedrückt. Die instrumentelle und empathische Vernunft (der Geist) ist in diesem Falle wohl willig. Aber die Instinkte und Affekte (das Fleisch) sind stark! Die Möglichkeit ist groß, daß sie ausscheren, wenn der Druck gegen ihre Intentionen zu groß wird.

Die Jünger „schlafen" dreimal ein, während Jesus sich vorbereitet. Der Schlaf symbolisiert die „Unbewußtheit" der Instinkt- und Affekthirne. „Bewußtheit" können nur die instrumentelle und empathische Vernunft gewinnen.

Die „Überlieferung" Jesu in die die Hände der Sünder (14. 41) bedeutet die „Auslieferung" der empathischen Vernunft an das Instinkt- und Affekthirn.

Das „abgeschlagene Ohr", das Jesus wieder ansetzt (14. 47), verweist auf die Notwendigkeit zu hören und darauf, daß die Gewalt der Instinkte nicht zum Ziel führt.

„... Ihr werdet den Sohn des Menschen sitzen sehen zur Rechten der Macht (14.61–62)" bedeutet in unserer Interpretation: „Ich habe durch die empathische Vernunft Anteil am Absoluten, und ihr werdet erkennen, daß es möglich ist, das Absolute zu erfahren." Im Originaltext steht für „Macht" der Begriff *dýnamis*. Er ist vom Stamm *dýna*- abgeleitet, der Fähigkeit und Können ausdrückt. Im Unterschied zu *ischýs*, Stärke, welches eher die Ausübung von körperlicher Kraft bezeichnet, betont *dýnamis* die Fähigkeit und die Möglichkeit des Könnens.[224]

Die Bezeichnung „König (*Basileús*) der Juden", die Jesus bestätigt (15. 2), kann nur in der Interpretation nach innen verstanden werden. Das empathische Vernunfthirn nimmt gegenüber den anderen Hirnarealen wohl eine „Königsfunktion" ein, aber nicht, indem es sie „beherrscht", sondern indem es sie „führt, ohne zu führen". Die empathische Vernunft kann nur Prozeßführerin sein, wenn sie nicht herrscht. Die Instinkte, Affekte und instrumentelle Vernunft sind nur dann bereit, ihr zu folgen, wenn sie es freiwillig tun – das heißt, wenn sie frei sind. Wir müssen also auf zwei Dinge achten:

1. Daß wir tatsächlich der empathischen Vernunft die Führung überlassen und nicht nur meinen, es zu tun. Die Sprache macht es uns leicht, der Illusion zu unterliegen. Wir meinen schnell, daß wir „lieben", wenn tatsächlich die Instinkte und Affekte „wollen". Und wir denken schnell, daß wir „leiden", wenn sich die Belohnung nicht einstellt, die wir erwarten.

2. Daß wir nicht Freiheit von den Instinkten und Affekten suchen, sondern Freiheit für die (Mitarbeiter der) Instinkte und Affekte; daß wir uns nicht von den Instinkten und Affekten befreien, sondern, daß wir die Instinkte und Affekte befreien, das heißt, durch die Bewußtheit, die Güte, die Bescheidenheit und die Geduld frei machen und nicht, mit Gesetz und Gewalt unterdrücken, mit Disziplin (be-)herrschen, durch Verdrängen ignorieren, durch Projektion verpassen.

Das von der Priesterschaft und von der „Volksmenge" geforderte „Todesurteil" (15.12–13) symbolisiert die Radikalität, mit der die Instinkte (die Menge) und Affekte (die Priesterschaft im Quadranten des Stresses und die Menge im Quadranten der Frustration) die empathische Vernunft verfolgen, wenn sie sich in ihren Intentionen von ihr bedroht fühlen.

Die Strafe der „Kreuzigung" zeigt im Symbol des „Kreuzes", worauf das Abendmahl schon hingewiesen hat. Dort hieß es, alle müssen an einen Tisch, auch die Verräter. Hier bedeutet es, alle Hirnfunktionen müssen integriert werden. Das Kreuz mit den vier Armen ist ein Symbol für die Integration von Gegensätzen.[225] Daß jemand ans Kreuz „genagelt" ist, bedeutet, daß es unausweichlich ist, die Spannung auszuhalten, und daß es ausgesprochen schmerzhaft ist. Das Kreuz ist damit auch ein Symbol der Ganzheit. In unserem Falle ist es die Ganzheit, die durch die vier Hirnareale und die vier mal vier Hirnfunktionen gebildet wird.

Der Weg bis zur Integration der Hirnareale ist mit Leiden und Schmerz verbunden, weil die kompetitiven Hirnfunktionen die integrativen schlagen werden, bis diese stark genug sind, um jene überzeugen zu können. Die Hirnfunktionen der empathischen Vernunft können und müssen gerade an diesem Leiden wachsen und sich stärken. Das ist die Funktion des Leidens. Sonst bleiben die Mitarbeiter des Instinkt- und Affekthirns Sieger, und die Agentinnen Härte und Bitterkeit führen sie in die Selbstzerstörung.

Die Rolle des mächtigen Römers „Pilatus", der den Juden die Freilassung Jesu nahelegt, verweist auf ein Verhalten, das im Affekthirn typisch ist. Der narzißtisch, arrogant und gönnerhaft dargestellte Römer, der sicher im Quadranten des Erfolges sitzt, fühlt sich von Jesus nicht bedroht. Entsprechend großzügig kann seine Geste ausfallen. Es sind die im Quadranten des Stresses an die Wand gedrängten Priester, die die tödliche Falle stellen, und es ist die Volksmenge, die im Quadranten der Frustration mit Wut und Haß auf die Enttäuschung über die ausgebliebene Belohnung reagiert.

Tatsächlich genügt es nicht, nur die Vernunft zu stärken. Auch die Affekte (und Instinkte) müssen stark sein, damit das Gleichgewicht zustande kommt. Ein schwacher Affekt ist zu sehr damit beschäftigt, aus der bedrohlichen Lage, in der er sich befindet, herauszukommen – und das natürlich mit den Mitteln, die er kennt. Zudem besitzt er die unangenehme Eigenschaft, daß er sich für die Unterdrückung, die er erleiden muß, an den

Opfern rächt, die noch schwächer sind als er. Dies gibt ihm, für einen Moment, das Gefühl, zu dominieren.

Die „Verspottung" durch die Soldaten (15. 17–19) illustriert die Demütigungen, welche die empathische Vernunft von Seiten der Instinkte, Affekte und instrumentellen Vernunft erleiden muß, wenn sie nicht mit Gewalt und Macht, d. h. mit den gleichen Mitteln, sondern mit den eigenen Mitteln reagiert.

Der „Schrei" Jesu unmittelbar vor dem Tod: *Eloí, Eloí, lemá sabachtháni?* Mein Gott, mein Gott, warum hast du mich verlassen?" (15. 34) zeigt, wie schwierig die Zurücknahme der Instinkte und Affekte ist. Ihre Funktion ist die Nicht-Aufgabe. Die Entwicklung der Liebe (Güte, Bescheidenheit und Geduld) bis zur Selbstaufgabe übersteigt unsere Fähigkeiten. Die Entwicklung bis zum Gleichgewicht führt über großes Leiden und ganz offensichtlich auch über die Verzweiflung. „Jesus aber stieß einen lauten Schrei aus und verschied." (15. 37) Wir erfahren sie deutlich in der Depression, wenn wir nicht mehr Leben „wollen", oder dann, wenn alle Katastrophen gleichzeitig auf uns niederstürzen. Tatsächlich fallen sie zeitlich oft zusammen – der Verlust der Arbeit, die Scheidung, die Kündigung der Wohnung, ein Unfall oder Krankheit – und wir wissen nicht mehr ein und aus.

Das Bild des „Todes" gewinnt seinen Sinn in Zusammenhang mit der „Auferstehung". Es ist nicht der Tod, den wir empirisch kennen. Er ist nur vorübergehend. In den Märchen finden wir dieses Bild öfter. Dort ist es ein todesähnlicher Schlaf, in den die Protagonisten fallen. Auch Psyche mußte bei ihrer letzten und schwersten Prüfung den Weg ins Totenreich gehen. Was ist damit gemeint?

Ganz offensichtlich ist damit der Rezeptionsmodus gemeint und das heißt vorübergehend, für die Dauer des todesähnlichen Schlafes, die völlige Abkehr vom Aktionsprinzip der Instinkte und Affekte. Meistens ist dazu ein äußerer Anlaß erforderlich, wie bei Psyche das Öffnen der Büchse oder bei Dornröschen der Stich mit der Nadel. Glücklich ist, wem es gelingt, den Zustand des Rezeptionsprinzips sanft (gewaltfrei) herbeizuführen.

Die „Auferweckung" (16. 6) bedeutet, daß das Gleichgewicht gefunden wurde. Im Markus-Evangelium ist dies bezeichnenderweise mit keinem Zeichen des Triumphes verbunden, ganz im Gegensatz zu der Art und Weise, wie die Auferstehung vielerorts (auch in der Musik) gefeiert wird. Der Triumph gehört in den Bereich der Affekte, nicht in das Areal der empathischen Vernunft. Die völlige Zufriedenheit ist eine stille, keine laute Freude. Gestorben sind die Illusionen und die Macht der Zwänge. Es bleibt ein Gleichgewicht aus Instinkt, Affekt und Vernunft.

Der Quadrant der Schönheit

Wir könnten für die Beschreibung dieses Quadranten in Fülle auf die Veda zurückgreifen, und dort zum Beispiel auf die tantrischen Rituale.[226] Wir wollen das nicht tun, weil der Weg bis zu dieser fernöstlichen Kultur so lange ist, daß wir nicht sicher sind, ob wir das Ziel je erreichen werden. Auch reicht der Platz in diesem Buch dafür nicht aus. Wir leiden in unserer Kultur und Zeit an Ästhetik auch keinen Mangel. Mode, Design, Werbung, Medien, Körperpflege, Hedonismus, Narzißmus, der Kommerz und die Künste sind ununterbrochen auf der Suche nach „Schönheit" – allerdings in der Regel ohne das Prinzip der Bewußtheit miteinzubeziehen. Auch dürfte es vielen schwerfallen, Schönheit mit Güte in einen Zusammenhang zu bringen. Wir haben die beiden Funktionen als konstituierende Merkmale des Quadranten der Schönheit bezeichnet. Die Güte bedeutet tatsächlich, daß das Gute und das Schöne zusammenfallen. Das wiederum ist ein Erfahrung von Schönheit, die ohne Bewußtheit nicht möglich ist.

Der Quadrant der Kreativität

Bewußtheit im Quadranten der Kreativität bedeutet, die Ursache und Funktion von Kreativität zu erkennen. Der Grund, warum wir kreativ sind (wenn wir es sind), sind die Musen, deren Funktion darin besteht, das „Wissen" der Götter, ewiges oder absolutes Wissen, zu vermitteln. Nicht-mythologisch ausgedrückt heißt das, Informationen aus dem Datenmeer der DNA aus dem Dunkel des Noch-nicht-Bewußtseins in das eigene und in das Bewußtsein von anderen Menschen zu transportieren. Die Funktion dieses Prozesses ist wohl, sich selbst, seine eigene, bewußt gemachte Information, zu kreieren. Die Sehnsucht, die uns dazu treibt, ist der eingebaute Regelmechanismus.[227]

Geduld ist das andere Funktionsprinzip, das zusammen mit der Bewußtheit den Quadrant der Kreativität konstituiert. Sie verweist auf den Rezeptionsmodus und die Tatsache, daß wir wohl Kraft und Wille und Wissen und Können brauchen, um die Information zu realisieren, daß sie alle aber nicht ausreichen und letztlich nicht bestimmen, ob und wann die entscheidende, neue, außergewöhnliche, überraschende, noch nie realisierte Information tatsächlich und wie von „Geisterhand" erscheint.[228]

Im Quadranten der Kreativität zu sein heißt, Information zu empfangen, auszutragen, zu gebären und aufzuziehen. Tatsächlich empfangen und gebären Sie die Information aus dem Nicht-Bewußten wie eine Mutter. Wie diese treffen Sie eine Vorauswahl in bezug auf den Zeuger, von der ein Teil bewußt und ein Teil nicht-bewußt ist. Aber welcher Samen auf welches

Ei trifft oder nicht, können Sie nicht bestimmen.[229] Genausowenig kennen Sie im voraus die Informationen, die Sie ans Licht der Welt bringen werden. Wie bei den Tieren in der freien Wildbahn ist die Überlebenschance einer neugeborenen Idee nicht sehr groß. Viele Ideen werden geboren und sterben gleich wieder. Ob Ihre Berufung es tut oder nicht, hängt davon ab, wieviel Kraft, Wille und Wissen Sie ihr geben werden.

In der Jesuslehre finden wir die „Informationsempfängnis" symbolisch in der Geschichte von Maria's jungfräulicher Empfängnis wieder.[230] Maria empfängt Jesus als Symbol für die Information, die sie austragen wird, vom „Heiligen Geist". Daß er „Geist", *pneũma* ist, will heißen, daß die Information aus dem Vernunfthirn kommt und daß er „heilig", *hierós* ist, besagt, daß er ein Teil des Ewigen (Absoluten) ist. Es braucht die Funktionsprinzipien der empathischen Vernunft, symbolisiert durch das reine (jungfräuliche), sanfte und liebevolle Wesen Marias, um mit der Information schwanger zu werden und Josef, die Kraft der Instinkte, um die Idee zu beschützen und großzuziehen.

Die griechische Mythologie hat den Prozeß der Informationsempfängnis in die Figuren der Musen gekleidet. Wie wir wissen, ist der Geburtsvorgang nicht an ein Geschlecht gebunden, weil das Vernunfthirn geschlechtsneutral ist. Daß wir dafür trotzdem Bilder von Frauen und Männern verwenden, liegt daran, daß wir unsere Sehnsucht nach Kreativität auf das Geschlecht unserer Sehnsucht projizieren. Um Ihre Berufung zu finden, müssen Sie also Ihre männliche oder weibliche Muse finden. Sie hat viele Gesichter. Sie wird Ihnen die Information ins Ohr flüstern, hauchen oder singen. Sie müssen nur hinhören:

● Sie besitzt eine schöne Stimme: Kalliope, die Ranghöchste.
● Sie ist absolut: Urania, die Himmlische, von *ouranós*, in dem wir auch Jesus angetroffen haben.
● Sie kennt die Vergangenheit zurück bis zum Anfang, dem Geheimnis der Götter: Klio, die sich Erinnernde.
● Sie beschreibt den Weg zum Gleichgewicht und zur Berufung: Melpomene, die Singende – der Tragödie.
● Sie ist voll leichter Freude: Euterpe, die Erfreuende – mit der Flöte.
● Sie ist geistreich und humorvoll: Thalia, die Festliche – der Komödie.
● Sie ist ganzheitlich: Polyhymnia, die Hymnenreiche.
● Sie genießt die Versenkung und die Bewegung, die Ruhe und die Ekstase: Terpsichore, die den Tanz Genießende.
● Sie ist voller Sehnsucht: Erato, die Sehnsucht Erweckende – zum Beispiel in der Liebesdichtung.

Die Musen begegnen Ihnen im Rezeptionsmodus, durch das „hörende Herz", um das Salomo bittet, als Gott ihm im Traum einen Wunsch offen läßt.[231] Sie sind die Töchter von Mnemosyne, der „Göttin des Gedächtnisses", die wir mit „Bytes und Bytes digitaler Information" im universellen genetischen System allen Lebens auf der Erde, in jeder Zelle unseres Körpers, bezeichnen. Ihnen, so sagen die Dichter, verdanken sie alles Wissen. Daß sie mit Eros und den Chariten (Grazien) zusammenwohnen, verweist auf die Verwandtschaft mit den anderen Quadranten – der Liebe und der Schönheit. Daß sie den Schafhirten zum Dichter weihten, zeigt, daß Sie starke und gesunde Instinkte und Affekte besitzen und führen müssen, wenn Sie die Gunst der Musen gewinnen wollen.

Die Kunstform, die explizit versucht hat, Kreativität als Ausdruck von Díkē zu realisieren, ist die Oper und das Oratorium. Der lateinische Begriff *opus*, Werk, von dem sich *opera* (in musica) ableitet, bezeichnet die Idee des Gesamtkunstwerks. Die Oper entstand in Florenz um die Wende zum 17. Jahrhundert als Versuch, die Dramen der Antike, d. h. die Götterlehren, wiederzubeleben. Das Oratorium entwickelte zur gleichen Zeit aus den Andachtsübungen und -gesängen der von Filippo Neri 1575 in Rom gegründeten Oratorianern heraus. Das war eine Vereinigung von Weltpriestern und Laien, die versuchte, Wissenschaft und Seelsorge – im Grunde das gleiche, was wir seit einem Jahrhundert als Psychotherapie bezeichnen – und globales Denken(!) zu verbinden. *Orare* (lat.) heißt reden, beten. Die Redner der Antike waren Oratoren. Oratorien sind opernartige Musikwerke über religiöse und episch-dramatische (mythische) Stoffe, meist ohne szenische Handlung.[232] Es ist kein Zufall, daß beide Kunstformen in die Zeit des Barock fallen, der zu den ganzheitlichsten kreativen Formen gehört, die wir kennen. Das Barock entstand als Reaktion auf die Fragmentierung, die mit der Aufklärung und Reformation verbunden war. Es ist der Versuch, die Intelligenz und Klarheit (instrumentelle Vernunft) der Antike, Aufklärung und Reformation mit der Erfahrung und Zärtlichkeit – die Umgangssprache würde sagen mit der Emotionalität – der empathischen Vernunft (zu deren Verteidigerin die katholische Kultur und Kirche geworden war), zu vereinen, inklusive der Kraft der Instinkte und dem Hang zur Größe – dem Pathos – der Affekte.[233] Kurz: das Barock war der Versuch, die vier Hirnbereiche zu vereinen. Ein grandioses Beispiel dafür ist Johann Sebastian Bach (1685–1750), der in seinem universalen Gesamtwerk, das zwischen geistlicher und weltlicher Musik *nicht* trennte, ein kompositorisches Denken von höchster mathematischer Präzision, symmetrischer Ordnung und ausgewogener Proportionen (instrumentelle Vernunft) mit symbolischer und visionärer Kraft ebenso wie mit zärtlicher Güte und Bescheidenheit[234] (empathische Vernunft) und euphorischer Größe und Begeisterung (Affekt) zu einer Einheit zusammenführte.[235]

Im Gesamtkunstwerk der Oper bzw. des Oratoriums sollte der Weg des Menschen zur Erfahrung des Absoluten nachvollziehbar, vielleicht sogar erfahrbar werden. Das zentrale Thema sind Menschen, die zwischen der Leidenschaft (der Instinkte) und Sehnsucht (der empathischen Vernunft) nach Schönheit und Liebe (des Geliebten oder Gottes), d. h. nach der Vereinigung von Subjekt und Objekt einerseits, und der Gewalt und den Zwängen, den Konventionen und Normen, d. h. der Ordnung des Instinkt- und Affekthirns andererseits, fast und oft ganz zerrissen werden. Die Oper ist die Bühne für den Quadranten des Leidens. In ihr prallen die widersprüchlichen Intentionen der verschiedenen Hirnbereiche aufeinander. Sie dramatisiert die destruktiven Wirkungen der Instinkte und Affekte – Rivalität, Kampf, Sieg, Eifersucht, Lüge, Haß, Rache, Eitelkeit, Bitterkeit, Verzweiflung – auf Liebe, Schönheit und Berufung im empathischen Vernunfthirn auf erschütternde Weise. Oft ist die Treue zur eigenen Berufung bis in den Tod die einzige Lösung, die sie anbietet. Die unerschütterliche Treue zur Berufung (Liebe) ist die Moral der großen Opernhandlungen. „Kunst ist die Beherrschung des Schmerzes durch das Schöne", hat Edgar Degas (1834–1917) später formuliert.

Aus den vielen Beispielen, die sich anbieten, wollen wir eines herausgreifen: *Alcina* von Georg Friedrich Händel (1735 vollendet und uraufgeführt).[236] In dieser Oper kämpft die tragische Heldin Alcina vergeblich gegen die Dominanz des Affekthirns, das sie als mächtige Zauberin, die Liebe, Glück und Reichtum an sich binden will, repräsentiert. Siegerin bleibt für einmal Bradamante, die im Beisein ihres weisen Lehrers Melisso unbeirrt nach ihrer verlorenen Liebe sucht und sie auch findet und aus der Illusion der Affekte (der Verzauberung durch Alcina) befreit. Der Befreite ist Ruggiero, ihr Geliebter, der sich zwischen dem vergänglichen Glück der Instinkte und Affekte und der ewigen Liebe der empthischen Vernunft für letztere entscheidet.

Was bleibt für Sie zu tun?

Wenn Ihre Mitarbeiterinnen Güte, Bescheidenheit, Geduld und Bewußtheit bereits weit entwickelt sind, wird die Hauptarbeit bei der Entwicklung der anderen Funktionsprinzipien liegen. Wenn Ihre Mitarbeiterinnen des empathischen Vernunfthirns schwach sind, was um so wahrscheinlicher ist, je stärker Sie in anderen Hirnrealen sind, dann müssen Sie anfangen, sie zu stärken. Beginnen wir mit der Mitarbeiterin

Güte

● Sehen Sie in sich selbst und in Ihrer Umgebung – den Menschen und Dingen – das Gute, nicht das Schlechte. Das tun andere Ihrer Mitarbeiter zur Genüge: vor allem die Angst, das Mißtrauen und ihre Kollegen in den

Quadranten der Frustration und des Stresses. Das Schlechte, das Bedrohliche, das Angsteinflößende zu sehen ist nicht die Aufgabe der Güte – im Gegenteil. Je stärker die Mitarbeiterinnen der Affekte sind, um so schwieriger wird sie es haben, zu bestehen. Die Güte existiert genauso wie die Angst und das Mißtrauen. Das Gleichgewicht zu finden, liegt an Ihnen.

• Beginnen Sie dort, wo es Ihnen am leichtesten fällt, vielleicht bei Blumen, Tieren, oder Kindern, oder bei den Dingen, die Sie an sich selber lieben, aber bleiben Sie dort nicht stehen.
• Folgen Sie dem Bedürfnis der Güte, Gutes zu geben.
• Seien Sie achtsam, wie Sie mit sich selber und anderen oder anderem umgehen. Welcher Mitarbeiter führt Regie, wenn Sie schimpfen, lamentieren, sich ärgern, strafen? Geben Sie in diesen Situationen Ihrer Mitarbeiterin Güte eine Chance, mitzureden.

Bescheidenheit

Die Mitarbeiterin Güte kann sich ohne die Kollegin Bescheidenheit nicht entfalten, dazu ist der Ehrgeiz im Quadranten des Stresses viel zu stark. Sie merken das am besten an sich selber oder an Ihren Kindern (oder an anderen Objekten, auf die Sie Ihren Ehrgeiz projizieren). Es ist die Aufgabe des Affektes Ehrgeiz, Sie und Ihre Nachkommen gegen die Konkurrenten durchzusetzen, d. h. zum Privileg des Erfolgs zu führen. Wenn Sie diesem Mitarbeiter die Führung überlassen, bringt er Sie und Ihre Nachkommen um. Sie können und müssen die Bescheidenheit am besten an sich selber und an Ihren Kindern üben. Vielleicht ist das am Anfang zu schwierig. Dann beginnen Sie mit einem Objekt, bei dem es Ihnen leichter fällt:

• Bauen Sie Forderungen ab (egal bei welchem Objekt Sie anfangen).
• Bauen Sie Erwartungen ab.
• Lassen Sie anderen den Vorzug.
• Geben Sie sich und anderen mehr Freiheit – auch weniger zu wollen und zu tun, als Sie erwarten.
• Beginnen Sie mit einer Tätigkeit, an die Sie bewußt kein Ziel, keinen Zeitplan, keine Erwartung, keine Forderung richten.
• Achten Sie auf alle Situationen, in denen Ihre Instinkte und Affekte regelmäßig die Führung übernehmen: Sie wollen Siege im Sport, Sie essen mehr, als gesund ist, Sie kaufen mehr, als Sie haben oder brauchen, Sie klammern sich an Ihren Besitz, Sie wollen immer recht haben, Sie wollen sich durchsetzen im Geschäft, Sie wollen, daß Ihre Kinder dies und jenes können, Sie ärgern sich über die Faulheit, Unfähigkeit und Ineffizienz der anderen usw.

- Fangen Sie an, in diesen Situationen Ihren Mitarbeiterinnen Bescheidenheit und Güte eine Stimme zu geben.
- Ziehen Sie das Einfache dem Aufwendigen vor.
- Befreien Sie sich von allem, was Sie nicht mehr brauchen. Sie brauchen auf nichts mehr zu verzichten, weil Sie nichts mehr brauchen.
- Entziehen Sie sich den Menschen und Dingen, die Sie dominieren, unterdrücken, zwingen (wollen).
- Reagieren Sie gelassen auf Erfolg und Mißerfolg, indem Sie beide relativieren.

Je stärker Ihre Mitarbeiterin Bescheidenheit wird, um so leichter wird es Ihnen fallen, das Gute und nicht das Schlechte – das halbvolle anstatt das halbleere Glas – bei Ihnen und den anderen zu sehen.

Geduld

Auch ohne die Geduld wird sich die Güte nicht entwickeln können. In der Tat wollen ja die Instinkte „sofort" und die Affekte „unbedingt". Und diesen Intentionen steht manchmal die ganze Welt entgegen. Es geht nicht immer so, wie Sie wollen. In diesen vielen Fällen ist es kaum möglich, das Gute zu sehen: Sie haben in der Prüfung versagt, Sie sind von dem Hund gebissen worden, der Nachbar hat Sie mit der lauten Musik geärgert, die Einwanderer haben Kriminalität ins Land gebracht, die Angestellten haben schlecht gearbeitet, der Kellner hat Sie lange warten lassen, Sie schaffen es einfach nicht, so gut zu spielen, wie Sie wollen, die Schmerzen sind unerträglich, usw. Es braucht Geduld, um das Gute vor dem Schlechten zu sehen.

Ungeduld und Ärger gehen in der Regel Hand in Hand. In beiden Fällen dominieren die Instinkte und Affekte, die schneller und anderes wollen, als die Situation zuläßt. Wichtig ist, zu realisieren, daß Sie mit der Ungeduld und dem Ärger vor allem sich selber schwächen.

- Achten Sie darauf, wie schnell Sie die Geduld verlieren.
- Üben Sie Geduld, wo immer sie können.
- Überfordern Sie sich nicht. Wenn es Ihnen schwer fällt, Schlange zu stehen oder im Stau zu warten, vermeiden Sie diese Situationen, wann immer Sie können.
- Genereller formuliert: Vermeiden Sie Situationen, die Sie stärker in ein Ungleichgewicht bringen, als Sie es verkraften können.
- Wenn Sie es nicht vermeiden können, benützen Sie die Gelegenheit zum Üben. Eruieren Sie in der Situation die Mitarbeiter, die es Ihnen so schwer machen, und sprechen Sie mit ihnen.

- Sprechen Sie auch mit Ihrer Mitarbeiterin Geduld, die Sie offenbar tief
  verdrängt haben. Ermutigen Sie sie und freuen Sie sich, daß Sie sie entdeckt haben. Sie ist die einzige, die Ihnen in der Situation, in der Sie sich
  befinden, helfen kann.
- Verwenden Sie den Ärger als Gradmesser für die Entwicklung aller Mitarbeiterinnen Ihrer empathischen Vernunft. Wenn Sie sich ärgern, sind
  Sie ganz im Affekt. Ihre Mitarbeiterin Dominanz führt das Zepter. Sie
  ärgern sich „zu Tode", weil Sie Ihre Vorstellung von dem, was sein sollte,
  nicht durchsetzen können. Der Ärger hilft Ihnen nicht, das Ziel zu erreichen. Tatsächlich schürt er die Aggression und erhöht das Adrenalin, um
  anzugreifen. Doch der Angriff führt nur zur Dominanz oder Unterwerfung. Er schadet Ihnen ungemein, denn er ist äußerst schlecht für Ihre
  Gesundheit (vor allem für Nieren und Leber). Der Ärger weist darauf
  hin, daß es höchste Zeit ist, daß Sie Ihre empathische Vernunft entwik-
  keln, um sich selbst zu schützen. Das Gegenteil von Ärger ist Sanftmut.
  Die einzigen Mittel, die Ihnen in der Situation, in der Sie sich ärgern,
  nützen, sind die Güte, die Bescheidenheit, die Geduld und die Bewußtheit. Letztere brauchen Sie, um den Gesamtplan (das Gesamtziel des Prozesses) zu (er-)kennen. Nur mit diesem Wissen können Sie gütig,
  bescheiden und geduldig bleiben, wo Sie sich ärgern, aufregen, drein-
  schlagen, trennen, abbrechen möchten. Es nützt nichts, daß Sie recht
  haben und der Fehler bei den andern liegt. Die Situation läßt es
  (momentan) nicht zu, daß Sie sich durchsetzen. Wozu also der Ärger, der
  nur Ihnen schadet (und vielleicht auch noch den andern durch den Ter-
  ror, den Sie ausüben). Nützen Sie die Situation, um Geduld zu üben. Die
  Zeit wird Ihnen recht geben. Nützen Sie die Gelegenheit, um Ihre
  Bescheidenheit zu stärken. Es muß ja nicht immer so gehen, wie Sie wollen, selbst dann nicht, wenn Sie es besser wissen. Nützen Sie den
  Moment, um Ihrer Güte Raum zu geben. Sehen Sie das Gute in der
  Situation, anstatt das Schlechte. Finden Sie bei allem immer auch etwas
  Gutes, und wenn Sie es nicht finden, helfen Sie sich mit dem alten Trick:
  stellen Sie sich die Lage noch schlimmer vor, als sie ist.
- Weinen Sie, so oft Sie müssen und so oft Sie können. Weinen ist ein Ausdruck von tiefer, empathischer Berührung. Es weist auf eine große Sehnsucht und auf ein großes Defizit hin, dem Sie sich zuwenden müssen. Es
  ist ein Zeichen, daß Sie leiden (können). Es weicht Sie auf, d. h. es verhindert, daß Sie sich verhärten. Es öffnet Sie, d. h. es verhindert, daß Sie
  sich verschließen. Achtung: Die Empfehlung, zu weinen, gilt nicht in
  kompetitiven Situationen, in denen Sie sich behaupten müssen! Die
  Herausforderer werden Ihr Weinen als Zeichen der Schwäche und
  Unterwerfung interpretieren und zum Angriff nutzen.
- Lassen Sie zu, wenn Sie krank sind. Kämpfen Sie nicht in jedem Fall

dagegen. Das Kranksein hilft Ihnen, die empathische Vernunft zu entwickeln. Es führt (zwingt) Sie in den Rezeptionsmodus. Es ist eine Chance, Geduld und Bescheidenheit zu üben. Wir sind von einer seltenen Dankbarkeit erfüllt, wenn wir nach einer (längeren) Krankheit oder nach einem Unfall genesen (leider hält sie meist nicht lange an). Das Kranksein macht Sie weicher (wenn nicht bitterer).

Bewußtheit

Wir haben in jedem Hirnbereich und bei jeder Mitarbeiterin darauf hingewiesen, achtsam zu sein. Die vierte Mitarbeiterin der empathischen Vernunft, die Bewußtheit, ist das Resultat aus all diesen Achtsamkeiten. Sie ist die Summe aller erfolgreichen Bemühungen, Informationen aus den nichtbewußten Bereichen des Hirns in den bewußten Bereich überzuführen. Dabei ist das Wissen um die Informationen eine Voraussetzung, aber nur eine. Die andere ist die Erfahrung dieses Wissens. Das gilt für alle Ebenen. Es reicht nicht, zu wissen, daß der Instinkt kämpfen und siegen, kopulieren, konsumieren und besitzen will. Man muß es erfahren (haben). Es genügt auch nicht, um Liebe, Schönheit, Kreativität und Leiden zu wissen. Dieses Wissen ist nicht selbstverständlich, aber es ist vergleichsweise einfach zu gewinnen. Über die Liebe gibt es Liebesfilme und Liebesromane. Zur Schönheit gibt es Frauen-, Mode-, Lifestyle-, Photo-, Architektur- und Designzeitschriften. Zur Kreativität gibt es Kunstmuseen und -galerien, Konzerte, Opern, Theater, Lesungen, Bücher und Kurse. Zum Thema Leiden gibt es die Geschichte Jesu, Hollywood-Filme, Opern, Passionen, Romane, Kriege, Katastrophen, Greueltaten und den Tod.

- Nutzen Sie die Angebote zu den Quadranten der empathischen Vernunft (die äußere Aktivität oder die äußere Erfahrung).
- Konzentrieren Sie sich auf jene, die Sie am stärksten erschüttern. Die Erschütterung weist darauf hin, daß hier die größte Schwäche liegt.
- Bleiben Sie bei dem Wissen und Können nicht stehen.
- Suchen Sie die innere Erfahrung (die „Anteil-Nahme").

Die innere Erfahrung ist nicht gleich der äußeren Aktivität, also nicht der Malkurs oder die Beerdigung oder die Mondscheinnacht oder die Schönheitskur, obwohl diese vielleicht oder sogar wahrscheinlich eine Voraussetzung dafür sind. Die Erfahrung im Sinne der Bewußtheit, d. h. die bewußte Erfahrung, ist die Entwicklung und Erfahrung der eigenen Mitarbeiter. Das ist es, was wir die innere Erfahrung nennen.

Nur so entgehen Sie der Gefahr des Selbstzwecks, hinter dem sich gewöhnlich Intentionen des Instinkt- und Affekthirns verbergen. Der

Instinkt sucht die Liebe, weil sie Kopulation und Ruhe verspricht. Der Affekt sucht die Kreativität, weil sie Ruhm und Reichtum (Belohnung) bedeutet. Natürlich pflegen wir die Schönheit auch, weil wir sie als Tauschobjekt einsetzen können. Ebenso leiden wir, wenn wir im Kampf verletzt und besiegt werden. Das ist natürlich, weil es den Funktionen der Hirne entspricht. Die Lösung ist nicht, sich dagegen zu wehren – oder den Zusammenhang nicht zu sehen. Die Lösung ist, die Intentionen, die enorme Kräfte sind, in die richtige Richtung zu lenken.

Es dürfte Sie nicht erstaunen, daß sich die innere und die äußere Erfahrung gewöhnlich reziprok verhält. Je geringer die innere Erfahrung (noch) ist, d. h. je weniger weit die Mitarbeiterinnen entwickelt sind, um so größer ist oft das Gewicht der äußeren Aktivitäten. Es können dann nicht genügend Liebesschwüre, Schönheitskuren, Katastrophenfilme oder Kunstausstellungen sein. Je größer die innere Erfahrung wird, um so unbedeutender und um so kleiner und bescheidener werden die äußeren Aktivitäten.

- Werden Sie gütiger, bescheidener, geduldiger und bewußter.
- Verbinden Sie sich langsam, stetig, vielleicht unmerklich mit dem Absoluten (dem „Richtigen"):

  – Sie werden dadurch sicherer;
  – Sie finden und realisieren Ihre Berufung;
  – Sie werden ruhiger;
  – Sie werden glücklicher;
  – Sie finden Ihr Gleichgewicht.

Die Mitarbeiterinnen der empathischen Vernunft verstärken sich gegenseitig.

Die Mitarbeiter des Instinkthirns finden ihr eigenes Gleichgewicht zwischen Konsumieren, Kämpfen, Siegen und Besitzen. Dieses Gleichgewicht findet wiederum zu einem Gleichgewicht zur empathischen Vernunft. Kämpfen, Siegen, Konsumieren und Besitzen verlieren ihre Zwanghaftigkeit, ihre Dringlichkeit und ihre Maßlosigkeit. Sie passen sich den inneren und äußeren Umständen freiwillig an. Weil keine Reibungsverluste mehr bestehen, steht Ihnen ihre Kraft voll und ganz zur Verfügung.

Die Mitarbeiter des Affekthirns finden ebenfalls zu ihrer eigenen Mitte. Die Dominanz verliert ihren Zwangscharakter und die Unterwerfung ihre panische Angst. Streß und Frustration gehen in dem Maße zurück. Mit zunehmender Sicherheit verschwindet der Grund für den blinden Gehorsam und das naive Vertrauen. Der Quadrant des Erfolges bleibt Ihnen vielleicht lange vergönnt. Er stellt sich neu ein, je mehr Sie sich dem Flow nähern. Auf der einen Seite schwindet die Angst, die Privilegien des Erfolges zu verlieren, auf der andern Seite gelingt es in der Berufung wesentlich leichter und ohne Streß, den Erfolg zu finden. Im Gleichgewicht wird das Affekthirn dem Vernunfthirn folgen und seinen ganzen Willen in den Dienst der Berufung stellen.

Die instrumentelle Vernunft macht Ihnen das Leben leichter, weil Sie effizienter und effektiver werden. Sie gibt Ihnen die Sicherheit und Unabhängigkeit, die Sie brauchen, um sich aus dem Quadrant des Gehorsams zu verabschieden. Sie hilft Ihnen mit ihrem Wissen und Können, die Berufung, wenn Sie sie gefunden haben, zu verwirklichen.

- Sie küssen den Himmel und die Erde.

FÜHREN SIE, OHNE ZU DOMINIEREN
Release your brainpower

Weil sich keine von den Mitarbeiterinnen gerne unterdrücken läßt bzw. mehrere von ihnen gerne dominieren, kann die Führungsfunktion, die zu einem stabilen, dynamischen Gleichgewicht führt, nur von Mitarbeiterinnen wahrgenommen werden, die führen, ohne zu dominieren. Mit dieser Erkenntnis sind wir wiederum verblüffend nahe an die Ergebnisse aus dem Managementbereich gekommen ist. Was Warren Bennis über die Aufgabe der Führungskräfte in den Unternehmen sagt, gilt genauso für die Führung der Mitarbeiter in Ihrem Hirn. *„What leaders must learn to do is develop a social architecture that encourages incredibly bright people, most of whom have big egos, to work together successfully and to deploy their own creativity.*"[237] („Führer müssen lernen, eine soziale Architektur zu entwickeln, die unglaublich fähige Leute, von denen die meisten große Egos besitzen, anspornt, erfolgreich zusammenzuarbeiten und ihre eigene Kreativität zu entfalten." Ü. d. A.). Alle Ihre Mitarbeiterinnen sind „unglaublich fähig", und die meisten von ihnen haben „große Egos". In der Tat besteht Ihre Führungsaufgabe darin, diese großen Egos so zusammenzuführen, daß sie motiviert und in der Lage sind, erfolgreich zusammenzuarbeiten und ihre je eigene Kompetenz und Kreativität ins Spiel zu bringen.

„The major challenge for leaders in the twenty-first century will be how to release the brainpower of their organizations."[238] („Die größte Herausforderung für Führerinnen im 21. Jahrhundert wird sein, wie sie die Kraft in den Gehirnen ihrer Mitarbeiter in ihren Organisationen freisetzen können." Ü. d. A.). Daß ist auch Ihre große Herausforderung: Die Ressourcen aller Ihrer Mitarbeiterinnen für den Erfolg Ihres Lebens freizusetzen.

Das setzt voraus, daß sich alle Ihre Mitarbeiter mit dem Ziel identifizieren, durch das Sie diesen Anspruch konkretisieren. Das wiederum erfordert, daß sich alle Mitarbeiterinnen an der Zielfindung beteiligen können. Gary Hamel spricht dabei von *„democratization of strategy*"[239] („Demokratisierung von Strategie"). Wir haben den Prozeß, der dazu in Organisationen erforderlich ist, an anderer Stelle aufgezeigt.[240] Im Unternehmen wie im Hirn geht es darum, die Mitarbeiterinnen miteinander ins Gespräch zu bringen. Das ist aus zwei Gründen keine Selbstverständlichkeit: erstens, weil Menschen untereinander in Konkurrenz um Dominanz stehen und zweitens, weil die Führung eines Gesprächs nicht so einfach ist, wie es scheint. Damit das Gespräch, wenn es denn stattfindet, nicht zum end- und ziellosen Pallaver wird, sind drei Bedingungen erforderlich:

- Der Entscheidungsprozeß muß geführt sein: Dazu kennen Sie die Richtung (die Vision) und die Regeln.
- Die Führung darf die Teilnehmerinnen (in der Entfaltung ihrer kreativen Kräfte) nicht unterdrücken. Dies zu verhindern ist die Aufgabe der Regeln.
- Die Fachkompetenz, Entscheidungskompetenz und die Verantwortung müssen für jede Mitarbeiterin genau definiert und deckungsgleich sein: Die Mitarbeiterin Bewegung ist für die Bewegung, die Kollegin Ruhe für die Ruhe und die Angst für die Angst verantwortlich. Jede trifft die Entscheidungen für ihren Kompetenz- und Verantwortungsbereich.

Obwohl wir den Begriff „democratization of strategy" von Hamel übernehmen könnten, birgt er die Gefahr für ein Mißverständnis in sich. Unter Demokratisierung verstehen wir präzise die Beteiligung aller Betroffenen am Entscheidungsprozeß und nicht notwendigerweise einen Abstimmungsmodus nach dem Mehrheitsprinzip. Dieser führt in der Tat gerne zur Mediokratie, d. h. zur Förderung der Mittelmäßigkeit. Die Mehrheit und der Durchschnitt liegen oft nahe beieinander. Es kann schon sein, daß in einer politisch organisierten Gesellschaft kein besserer Modus verfügbar ist und daß alle anderen politischen Systeme schlechter sind. Aber dieses pragmatisch bescheidene Ziel gilt nicht für Sie und nicht für ein Unternehmen. Wir suchen nicht den Durchschnitt. Wir suchen nicht die Scheingefechte, nicht die Pseudokompetenz, nicht das endlose Palaver um Partikularinteressen, nicht das Lobbying, nicht den Kuhhandel und nicht die Intrigen. Wir suchen die Kompetenz und die Verantwortung. Wir suchen Teilnehmer, die sich gegenseitig ernst nehmen und respektieren, weil sie sich aufgrund ihrer fachlichen und sozialen Kompetenz (die Art, wie sie miteinander reden) ernst nehmen und respektieren können. Es ist erstaunlich, wie schnell und sicher die Mitarbeiter merken, ob die Voraussetzungen dazu erfüllt sind. Es ist Ihre Führungsaufgabe, diese Voraussetzung zu schaffen.

Sie haben als der Leader of Leaders (Führerin von Führerinnen), die Sie sind, zwei Führungsaufgaben:

1. Die Voraussetzung zu schaffen, daß Ihre Mitarbeiter miteinander reden und denken wollen und können.[241]
2. Eine Ahnung zu haben, wohin die Reise geht, d. h. das zu haben, was wir in jedem Unternehmen berechtigter- oder unberechtigterweise als Vision bezeichnen.[242] Über den Begriff, den jede(r) verwendet, herrscht verständlicherweise Verwirrung. Er geht auf das lateinische Wort *vísio* zurück, was das Sehen, der Anblick, die Erscheinung bedeutet. *Vīsiō* kommt von dem Stammwort *vidēre*. Das heißt sehen und ist u. a. auch der Ursprung unseres deutschen Wortes wissen. Was Sie sehen, ahnen und mit der Überzeugung aus der instrumentellen und

empathischen Vernunft schließlich auch wissen sollen, ist das Gesamtziel, der Zusammenhang, die Berufung, ist Díkē .

Wenn Sie sich auf den Weg machen, um das Ziel zu finden, wissen Sie am Anfang und vielleicht noch ziemlich lange nicht, was es ist, das Sie am Ende finden werden. Keinesfalls sollen Sie warten, bis es Ihnen in den Schoß fällt. Sie werden vielmehr in einen dunklen Tunnel einsteigen und vielleicht ziemlich lange marschieren müssen, ohne das Licht zu sehen, das sich am anderen Ende auftut.[243]

Eine Vision zu haben kann also auch nur bedeuten, daß Sie wissen oder vielmehr ahnen, in welchen Tunnel Sie einsteigen sollen und wollen. Sie wissen als Führerin in diesem Falle nur zwei Dinge: Sie wissen, in welchen Tunnel Sie einsteigen wollen (und letztlich auch müssen) und wie Sie sich (mit Ihrer Mannschaft) im Tunnel verhalten sollen.

Im Tunnel ist es nicht im geringsten unsere Absicht, sachliche und fachliche Kompromisse zu schließen. Wir halten uns dazu an eine Regel aus dem Zen: Wenn du gehst, gehe. Wenn du ißt, esse, wenn du ruhst, ruhe. Wenn du denkst, denke. Und so weiter. Die Verantwortung für die einzelnen Entscheidungen wird nicht aufgeteilt. Sonst wird die Verantwortung im Kreis herum geschoben, und am Ende sind alle und niemand verantwortlich. Andernfalls würden wir viel zu viel Zeit verlieren. Nur dadurch, daß wir die Entscheidungen sachlich bewußt durch die Mitarbeiter fällen lassen, die für den entsprechenden Funktionsbereich kompetent und verantwortlich sind, werden die Entscheidungen richtig und schnell (genug) gefällt. Das setzt natürlich voraus, daß die Mitarbeiterinnen die funktionale Kompetenz besitzen, die sie dazu brauchen – eine Voraussetzung, die Sie gewähren müssen.

Eines ist wirklich erstaunlich: Die wildesten Gesellen aus dem Bereich der Instinkte und Affekte sind durchaus bereit, sich unter die Führung der instrumentellen und empathischen Vernunft zu begeben, wenn sie von der Kompetenz dieser Mitarbeiterinnen überzeugt sind. Dann werden die wilden Tiere zu Lämmern.[244]

Das Geheimnis ist folgendes: Je mehr Sie Ihre Mitarbeiter in ihren Kompetenzen fördern und stärken, um so leichter fällt es den andern, ihre Beiträge und Einwände ernst zu nehmen und den Entscheidungen in ihren Kompetenzbereichen zu folgen.

Und die Konsequenz ist: Alle Entscheidungen werden freiwillig, d. h. frei getroffen. Es gibt keinen Zwang mehr bei Ihren Entscheidungen.

LÖSEN SIE DIE AUFGABEN ZUERST
IN IHREM INNERN
Sie können nur tauschen und austauschen, was Sie haben

Die Aufforderung, ohne Zwang zu operieren, bereitet große Mühe. Sie entspricht so gar nicht unserem spontanen Verhalten. Spontan heißt in diesem Falle, unserem instinkt- und affektbestimmten Verhalten. Warum das so ist, können wir nun gut verstehen.

Die Instinkte und Affekte, unter Mithilfe der instrumentellen Vernunft, begegnen Problemen, Herausforderungen und Konflikten im Aktionsmodus. Sie erkennen sie als Bedrohung und Angriff von außen und reagieren selbst mit Angriff oder Flucht. Sie interpretieren die Situation auf der Achse Belohnung-Bestrafung. Und tun alles, um die Bestrafung abzuwenden und die Belohnung zu gewinnen. Sie handeln sofort. Das ist der biologische Grund, warum es so leicht fällt, Probleme auf die Außenwelt (die „Oberfläche") zu projizieren, und so schwer, sie zuerst im eigenen Innern (bei den eigenen Mitarbeiterinnen) anzusehen. Weil wir bei Problemen, die wir vor uns sehen, sofort handeln können und sofort Wirkung sehen. Wir sind unzufrieden in der Partnerschaft und überlegen, wie wir die Partnerin austauschen können. Wir ärgern uns am Arbeitsplatz und denken daran, wie wir den Mitarbeiter ersetzen oder die Stelle wechseln können. Wir werden krank und bekämpfen die Viren.

Die instrumentelle und empathische Vernunft erlauben uns, die (Kausal-) Zusammenhänge weiterzuverfolgen, als sie oberflächlich sichtbar sind. Wir brauchen dazu die phänomenologische Methode der Introspektion. Wenn wir uns in uns selbst versenken, wenn wir auf unsere Mitarbeiter hören und mit ihnen sprechen, wenn wir uns mit größter Achtsamkeit selbst beobachten und wenn wir die Beobachtungen theoretisch begründen und bestätigen können, stellen wir fest, daß die äußeren Erscheinungen, denen wir begegnen, ein Abbild sind von unseren inneren Konstellationen.

Es ist offensichtlich. Diese Beobachtung können wir nicht machen, wenn wir nur die äußere Welt betrachten. Wir können den Vergleich überhaupt erst anstellen, wenn wir unsere innere Konstellation kennen. Dazu müssen wir in dem Prozeß, den wir hier beschreiben, ziemlich weit fortgeschritten sein. Solange wir es nicht sind, können wir das hier Gesagte als Arbeitshypothese verwenden.

Wir haben die empirische Anlage nicht, um den Kausalzusammenhang zwischen der inneren und äußeren Konstellation experimentell zu beweisen. Wir können jedoch auf zwei Argumente zurückgreifen, die wir oben entwickelt haben, um ihn theoretisch zu erklären. Das eine Argument ist die natürliche Tendenz zur Projektion, und das andere ist die natürliche Tendenz zur Komplementarität. Mit beiden Verhaltensmustern ziehen wir das an, was wir selbst nicht (entwickelt) haben, aber haben möchten. Das sind unsere Sehnsüchte. Die Wärme, wenn wir kalt sind. Die Kraft, wenn wir schwach sind. Die Vernunft, wenn wir wenig davon besitzen. Der Wille, wenn er uns selber fehlt. Mit der Projektion verlagern wir zudem die destruktiven Wirkungen, die aus unseren Defiziten folgen, von uns weg auf die anderen. Die Gier auf die Gierigen. Die Trägheit auf die Faulen. Den Geiz auf die Geizigen. Die Dominanz auf die Dominanten. Die Einseitigkeit auf die Unausgeglichenen. Durch unser Komplementärverhalten ziehen wir sie in anderer Form auch wieder auf uns zurück. Weil die Umwelt, zu der wir passen, die, die uns sucht und auf die wir regieren, nicht nur in den Stärken, sondern auch in den Defiziten komplementär ist. Der Volksmund hat nicht ganz unrecht mit dem Satz: Wir verdienen, was wir haben.

Daß der Mensch ein soziales Wesen ist, ist nur die halbe Wahrheit. Die andere Hälfte nehmen wir leider kaum zur Kenntnis. Der Mensch ist nicht nur ein offenes System. Er ist auch ein Informations- und Entscheidungssystem, das in sich geschlossen und in diesem Sinne autonom funktioniert. Es ist richtig. Ohne sozialen Input kann er diese Funktionstüchtigkeit nicht erlangen. Aber es ist ebenso richtig, daß sein sozialer Output nicht größer ist als das, was er in-sich realisiert hat. Er kann nur tauschen und austauschen, was er hat.

Wir haben oben gesehen, daß das komplementäre und projektive Verhalten zwar für die Kombination der Gene von Vorteil ist, aber nicht unbedingt für deren Träger. Der Lerneffekt ist oft gering, und die Reibungsverluste sind groß. Das Resultat ist am Ende oft destruktiv. Wir können dem Teufelskreis nur entrinnen, wenn wir die Defizite bei uns selber erkennen und korrigieren. Wir können unsere Aufgaben nicht lösen, indem wir tauschen. Wir kaufen uns damit nur immer wieder neue Defizite, wenn auch in anderer Form. Und wir tun nichts, um die eigenen Defizite abzubauen.

Diese Erkenntnis ist schmerzlich. Sie bedeutet, daß es das Ungleichgewicht im eigenen Entscheidungsprozeß war, das Sie in die Situation gebracht hat, in der Sie momentan leiden, sei es die Partnerschaft oder die Einsamkeit, sei es der Beruf oder die Arbeitslosigkeit, sei es die Abhängigkeit oder die Orientierungslosigkeit, in der Sie gerade stecken. Das liegt nicht am Partner, auch nicht an der Chefin oder am System, nicht an Gott und nicht am Schicksal. Deshalb nützt es auch nichts, wenn Sie zuerst versuchen, diese zu ändern. Zuerst müssen Sie Ihre Hirnmannschaft ins dynamische Gleichgewicht bringen. Erst dann macht es Sinn (bringt es Fortschritte), die äußeren Umstände zu verändern.

Natürlich gibt es äußere Gründe, warum Ihre Hirnmannschaft in der

Konstellation ist, in der Sie heute sind. Die Kälte des Vaters, die Scheidung der Eltern, der Ehrgeiz der Mutter, die Einweisung ins Internat, die katholische oder nicht-katholische Erziehung, die sexuelle Mißhandlung, der traumatische Unfall, das Erbgut und alle Erfahrungen, die Sie gemacht haben, sind mitverantwortlich, daß einige Ihrer Mitarbeiter (extrem) dominieren und andere stark unterdrückt sind. Es mag im Einzelfall hilfreich oder gar eine Voraussetzung sein, diese Ursache-Wirkungszusammenhänge aus der Vergangenheit aufzuarbeiten, um bereit zu sein, nach einer Lösung für die Zukunft zu suchen. Eine kreative Lösung ist es sicher nicht. Diese finden wir nur, indem wir uns in Richtung des dynamischen Gleichgewichts bewegen. Es nützt uns nichts, die Schuld für unsere Ausgangslage den andern in die Schuhe zu schieben. Im Gegenteil: Es lenkt unsere Aufmerksamkeit nur ab von der Aufgabe, die uns zum Ziel bringt. Ob Sie geschlagen oder verwöhnt worden sind, ob Sie vergewaltigt oder geliebt worden sind, ob Sie in einer reichen oder armen Familie aufgewachsen sind, daran können Sie jetzt nichts mehr ändern. All das bestimmt lediglich Ihre Ausgangslage (und um diese zu verstehen, mag es nützlich sein, die Zusammenhänge zu verstehen, die dazu geführt haben). Von dieser müssen Sie jetzt ausgehen. Von hier aus bewegen Sie sich in kleinen Schritten in die richtige Richtung, d. h. in die Richtung des dynamischen Gleichgewichts. Jeder kleinste Schritt ist dabei ein Fortschritt, egal, von wo Sie ausgehen. Jeden können Sie erleben, schätzen und feiern.

Wir können es noch anders formulieren: Die Bewußtheitsleistung, die Entwicklungsleistung, die Integrationsleistung, die Sie in Ihrem Kopf mit Ihren eigenen Mitarbeiterinnen noch nicht vollzogen haben, wird auch in Ihren Außenbeziehungen nicht erbracht werden. Woher auch? Von Ihren Mitmenschen? Sie werden es schwer haben. Sie sind damit beschäftigt, die Lücken zu füllen, die Sie mit Ihren Defiziten hinterlassen. Die Mitmenschen in Ihrer Umgebung werden wenig Raum haben, sich mit den eigenen Defiziten zu befassen. Wer soll ihnen den Raum geben? Sie könnten es sein, aber dazu müßten Sie die Leistungen, die wir oben aufgeführt haben, selbst erbringen. Ohne Bewußtheit sehen Sie nicht einmal die Notwendigkeit dafür. Ohne Entwicklung und Integration können Sie nicht oder nur falsch agieren. Die Instinkte und Affekte sollten die Führung nicht übernehmen, die empathische Vernunft wiederum kann ohne die Instinkte und Affekte (und die instrumentelle Vernunft) nichts erreichen. Auch die instrumentelle Vernunft, das ökonomische Prinzip, das durchaus seine Berechtigung hat, reicht nicht aus, um das Ziel zu erreichen, weil es zu einseitig und zu starr ist, weil es die Koordination, psychologisch würden wir sagen, die Beziehung zwischen den Akteuren, nicht umfassend und flexibel genug regelt.

Sie können nur geben, was Sie haben – und damit beeinflussen Sie stark, was Sie bekommen. Die Mitarbeiter, die Sie bei sich selbst unterdrücken, werden Sie auch bei den anderen unterdrücken. Selbst dann, wenn Sie, ganz im Sinne der ökonomischen Arbeitsteilung und Kombination von Talenten, gerade diese bei den andern suchen. Sie werden sie unterdrücken, ohne es zu merken. Weil Sie sie bei sich selbst zu wenig entwickelt haben und deshalb bei den andern zu wenig verstehen.

Es gibt noch einen zweiten Grund, warum wir die Aufgaben oder Probleme spontan lieber in der Außenwelt zu lösen versuchen. Die Probleme ereilen uns tatsächlich ja auch von außen. Es braucht oft diesen Anstoß, die Steigerung des Leidensdrucks bis zur Katastrophe und Katharsis, um uns aus den eingespielten Mustern herauszukatapultieren. Die Tragödien müssen so dramatisch und schockierend sein, um genügend Hebelwirkung zu erzielen. Bei Amor und Psyche ist es der Verlust des Geliebten, in der Ödipus-Sage die Pest, in der Jesus-Geschichte die Gefangennahme, Verurteilung und Kreuzigung, die dazu auffordern, den Schritt über den Status quo hinauszugehen.

Obwohl der Anstoß von außen kommt, ist aber die Reaktion nach innen dennoch gefordert. Psyches Aufgabe bestand nicht darin, einen neuen Liebhaber mit einem neuen Schloß zu finden. Ödipus' Aufgabe war nicht, die Pestkranken zu heilen, Jesu Aufgabe bestand nicht darin, die Juden von der Unterdrückung durch die Römer zu befreien. Die Aufgabe aller drei bestand darin, zuerst die empathische Vernunft von der Unterdrückung durch die Instinkte und Affekte zu befreien.

Wir können in der Außenwelt nur realisieren, was wir in uns selbst realisiert haben. Manchmal dauert es lange, bis uns dies gelingt. Wie lange es dauert, können wir nur indirekt beeinflussen, weil wir in unserem Innern nicht primär im Aktionsmodus, sondern primär im Rezeptionsmodus handeln. Es braucht „den langen Schlaf" (bei Schneewittchen und Dornröschen); die „Blindheit" (bei Samson und Ödipus), „den Abstieg in das Reich der Toten" (bei Psyche und Jesus). Wenn wir so weit sind, wenn wir aufwachen – das berichten alle Geschichten, auch die des „Erwachten" (Buddha) –, ändern sich die äußeren Umstände „wie von selbst".

HÖREN SIE AUF IHRE TRÄUME
Die Träume führen Sie zu Ihrem Gleichgewicht

Ihre Mitarbeiterinnen versuchen im Schlaf, das Ungleichgewicht, das Sie mit Ihren Entscheidungen verursachen, zu korrigieren und das Gleichgewicht wiederherzustellen. Ihre Mitarbeiter „sprechen" zu Ihnen. Mitunter, wenn die Lage dramatisch wird, schreien sie. Das sind die Träume, bei denen Sie mitten in der Nacht schweißgebadet aufwachen oder nach denen Sie sich am Morgen wie gerädert fühlen. Ihre Mitarbeiter versuchen autonom, ähnlich wie das vegetative Nervensystem, eine Regeneration, d. h. eine Wiederherstellung des Gleichgewichtszustandes, der Gesundheit bedeutet, herzustellen. Sie versuchen dazu, Informationen, die Ihnen noch nicht bewußt sind, in Ihr Bewußtsein zu bringen, denn von dem Ungleichgewicht, das Sie anrichten, wissen Sie ja gar nichts. Sie kennen die Informationen nicht, weil Sie sie verdrängt, unterdrückt oder projiziert haben oder weil sie in Ihrer Entwicklungsgeschichte einfach noch keinen Raum und keine Zeit gefunden haben, um aus dem nicht-bewußten Speicher Ihres Hirns in den bewußten zu gelangen.

Träume sind die Navigatoren zu Ihrem Gleichgewicht. Wenn Sie der Strategie folgen, die wir hier vorschlagen, haben Sie sich entschieden, ihnen zu folgen:

- Geben Sie Ihren Träumen genügend Raum, d. h. auch, gönnen Sie sich genügend Ruhe und Schlaf. Vielleicht ist Ihnen schon aufgefallen, daß Sie in den Ferien wesentlich mehr träumen, genauer, sich an mehr Träume erinnern als im hektischen Alltag.
- Geben Sie Ihren Träumen genügend Unterstützung. Mitarbeiterinnen, mit denen Sie sich vor dem Schlafen beschäftigen, fällt es leichter, sich im Traum zu Wort zu melden und Ihrem Bewußtsein Informationen zuzuführen.
- Sie können das leicht beobachten, wenn Sie lernen oder kreativ arbeiten. Sie wissen und können am nächsten Morgen besser, was Sie am Abend oder Vortag gelernt haben, und Sie wissen mehr – d. h. Sie haben am nächsten Morgen neue Ideen. Je intensiver Sie am Thema gearbeitet haben, um so größer ist oft der Fortschritt am nächsten Tag.
- Schreiben Sie alle Träume auf, an die Sie sich erinnern können. Das heißt, halten Sie die Informationen fest, die Ihr Bewußtsein erreicht haben.
- Interpretieren Sie Ihre Träume, d. h. versuchen Sie, sie zu verstehen.

Die Subjekte in Ihren Träumen, d. h. die Handlungsträgerinnen, die Personen, Tiere oder Dinge, die in Ihren Träumen erscheinen und agieren, erleben oder erleiden, sind immer Ihre Mitarbeiterinnen, unabhängig davon, ob Sie sie kennen oder nicht; unabhängig davon, ob Sie sie mögen oder nicht; unabhängig davon, ob sie Ihnen oder irgend jemandem im Traum Gutes oder Schlechtes tun. Woher Ihre Träume ihre Inhalte und die Figuren nehmen, ist nicht entscheidend. Vielleicht wissen Sie es und vielleicht auch nicht. Vielleicht erscheint Ihr jetziger Freund oder eine frühere Freundin, vielleicht stammen die Figuren aus einem Film, den Sie am Abend vorher gesehen haben, oder aus dem Zusammensein mit anderen, das sich kürzlich oder vor langer Zeit zugetragen hat, vielleicht entstammen sie einer Geschichte oder Zeit, der Sie noch nie begegnet sind. Wie Sie wissen, ist der Informationspool, aus dem die Träume schöpfen können, für unser Verständnis unendlich groß. Wichtig ist in diesem ersten Schritt der Trauminterpretation allein, zu bestimmen, welche Ihrer eigenen Mitarbeiter die Figuren repräsentieren. Nur wenn es Ihnen gelingt, diese Zuordnung zu treffen, können Sie den Traum richtig interpretieren.

● Identifizieren Sie zuerst, wer zu Ihnen spricht. Sie bestimmen, welche Ihrer Mitarbeiter aus welchem Hirnbereich in Ihrem Traum agieren.

Dabei ist es wichtig, den gebräuchlichsten Fehler zu vermeiden, nämlich den Traum zuerst nach außenhin zu interpretieren. Der Traum sagt Ihnen primär nicht, was Sie in der Außenwelt zu tun haben, sondern, was Sie in Ihrer Innenwelt tun sollen. Ihre Innenwelt sind Ihre Mitarbeiter und der Entscheidungsprozeß, an dem Sie sie beteiligen. Wenn Sie vom Partner, der Chefin, von Mitarbeitern, Nachbarn, Idolen, Feindbildern, Engeln oder Monstern, Gewinnern oder Verlierern, Schlägern oder Liebhabern träumen, will Ihnen der Traum nicht sagen, wie diese Menschen in der Außenwelt sind und wie Sie sich ihnen gegenüber verhalten sollen. Der Traum will Ihnen vielmehr zeigen, in welchem Zustand Ihre eigenen Mitarbeiterinnen sind, wie sie miteinander umgehen, welche Konsequenzen daraus entstehen.

Weil alle Akteure in Ihren Träumen Repräsentanten Ihrer Hirnmannschaft sind – auch die, die Sie peinigen –, müssen Sie deren Rollen zuerst identifizieren:

● Tiere in Ihren Träumen sind nach allem, was wir wissen, relativ einfach dem Instinkt- oder Affekthirn zuzuordnen. Reptilien und urzeitliche Tiere natürlich dem Instinkthirn, Säugetiere eher dem Affekthirn (Raubtiere eher dem ersteren, Muttertiere eher dem zweiten). Ausgesprochen sanfte Tiere, wie ein Lamm, können allerdings auch Mitarbeiterinnen der empathischen Vernunft repräsentieren (wie auch Jesus als

„Lamm Gottes"). Letztlich ergibt sich die korrekte Zuordnung doch erst aus dem Handlungskontext des Traumes und dem Lebenskontext der Träumerin. Beide muß man kennen, um den Traum sicher interpretieren zu können.

● Auch Menschen, von denen Sie träumen, können prinzipiell allen Hirnarealen und -funktionen zugeordnet sein. Aber auch hier gibt es Tendenzen, die wir als Faustregeln bezeichnen können. Tendenziell repräsentieren Menschen des sexuell präferierten Geschlechtes Mitarbeiterinnen des empathischen Vernunfthirns. Bei heterosexuellen Frauen also Männer und bei heterosexuellen Männern also Frauen.[245] Der Grund dafür ist, daß die Inhalte der empathischen Vernunft Sehnsüchte sind und von den Menschen abgebildet werden, auf die wir diese Sehnsüchte projizieren. Anders formuliert: Mitarbeiter der empathischen Vernunft, die ausgeschlossen sind, sprechen durch Traumfiguren, mit denen wir uns vereinen wollen. Die sexuellen Träume, die uns glücklich stimmen, bedeuten meist, daß wir die entsprechenden Mitarbeiterinnen am Entscheidungsprozeß beteiligt haben oder beteiligen sollen. Sexuelle Vereinigung symbolisiert Beteiligung (Vereinigung) von Schönheit, Liebe, Kreativität und Leiden, von Güte, Bescheidenheit, Geduld und Bewußtheit am Entscheidungsprozeß. Die beglückende sexuelle Vereinigung mit dem Geliebten im Traum ist ein Bild dafür, daß alle Mitarbeiter am Entscheidungsprozeß beteiligt sind. Sie zeigt die Linie, die wir suchen: Die Sexualität verweist auf den Instinkt, die Vereinigung der Geschlechter auf das Gleichgewicht zwischen Instinkt und Affekt, der Geliebte auf die Muse, d. h. auf das Objekt der Sehnsucht, in dem Liebe, Schönheit, Kreativität und Leiden vereinigt sind. Weil Sie sowohl als Mann wie auch als Frau zeugen *und* gebären müssen, träumen Sie von der Vereinigung der Geschlechter, die für die Verschmelzung von Subjekt und Objekt zu Einem, d. h. für die Erfahrung des Absoluten steht. Die griechische Mythologie hat dafür die Figur des Hermaphroditos geschaffen, eines zweigeschlechtlichen Gottes, der als wunderschöne Frauengestalt mit Penis dargestellt wird und die Verbindung der Liebesgöttin Aphrodite mit dem phallischen Gott Hermes (aus der nach einer Genealogie auch Eros entstand) verkörpert.[246]

● Die gleichgeschlechtlichen Figuren bilden bei heterosexueller Präferenz infolgedessen eher die Instinkt- und Affekthirne ab, aber es gibt auch Ausnahmen von der Regel. Männer können in Träumen von heterosexuellen Frauen durchaus auch Funktionen der älteren Hirnareale einnehmen und umgekehrt, z. B. dann, wenn die Kopulation mit Gewalt, Zwang, Erpressung, Abscheu verbunden ist. In diesem Falle verweisen männliche Figuren tendenziell eher auf die patriarchalen Funktionen des Instinkthirns und weibliche eher auf die matriarchalen des Affekthirns.

266

Bedeutsam für die Zuordnung ist nicht, wie die Menschen, von denen Sie träumen, tatsächlich sind – das wissen Sie in den meisten Fällen nicht –, sondern, wofür Sie sie halten, was sie für Sie bedeuten (was Sie damit „assoziieren"). Wenn Sie als Träumende die Figur vor allem für (ehr-)geizig halten, steht sie für Ihren Mitarbeiter (Ehr-)Geiz im Quadranten des Stresses des Affekthirns. Wenn die Traumfigur in Ihrer Vorstellung (Assoziation) primär dominant ist, steht sie für die Dominanz; wenn sie gierig ist, für die Gier im Instinkthirn; wenn sie viel ißt und dick ist, für das Fressen; wenn sie träge ist, für die Ruhe usw. Die gleiche Person kann in verschiedenen Träumen sogar verschiedene Hirnfunktionen mit widersprüchlichen Eigenschaften vertreten. Nicht nur Ihre Beurteilung der Person, sondern auch der Kontext des Traumes bestimmen erst die Zuordnung. Diese Variabilität ist ein Grund mehr, weshalb wir uns hüten sollten, von unseren Träumen auf die Menschen zu schließen, von denen wir träumen.

- Neugeborene und Kleinkinder, vor allem, wenn es Ihre Kinder sind, verweisen auf etwas, das im Entstehen begriffen ist. Weil sie neues Leben bedeuten, stehen sie für das, was Ihnen neues Leben bringt, das ist in der Regel die empathische Vernunft. Kleine Kinder symbolisieren oft Mitarbeiterinnen der empathischen Vernunft. Regelmäßig träumen Menschen davon, daß sie ein Kind durch Tod verlieren oder es sich bei einem Unfall schwer verletzt. Die Kindersterblichkeit ist in der Realität extrem viel kleiner als die Anzahl Träume dieser Art. Man kann also mit fast an Sicherheit grenzender Wahrscheinlichkeit sagen, daß dieser Traum äußerlich nicht in Erfüllung gehen wird. Das Kind, das stirbt, ist nicht das äußere Kind. Sehr wohl aber eine Mitarbeiterin Ihres Hirns, die noch ein Kind ist, also noch nicht sehr stark und weit entwickelt ist. Wenn es ein Kleinkind ist, steht die Entwicklung gerade erst am Anfang. Wenn es stirbt, geben Sie ihm nicht genügend Raum, Aufmerksamkeit, Pflege, Schutz, Bedeutung.
- Sie selbst erscheinen im Traum als Prozeßführer, und der Traum sagt Ihnen, welche Rolle Sie dabei spielen oder nicht spielen. Wenn Ihnen im Traum Gewalt angetan wird, wissen Sie, welche Ihrer Mitarbeiter Sie und den Prozeß dominieren.

Die primäre Aufgabe der Traumdeutung ist also nicht etwa, auf andere Menschen und äußere Situationen zu schließen, um Entscheidungen zu treffen, sondern Sie darauf aufmerksam zu machen, wo Sie sich in Ihrem Innern in einem Ungleichgewicht befinden und wie Sie das Gleichgewicht finden. Die Träume tun dies in verschiedenen Formen. Manchmal warnen sie Sie vor dem Ungleichgewicht, oder sie halten Ihnen einfach nur den Spiegel hin und zeigen Ihnen den Status quo. Seltener verweisen sie direkt auf die Lösung. Manchmal, wenn Sie sich auf dem richtigen Weg befinden, bestätigen sie Sie darin. Wir können die Träume dementsprechend in vier Gruppen einteilen:

- Warnträume,
- Spiegelträume,
- Bestätigungsträume und
- Lösungsträume.

Warnträume

Sie sagen Ihnen: Achtung, so nicht mehr weiter! Oft träumen Sie dann von der Polizei, die Sie aufhält oder verhaftet, oft sind es Katastrophenträume, bei denen Sie umkommen oder sich schwer verletzen. Der Traum sagt Ihnen mit allem Nachdruck, d. h. mit aller Brutalität und Deutlichkeit, daß Sie sich oder einige Ihrer Mitarbeiter umbringen, wenn Sie so weitermachen. Oder er sagt Ihnen, welche Ihrer Mitarbeiterinnen einander umbringen, quälen, verstümmeln, verletzen, verhungern oder verdursten lassen. Nach Warnträumen fühlen Sie sich meistens schlecht, niedergeschlagen, gerädert, beunruhigt. Die Angst- und Alpträume gehören dazu. Meistens wachen Sie nach solchen Träumen sofort auf, mitten in der Nacht und schweißgebadet. Das weist darauf hin, wie dramatisch die Situation für Sie ist. Diese Träume machen Sie aufmerksam auf ein krasses Ungleichgewicht. Warnträume geben Ihnen keine positive Lösung. Das Finden der Lösung und das Fällen der Entscheidung bleibt noch immer Ihnen überlassen. Die Träume, d. h. Ihre Mitarbeiterinnen, nehmen Ihnen die Arbeit und die Verantwortung als Prozeßführerin nicht ab.

Dazu ein reales Beispiel: „Ein Mann träumt, daß er nachts in einem Auto ohne Licht beschleunigt und mit überhöhter Geschwindigkeit auf der falschen Seite einer unbeleuchteten Straße in die falsche Richtung fährt. Der Name der Straße und der Stadt stehen in direktem Zusammenhang mit der Branche, in der der Träumende arbeitet. Die Polizei hat eine Straßensperre errichtet. Der Mann rast mit zunehmender Geschwindigkeit auf das Hindernis zu und versucht gleichzeitig verzweifelt, zu bremsen. Unmittelbar vor dem Aufprall wacht der Träumende mit vor Schreck erstarrten Muskeln auf."

Die Interpretation nach innen lautet: Der Träumende ist der Prozeßführer, doch er führt den Prozeß offensichtlich mit den falschen Mitteln und in die falsche Richtung: „das Auto ohne Licht, die falsche Straßenseite, die falsche Richtung." Er bewegt sich in extremer Weise im Aktionsmodus und in der Aggression: „das Auto und die überhöhte Geschwindigkeit." Er ist sich nicht-bewußt, was er tut: „Es ist Nacht, und er fährt ohne Licht." Er bewegt sich weg von der Bewußtheit der empathischen Vernunft und weg vom Gleichgewicht: „er fährt ohne Licht in die falsche Richtung." In der Branche, in der der Träumende arbeitet, herrscht keine Bewußtheit: „Die Straße, die für die Branche steht, ist unbeleuchtet." Es kann so endgültig nicht mehr weitergehen: „Die Polizei hat eine Straßensperre aufgebaut." Die Entwicklung ist selbstzerstörerisch und steht unmittelbar vor der Katastrophe: „Der Träumende rast auf das Hindernis zu." Er realisiert die Gefahr, aber er weiß nicht, wie er sich daraus befreien kann: „Er beschleunigt und versucht verzweifelt zu bremsen." Es ist allerhöchste Zeit, auszusteigen: „Der Träumende erwacht kurz vor der Katastrophe." Auszusteigen aus dem Aktionsmodus, aus der Aggression. Die Richtung zu ändern. Einzugehen auf den Rezeptionsmodus, die empathische Vernunft und dort vor allem, in Richtung Bewußtheit zu gehen.

Ein zweites Beispiel ist eine Kombination aus Warn- und Lösungstraum: „Eine Frau träumt, daß ihr Geliebter sie verläßt. Sie beobachtet ihn, wie er mit einer Kellnerin flirtet." Der Traum hat noch eine Reihe von Nebenhandlungen, die wir hier nicht aufzuführen brauchen.

Es ist wichtig, sich bei der Trauminterpretation nicht von den Nebenhandlungen verwirren zu lassen, sondern sich zuerst auf die Hauptaussage zu konzentrieren. Nach innen interpretiert bedeutet der Traum folgendes: Der Geliebte repräsentiert die Mitarbeiter der empathischen Vernunft. Das, wonach sich die Träumende am meisten sehnt. Daß er sie verläßt, bedeutet, daß sie dabei ist, die Unterstützung dieser Mitarbeiterinnen zu verlieren, weil sie ihnen in ihrem Entscheidungsprozeß zu wenig Gewicht einräumt. Daß der Mann mit einer Kellnerin flirtet, weist darauf hin, woran es der Prozeßführerin mangelt: Die Kellnerin *(be-)dient*. Was die männliche Muse bei der Frau sucht, ist die Demut (von dienen), die wir Bescheidenheit nennen. Der Traum sagt der Frau, wenn sie die Liebeserfahrung, die sie sucht, behalten will, muß sie die Bescheidenheit der empathischen Vernunft stärken, anstatt im Affekt zu dominieren.

Hat die Träumende Grund, sich Sorgen um den Bestand ihrer Beziehung zu machen? Ja, indirekt schon. Die Voraussetzungen für die Liebesbeziehung, die sie sehnlich wünscht, muß sie in sich selber schaffen. Sie kann nur austauschen, was sie hat.

Eine Warnung sei angebracht. In den Träumen gibt es keine reale Zeit. Manchmal werden Personen und Handlungen zusammengesetzt, die chronologisch und logisch keinen Sinn machen. Deshalb ist es oft irreführend, Träume direkt als äußere Handlungsanweisungen oder Ankündigungen zu verstehen. Selbst wenn ein Traum eine Ankündigung für ein Ereignis ist oder wäre, was wir im voraus nicht beurteilen können, wissen wir aufgrund des Traumes nicht, wann es stattfindet, falls es stattfindet. Vielleicht träumen Sie von der großen Katastrophe oder dem großen Erfolg, vielleicht von

Ihrem Prinzen oder von Ihrer Prinzessin. Wenn Sie den Traum nach innen interpretieren, ersparen Sie sich unnötige Aufregung und große Enttäuschung.

Spiegelträume

Diese sind oft nicht viel angenehmer als Warnträume. Sie halten Ihnen einfach den Spiegel hin und sagen: So ist es, so sind Sie. Dabei begegnen Sie vielleicht auch Leuten, die Sie auf den Tod nicht leiden können. Darunter können die häßlichsten und widerwärtigsten Kreaturen sein. Was sie Ihnen oder anderen im Traum antun, egal wie pervers oder abstoßend es ist, tun Sie sich innerlich selber an. Natürlich verhalten Sie sich im äußeren Leben nicht so. Ganz im Gegenteil, eher verabscheuen und bekämpfen Sie, was Ihnen im Traum passiert. Der Traum bezeugt, daß Ihnen nicht bewußt ist, wer und was in Ihrem Innern wütet – und mit welch destruktiven Wirkungen. Es nützt nichts, an diesen Mitarbeitern vorbeizuschauen oder etwas zur Beschönigung zu unternehmen, auch wenn Sie in anderen Träumen und im äußeren Leben sowieso Engelsgesichter zeigen. Die Spiegelträume sind deshalb schwierig selbst zu interpretieren. Es tut einfach sehr weh und kostet viel Überwindung, sich die Bescherung anzusehen und uns einzugestehen, was diese Träume uns vor Augen führen. Es können Zuhälter, Prostituierte, Schläger, Angeberinnen, Kinderschänder, Vergewaltiger, Mörderinnen, Intrigantinnen, Folterknechte, Giftmischer usw. sein, von denen Sie träumen. Es können Ihre ärgsten Feinde, Chefs, Rivalinnen, Kolleginnen, Raben- oder Schwiegereltern sein. Sie sind Opfer oder Täterin in Situationen und Handlungen, die Ihnen höchst unsympathisch sind oder die Sie anekeln und abstoßen. Es kann sein, daß Sie selbst oder Figuren in Ihrem Traum prügeln, betrügen, lügen, vergewaltigen, quälen, töten usw. Wenn Sie es im Traum selbst tun, bedeutet es, daß Sie als Prozeßführer eigene Mitarbeiter entsprechend quälen, betrügen, verletzen, diskriminieren oder unterdrücken. Wenn es Figuren sind und Sie das Opfer, oder auch, wenn Sie im Traum gar nicht erscheinen, sind es Mitarbeiterinnen von Ihnen, die Kolleginnen entsprechend schlecht behandeln.

Ein Beispiel: „Eine Frau träumt, daß sie nachts in der U-Bahn von zwei Punks angegriffen wird. Sie sind extrem vulgär und verwahrlost und gehören zu einer Schlägertruppe, die sich Warriors nennen. Der eine bedroht sie mit dem Messer, der andere schlägt mit dem Baseballschläger auf sie ein. Sie lachen und kreischen und begeilen sich an der Angst der Frau. Die Träumende wacht zitternd und schweißgebadet auf."

Die Interpretation nach innen: Die Schlägertypen sind zwei Mitarbeiter der Träumenden aus dem Instinkthirn, ganz offensichtlich aus dem Quadrant des Kampfes: „es sind Warriors (Krieger)". Die Frau als Prozeßführerin hat ihnen und dem ganzen Instinktbereich bisher keine Aufmerksamkeit geschenkt: „Die Typen sind verwahrlost und primitiv." Die Träumende befindet sich in der „Untergrund-Bahn". Der Untergrund verweist auf das Unbewußte. Der Hinweis wird noch verstärkt durch die Nacht. Die Frau ist von der Bewußtheit der empathischen Vernunft weit entfernt und hat keine Ahnung, wer sich an ihrem Entscheidungsprozeß beteiligt. Die „Bahn" ist ein Massentransportmittel, etwas Kollektives. Das Symbol zeigt an, daß sich die Träumende kollektiv verhält. Kollektiv heißt, nicht in der Berufung, die einzigartig und hoch-individuell ist,[247] sondern im Instinkt- und Affekthirn, die bis ins Tierreich zurück repetitiv und kollektiv sind. Sie bewegt sich ganz im Aktionsmodus. Die primitive Freude an der Angst und Überlegenheit, die die Schläger an den Tag legen, weist darauf hin, daß die Träumende den Instinkten auch aus dem Affekthirn wenig Unterstützung leistet, sondern sich dort stark auf der Seite der Angst und Unterwerfung, d. h. im Quadranten der Frustration befindet. Die Instinkte (der rohe Baseballschläger) und die Affekte (das scharfe Messer) sind hier eine unheilige Allianz eingegangen. Daß die Frau geschlagen wird, bedeutet, daß sie sich durch die Dominanz der Instinkte und Affekte selber grob verletzt.

Eine Interpretation nach außen ist, wie in der Mehrzahl der Fälle, nicht angebracht. Die Träumende fährt nie U-Bahn, lebt auch nicht in der Nähe einer solchen, kennt keine Schlägertypen, macht einen großen Bogen um alles, was mit Gewalt und Vulgarität zu tun hat. Die Frau ist im äußeren Leben das genaue Gegenteil von dem, was sie träumt.

Wenn Sie keine (unangenehmen) Spiegelträume haben oder wenn Sie zu den Menschen gehören, die von sich sagen, daß sie kaum oder gar nicht träumen, heißt das nicht, daß bei Ihnen alles im Gleichgewicht wäre. Oft gelingt es, mit Gewalt, Disziplin, Kontrolle oder Ignoranz, nicht nur Mitarbeiter, sondern auch die Wahrnehmung der Träume zu unterdrücken. Tatsächlich können Sie sich so sehr verschließen und so sehr erstarren, daß Sie die Botschaften, ja selbst die verzweifelten Hilfeschreie nicht mehr hören. Es gibt Menschen, die sich weigern, zu hören. Umgekehrt werden Sie sehr schnell sehr viel mehr Träume wahrnehmen, wenn Sie nur schon damit beginnen, sich Ihren Mitarbeitern zuzuwenden.

Bestätigungsträume

Sie sind die schönsten Träume. Sie sagen Ihnen, daß Sie auf dem richtigen Weg, d. h. auf dem Weg zum Gleichgewicht sind. Nach Bestätigungsträumen fühlen Sie sich herrlich. Oft sind es Liebesträume, in denen Sie von

Ihrem Geliebten oder Ihrer Geliebten, vom Prinzen oder der Prinzessin, besucht werden. Auf dem Höhepunkt kommt es zur Kopulation. Sie ist der Ausdruck der engsten möglichen Verbindung, der Verschmelzung von Subjekt und Objekt, d. h. der Erfahrung des Absoluten. Wenn Sie die Prinzessin oder der Prinz besucht, aber sich mit Ihnen nicht vereinigt, hat das auch eine Bedeutung. Es bestätigt Sie in der Richtung, aber es sagt auch, daß die „Vereinigung", d. h. die Integration Ihrer Hirnareale, noch nicht vollzogen ist. Es bedeutet, daß das Ziel (die Verwirklichung der Berufung, das Gleichgewicht) noch nicht erreicht ist.

Zu den Bestätigungsträumen gehören auch die kreativen Träume. Wenn Sie in der Berufung (im Flow sind, fließen Ihnen die Informationen, die Sie zur Realisierung der Berufung brauchen, zu. Wenn Sie von der Geliebten träumen, träumen Sie von der Muse, die sich mit Ihnen verbindet.

Lösungsträume

Der Traum, den wir als erstes Beispiel interpretiert haben, sagte dem Träumenden, welchen Mitarbeitern er nicht mehr weiter das Diktat überlassen sollte, aber er zeigte ihm nicht die Lösung. Lösungsträume hingegen zeigen Ihnen in der Tat die Lösung, indem sie sagen, was Sie tun oder in welche Richtung Sie sich bewegen sollen.

Dazu ein Beispiel. „Ein Mann träumt, daß seine Partnerin, zusammen mit dem gemeinsamen Kind, in die leerstehende Nachbarswohnung zieht. Dort wohnt sie zusammen mit ihrer Mutter und zwei Nichten, während der Mann allein in der anderen Wohnung bleibt."

Nach innen bedeutet dieser Traum, daß der Träumende zu dem Hirnareal und den Mitarbeiterinnen, die die Partnerin repräsentiert, mehr Distanz haben muß, weil sie sonst zu sehr dominieren. Es handelt sich dabei um die Mitarbeiterinnen des Affekthirns. Das versichern die Assoziationen des Träumenden, das Geschlecht der Figur und die Familienangehörigen, mit denen die Partnerin zusammenzieht. Wohl bemerkt: es sind die eigenen Affekte, die im Entscheidungsprozeß des Träumenden dominieren. Er soll sich nicht von ihnen trennen, deshalb das Tür-an-Tür-Arrangement. Aber er muß den anderen Hirnfunktionen mehr Raum schaffen. Er muß sich vom Affekt und Aktionsmodus zurückziehen können, um der empathischen Vernunft und dem Rezeptionsmodus Raum zu geben.

Lassen Sie sich von den unglaublichen Szenen und Kulissen, von denen Sie träumen, nicht täuschen. Sie können sich wohl mit den aufwendigsten Hollywoodfilmen messen, aber am Ende bilden sie nicht mehr und nicht weniger ab als Ihren Entscheidungsprozeß. Daraufhin müssen Sie sie interpretieren, nicht in bezug auf die grenzenlose Phantasie, die Kostüme,

Requisiten, Schauspielkunst, Regie, Dramaturgie und das Drehbuch. Diese sind Mittel zum Zweck, um Ihnen Informationen zum Entscheidungsprozeß zu geben. Dabei sind in der symbolischen Bedeutung durchaus Konstanten zu erkennen.[248] Wir wollen aus dem Reichtum der Symbolik ein Symbol herausnehmen, das den Entscheidungsprozeß anschaulich abbildet: das Haus.

Wenn Sie von einem Haus oder einer Wohnung träumen, das niedergebrannt oder heruntergekommen oder leer oder im Rohbau ist, ist damit Ihr Prozeß gemeint. Wenn Sie (noch) nicht eingezogen sind, fehlen Sie als Prozeßführer. Wenn darin Unordnung herrscht, fehlt die Ordnung. Wenn Zwang, Mißtrauen, Streß, Jubel, Trubel und Heiterkeit vorherrschen, herrscht der Affekt. Wenn es warm, wohnlich, sinnlich, geschmückt, solide und stattlich ist, sind Sie in der Prozeßführung weiter fortgeschritten. Ein Traum, vor 700 Jahren aufgeschrieben, beschreibt uns, wie das Haus im dynamischen Gleichgewicht aussieht:[249]

Die aufsteigende Morgenröte

Wir finden in der alchemistischen Literatur einen Text, die *Aurora Consurgens* (Aufsteigende Morgenröte), der Thomas von Aquin (1224/25–1274) zugeschrieben wird. Namhafte Forscher nehmen an, daß er dessen Inhalt auf dem Totenbett, als Vision, in Ekstase oder als Traum, wiedergegeben hat.[250] Darin beschreibt Thomas von Aquin in der fünften Parabel ein Haus, „... das sich die Weisheit auf dem Felsen erbaute."[251] Die Alchemie verwendet für diesen Bewußtseinszustand den Begriff des „Lapis" oder „Stein des Weisen". Das Bild, das sich den Lapis als ein Haus vorstellt, ist in der Alchemie weitverbreitet.[252]

„Oh wie glückselig sind die, welche in diesem Hause wohnen", sagt der Autor der Aurora, „denn wer da bittet, der empfängt, und wer sucht, der findet, und wer anklopft, dem wird aufgetan."[253]

Das beschreibt ganz den Zustand einer Hirnmannschaft, die sich im Gleichgewicht unter der Führung der empathischen Vernunft befindet.[254] Und weiter heißt es:

„Der Schmuck dieses Hauses ist aber unbeschreiblich: seine Mauern sind aus lauterem Golde, und seine Tore funkeln von Perlen und Edelsteinen, seine Ecksteine aber sind vierzehn an Zahl und enthalten die Grundkräfte des ganzen Fundamentes."[255]

Diese 14 Ecksteine und Grundkräfte wollen wir mit den 16 Funktionsprinzipien, die wir identifiziert haben, vergleichen:[256]

- „Der Erste ist die Gesundheit, wovon . . . die Philosophen (sagen): Wer ihn (den Stein) gebraucht, wird den Menschen in voller Körperkraft erhalten."

Gesundheit und Körperkraft können wir durch die gleichgewichtige Beteiligung aller Mitarbeiter am Entscheidungsprozeß gewinnen. Die Störung der Gesundheit ist als dringender Hinweis auf ein Ungleichgewicht zu verstehen.

- „Der Zweite ist die Demut, von der es heißt: Denn er hat die Demut seiner Magd angesehen. Und Aristoteles sagt in seiner Schrift an Alexander: Mit diesem Stein ist nicht gut kämpfen."

Die Demut als eine Mitarbeiterin der empathischen Vernunft, die wir Bescheidenheit nennen, ist nicht mit der Kollegin Unterwerfung im Affekthirn zu verwechseln. Dienen heißt, der Information zu dienen, die darauf wartet, von Ihnen realisiert zu werden. Früher nannte man das Schicksal. Es ist besser, dafür als dagegen zu kämpfen.

- „Der dritte ist die Heiligkeit, von der . . . Alphidius (sagt): Wisse, daß du diese Wissenschaft nicht haben kannst, falls du nicht deinen Geist für Gott reinigst, d. h. im Herzen alle Verderbnis auslöschest."

Die Heiligkeit oder Reinheit besteht darin, die destruktiven Wirkungen der Instinkte und Affekte aufzuheben. Nicht die Instinkte und Affekte selber, weil wir sie als Bausteine brauchen. Von Auslöschen wollen wir bewußt nicht sprechen, weil es zu sehr dazu verleitet, Gewalt anzuwenden, zu bekämpfen, zu unterdrücken, zu verurteilen, zu verdrängen, auszumerzen. Wir können die destruktiven Kräfte nicht auslöschen – wie uns die Träume immer wieder zeigen, aber wir können sie in konstruktive Kräfte verwandeln.

- „Der vierte ist die Keuschheit, von der zu lesen ist: Wenn ich ihn liebe, werde ich rein sein, und wenn ich ihn berühre, werde ich keusch sein . . ."

Die Keuschheit oder Reinheit ist nicht eine Voraussetzung, die wir dadurch gewinnen, daß wir die Mitarbeiterin Kopulation im Instinkthirn unterdrücken. Keuschheit ist auch nicht die Abstinenz von Schönheit, Sinnlichkeit, Zärtlichkeit, Eros und Sexualität. Keuschheit oder Reinheit ist nicht die vermeintliche Abstinenz der Instinkte und Affekte, sondern die Aufhebung der destruktiven Wirkungen der Instinkte und Affekte. Wir gewinnen sie durch die Beteiligung aller Mitarbeiterinnen am Entscheidungsprozeß. Die sexuelle Vereinigung ist die physische Form, die wir kennen, um die Verschmelzung von Subjekt und Objekt in der Liebe zu erfahren. Die sexuelle Vereinigung im Quadranten der Liebe und Schönheit ist die physische Form, in der die Instinkte und Affekte konstruktiv im Dienste der Berufung stehen.

- „Der fünfte ist (wirkende) Kraft, von der es heißt: Die Kraft ziert die Seele."

Die Kraft, die wir im Instinkthirn angesiedelt sehen, gereicht der empathischen Vernunft tatsächlich zur Ehre. Sie ist eine Voraussetzung, um diese zu realisieren.

- „Der sechste ist der Sieg, wovon Hermes lehrt: Und er (der Lapis) besiegt jedes feste Ding und sogar den Edelstein."

Den Sieg, den wir schon im Quadranten des Sieges im Instinkthirn angetroffen haben, können wir dort als Fragment erleben. Er ist schon im Instinkthirn berauschend, aber vergänglich. Die Niederlage folgt bestimmt. Wenn der Sieg zu einem Sieg im Gesamtprozeß wird, ist er ewig, weil er Anteil am Absoluten hat.

- „Der siebte ist der Glaube, von dem zu lesen steht: ... Glauben bedeutet Verstehen dessen, was man nicht sieht."

Der Glaube ist nicht der blinde und naive Glaube im Quadranten des Gehorsams des Affekthirns, den jene fordern, die dominieren wollen. Er ist das Verstehen der instrumentellen und empathischen Vernunft, in dem sich instrumentelles Wissen und absolute Erfahrung paaren.

- „Der achte ist die Hoffnung, von der es heißt: ... die Hoffnung verspricht immer ein gutes Ende ... Und Morienus sagt: Hoffe und hoffe, und so wirst du zum Ziel gelangen."

Die Hoffnung ist nicht die ohnmächtige und verzweifelte Hoffnung im Quadranten der Frustration des Affekthirns. Es ist die Zuversicht, die dem zusteht, der alle Kräfte, den Willen und das Wissen auf die Berufung ausgerichtet hat bzw. sich dazu auf den Weg macht.

- „Der neunte ist die Liebe, von welcher ... der Evangelist ... (sagt): Ich liebe, die mich lieben. Und Alphonsus sagt: Der ist wirklich ein Freund, der dich auch dann nicht verläßt, wenn die ganze Welt von dir abfällt. Und Gregor spricht: Der Prüfstein der Liebe ist das Vorweisen des Werkes."

Die Liebe, die in aller Munde ist, weil sie tatsächlich das ist, wonach wir uns alle sehnen, ist nicht auf der Ebene des Tausches, d. h. des Affekthirns angesiedelt. Sie ist auch nicht so selbstlos, daß sie von nichts leben kann. Sie braucht den Austausch von Liebe, sonst geht sie ein. Sie befindet sich allein im empathischen Vernunfhirn und sie braucht nichts, das sich nicht auch dort befindet: nicht den Erfolg, die Bestätigung und die Belohnung des Affekthirns. Es genügt nicht, sich nach ihr zu sehnen, von ihr zu träumen, sie zu verkünden oder einzufordern. Der Prüfstein der Liebe ist das Vorweisen des Werkes: Das Werk ist die realisierte Berufung, die ohne Liebe nicht möglich ist.

- „Der zehnte ist die Güte... denn die Güte gibt Gutes für Schlechtes, Größtes für Geringes..."

Die Güte ist nicht im Affekthirn angesiedelt. Sie tauscht nicht nach dem Äquivalenzprinzip. Weil sie mehr gibt, als sie nimmt, nährt, fördert und lehrt sie. Das verbindet sie mit der Bescheidenheit und der Geduld.

- „Der elfte ist die Geduld, von der es heißt: Wenn du siegen willst, so lerne dich gedulden."

Die Geduld ist die Partnerin der Güte. Ohne sie kann das Ziel nicht erreicht werden.

- „Der zwölfte ist das Gleichmaß, von dem geschrieben steht... Solange...die Elemente im Gleichmaß sind, fühlt sich die Seele im Körper wohl... Denn das Gleichmaß ist eine solche gegenseitige Vermischung der Elemente, daß das Warme mit dem Kalten und das Trockene mit dem Feuchten im Gleichgewicht bleibt."

Das Gleichmaß ist das dynamische Gleichgewicht, von dem wir sprechen. Es ist noch nicht das Ziel, aber es ist eine notwendige Voraussetzung, um das Ziel zu finden und zu realisieren.

- „Der dreizehnte ist die geistige Disziplin oder Einsicht, von der der Apostel sagt: ... Erneuert euch durch den Geist eures inneren Wesens und ziehet den neuen Menschen an, d.i. das subtile Verstehen... Ein jeglicher unter euch prüfe sein eigen Werk, ob es zur Vollendung oder zur Zerstörung gereicht. Was nämlich der Mensch säet, das wird er auch ernten. Oh wie viele verstehen die Worte der Weisen nicht; sie alle gingen an ihrem eigenen Unverstand zugrunde, weil sie das geistige Verständnis nicht hatten, uns sie fanden nichts außer Arbeit und Mühe."

Die geistige Disziplin oder Einsicht ist die Bewußtheit, die wir aus der Verbindung von instrumenteller und empathischer Vernunft gewinnen. Der Geist des inneren Wesens ist die Information, die im nicht-bewußten Informationsspeicher der DNA enthalten ist. Das subtile Verstehen verweist auf die sensiblen Anforderungen, die notwendig sind, um diese Information zu verwirklichen. Die Vollendung oder Zerstörung des Werkes entspricht den konstruktiven oder destruktiven Wirkungen, die die einzelnen Mitarbeiter haben können. Daß wir ernten, was wir säen, hängt damit zusammen, daß die äußere Realität ein Abbild der inneren ist. Wenn wir auf der Ebene der Affekte stehen bleiben, bleibt am Ende in der Tat nichts, außer Arbeit und Mühe, oder wie bereits erwähnt: Weil alle in den Quadranten des Erfolges wollen, enden alle im Quadranten der Frustration. Daran ändert sich nichts, auch wenn die instrumentelle Vernunft noch so brillant in den Dienst der Affekte gestellt wird. Das Zugrundegehen am eigenen Unverstand ist die destruktive Wirkung der fragmentierten Hirne, wenn sie nicht von der empathischen Vernunft geführt und zusammengehalten werden.

- „Der vierzehnte Stein ist der Gehorsam, von dem geschrieben steht: ... wer Ohren hat zu hören, der höre, was der Geist der Lehre den Söhnen der Wissenschaft sagt vom Haus, das sich die Weisheit auf dem Felsen erbaute, auf den vierzehn Ecksteinen ..."

Der Gehorsam ist nicht der unterwürfige, ohnmächtige oder abhängige Gehorsam im Quadranten des Gehorsams des Affekthirns. Der Gehorsam ist die Fähigkeit, durch Introspektion, durch „Hören", im Rezeptionsmodus, Informationen aus dem eigenen Speicher zu gewinnen, die Weisheit, das heißt die absolute Wahrheit, durch Wissen und Erfahrung zu erkennen. Das Haus, das sich die Weisheit auf dem Felsen erbaute, ist der Prozeß dazu.

Sprachlich und systematisch unterscheidet sich der Text aus dem Mittelalter von unserem Modell, nicht aber im Prinzip. Das sollte er auch nicht, wenn der Visionär die Information im Traum aus dem Informationspool der DNA (dem Unbewußten) gewonnen hat. Daß die Vision im Sterben geschah, verweist auf die Ahnung, daß das Sterben der Höhepunkt der Integration aller Mitarbeiterinnen – die Heilige Hochzeit – sein kann[257] – oder das Gegenteil.

SPRECHEN SIE MIT IHREN MITARBEITERINNEN
Kommunikation kommt von Gemeinschaft

Der Ethnologe Claude Lévy-Strauss hat am Beispiel des Inzestverbots empirisch gezeigt, daß das, was die Interaktionen zwischen Menschen auszeichnet, das, was er „Kulturmaschinerie" nannte, auf Kommunikation basiert. Die Regeln, die diese Kommunikation steuern, sind vorwiegend nicht-bewußt. Wir können diese nicht-bewußten Regeln der Kommunikation folgendermaßen formulieren:

1. Die Kommunikation steuert sich nicht automatisch optimal, d. h. zum dynamischen Gleichgewicht. Sie produziert nicht automatisch die optimale Menge und den optimalen Mix an Informationen, die zur Erreichung des Gesamtziels notwendig sind. Kommunikation findet nicht automatisch und wenn, dann nicht automatisch in genügendem und richtigem Ausmaß statt. Die einen sprechen zu viel miteinander und die anderen zu wenig oder gar nicht.
2. Das Dominanzprinzip des Affekthirns (oder in primitiveren Organisationen das Gewaltprinzip des Instinkthirns) herrscht in der Kommunikation vor. Jeder versucht, sich selber, seine Position, seine Perspektive, seine Ziele, seine Verantwortung gegen die Positionen, Perspektiven, Ziele usw. der anderen durchzusetzen.
3. Die Teile wissen nicht, was das Ganze will und tut. Jede tut deshalb, was sie aus ihrer Teil-Sicht für richtig hält.
4. Die Teile identifizieren sich nicht mit dem Ganzen, wenn sie an der Entwicklung des Ganzen nicht beteiligt sind und wenn sie das Ganze nicht als gleichgewichtiges Ganzes erkennen, sondern als Schein-Ganzes einer Fraktion entlarven.

Die Lösung besteht darin, daß wir

- die Interaktionsaufgabe als Kommunikationsaufgabe verstehen;
- diese Kommunikationsaufgabe einer Prozeßführerin übertragen;
- diesen Prozeßführer mit der Führungskompetenz ausstatten, die aus dem dynamischen Gleichgewicht aller Hirnareale entsteht: nämlich Kraft, Wille, Wissen und Berufung vereint und die Fähigkeit beinhaltet, zu führen ohne zu dominieren;
- ihr die Aufgabe übertragen, alle Mitarbeiter am Entscheidungsprozeß zu beteiligen und die Kommunikation zu und zwischen den Mitarbeitern in die Richtung des dynamischen Gleichgewichts zu fördern.

278

Dazu müssen Sie als Manager Ihrer Hirnmannschaft die Mitarbeiter, die isoliert sind, aus der Isolation befreien. Sie müssen geschlossene Koalitionen öffnen. Sie müssen den Schwächeren Rückhalt geben, um gegen die Stärkeren kommunikativ zu bestehen. Sie müssen das Gleichgewicht fördern. Sie müssen die Informationen zum Fließen bringen und im Fluß halten. Sie müssen mit Ihren Mitarbeiterinnen reden. Sie müssen das Gespräch suchen und fördern:

- Besuchen Sie die Quadranten: *Management by walking around*.
- Suchen Sie nach den versteckten Leichen.
- Reden Sie mit Ihren Mitarbeitern jeden Tag.
- Reden Sie auch und vor allem mit den schwachen Mitarbeitern, die Ihnen in Ihrem Hirn bewußt geworden sind. Auch und vor allem mit jenen, die Sie nicht mögen.
- Reden Sie mit den Personen, Figuren, Symbolen und Funktionen, die Ihnen in Ihren Träumen begegnen.
- Reden Sie mit den starken Figuren, die dauernd das Wort führen.
- Führen Sie diese Gespräche schriftlich.
- Führen Sie diese Gespräche als *Dialog*:
  - Sprechen Sie die Mitarbeiterinnen an.
  - Stellen Sie ihnen Fragen.
  - Geben Sie Anwort auf die Fragen oder Antworten, die Sie bekommen.
  - Legen Sie Ihren Standpunkt klar. Machen Sie Ihre Absichten, Ziele und Ihre Befindlichkeit transparent.
  - Verbinden Sie die verschiedenen Ansichten verschiedener Mitarbeiterinnen.
- Führen Sie die Gespräche verbal oder in jeder anderen Form, die sich Ihnen anbietet. Das können Bilder sein, die Sie malen, oder Figuren, die Sie modellieren, oder Musik, Gesang, Tanz, Theater usw.

Strengen Sie sich dabei nicht an, im Gegenteil, seien Sie vollkommen entspannt und lassen sie auf sich zukommen, lassen fließen, was Ihnen Ihre Mitarbeiter sagen. Keine Kraft der Instinkte und kein Wollen der Affekte. Hören Sie zu. Antworten und verknüpfen Sie. Die Kommunikation mit Ihren eigenen Mitarbeiterinnen gehört zum Intimsten, was Sie tun. Es ist so intim, daß Sie dabei leicht Hemmungen, Scheu, Scham bis Peinlichkeit verspüren. Das Hervorrufen von Peinlichkeit ist eine beliebte Taktik des Affekthirns in Koalition mit der instrumentellen Vernunft im Quadranten des Zynismus. Von ihr brauchen Sie sich nicht beirren zu lassen, weil Sie sie durchschauen.

Wir haben Scham im Affekthirn angetroffen. Sie ist ein natürlicher Verhaltensmechanismus der Angst, den Erwartungen des Affektes nicht zu genügen, bedroht, bestraft und verletzt zu werden. Wir haben auch allen Grund dazu. Nur unter der Führung der empathischen Vernunft brauchen wir diese Angst nicht mehr zu haben. Nur der Güte, Bescheidenheit, Geduld und Bewußtheit gegenüber brauchen Sie sich nicht zu schämen. Die Tiefe der Erfahrung und die Erschütterung, die sie auslösen kann, läßt eine gewisse Scheu jedoch durchaus als angebracht erscheinen. Wenn wir den Informationen aus der Tiefe unseres Nicht-Bewußtseins (Informationsspeichers) begegnen, berühren wir, was Cicero und C. G. Jung unter dem Begriff *Religio* verstehen: „Religion ist das, was einer gewissen höheren Natur – die man göttlich nennt (und die wir absolut nennen, Anm. des Autors) – sorgfältige Beachtung und heilige Scheu entgegenbringt."[258]

Um mit Ihren Mitarbeitern zu sprechen, sollten Sie allein und ungestört sein. Am besten in einer Umgebung, in der Sie geschützt sind, in einem Umfeld, das von Liebe, Schönheit und Kreativität geprägt ist. Sie sind hoch-konzentriert, aber im Sinne der empathischen Vernunft und des Rezeptionsmodus, nicht in dem uns bekannteren Sinne der Instinkte, Affekte und instrumentellen Vernunft. Wir begegnen hier wiederum einer Erfahrung aus der Zen-Meditation, die ebenfalls einen Zustand höchster Konzentration ohne Kraft und Wille anstrebt. In der Sprache der Jungschen (Analytischen) Psychologie wird dieser Dialog „Aktive Imagination" genannt.[259] Wir nennen ihn Gespräch mit Ihren Mitarbeiterinnen.

Sie werden erstaunt sein, wie sehr Ihre Mitarbeiter die Aufmerksamkeit schätzen, die Sie ihnen schenken, und wie gerne sie den Dialog mit Ihnen und ihren Kollegen aufnehmen, nachdem die ersten Hürden und Widerstände überwunden sind und nachdem Sie sie kennengelernt und akzeptiert haben. Es ist ganz erstaunlich, wie sehr alle darunter leiden, zu wenig von Ihnen und den anderen zu wissen. Und wie hoch die Bereitschaft, ja die Begeisterung ist, zusammen eine Aufgabe zu lösen, wenn alle wissen, worum es im Ganzen geht und wenn die Angst, dominiert zu werden, nicht mehr begründet ist. Die Angst vor Bedrohung aus der Interaktion zu nehmen, ist eine wichtige Steuerungsaufgabe. Sie können es tun, indem Sie

- die Schwächeren stärken,
- ihnen Raum geben,
- ihnen Bedeutung geben,
- ihnen mit Achtsamkeit zuhören,
- mit Güte, Bescheidenheit und Geduld auf das eingehen, was sie sagen,
- nicht informieren, sondern kommunizieren.

Der Begriff „informieren" ist im 15./16. Jahrhundert aus dem lateinischen *in-formáre (informátio)* entstanden, und zwar in der übertragenen Bedeutung von „durch Unterweisung bilden, unterrichten". In diesem Sinne wird er heute in Organisationen noch gerne verwendet. Die Führung unterweist die Mitarbeiter über ihre Strategie, Ziele und Vorgaben. Das darf auf keinen Fall mit Kommunikation verwechselt werden. Das lateinische Wort *communicáre* ist von *commúnio*, das heißt Gemeinschaft, abgeleitet und bedeutet etwas gemeinsam machen, gemeinsam beraten, einander mitteilen. Alle drei Wortbedeutungen sind bei der Information (Verkündigung) durch das Management an die Mitarbeiterinnen nicht erfüllt. Weder ist der Inhalt der Information zwischen den Führern (Sendern) und den Mitarbeitern (Empfängern) gemeinsam erarbeitet oder beraten worden, noch teilen Führerin und Mitarbeiterinnen einander etwas mit, sondern nur die eine den andern. Wir brauchen kaum darauf hinzuweisen, daß Sie damit keine der obigen Anforderungen erfüllen. Damit erzeugen Sie eher Mißtrauen, Kompetitivität und Angst vor Unterwerfung (Niederlage, Bedrohung) als Motivation, Leistungskraft und Teambereitschaft – und sind weit davon entfernt, sich dem dynamischen Gleichgewicht zu nähern.

- Sie führen, ohne zu dominieren.
- Sie beteiligen.
- Sie kommunizieren – im Sinne von *commúnio*.

DIKE IN DER PSYCHOTHERAPIE

Der Begriff Psychotherapie bezeichnet die psychologischen Methoden, die dazu dienen, Menschen mit „psychischen Störungen" zu behandeln.[260] Wir haben schon erwähnt, daß man offenbar bis zu 600 unterschiedliche Methoden zählen kann. Die erprobtesten unter ihnen können wie folgt systematisiert werden:[261]

1. Tiefenpsychologische Richtungen:
   1.1 Psychoanalyse – von Sigmund Freud begründet
   1.2 Analytische Psychologie – von Carl Gustav Jung begründet
   1.3 Individualpsychologie – von Alfred Adler begründet
2. Verhaltenstherapien
3. Humanistische Verfahren (Gesprächspsychotherapie, Gestalttherapie, Transaktionsanalyse, Psychodrama, körperorientierte Verfahren)
4. Systematische Familientherapie

Die vielen Therapieformen unterscheiden sich nicht nur hinsichtlich der Methoden voneinander, sondern auch hinsichtlich ihres Menschenbildes und in Bezug auf die Definitionen, was als gesund, krank, gestört oder auffällig gilt.

Die Strategie, die wir hier vorgestellt haben und programmatisch mit Díkē bezeichnen (Díkē bezeichnet im engeren Sinne den Zustand des dynamischen Gleichgewichts, in dem die Berufung gefunden wurde und verwirklicht wird – wir verwenden den Begriff im weiteren Sinne auch für die Bezeichnung des „Programms", das zu dem Zustand führt) ist in der obigen Systematik der Tiefenpsychologie und dort der Analytischen Psychologie, die auch als „Jungsche Psychologie" bezeichnet wird, zuzuordnen. Sie ist erkenntnistheoretisch und methodisch auf deren Basis entstanden und stellt den Versuch dar, die Analytische Psychologie dadurch zu erweitern und zu aktualisieren, daß sie ihre Erkenntnisse und Erfahrung mit den jüngeren Erkenntnissen aus der Neuro-, Molekular- und Entwicklungsbiologie vergleicht und in Übereinstimmung bringt. Weil die Strategie das grundsätzliche Problem des Menschen als ein Strukturproblem identifiziert, dienen ihr die Erkenntnisse über die Führung von Prozessen in hybriden, tendenziell fragmentierten Strukturen aus der Managementlehre und Kommunikation als Mittel zur Lösung des Problems. Mit der Erweiterung der Theorie ist auch eine Aktualisierung der Sprache verbunden.

Wir haben sowohl die Methode der Problemlösung als auch das Menschenbild und das Krankheitsbild, die dahinter stehen, explizit und transparent aufgezeigt:

- das Menschenbild durch die vier Hirnbereiche und die Funktionen, die sie erfüllen können;
- das Krankheitsbild durch die destruktiven Wirkungen, die jede Abweichung vom Gleichgewicht bewirkt und die physischen und psychischen Symptome, die dadurch hervorgerufen werden;
- die Methode durch die Beteiligung (Integration) der betroffenen Hirnareale und Hirnfunktionen (Mitarbeiter).

Der Begriff Therapie ist vom griechischen Stammwort *therapōn* abgeleitet. Er bedeutet „Diener", „Pfleger" und „Gefährte". *Therapeía* heißt „das Dienen", „die Begleitung", „die Pflege". Díkē als Strategie und Programm ist ganz in diesem Sinne zu verstehen. Wenn Sie Díkē suchen und dem Weg folgen, den wir beschrieben haben, werden Sie zur „Dienerin" Ihrer Berufung. Sie selbst sind der ständige „Begleiter" in der Rolle des Prozeßführers. Sie sind die „Pflegerin" Ihrer Mitarbeiterinnen.

Díkē ist eine *Bewußtseinstherapie*. Es geht darum, bewußt zu werden, wer in Ihnen Ihre Entscheidungen trifft und wer daran nicht oder nur wenig beteiligt ist. Es geht darum, den Entscheidungensprozeß zu verstehen und zu führen. Das heißt, nicht fragmentiert und aufgabenorientiert, sondern prozeßorientiert und auf das Gesamtziel ausgerichtet zu entscheiden.

Grundsätzlich kann Ihnen diese Aufgabe niemand abnehmen. Sie müssen sie selbst angehen. Das können Sie alleine tun oder Sie können die Unterstützung eines „Begleiters", d. h. eines „Therapeuten" oder einer „Therapeutin", in Anspruch nehmen. Eine Schwierigkeit, es alleine zu tun, liegt darin, daß Sie immer wieder die Kraft, Disziplin und Ehrlichkeit aufbringen müssen, sich selbst im Spiegel anzusehen und sich auch und gerade mit dem auseinanderzusetzen, was Ihnen gar nicht gefällt und gar nicht liegt: Es sind Ihre „verdrängten" Mitarbeiter, die Sie entdecken müssen und Ihre „Schwächen", die Sie stärken müssen. Schwierig ist auch, alleine und ohne Bestätigung die Ausdauer aufzubringen, die erforderlich ist, wenn Sie im Dunkeln des langen Tunnels tappen, ohne den Ausgang zu sehen, wenn Sie Leiden ertragen und aushalten müssen, wenn Sie Rückschläge entgegennehmen müssen.

Die Therapeutin ist in der Tat die Begleiterin auf diesem langen und streckenweise leid- und mühevollen Weg. Ihr fällt es leichter, die Informationen anzuschauen und zu interpretieren, weil sie diesen Prozeß selber schon erfahren hat und weil es nicht ihr eigener Prozeß ist. Der Therapeut wird die Berufung für Sie nicht finden und noch viel weniger realisieren können. Aber er kann Ihnen helfen, die Voraussetzungen dafür zu schaffen. Er kann Ihnen die Strategie, das Programm, die Methode erklären, mit der

Sie arbeiten. Er kann Ihnen Sicherheit, Bestätigung, Trost, Mut zum Durchhalten geben. Er kann Ihnen helfen, Ihre eigenen, verschütteten und mißhandelten Mitarbeiter zu finden und sie solange zu pflegen, bis sie stark genug sind, um an Ihrem Entscheidunsprozeß eine Rolle zu spielen. Die Therapeutin oder Begleiterin wird Sie zu den Informationen „führen", die Sie suchen. Das Hauptmittel dazu ist die Analyse. Die Therapeutin wird Sie im Dialog, durch Fragen und Antworten, „im Gespräch", wie wir es oben im Gespräch mit Ihren Mitarbeitern aufgezeigt haben, zu Ihren schwachen Mitarbeiterinnen führen. Sie wird Sie durch die Interpretation Ihrer Träume zu diesen führen. Sie wird Sie dahin führen, daß Sie die Konstellation der Mitarbeiterinnen in Ihrem Hirn selbst erkennen. Sie wird Sie vom Wissen zur Erfahrung führen, indem sie Sie auf den Unterschied aufmerksam macht, indem sie praktische Übungsvorschläge macht (wie wir sie oben beschrieben haben) und vielleicht auch durchführt.

Zwei Voraussetzungen sind für das Gelingen dieser analytischen und therapeutischen Begleitung unabdingbar. Sie müssen dem Begleiter vertrauen können. Dieses Vertrauen setzt sich aus drei Komponenten zusammen: erstens, aus Ihrer Fähigkeit und Bereitschaft, vertrauen zu können. (Sie ist dann alles andere als selbstverständlich, wenn Sie sich stark im Affekt auf der Seite des Mißtrauens befinden); zweitens, aus Ihrer instrumentellen Vernunft, mit der Sie die Theorie und Methode des Therapeuten überprüfen und kontrollieren; drittens aus Ihrer empathischen Vernunft, mit der Sie „spüren", ob Ihr Vertrauen gerechtfertigt ist. Alle drei Komponenten zusammen müssen stimmen.

Die zweite unbedingte Voraussetzung besteht darin, daß die Begleiterin das lebt und ausstrahlt, was Sie (vage) suchen. Ihr Vorbild wird manchmal das einzige sein, an das Sie sich halten können, um durchzuhalten. Wenn Sie Díkē nicht sichtbar und erlebbar in der Person erkennen, wird sie Sie kaum dorthin führen können. Das heißt nicht, daß die Begleiterin am Ende des Weges angekommen sein muß. Es heißt keinesfalls, daß sie vollkommen wäre. Aber sie muß Ihnen auf dem Weg ein (kleines) Stück voraus sein. Sie muß schon etwas von dem leben, was Sie suchen.

DIKE IN DER BEZIEHUNG

Ein Münchner Ehetherapeut schildert in einer Radiosendung die Beziehung zwischen den Geschlechtern wie folgt: „Der Mann will von der Frau Sex und gibt ihr dafür Liebe und die Frau will vom Mann Liebe und gibt ihm dafür Sex." Offensichtlich ist hier von einer Tauschbeziehung die Rede. Wie wir wissen, ist auf der Ebene des Instinkt- und Affekthirns die Beziehung tatsächlich eine Tauschbeziehung. In der obigen Definition ist auf diesem Niveau lediglich der Begriff Liebe falsch gewählt, auch wenn er dem alltäglichen Sprachgebrauch entspricht. Was die Frau, wenn sie vom Affekthirn dominiert ist, will, ist nicht Liebe, wie wir sie definiert haben, sondern Position und Nachwuchssicherung. Dafür gibt sie Sex. Der Mann, wenn er vom Instinkthirn dominiert ist, will tatsächlich Sex, aber nicht nur, um seinen Samen loszuwerden, sondern auch als Bestätigung für seinen Sieg und seine Position.

Diese Tauschbeziehung funktioniert nach dem ökonomischen Prinzip. Sie ist so lange stabil, wie sich das Angebot und die Nachfrage treffen. Weil beide mit der Zeit stark variieren können, ist sie labil. Bei der Frau kann die Lust, ihren Sex zur Verfügung zu stellen, rapide abnehmen, z. B. dann, wenn der Nachwuchs gezeugt ist und sie sich vor allem auf seine Sicherung konzentriert. Das Positionierungs- und Sicherungsangebot ihres Partners mag ihr vielleicht nicht mehr genügen. Beim Mann ist das Bedürfnis nach Sieg und Bestätigung auf der Ebene des Instinktes grenzenlos. Das Angebot seiner Frau mag ihn im Vergleich zu anderen Angeboten nicht mehr befriedigen.

Die Konsequenzen sind bekannt. Das Paar betrügt sich gegenseitig, und es findet ein Kampf um Dominanz statt. Dieser kann ein Leben lang und bis zur völligen Frustration und Destruktion andauern. Oder das Paar arrangiert sich oder es geht auseinander. Im Arrangement findet eine andere Form des Tausches statt, als die über den Sex. Im Mittelpunkt steht die Sicherung des Nachwuchses und die Verbesserung oder Verteidigung der gemeinsamen Position. Die sexuelle Vereinigung findet dann nicht mehr oder nur noch sporadisch, meistens lustlos und sicher lieblos statt, hart und kalt in der Bitterkeit, fett und träge in der Sattheit.

Je größer das Ungleichgewicht der Tauschbeziehung ist, desto stärker tobt der Machtkampf. Weil manche das, was sie vom Partner möchten, nicht (in ausreichendem Maße) bekommen, versuchen sie, es mit List, Trotz und Gewalt zu erzwingen, zuerst von den Partnern, und wenn das nicht gelingt, von einer Außenbeziehung. Alle Mittel sind dazu recht. Die schlechten Launen, der Mißmut, das Mißtrauen, die Eifersucht, die Unachtsamkeit, die Lieblosigkeit, die Flirts mit den andern sind die ersten Anzeichen dafür. Giftigkeiten, Streitereien, Erniedrigungen, Haß und Rache folgen auf dem Fuß. Niederlagen werden durch Erniedrigung kompensiert. Der Partner geht fremd. Männer kaufen sich den Sex, den sie nicht bekommen und Frauen andere Dinge.[262] Gewöhnlich tendieren Männer in ihrem Verhalten eher in die Richtung der Instinkte und Frauen eher in die Richtung der Affekte. Das Mittel par excellence der Instinkte ist die physische Gewalt. Männer, die Frauen in der Beziehung schlagen oder vergewaltigen, sind deshalb nicht selten anzutreffen. Die typische Waffe der Affekte ist die Erpressung. Das druckvollste Mittel, das Frauen dazu besitzen und einsetzen, ist der Sex. Keine „Liebe" – kein Sex, wie es die Formel des eingangs zitierten Ehetherapeuten nahelegt, heißt in diesem Kontext tatsächlich: keine Position, keine Belohnung, kein Erfolg, keine Organisation, kein Beitrag zur Sicherung des Nachwuchses – kein Sex. Oder meistens bzw. am Anfang natürlich subtiler: je weniger von diesem, um so weniger von jenem. Weil der Mann muß und die Frau kann, ist die Hebelwirkung gewaltig.

Beziehungen, die durch Erpressung gekennzeichnet sind, sind nicht seltener, als solche mit physischer oder autoritärer Gewalt. Die eine Form des Terrors ist nur besser sichtbar als die andere.

Wir haben gesehen, daß es auf der Ebene der Instinkte und Affekte keinen Ausweg gibt aus diesem Drama. Die Lösung kann nur in der Entwicklung der empathischen Vernunft und in der Befreiung von der Dominanz der Instinkte und Affekte im Entscheidungsprozeß liegen. Das gleiche Schema, das wir auf den inneren Entscheidungsprozeß angelegt haben, gilt für den Entscheidungsprozeß, der sich zwischen den Partnern abspielt. Auch dort muß er bewußt gemacht werden. Nur kann er dort nicht weiter gedeihen, als er im Innern der Teilnehmer fortgeschritten ist. Kurz- und mittelfristig kann im Entwicklungsstand der beiden durchaus ein größerer Unterschied bestehen, aber nicht langfristig. Kurz- und mittelfristig kann und soll der eine durchaus eine Führungsfunktion einnehmen, die führt, ohne zu dominieren. Langfristig muß sich die Verbindung von einer Tausch- zu einer Austauschbeziehung entwickeln, sonst ist sie nicht befriedigend.

Der Unterschied zwischen einem Liebespaar und einem Paar, das nicht zur Liebe gefunden hat – obwohl es sich dessen oft nicht bewußt ist, weil Liebe mit Affekt oder Instinkt verwechselt wird –, besteht darin, daß im zweiten Fall die eine Person die andere angreift, um zu bekommen, was sie nicht bekommt (oft ist der Auslöser für den Angriff die banalste Nichtigkeit). Im Zustand der Verliebtheit und der Liebe geben sich, bzw. haben die Partner voneinander, was sie wollen – Schönheit, Zärtlichkeit, Liebe und Vereinigung (Kopulation). Es sind nicht der Alltag, die Sorgen oder die Kinder, die aus dem Liebespaar ein (streitendes) Ehepaar machen, wie einige meinen. Es sind das Instinkt- und das Affekthirn, die nach einer Phase der Liebe, die wir richtigerweise Verliebtheit[263] nennen, weil in ihr das empathische Vernunfthirn führt, wieder (wie vorher) die Herrschaft übernehmen.

Wir hören öfters die Forderung: „Du mußt mich so akzeptieren, wie ich bin!" Das ist nicht differenziert genug. Wenn damit gemeint ist: „Du mußt meine (Tausch-)Position auf der Ebene der Affekte und Instinkte akzeptieren", was oft genug der Fall ist, ist die Forderung aus der Sicht unserer Zielsetzung nicht legitim.

Wenn sie bedeutet: „Du mußt genügend Geduld, Bescheidenheit und Güte haben, um mir und uns die Zeit zu geben, die notwendig ist, um die instrumentelle und empathische Vernunft zu entwickeln und die Instinkte und Affekte zu integrieren", ist sie berechtigt. Nicht die destruktiven Eigenschaften sollen wir akzeptieren, sondern, daß jemand (auf) den Weg geht, die Hirnbereiche zu integrieren.

Das bedeutet für das Paar, daß es sich zusammen auf den Weg macht, Díkē zu finden. „Zusammen" klingt wunderschön, ist aber auch nicht einfacher. Es heißt trotzdem, daß jeder Teil des Paares seine eigene, innere Berufung finden muß. Es kann sein, daß beide Teile das Abbild der Muse sind, die der andere Teil gefunden hat. Es kann sein, daß jeder des andern Amor und Psyche ist. Dann hat das Paar den Himmel auf Erden gefunden. Es kann auch sein, daß sie es nicht sind – und trotzdem ein Paar bleiben, weil es nicht gesagt ist, daß die innere Muse in Form eines äußeren Partners gefunden werden muß oder kann. Es kann auch sein, daß das Paar auseinander geht. Auf jeden Fall braucht der Weg für beide genügend Raum und Ruhe für genügend Introspektion. Dazu sind genügend Freiheit, und das heißt Liebe auf der Ebene der empathischen Vernunft, erforderlich, also Güte und Bescheidenheit, Geduld und Bewußtheit, ebenso wie die Entwicklung der instrumentellen Vernunft, also das Erkennen von Ursache-Wirkungszusammenhängen, das Denken und Kommunizieren in der Form von Theorie.

Paare, die sich auf dem Weg zu Díkē befinden, schenken einander die Achtsamkeit, die Schönheit, die Zärtlichkeit, die Sanftheit, die Milde, die Güte, die Freiheit, die Bewußtheit, die Geduld, das Wissen und Können und die Kreativität, die sie in sich und für sich gefunden haben. Weil es von beiden Seiten kommt und das gleiche ist, ist es kein Tausch, sondern ein Austausch. Sie teilen das Leiden, das sie ertragen, miteinander. Sie teilen die Freude und die Angst des Affekthirns. Sie freuen sich über den Erfolg und die Belohnungen des andern. Sie fördern einander. Sie vertrauen einander. Sie bewegen sich zusammen in der Natur, und sie genießen die

Ruhe zusammen. Sie ernähren sich zusammen, und sie kopulieren. In der Kopulation, die, wir wie wissen, Verbindung (von Band) heißt, wird das ganze Glück, die völlige Zufriedenheit, die wir oben beschrieben haben, physisch, intensiv, in einem Moment, auf einem Punkt, erlebbar.

DIKE UND RELIGION

Religiosität definieren wir als die Suche nach dem Ewigen, das wir als das Absolute bezeichnen. Diese Fähigkeit und dieses Bedürfnis haben wir dem empathischen Vernunfthirn zugeordnet. Als Hauptfunktion des empathischen Vernunfthirns haben wir das Erkennen der Berufung geortet. Diese Berufung ist nicht relativ, d. h. nicht als zufälliges, beliebiges und damit austauschbares Mittel für ein weiteres Ziel zu verstehen. Die Berufung ist absolut, letzte Information, letztes Ziel, letzter Sinn, unaustauschbar individuell. Die Berufung zu finden ist deshalb nicht nur ein kreativer, sondern auch ein religiöser Akt.

Die Tiefenpsychologie, die sich auch mit dem empathischen Vernunfthirn und seinen Funktionen beschäftigt, ist demzufolge notwendigerweise religiös.

Die Religionen sind traditionellerweise die Hüterinnen des Umgangs mit dem Ewigen oder Absoluten, das sie (mit Ausnahme des Buddhismus) Gott nennen. Sie kennen, verwalten und lehren die Regeln und Riten des richtigen Umgangs und der richtigen Beschäftigung damit. Das Wissen darum haben kreative Menschen, Dichter, Priester, Wissenschaftler, Weise, Heilige kreiert, erzählt, erklärt, vorgelebt, manchmal aufgeschrieben: die Dichter und Priester der Veda, die Dichter, Wissenschaftler, Priester und Propheten der Antike, Buddha und die Patriarchen, Jesus und die Evangelisten, Mohammed und seine Nachfolger und Interpreten bis heute.

Wir können den Stellenwert dieser Lehren an unserem Modell gut prüfen. Dort, wo Gewalt und Macht vorherrschen, dominieren Instinkt- und Affekthirn. Dort, wo Zwang, Unterdrückung, Verdrängung und naiver Glaube gelten, kann das dynamische Gleichgewicht als Voraussetzung für die Realisierung der eigenen Berufung nicht gefunden werden.

Die Kirchen haben in den offenen Gesellschaften an Vertrauen und Bedeutung massiv verloren. Gleichzeitig ist das Bedürfnis nach Religiosität ungebrochen hoch. Ja, es erscheint sogar so, als ob es wachsen würde. Dies äußert sich im Zulauf, den die esoterischen, exotischen, eklektizistischen, nicht-autoritären und extrem-autoritären Bewegungen verzeichnen können. Das ist kein Widerspruch, sondern aus unseren Überlegungen heraus wiederum leicht erklärbar.

Das Bedürfnis oder die Sehnsucht nach der Erfahrung des Absoluten entspricht der zentralen Funktion des empathischen Vernunfthirns. Diese Sehnsucht werden wir nie verlieren. Im Quadranten des Gehorsams kann und will die Mehrheit der Menschen in der offenen Gesellschaft nicht mehr bleiben. Dieser Emanzipation der Nachfrage vermochten die Kirchen mit ihrem Angebot nicht zu folgen. Vor allem jene nicht, die sich als geschlossene Systeme (mit Alleinvertretungsanspruch) verstehen; diejenigen, die mit Autorität, Gewalt und Zwang operieren; jene, die naiven Gehorsam und Glauben reklamieren; diejenigen, welche auf Verdrängung basieren.

Wir haben gezeigt, daß die Ideen Jesu im Originaltext der Evangelisten als Aufforderung und Anleitung zur Vereinigung der instrumentellen und empathischen Vernunft zu verstehen sind, aber bis heute falsch interpretiert und dazu mißbraucht worden sind, um „Gläubige" im Quadranten des Gehorsams zu dominieren und zu kontrollieren. Anstelle einer bewußtseinsfördernden Lehre des ganzheitlichen (Um-)Denkens und Wissens ist früh eine machthungrige und mächtige, repressive Institution getreten, von der heute eine ratlose Religion des naiven Gehorsams, blinden Glaubens und vager Versprechungen übriggeblieben ist.

Wenn sich die großen Kirchen in den offenen Gesellschaften fragen, wie sie der anspruchsvoller gewordenen Nachfrage genügen können, liegt das Programm hier vor:

- Sie müssen die Grundlage ihrer Lehre, den Text der Evangelien so interpretieren, wie er gedacht und niedergeschrieben wurde. Sie müssen zur bewußtseinsfördernden Lehre zurückfinden.
- Sie finden dort eine Lehre für intelligente, gebildete, freie, offene Menschen und nicht eine Lehre für Kleinkinder und geistig Zurückgebliebene.
- Sie müssen die Sprache und das Wissen der Menschen vor 2000 Jahren der Sprache und dem Wissen der Menschen von heute anpassen. Dazu reichen grammatikalische Anpassungen und das Austauschen von Begriffen bei weitem nicht aus. Im Gegenteil: sie täuschen durch die moderne Sprachform eine Aktualität vor, während die Sprachinhalte noch immer die gleiche Naivität und Bevormundung widerspiegeln.
- Sie müssen Bewußtheit suchen und fördern und nicht naiven Gehorsam und blinden Glauben.
- Sie müssen die Integration der Hirnbereiche suchen und fördern, und nicht die Isolation der empathischen Vernunft von der instrumentellen Vernunft oder die Koalition mit dem Affekthirn oder die Unterdrückung und Verdrängung des Instinkthirns.
- Sie müssen das empathische Vernunfthirn als Ganzes sehen und fördern und nicht nur die Quadranten der Liebe und des Leidens.
- Sie müssen alle Lügen, die sich im Verlaufe der Jahrhunderte zur Selbstlegitimation angesammelt haben, ablegen. Sie müssen absolut ehrlich werden.

- Sie müssen die instinkt- und affektdominierten Inhalte des Alten Testaments transparent machen.
- Sie können keine Kompromisse mehr eingehen.
- Sie sollen sich nicht von den Ritualen trennen, die empathische Vernunft erfahrbar machen: Die Rituale des Leidens, der Demut und Barmherzigkeit, der Reinheit und Schönheit, der Kraft, des Willens und der Freude, des Gleichgewichts, der Harmonie und des Friedens, der Vereinigung (in der Musik, Architektur, Bildenden Kunst, Lithurgie, Zeremonie, Literatur usw.). Aber sie müssen ihren Zweck erklären.
- Sie müssen auf Macht verzichten, ohne ohnmächtig zu werden.
- Sie müssen sich als offenes System präsentieren, ohne Alleinvertretungsanspruch und ohne perfides System von Bestrafung und Belohnung.
- Das bedeutet keineswegs Beliebigkeit und Unverbindlichkeit. Das läßt die empathische Vernunft nicht zu, ganz im Gegenteil: Es führt zur Erfahrung des Absoluten.

DIKE IM UNTERNEHMEN

Wir verbringen (außer im Bett) kaum so viel Zeit wie im Unternehmen. Dort entscheidet sich für die meisten Menschen, welche Position sie in der Gesellschaft einnehmen, wieviel sie konsumieren (können) und besitzen. Es ist die Arena, in der sich der Kampf um Sieg und Niederlage, Belohnung und Bestrafung abspielt. Es ist auch der Ort, an dem viele Menschen ihr diffuses Bedürfnis nach Kreativität und Berufung – wir sprechen dabei von „Selbstverwirklichung" – einbringen können und befriedigen wollen. Um unsere Position durch Leistung bei der Arbeit zu bestimmen, steht es heute, in der offenen Gesellschaft, gut. Dazu hat der offene Wettbewerb geführt. Wettbewerbsorientierte Unternehmen in einer wettbewerbsorientierten Gesellschaft sind eine Voraussetzung dafür, daß sich die Instinkt-, Affekt- und instrumentellen Vernunfthirne aller Menschen gewaltfrei und unter minimaler Dominanz (d. h. unter größtmöglicher Freiheit) entwickeln können. Diese Bedingung ist wiederum eine Voraussetzung für die Höchstleistung, die notwendig ist, um im Wettbewerb zu gewinnen. Die Eckpfeiler der Organisation und Führung, die dafür erforderlich sind, sind die gleichen wie die, welche wir für die innere Führung Ihrer Mitarbeiter durch Sie herausgestrichen haben:

- Die „Demokratisierung der Strategie" anstatt die Verkündigung von oben;
- „Führen, ohne zu dominieren" anstatt Befehl und Kontrolle;
- das gemeinsame „Gesamtziel" über den partikularen Teilzielen;
- qualitative Ziele neben quantitativen Zielen;
- die Ausrichtung der Organisation am Prozeß anstatt an den Funktionen/ Teilaufgaben;
- der Fokus auf die Schwächen anstatt auf die Stärken.

Die sogenannten „Brain-Power-Industrien" sind in dieser Beziehung am weitesten fortgeschritten. (Das sind die Industriebereiche, in denen das Wissen der Mitarbeiterinnen der mit Abstand wichtigste Produktionsfaktor ist: Mikroelektronik, Biotechnologie, neue Materialtechnologien, Telekommunikation, Aviatik, Robotik und Werkzeugtechnologie und natürlich die Computer Hard- und Softwareindustrie).[264] Sie bestimmen das Wirtschaftswachstum und den Fortschritt in den kommenden Dekaden. *Brain* und das Wissen darum, wie es zu managen ist, ist ihr – wie Ihr – Erfolgsfaktor.

292

Sie sind kreativste Unternehmen. Sie haben, mehr oder weniger (un-)-bewußt, realisiert, daß es zwar wichtig ist, in den Wettbewerb hineinzukommen, aber auch, darüber hinauszukommen, daß wir nicht nur mit drei, sondern mit vier Hirnen funktionieren, daß es zwar notwendig ist, Wettbewerbsbedingungen zu schaffen, aber daß dies nicht ausreicht. Der Aufstieg, Niedergang und Wiederaufstieg von Apple in Abhängigkeit vom veränderten Führungs- und Arbeitsstil ist dafür ein bekanntes Beispiel, ebenso wie das Auf und Ab bei Nike, das parallel zum Ein- und Austritt des Gründers verläuft, oder die Erfolgsgeschichten der skandinavischen Unternehmen Ikea und Hennes & Mauritz, letzterer in einem Markt, der jahrelang seinen Untergang beklagte.

Es ist kein Zufall, daß der Unterschied zwischen den guten Unternehmen, die sich auf der Startlinie aufstellen und dem Unternehmen, das als erstes durchs Ziel geht, in der Kreativität und im Team Work (im Zusammenspiel der Beteiligten) liegt. Sportler sagen oft: „Der Sieg passiert im Kopf." Sie haben recht, aber wir wissen jetzt warum. Kreativität und „Zusammenspiel" sind Eigenschaften des empathischen Vernunfthirns. Wir können nur gewinnen, wenn alle Hirnbereiche mitmachen, wenn alle ihr bestes geben, wenn alle reibungslos, d. h. widerspruchslos miteinander funktionieren, wenn alle in einer Linie stehen, wenn alle am gleichen Strang ziehen, wenn jeder Mitarbeiter an seinem Ort ist, wenn wir im Fluß sind. Das gilt nach innen wie nach außen. Wir können Díkē als Manager, Wirtschaftsführerin, Unternehmer, Mitarbeiterin im Unternehmen erreichen – und müssen es tun, wenn wir gewinnen wollen – aber es wird uns nur gelingen, wenn wir Díkē in uns gefunden haben.

Die Zielsetzungen und Mittel, die wir einsetzen, werden davor und danach nicht die gleichen sein. Vorher werden sie je nach der Konstellation der Mitarbeiter im Hirn mehr oder weniger gewalttätig, rücksichtslos, gierig, (ehr-)geizig, schlau, verschlagen, hart, erbarmungslos, mitleidlos, unüberlegt, intelligent oder dumm, mächtig oder ohnmächtig, fair oder unfair sein. Je mehr wir uns Díkē nähern, um so weniger wird davon übrigbleiben, um so überlegter und ausgewogener werden die Ziele und Mittel sein und um so rücksichtsvoller, liebenswerter, gelassener, gesünder, glücklicher, kreativer und erfolgreicher (manchmal anders definiert) werden die Entscheidungsträgerinnen sein. Vielleicht werden sie nicht mehr das gleiche tun, was sie heute unternehmen. Sicher werden sie es anders tun.

Was also ist zu tun?

- Suchen und finden Sie Díkē zuerst in Ihrem Innern, bevor Sie versuchen, es in Ihrem Team, Ihrer Abteilung, Ihrem Unternehmen zu realisieren. Sie realisieren es dort in dem Masse, wie Sie es in sich realisiert haben.

- Definieren und kommunizieren Sie das Gesamtziel im Unternehmen qualitativ und quantitativ.
- Ihr Gesamtziel ist Ihre Berufung. Es muß mit dem Gesamtziel des Unternehmens, oder mit einem seiner Teilziele, übereinstimmen. Sonst sind weder Sie noch das Unternehm, so weit wie Sie es beeinflussen, in Díkē.
- Stellen Sie den Bezug zwischen Ihrer Berufung und der Nachfrage, die Sie damit befriedigen wollen, bewußt (transparent) her. Das heißt weder, daß Sie Ihre Berufung von der Nachfrage ableiten können noch, daß Sie sie kompromittieren sollen. Es heißt, daß Sie Ihre Berufung als Angebot in dem Sinne an der Nachfrage ausrichten, daß Sie wissen, welche Ihre Nachfragerinnen sind, was sie wollen, welche Konsequenzen Ihr Angebot für sie (und andere) hat (die Sie verantworten) und wie Sie sie kommunikativ erreichen können.
- Beteiligen Sie die Talente am Prozeß, die Sie brauchen, um das Gesamtziel zu erreichen und weiterzuentwickeln.
- Öffnen Sie das System für den Leistungswettbewerb und die Kreativität.
- Schaffen Sie alles ab, was das System verschließt und damit den Wettbewerb und die Kreativität behindert:
  - Alle Zwänge: z. B. in Bezug auf Arbeitszeit, Arbeitsort, Arbeitsplatzgestaltung, Bekleidung, usw.;
  - Alles, was Angst macht: z. B. Dominanz, formale Autorität, Unehrlichkeit, Ungerechtigkeit, Unwissenheit;
  - Alle Formalitäten: vor allem jene, die formale und funktionale Hierarchie und Struktur zementieren und der Befehlskontrolle dienen;
  - Alle Routine: Sie stellen alles in Frage, vor allem, „was schon immer so gemacht wurde."
  - „Gleicher Lohn für gleiche Leistung" ist kein Thema: Es gibt unter Menschen keine „gleiche" Leistung, sonst müssen Sie die Arbeit automatisieren. Gleiche Roboter erbringen gleiche Leistung. Menschen nicht, denn es gibt nicht gleiche Menschen. Im Unterschied zu Robotern sind Menschen lernfähig, steigerungsfähig und kreativ. Menschen können und wollen das Gleiche besser oder etwas Besseres tun. Dazu sollen sie Gelegenheit haben (offene Systeme) und motiviert werden (Leistungssysteme).
- Die Ausrichtung der Organisation am Prozeß anstatt an den Funktionen/Teilaufgaben bedeutet eine echte Verflachung der Hierarchie. Sie reduziert sich im Prinzip auf eine Stufe: die zwischen Prozeßführer und Mitarbeiter. Sie führt zur Auflösung von fixen Arbeitsplätzen (die Territorium und Macht/Ohnmacht bedeuten): die Mitarbeiter gruppieren sich lokal flexibel um den Prozeß.
- Führen Sie, ohne zu dominieren: mit Güte, Geduld, Bescheidenheit, Bewußtheit, Wissen, Können, Kraft und Wille.

- Fördern und belohnen Sie diese Eigenschaften bei Ihren Mitarbeiterinnen.
- Geben Sie ihnen den Raum, den sie brauchen, um ihre Berufung zu realisieren – weil sie nur dann kreativ und zu höchstem Einsatz fähig sein
  können.
- Entlassen Sie die Mitarbeiter, die sich dem Prozeß nicht anschließen
  können und wollen. Sie sind sicher am falschen Ort. Sie tun ihnen und
  niemandem sonst einen Gefallen, wenn Sie sie dort belassen. Sie sind
  Sand im Getriebe. Sie sind destruktiv für sich selbst und das Umfeld. Es
  gibt nichts deprimierenderes, als Organisationen, die voll davon sind. Für
  diese Menschen ist der Schock der Entlassung die einzige Chance, aus
  dem Quadranten der Frustration, in dem sie sich befinden, lebendig herauszukommen. Es gibt nichts Schlimmeres als der Kündigungsschutz,
  der Menschen ein Leben lang an Stühle, Mitarbeiter, Umfelder und
  Organisationen kettet.
- Realisieren Sie Díkē in dem Unternehmen, in dem Sie arbeiten, wenn es
  das Unternehmen zuläßt.
- Verlassen Sie das Unternehmen, wenn es Ihnen verunmöglicht, Díkē zu
  finden und zu realisieren.
- Kündigen Sie erst dann, wenn Sie Ihre Berufung gefunden und sie nicht
  in dem Unternehmen, in dem Sie arbeiten, realisieren können. Das kann
  ein langes Stück Leidensweg bedeuten, aber um diesen kommen Sie so
  oder so nicht herum.
- Schaffen Sie das Unternehmen, das Sie brauchen, um Ihre Berufung zu
  realisieren.

DIKE IN DER GESELLSCHAFT

Wir haben mit Díkē die Existenz einer absoluten Ordnung postuliert. Das klingt altmodisch und verdächtig. Altmodisch, weil es die Vorstellung unserer Vorfahren vor der Aufklärung, vor dem Triumph der Naturwissenschaften war. Verdächtig, weil mit diesen Begriffen immer wieder versucht wurde, Menschen zu dominieren und zu manipulieren. Wir haben bei der Entwicklung unserer Theorie peinlichst darauf geachtet, daß wir uns diesen Vorwürfen nicht aussetzen müssen.

Wir haben mit Hilfe der Naturwissenschaften eine quantitative Ordnung in der genetischen Struktur aller Lebewesen auf der Erde feststellen können, die allen gemeinsam ist. Ebenfalls aus der naturwissenschaftlichen Forschung haben wir die Erkenntnisse über die Struktur des Hirns und die Lokalisierung von Informationen in dieser Struktur gewonnen. Mit Hilfe von verhaltenswissenschaftlich-behavioristischen und phänomenologisch-hermeneutischen Erkenntnissen haben wir Aussagen über die Qualität dieser Informationen gewonnen und Muster gefunden, die wiederum Gültigkeit haben über alle Zeit und für alle Menschen, die wir beobachten konnten. Das hat uns dazu bewogen, die Begriffe absolut und Ordnung auch in Bezug auf die Qualität von Informationen anzuwenden.

Diese Begriffe sind nicht unproblematisch. Der Gefahr ihres Machtmißbrauchs können wir uns nur entziehen, wenn wir sie kompromißlos individualisieren. Indem wir die Möglichkeit, das Absolute zu erfahren und die eigene Ordnung zu finden, alleine jedem einzelnen Individuum ausschließlich für seinen eigenen Erkenntnis- und Erfahrungsbereich zusprechen. Das birgt die Gefahr der Beliebigkeit und Willkür in sich. Auch ihr brauchen wir uns nicht auszusetzen.

Wir sagen nicht, was das Absolute ist. Wir können es nicht beschreiben und damit auch nicht vorschreiben. Wir können jedoch sagen, wie Sie sich dieser Erfahrung annähern können, weil wir Informationen über die Struktur und über das Management von Prozessen besitzen. Wir können zudem die Gemeinsamkeiten eruieren, die wir im Verhalten und in den Aussagen der Menschen finden, die Erkenntnisse und Erfahrungen mit diesem Erkenntnis- und Erfahrungsprozeß gesammelt haben. Das führt uns zu den allgemeinen Aussagen über den individuellen Prozeß, der zu Díkē führt.

Welche Schlußfolgerungen können wir aus diesen Überlegungen zur inneren Ordnung des Menschen auf die äußere, gesellschaftliche Ordnung ziehen?

Eine unserer zentralen Thesen ist, daß die äußere Welt, in der wir uns bewegen, ein Abbild unserer inneren ist. Wenn sie stimmt, können wir davon ausgehen, daß die Programme, die wir in den einzelnen Hirnrealen angetroffen haben, auch in der Gesellschaft wirksam sind – und damit auch die Tendenz zu fragmentierten Entscheidungen. Wir werden also Kampf, Sieg, Konsum, Besitz (die Ebene der Instinkte) und Erfolg, Streß, Frustration und Gehorsam (die Ebene der Affekte) in der Gesellschaft immer antreffen. Die gesellschaftliche wie die individuelle Aufgabe wird immer sein, die instrumentelle und empathische Vernunft soweit zu entwickeln und zu stärken, daß sie mit den Instinkten und Affekten mitreden und diese überzeugen kann, sich mit dem Gesamtziel zu identifizieren. Weil im individuellen Bereich die Lösung nicht darin bestehen kann, die Instinkte und Affekte zu dominieren oder zu ignorieren, oder sie sich selbst zu überlassen, kann sie dies auch auf der gesellschaftlichen Ebene nicht sein.[265]

Das erfordert praktisch ein Gesellschaftssystem, das
1. möglichst wenig Dominanz (Zwang) anwendet,
2. den Instinkten und Affekten genügend Raum zur Verfügung stellt, um sich einzubringen,
3. die Instinkte und Affekte nicht sich selbst überläßt, sondern
4. die instrumentelle und empathische Vernunft stärkt und fördert.

Gemäß Anforderung Nr. 1 sind Systeme mit einem hohen Freiheitsgrad besser als solche mit einem niedrigen. Nach Anforderung Nr. 2 sind offene Systeme besser als geschlossene und Systeme mit Leistungswettbewerb besser als solche, welche die Positionen nach anderen Kriterien verteilen. Gemäß den Anforderungen Nr. 3 und 4 sind Systeme vorzuziehen, welche die instrumentelle und empathischen Vernunft der Mitglieder fördern und stärken.

Von allen Systemen, die wir kennen und ausprobiert haben, erfüllt der offene Wettbewerb, der sich im globalen Wettbewerb dem Ideal des vollkommenen Wettbewerbs am weitesten angenähert hat, die ersten beiden Bedingungen am besten. Die Frage nach der Dominanz zwischen den divergierenden Interessen von Angebot und Nachfrage löst er im Gleichgewicht. Darin kann die Nachfrage nicht gezwungen werden, ein Angebot anzunehmen, weil sie Optionen hat. Weil das System offen ist, kann jede Anbieterin sein, wenn sie will, und sich an dem Leistungswettbewerb beteiligen. Dadurch wird das Angebot gezwungen, sich an der Nachfrage auszurichten und permanent Höchstleistung zu erbringen, um die Erwartungen zu erfüllen. Das entspricht den Bedürfnissen (Programmen) der Instinkte und Affekte. Es entspricht auch der programmierten Bereitschaft der Instinkte und Affekte, Hierarchien (= Dominanz) zu akzeptieren, wenn sie auf Wettbewerb beruhen. Und es führt zum bestmöglichen Angebot aus der Sicht der Nachfrage.

Das hat nichts mit der Verherrlichung von Leistung zu tun, sondern vielmehr mit der Tatsache, daß die Intentionen der Instinkt- und Affekthirne (zu kämpfen, siegen und dominieren) auch dann wirksam sind, wenn sie keine Gelegenheit finden, sich produktiv und konstruktiv in Szene zu setzen. Das erklärt das augenfällige Macho-Gehabe und die zunehmende Kriminalität in unterprivilegierten und wirtschaftlich deprimierten Milieus und Regionen: die zwischen Prahlerei und Gewalttätigkeit angesiedelten Männlichkeitsrituale, die Hackordnung und Bandenbildung, sexuelle Gewalt, Diskriminierung, Unterdrückung, Rassismus, Alkohol, Drogen usw. Je geschlossener das System, um so größer sind Gewalt und Korruption. Mobbing ist umso häufiger anzutreffen, je geschlossener die Systeme sind, weil die Mitarbeiter in offenen Systemen gehen (können), wenn sie nicht behandelt werden, wie sie es wünschen und weil den Mitarbeitern gekündigt wird (werden kann), wenn sie sich nicht verhalten, wie es der Prozeß zur Erreichung des Gesamtziels erfordert.[266]

Geschlossene Systeme, die wir in sehr traditionellen, geografisch oder kulturell isolierten Räumen und fundamentalistischen Kulturen antreffen (z. B. im hinduistischen Kastensystem, im islamischen Sippensystem, in geschlossenen Dorf-, Interessens- und anderen Gemeinschaften, autoritären Systemen usw.), haben keine Chance, in diesem Leistungswettbewerb mitzuhalten. Diese Tatsache ist die größte Chance, daß sie sich früher oder später öffnen werden. Der ökonomische Zwang ist das beste Mittel, um etwas zu bewegen. Anders ausgedrückt: auf einem idyllischen, durch die Familienstruktur geschlossenen Bauernhof, in einer wohltätigen oder gemeinnützigen, durch autoritäre und bürokratische Strukturen geschlossenen Organisation (z. B. Spital, Altersheim, Kloster, Hilfsorganisation, Verwaltung) ist (tendenziell wesentlich) mehr Repression zu erwarten als in einem wettbewerbsorientierten Hochleistungsunternehmen.

Alle Systeme und Maßnahmen, die den offenen Leistungswettbewerb fördern und belohnen, sind aus dieser Perspektive zu begrüßen: Freie Wahl, freier Zugang, Anti-Diskriminierung, Deregulierung, Privatisierung, Öffnung von Grenzen, Abbau von wettbewerbsbeschränkenden und verzerrenden Maßnahmen wie Zölle, Subventionen usw., Abbau bzw. Verhinderung von Monopolsituationen und Kartellisierung, Abbau von Hierarchien, die nicht auf Leistungswettbewerb beruhen, Abbau von Bürokratien, die solche Hierarchien und Monopolsituationen darstellen. Alle Maßnahmen, die den Wettbewerbszugang erleichtern und das Wettbewerbsverhalten belohnen, alle Maßnahmen, die eine Annäherung an den vollkommen Wettbewerb bedeuten, wie z. B. die Entwicklung und Etablierung der entsprechenden Kommunikationstechnologie und die Förderung der Mobilität von Gütern und Arbeitskräften.

In diesem Bereich ist im Zuge der Globalisierung der Wirtschaft und

Gesellschaft viel im Gange. Es gab noch nie eine Zeit und Gesellschaftsordnung, die so vielen Menschen einen ähnlich hohen Freiheitsgrad mit so vielen Möglichkeiten eröffnete, wie die heutige, deren Entwicklung von den post-industriellen Gesellschaften angeführt wird. Dabei geht es immer noch um die Verteilung von Positionen. Darum wird es dem Instinkt- und Affekthirn immer gehen. Aber der Zugang zum Positionierungskampf ist offener denn je, und das Haupkriterium ist Leistung mehr denn je. Das wiederum löst mit natürlicher Notwendigkeit Angst aus, Angst, im Leistungswettbewerb nicht zu bestehen, nicht zu gewinnen. Wir haben gesehen, daß es daraus nur einen Ausweg gibt: wir müssen in den Wettbewerb (das Leben) hineinkommen und wir müssen über den Wettbewerb (das Leben auf dem Niveau der Instinkte und Affekte) hinauskommen. Das führt uns zur 3. und 4. Anforderung, die wir aufgestellt haben. Wir dürfen die Instinkte und Affekte nicht sich selber überlassen. Und zu einer Aufgabe, die als Vorbedingung erfüllt sein muß. Wir wollen diese zuerst anschauen.

Die wichtigste Aufgabe, welche die Gesellschaft übernehmen kann, um die Voraussetzungen 1 und 2 als Vorbedingung für die Anforderung 3 zu erfüllen, ist die individuelle Leistungsförderung. Wenn der Leistungswettbewerb bis zur Stufe des Affekthirns der primäre Regelmechanismus ist, der über die Positionen der Individuen und ihre Akzeptanz entscheidet, hat die Gesellschaft ein offensichtliches, funktionales Interesse, ihre Mitglieder optimal auf diesen Wettbewerb vorzubereiten und im Wettbewerb zu unterstützen. Damit ist das Schul-, Bildungs- und Weiterbildungssystem einer Gesellschaft angesprochen. Die heutigen Systeme sind vielerorts noch stark von egalitären Idealen und Vorstellungen des 18. und 19. Jahrhunderts geprägt, durchmischt von Ideen der 60er Jahre, die mit Leistungsverweigerung und anti-autoritären Forderungen auf die gesellschaftliche Repression der Zeit geantwortet haben. Beide sind dem Stand des Wissens und der Entwicklung von heute nicht mehr adäquat.

Die Egalität ist ein blinde, naive oder demagogische Fiktion. Instinkte und Affekte sind präzise darauf programmiert, Unterschiede, Dominanzverhältnisse herzustellen und nicht Gleichheiten. Die empathische Vernunft ist nicht blind oder demagogisch wie der Affekt, sondern zusammen mit der instrumentellen Vernunft höchst scharfsinnig und bewußt. Sie sieht die Individualität und damit Unterschiedlichkeit der Menschen sehr genau. Sie kann sie instrumentell auch sehr gut beurteilen. Aber sie verurteilt sie nicht. Sie sucht und sieht das Gute und nicht das Schlechte. Sie ist bescheiden und geduldig. Das sind ganz andere Töne als der Aufruf zu Liberté, Egalité und Fraternité, der auch prompt im genauen Gegenteil geendet hat (das ist keine Beurteilung der Notwendigkeit und Konsequenzen der Französischen Revolution). Die Gefahr der Forderung nach Solidarität besteht darin, daß sie aus dem Motiv der Affekte (der Unterdrückung) heraus nach etwas verlangt, das nicht dort, sondern im empathischen Vernunfthirn angesiedelt ist, welches bei den (mit Gewalt) Fordernden nicht entwickelt ist. Die Unterdrückten haben Grund, sich selbst und die anderen über diesen Widerspruch hinwegzutäuschen. Die Rechnung präsentiert sich mit aller Brutalität erst dann, wenn es den Dominierten gelingt, zu dominieren.

Nach diesem Mechanismus hat sich auch die Ideologie der 68er Jahre selbst verraten, noch bevor sie durch die ökonomische, technologische und soziale Entwicklung obsolet geworden ist. Die post-moderne, westliche Gesellschaft ist dabei, die Repression schlicht wegzurationalisieren. Die Höchstleistungen, die sie heute im offenen Wettbewerb erbringen muß, kann sie unter repressiven Bedingungen nicht erreichen. Die Schule hat nicht mehr die Aufgabe, eine widersinnige (weil widernatürliche) Egalität unter den Schülerinnen zu fördern, sondern, die individuelle Leistungsfähigkeit jedes Schülers so zu fördern, daß er im offenen Wettbewerb bestehen und gewinnen kann. Das erfordert ein viel-dimensionales und offenes Bildungssystem in Bezug auf Talentförderung und Leistungsmessung, anstelle von eindimensionalen und starren Strukturen. Das bedeutet, prozeß- anstatt aufgabenorientiert zu arbeiten, transformierbares anstatt repetierbares Wissen zu vermitteln, Kommunikation anstatt Information zu forcieren. Es bedeutet, den Weg zur Berufung zu öffnen. Damit hilft die Gesellschaft ihren Mitgliedern, über den Wettbewerb hinauszukommen.

Neben Leistungsförderung muß die Gesellschaft Bewußtheitsförderung betreiben, und zwar explizit und mit Gewicht, nicht am Rande und mit der Hilflosigkeit oder Unverbindlichkeit, wie wir sie häufig vorfinden. Die Institutionen, die der Gesellschaft für diese Aufgabe zur Verfügung stehen, sind das öffentliche Bildungssystem und die öffentlich-rechtlichen Medien. Es ist ein Hauptgrund, diese auch öffentlich-rechtlich und nicht nur privatwirtschaftlich zu betreiben. Bewußtheitsförderung soll den Mitgliedern der Gesellschaft helfen, sich bewußt zu werden, wie sie funktionieren, d. h. wie sie entscheiden, wie sie entscheiden könn(t)en und welche Konsequenzen sich daraus ergeben. Sie soll den Menschen ihre eigenen Intentionen und die Intentionen derjenigen bewußt machen, die beanspruchen, sie zu führen. Sie soll ihnen die Implikationen und Konsequenzen der Informationen bewußt machen, mit denen sie torpediert werden. Sie soll den Menschen zeigen, welche Lebensmöglichkeiten sie tatsächlich haben. Das würde der Politik und ihrem zermürbenden Tauschhandel zwischen den Partikularinteressen im Allgemeinen und der Bildungs- und Medienpolitik im Speziellen ein Profil geben.

Was in der Politik und in der Wirtschaft (und in allen Organisationen) nicht mehr genügt, ist die traditionelle, fragmentierte Entscheidungspraxis. Die Trennung zwischen „Links und Rechts" ist genauso veraltet wie die

Trennung zwischen „Kapital und Arbeit" (die in der Share-Holder-Value-Diskussion wieder neuen Aufwind bekommen hat). Eine Politik, die zwischen Leistung (die Domäne der „Rechten") und Gerechtigkeit (die Domäne der „Linken") trennt und im ermüdenden Rhythmus der Regierungswechsel einmal in die eine und dann wieder in die andere Richtung zieht, kann nicht genügend Leistung erbringen, genauso wenig wie eine Unternehmens- oder Gewerkschaftspolitik, welche die Intentionen der Kapitaleigner und der Arbeitskräfte zu einem Widerspruch macht, anstatt sie zu integrieren.

Leistung und Gerechtigkeit sind keine Widersprüche, sobald sie aus der Sicht des Gesamtziels betrachtet werden, genau so wenig, wie Arbeit und Kapital, Produktion und Marketing, oder Leistung und Liebe/Schönheit/Kreativität, im Gegenteil: Das eine braucht das andere, um das Gesamtziel zu erreichen. Die Gerechtigkeit (Liebe, Schönheit, Kreativität) braucht die Leistung, um sich realisieren zu können und die Leistung braucht die Gerechtigkeit – „Díkē" –, um sich nicht selbst zu zerstören. Das gilt auch für Leistung und Ökologie. Die dringenden Anforderungen der Ökologie lassen sich nur auf der Ebene der empathischen Vernunft – auf der Achse Bescheidenheit-Bewußtheit – erfüllen. Gegen die Gier der Instinkte und den Hunger (und die Angst) der Affekte können gutgemeinte Appelle gar nichts und Gesetze (auch in Koalition mit der instrumentellen Vernunft) nicht genügend ausrichten. Das zeigen der schwindende Enthusiasmus für ökologische Belange in den sozio-ökonomisch hoch-entwickelten Gebieten und der rücksichtslose Kahlschlag in den wirtschaftlich weniger entwickelten Regionen. Kampf-Sieg-Dominanz-Wachstum-Expansion und Ökologie sind unlösbare Widersprüche, solange die empathische Vernunft nicht entwickelt und die Instinkte und Affekte nicht integriert sind. Das gleiche gilt für eine weitere Trennung, welche die gesellschaftspolitische Diskussion seit geraumer Zeit belebt: die Trennung zwischen den Geschlechtern. Tatsächlich sind in der Geschichte der Menschen immer wieder Aussagen über Unterschiede zwischen Männern und Frauen gemacht worden und die meisten sind dafür verwendet worden, Positionsunterschiede und damit verbundene Privilegien zu legitimieren. Kein Wunder also, daß sich Feministinnen der ersten Stunde vehement dagegen gewehrt und darauf gepocht haben, daß die Unterschiede zwischen Frau und Mann gesellschaftsbedingt seien. Diese Kontroverse können wir nun differenzierter betrachten.

Wir haben biologische und psychologische Unterschiede auf den Ebenen der Instinkt- und Affekthirne ausgemacht und keine Unterschiede in den Bereichen der instrumentellen und empathischen Vernunfthirne gefunden. Die Unterschiede in den beiden älteren Hirnarealen erklären, warum beide Geschlechter versuchen, das jeweils andere zu dominieren und wie sie sich darin unterscheiden. Das patriarchale Instinkthirn verlangt nach der Einreihung der Frauen in die kampforienterte Siegerordnung der Männer. Das matriarchale Affekthirn verlangt nach der Einreihung der Männer in die nachwuchsorientierte Organisationsordnung der Frauen.

In der geschichtlichen Entwicklung der abendländischen Gesellschaft können wir feststellen, daß bis zur Geburtsstunde des Christentums das patriarchale Instinkthirn mit wenigen Ausnahmen[267] praktisch allein dominierte und den Affektanspruch der Frauen unterdrückte. Die Lehre Jesu, die das empathische Vernunfthirn propagierte, hat den Unterschied zwischen den Geschlechtern damit auf diesem Niveau theoretisch aufgehoben. Praktisch eröffnete sie dadurch den kulturellen Raum, in dem sich das Ungleichgewicht langsam abbauen konnte. Beschleunigt wurde die Entwicklung erst in diesem Jahrhundert, mit der Öffnung des Bildungssystems, mit der sexuellen Revolution und vor allem mit der Öffnung der Märkte.

Es war und ist natürlich auch für die Frauen eine Voraussetzung, in den Wettbewerb hineinzukommen, um in das Leben hineinzukommen. Die Systembedingungen sind dafür heute gegeben. Es wartet auch auf die Frauen, die es bis dorthin geschafft haben, die Herausforderung, über den Wettbewerb hinaus zu gelangen. Weil auf der Ebene der instrumentellen und empathischen Vernunft keine Geschlechtsunterschiede bestehen, ist der Prozeß dazu der gleiche. Es herrscht hier und dort die Ansicht, daß es Frauen leichter hätten, den zweiten Schritt zu unternehmen. Das beruht auf einer optischen Täuschung. Sie rührt daher, daß die affektive Zuneigung, die Mütter ihren Kindern gegenüber zeigen, tatsächlich aussieht wie das Verhalten im Quadranten der Liebe oder daß die Schmerzen der Geburt wie eine Vorbereitung oder Form der Schmerzen im Quadrant des Leidens erscheinen; daß die Schönheit, die der Mann in der Frau verherrlicht, diese näher zum Quadranten der Schönheit rücke; daß die Form der Geschlechtsteile und der Paarung bei der Frau dem Rezeptionsmodus entspreche, während Geschlechtsform und Paarungsverhalten der Männer dem Aktionsmodus gleich kämen. Tatsächlich scheint die Kampfbereitschaft der Männer im Instinkthirn vom Verhalten der empathischen Vernunft weiter entfernt zu sein als die Integrationsbereitschaft der Frauen im Affekthirn. Tatsächlich kontrastiert das Desinteresse an der Aufzucht der Jungen, das wir bei den α-Männchen beobachten können, mit der mütterlichen Fürsorge der Weibchen.

Es bieten sich deshalb zwischen den Hirnbereichen auch Koalitionen an, die naheliegender sind als andere. Das auf Kampf und Sieg getrimmte Instinkthirn hat mehr Grund, sich mit der instrumentellen Vernunft zusammenzuschließen als mit der empathischen. Das Ordnungsstreben der Instinkte paßt gut mit dem Ordnungsverständnis der instrumentellen Vernunft zusammen. Beiden gemeinsam sind Regeln und die Fairneß, sich daran zu halten. Die Neutralität beim einen ergänzt sich gut mit dem Recht des Stärkeren beim andern. Das instrumentelle Wissen und Können, das, was wir die Technologie nennen, hilft zu siegen. Die Funktionen der empathischen Vernunft stehen diesen Intentionen eher im Wege. Für die Aufzucht der Jungen hingegen sind sie von Nutzen, vor allem die Funktionsprinzipien der Güte und Geduld. Die unterschiedlichen Affinitäten zwischen Jungen/Männern und instrumenteller Vernunft einerseits und Mädchen/Frauen und empathischer Vernunft andererseits, die wir z. B. im Spielverhalten und in der Berufswahl feststellen können, sind auf diese natürlichen Koalitionen zurückzuführen. Darauf beruht die klassische Aufgabe bei Männern, die empathische Vernunft zu stärken und die Instinkte zu integrieren, im Unterschied zur klassischen Aufgabe bei Frauen, die instrumentelle Vernunft zu stärken und die Affekte zu integrieren. Das heißt keineswegs, daß damit vorgefaßte Meinungen für die Geschlechter verbunden wären. Wie wir leicht beobachten können, ist der Übergang zwischen Männern und Frauen fließend. Wir finden Frauen, die sich im Instinkt- und Affektbereich (lieber) wie Männer verhalten, und Männer, auf die das Umgekehrte zutrifft. Das liegt daran, daß beide Geschlechter beide Hirnareale besitzen und ihre einzelnen Funktionen in jeder denkbaren Ausprägung und Gewichtung vorzufinden sind. Die Frauen können auf der Ebene des Instinkthirns auch um Beute und Territorien kämpfen, wenn sie müssen oder wollen, und die Männer können auf der Ebene des Affekthirns auch ihren Nachwuchs aufziehen, wenn sie müssen oder wollen. Der Unterschied zwischen müssen und wollen/können ist allerdings nicht unbedeutend, wie wir gesehen haben. Biologisch steuert er den natürlichen Selektionsprozeß der Gene bei den Männern tatsächlich in die Richtung derjenigen, die besser siegen können und bei den Frauen in die Richtung derjenigen, die besser reproduzieren können. Aber auch das drückt sich lediglich im quantitativen Durchschnitt aus und nicht in der Qualität eines männlichen oder weiblichen Individuums.

Bei jedem Mensch ist die Ausgangslage, die Konstellation und der Weg zum Ziel individuell. Generell wird für Frauen (oder Männer), die stärker affektdominiert sind, die schwierigere Aufgabe darin bestehen, sich von der Dominanz der Affekte zu befreien und für Männer (oder Frauen), die stärker instinktdominiert sind, darin, sich von der Dominanz der Instinkte zu befreien. Ob die Koalitionen, die Sie in jedem individuellen Fall eingegangen sind, entscheidende Vorteile bringen, ist zu bezweifeln. Die Koalition des Affekthirns mit dem empathischen Vernunfthirn mag den Zugang zu letzterem erleichtern. Wir haben diese Konstellation bei den Typen „Beschützerin" und „Partner" vorgefunden. Bei ihnen stehen die empathische Vernunft und der Affekt im Vergleich zur instrumentellen Vernunft und dem Instinkt im Vordergrund. Ihnen steht der Weg über die instrumentelle Vernunft und die Stärkung der Instinkte bevor, und es bleibt die Aufgabe, die Achse Bescheidenheit-Bewußtheit weiterzuentwickeln, weil sie vom Affekthirn torpediert wird. Umgekehrt erleichtert die Koalition des Instinkthirns mit dem instrumentellen Vernunfthirn das Verstehen der Zusammenhänge. Wir haben diese Stärke bei den „Siegerinnen" und „Perfektionisten" vorgefunden. Vom Wissen zur Erfahrung ist es jedoch wiederum ein langer Weg. Der Instinkt mag sich am Anfang gegen jede Einordnung, die er als Unterordnung erlebt, wie toll gebärden. Am Ende brauchen Sie ihn und seine Kraft, genauso wie alle andern Mitarbeiterinnen. Der Weg zum Gleichgewicht und Ziel führt immer über die Stärkung (und anschließende Beteiligung) Ihrer schwächsten Mitarbeiter. Eben weil es Ihre Schwächen sind, wird die Aufgabe für Sie immer ausgesprochen schwierig sein, unabhängig davon, welche Schwächen das sind. Optisch scheint jemand, dessen Stärke die empathische Vernunft und dessen Schwäche die Instinkte sind, näher am Ziel zu sein als jemand, für den das Umgekehrte gilt. Tatsächlich dürfte es für die eine nicht leichter sein, die Instinkte, die sie jahrzehntelang unterdrückt und ignoriert hat, zu stärken, als für einen anderen die empathische Vernunft, von deren Existenz er keine Ahnung hat.

Die Hoffnung, daß durch die Umverteilung der Macht zwischen den Geschlechtern, d. h. zwischen dem Instinkt- und dem Affekthirn, viel gewonnen wäre, ist deshalb unbegründet. Frauen oder Männer sind nicht bessere oder schlechtere Politiker, Wissenschaftlerinnen, Künstler oder Managerinnen aufgrund ihres Geschlechts. Sondern sie sind mehr oder weniger gut in dem was sie tun, je mehr oder je weniger es ihnen gelungen ist, die ganze Hirnmannschaft an ihrem Entscheidungsprozeß zu beteiligen, sich von der Dominanz der Instinkte, Affekte oder der instrumentellen Vernunft zu befreien und die Führung der empathischen Vernunft zu übertragen. Das heißt, je näher sie ihrer Berufung sind.

Die Trennung zwischen den Geschlechtern ist hochaktuell, solange Sie auf der Ebene der Instinkte und Affekte kämpfen. Die Tendenz ist, daß Sie die Instinkte vernachlässigen und bekämpfen, wenn Sie sich vehement für die Affekte einsetzen, und die Affekte, wenn sie fanatisch die Instinkte vertreten – und daß Sie vor Verbissenheit die instrumentelle und die empathische Vernunft vergessen. Das Ergebnis ist in beiden Fällen Verhärtung und Verbitterung im Quadranten der Frustration. Die Trennung wird obsolet, sobald Sie den Raum der instrumentellen und empathischen Vernunft betreten. Die Informationen, die Sie dort finden, sind ohne Geschlecht, ebenso wie die Funktionsbedingungen, die Sie dafür erfüllen müssen. Trotzdem bleiben oder werden Sie das, was Sie sind: die Frau oder der Mann, die/der Sie sind – weil Sie auch Ihre Instinkte und Affekte brauchen, um die Information zu realisieren.

SCHLUSS
Sie, der Weg und das Ergebnis

Die Ordnung – Díkē – ist universell. Aber es ist Ihre persönliche und individuelle Berufung, Ihr Wissen, Ihr Wille und Ihre Kraft, die Sie darin vereinen. Es sind Sie als Siegerin, Perfektionist, Innovatorin, Realisator, Beschützerin, Partner, Sehnsüchtige und Kämpfer, die Sie entwickeln. Der Weg dahin führt Sie zurück zum Ursprung:

Sie/er ist zum Ursprung zurückgekehrt . . .
Schmutzbedeckt und mit Asche beschmiert,
lacht er/sie . . . breit übers ganze Gesicht.
Ohne Zuflucht zu mystischen Kräften
bringt sie/er verdorrte Bäume schnell zum Blühen.

Die Struktur können Sie nicht ändern. Aber die Prozesse. Struktur, Prozesse und Ergebnis können Sie zum Blühen bringen.

ANHANG

Exkurs:
Antworten auf die offenen Fragen von Woody Allen

Wir haben im ersten Kapitel die „ewigen" Fragen des Woody Allen unbeantwortet gelassen. Wir können jetzt die Antworten geben:

- „Warum will ich jede attraktive Frau, die ich im Bus oder auf der Straße sehe, f...?"

Weil ein extremes Ungleichgewicht zwischen dem Instinkthirn und dem empathischen Vernunfthirn besteht. Das Ungleichgewichtsprofil der Figur, die Woody Allen in den Filmen spielt, ist eindeutig: Die starken Hirnbereiche sind das instrumentelle Vernunfthirn und das Instinkthirn. Die schwachen Hirnareale sind die empathische Vernunft und das Affekthirn. Die Filmfigur ist hochintelligent, intellektuell und kritisch und permanent vom Bedürfnis nach Kopulation getrieben. Auf der anderen, der Affektseite ist sie willensschwach, nicht durchsetzungsfähig, undiszipliniert, frustriert und in der Summe erfolglos, also ein Verlierer. Auf der Ebene der empathischen Vernunft ist die Figur hypochondrisch und voller Selbstmitleid, d. h. überhaupt nicht leidensfähig, ungepflegt und schlampig, nicht liebesfähig, und die Kreativität ist entweder gestohlen oder in einem Schreibstau blockiert. Warum ist die Figur vielen trotz allem sympathisch? Weil sie ehrlich ist, Identifikationsfläche bietet und sich, wenn auch erfolglos, bemüht, aus der Misere herauszukommen.

- „Warum endet jede Beziehung als Enttäuschung?"

Weil diese Beziehungen keine Liebes-, sondern Tauschbeziehungen sind. Die Projektion der empathischen Vernunft auf die Frau genügt weder, um sie zu halten, noch, um das Interesse an ihr aufrechtzuerhalten. Die Sehnsucht nach einer Liebesbeziehung wird auf beiden Seiten nicht erfüllt.

- „Warum verläßt mich jede Frau?"

Weil die Tauschbeziehung weder durch Belohnung (in den Quadranten des Gehorsams oder Erfolges – die Figuren, die Woody Allen spielt, sind „Verlierer" – noch durch (Angst vor) Bestrafung (im Quadranten der Frustration – die Frauenfiguren sind selbstbewußt und unabhängig) – erhalten werden kann.

- „Warum werde ich nicht geliebt, obwohl ich nichts sehnlicher wünsche?"

Weil Liebe kein Tauschgeschäft von Ungleichem, sondern der Austausch von Gleichem ist, bei dem jeder das bekommt, was er gibt.

- „Warum kann ich nicht lieben, obwohl ich nichts sehnlicher möchte?"

Weil die Mitarbeiterinnen der empathischen Vernunft nicht entwickelt sind.

- „Warum kann mir der Shrink (Psychotherapeut) nicht helfen?"

Weil er erkenntnistheoretisch, methodisch und persönlich nicht weit genug über die instrumentelle Vernunft hinausgeht.

- „Warum kann ich Gott nicht vergessen, obwohl ich entschieden habe, daß es ihn nicht gibt?"

Das instrumentelle Vernunfthirn (das klar dominiert) hat entschieden, daß es keinen Gott gibt, weil die instrumentelle Vernunft keinen Gott erkennt. Die hochentwickelte instrumentelle Vernunft hat die autoritären oder kindlichen Varianten der im Quadranten des Vertrauens und Gehorsams angesiedelten Religionsformen durchschaut.

Was bleibt, ist die Sehnsucht der unbekannten und unterdrückten empathischen Vernunft nach der Erfahrung des Absoluten, die Sehnsucht nach dem Paradies. Davon befreien alle atheistischen und nihilistischen Absichtserklärungen nicht, auch wenn sie noch so trotzig-überzeugt daherkommen.

Anmerkungen

1 Das sind Konventionen, auf die sich die grosse Mehrheit der *Scientific Community* heute geeinigt hat.

2 Vgl. Guy Kirsch, *Die Betroffenen und die Beteiligten*, München 1974.

3 Marie-Louise von Franz war mit über hundert Publikationen die Hauptkraft in der Weiterentwicklung der Analytischen Psychologie nach Jungs Tod. Sie selbst starb 1998.

4 Future Youth, BBDO Jugend-Studie 1993. Andere Studien haben diese Ergebnisse bestätigt. Zum Beispiel Isopublic Zürich, im Auftrag von Reader's Digest DAS BESTE, publiziert in DAS BESTE Juni 1994. Alter der Befragten 15–25.

5 Eine Studie im Auftrag der deutschen Regierung kommt auf einen Jahresumsatz von 700 Milliarden Dollar.

6 Die Anworten finden Sie oben S. 307 im Anhang.

7 Auch in der Gesamtbevölkerung steht die Familie in der vorderen Hälfte (Rang 9) der Zielhierarchie. Vgl. dazu die weiter unten in der Fussnote vorgestellte, jüngere und für die gesamte deutsche Bevölkerung repräsentative Studie *Fame: Medien, Marken, Images,* Verlagsgruppe Milchstrasse, Hamburg 1997/98, S. 4.

8 Ebenda.

9 So auch in der *Fame*-Studie, wo es erst an 16. Stelle steht. Ebenda.

10 Eine Umfrage von *Emnid* bei 1000 Jugendlichen in Deutschland im Alter zwischen 14 und 19 Jahren hat folgende Wertskala ergeben (zitiert aus: *Marketing Journal* 5, Hamburg 1995):

1.	Ehrlichkeit:	55%	5.	Verantwortung:	22%	9.	Sparsamkeit:	7%
2.	Freundschaft:	50%	6.	Leistung:	19%	10.	Disziplin:	5%
3.	Freiheit:	35%	7.	Toleranz:	18%	11.	Pünktlichkeit:	2%
4.	Treue:	30%	8.	Fleiss:	12%	12.	Solidarität:	2%

Auffallend dabei ist die Übereinstimmung von Schlüsselwerten – wie z. B. Ehrlichkeit – mit den Ergebnissen aus der *Fame*-Studie, die repräsentativ ist für die deutsche Gesamtbevölkerung (ab 14 Jahren). *Fame,* a.a.O., S. 4:

%	Über 50% halten für ganz besonders wichtig	%	Unter 50% halten für ganz besonders wichtig
82	1. Ehrlichkeit	47	13. Toleranz gegenüber Ausländern/ Andersgläubigen
76	2. Sicherheit, Geborgenheit	40	14. Selbstverwirklichung
72	3. Soziale Gerechtigkeit	33	15. Sozialer Aufstieg
70	4. Recht und Ordnung	31	16. Hohes Einkommen, materieller Wohlstand
68	5. Verantwortungsbewusstsein	30	17. Mut, Risikobereitschaft
62	6. Reinlichkeit, Sauberkeit	25	18. Pers. Einsatz für den Umweltschutz
61	7. Freiheit	23	19. Technisch-wissenschaftlicher Fortschritt
56	8. Menschen helfen, die in Not geraten	21	20. Ein vom christl. Glauben getrag. Leben
52	9. Ganz für die Familie da sein	18	21. Liberalismus, nicht mehr Staat als nötig
50	10. Gepflegtes Aussehen	12	22. Politisch aktiv sein
50	11. Unabhängigkeit		
50	12. Leistungsbereitschaft		

Daß *Ehrlichkeit, Sicherheit/Geborgenheit, Soziale Gerechtigkeit* sowie *Recht und Ordnung* die Ränge 1–4 belegen zeigt, daß hier das größte Defizit besteht. Daß *Selbstverwirklichung, sozialer Aufstieg, materieller Wohlstand* und *technisch-wissenschaftlicher Fortschritt* im Vergleich dazu weit hinten abgeschlagen liegen, verweist darauf, dass diese Bedürfnisse relativ gut befriedigt sind. Ebenfalls weit vorne, an 5., 6. und 7. Stelle, stehen *Verantwortungsbewußtsein, Reinlichkeit/Sauberkeit* und *Freiheit*. Das Defizit an *Verantwortung* und *Ordnung*, das wir darin erkennen, ist eine zwangsläufige Folge von zwei Phänomenen, auf die wir eingehen werden: Fragmentierte Entscheidungssysteme, die nur Teilverantwortungen wahrnehmen können und die Dominanz der instrumentelllen Vernunft, die Verantwortung und Ordnung nur relativ und nicht absolut einlösen kann. *Reinlichkeit/Sauberkeit* ist eine äußere Form von *Recht und Ordnung* und damit letztlich von Kontrolle. Der hohe Stellenwert bestätigt das Defizit und die Dringlichkeit, die dem Bedürfnis nach Ordnung und Kontrolle im Angesicht der wachsenden Orientierungslosigkeit zukommt. *Freiheit* an 7. Stelle schließlich zeigt, dass auch hier das Defizit größer ist, als wir gemeinhin annehmen. Der zunehmenden äußeren Freiheit, die wir uns gewähren, steht offensichtlich eine wachsende innere Unfreiheit entgegen.

Ganz am Ende der Liste der Lebensziele, auf den Rängen 20 bis 22, stehen *Ein vom christlichen Glauben getragenes Leben, Liberalismus, Nicht mehr Staat als nötig* und *Politisch aktiv sein*. Wir werden zeigen können, warum die Christuslehre heute so wenig Relevanz besitzt und was daran zu ändern ist. Wir werden auch zeigen, wo die Grenzen des Liberalismus liegen, obwohl er Freiheit verspricht. Und wir werden verstehen, warum sich vier Fünftel der Bevölkerung desillusioniert und desinteressiert von der Politik abgewandt haben.

Beide Umfragen bestätigen die Ergebnisse aus der europaweiten BBDO Jugend-Studie. Beide Resultate unterstützen unsere Hypothese, dass der Zielkatalog der Jungen (aus der BBDO Studie) für *alle* relevant ist.

11 Paul D. MacLean, The Paranoid Streak in Man, in: Arthur Koestler, J. R. Smythies (Ed.), *Beyond Reductionism,* Boston 1969. Eine Zusammenfassung mit Illustrationen darüber findet sich bei Charles Hampden-Turner, *Modelle des Menschen. Dem Rätsel des Bewußtseins auf der Spur,* Weinheim und Basel 1996, unter dem Titel »Das Pferd und das Krokodil im Kopf: Die Papez-MacLean-Theorie der Gehirnentwicklung«, S. 80 ff.

12 Gottlieb Guntern, *Kreativität, W&L/Dialog/Grey* Sonderdruck, Zürich 1992, S. 40 ff, sowie ders., *Im Zeichen des Schmetterlings,* Bern, München, Wien 1992.

13 Wir halten uns bei der Datierung der drei Entwicklungsschübe an Gottlieb Guntern, *Kreativität, W&L/Dialog/Grey* Sonderdruck, a.a.O., S. 40 ff, sowie ders., *Im Zeichen des Schmetterlings,* a.a.O. und die dort angegebene Literatur. Natürlich streiten sich verschiedenste Paläoanthropologen, Biochemiker, Molekular- und Entwicklungsbiologen um einige Jährchen, aber diese sind für unsere Überlegungen ohne Belang.

14 Daniel Goleman, *Emotionale Intelligenz,* München 1997, S. 363 ff.

15 Sie beginnt mit dem Gehen auf zwei Beinen, was als erstem der Gattung *Australopithecus anamensis* gelang. Das älteste Skelett dieses Wesens wurde bis heute am Turkana-See in Ostafrika gefunden. Es ist 4,2 Millionen Jahre alt. Berühmt ist auch die 3, 2 Millionen Jahre alte *Lucy* aus der Familie des *Australopithecus afarensis* (als sie in Äthiopien gefunden wurde, lief garade der Beatles-Song *Lucy in the Sky with Diamonds*). Die ersten Steinwerkzeuge und damit der erste Werkzeugmacher, der *Homo habilis,* taucht vor 2, 5 Millionen Jahren auf. Die Entwicklung des *Homo Erectus* legen Paläoanthropologen, Molekularbiologen und Genforscher in die Zeitspanne zwischen 1 Million und 600 000 Jahren. 1999 wurde im Kaukasus, in *Dmanisi,* Georgien, allerdings der Schädel eines Urmenschen *(Homo erectus)* in einer Lavaschicht gefunden, die von Vulkanologen auf rund 1,8 Millionen Jahre datiert wird. Vom *Homo Sapiens* schliesslich, dem »modernen« Menschen, wird angenommen, dass er sich zwischen 600 000 und 150 000 Jahren entwickelte. Neuere Resultate der Genforschung unterstützen die *Out-of-Africa-Theorie,* dass der moderne Mensch vor rund 150 000 Jahren auf dem afrikanischen Kontinent entstand und von dort vor circa 100 000 Jahren seinen Eroberungszug um den Globus begann. Die Gen-Forscher Brian Sykes und Martin

Richards nehmen an, dass die europäische Bevölkerung von Einwanderern abstammt, die – aus Afrika kommend – vor 40 000 Jahren über Asien nach Europa vorgedrungen sind.

16 Daniel Goleman, a.a.O., S. 27.

17 Charles Hampden-Turner, *Modelle des Menschen,* a.a.O., S. 80.

18 Es ist darauf hinzuweisen, daß wir oben in der vertikalen Betrachtung die physisch-räumliche Struktur des Hirns abstrakt dargestellt haben. Aber die horizontale Strukturüberlegung, die wir hier anstellen, entspricht nicht der physisch-räumlichen Funktionsanordnung im Hirn. Die Darstellung anhand der *Mapping*-Technik, die wir hier verwenden, ist eine didaktische Hilfe, um den Strukturzusammenhang aufzuzeigen. Ich verdanke diesen Hinweis Bernhard Limacher.

19 Zitiert nach Klaus Zimniok, *Echsen und Panzerechsen,* Hannover 1989, S. 78 ff.

20 Ebenda, S. 140.

21 Das Weibchen des Mississipialligators z. B. baut ein Nest aus Pflanzen und Schlamm, in das es bis zu 60 Eier legt. Indem sich die Pflanzen zersetzen, entsteht Wärme. Während der neun bis zehn Brutwochen wacht die Mutter in der Nähe über das Gelege und greift jeden an, der sich dem Nest nähert. Beim Aufbrechen der Eischale hilft die Mutter nach, wenn das Junge dazu nicht in der Lage ist. Dann führt sie den Nachwuchs zum Wasser. Machmal transportiert sie ein Junges dorthin in ihrem Maul (Ebenda, S. 81 ff). Schildkröten legen ihre Eier in selbstangelegte Gruben ab und verscharren sie. Nachher kümmern sie sich, wie die meisten Echsen, nicht mehr weiter um die Pflege und Aufzucht ihrer Brut. Bei den Meerechsen kämpfen nicht nur die Männchen gegen die Männchen, wie es bei revierbildenden Echsen üblich ist, sondern auch die Weibchen um die wenigen und begehrten Sandplätze zum Ablegen der Eier (Ebenda, S. 56).

22 Ebenda, S. 124 ff.

23 Ebenda, S. 52.

24 Ebenda, S. 94.

25 Ebenda, S. 59.

26 Richard Dawkins, *Und es entsprang ein Fluß in Eden. Das Uhrwerk der Evolution,* München 1996, S. 112.

27 Sie basieren auf mündlichen Überlieferungen, die sich bis an den Anfang des 2. Jahrtausends v. Chr. zurückverfolgen lassen.

28 Zitiert nach *Focus,* Auf der Suche nach dem starken Mann, München 20/1997, S. 177.

29 Ebenda.

30 Ebenda, S. 181 f.

31 Ebenda, S. 182.

32 Ebanda. Die Prozentzahl addiert die Angaben *Gefällt mir sehr gut/gut.*

33 Ebenda, S. 182.

34 Die Besitzer von zahmen Reptilien werden mit Recht einräumen, daß auch ihre Reptilien beziehungsfähig sind. Zimniok zitiert z. B. Vogt und Wermuth, die im Handbuch der Vivaristik schreiben: »Weit liebenswürdiger als ihr Ruf, finden sie (die Krokodile) dank ihrer überdurchschnittlichen Intelligenz bald einen persönlichen Kontakt zu ihrem Pfleger und vermögen ihm mitzuteilen, wann er ihr Wasser erneuern, sie füttern oder abschrubben soll.« Klaus Zimniok, *Echsen und Panzerechsen,* a.a.O. S. 44 ff. Das weist wohl auf die Lern- und Anpassungsfähigkeit des Instinkthirns hin. Aber es täuscht nicht über das Grundmuster hinweg, das den Tierliebhabern vom Tier oft genug unerwartet und schmerzhaft klargemacht wird.

35 Ich halte mich im folgenden an die Erfahrungen und Ausführungen des Zoologen und Verhaltensforschers Erik Zimen, der für seine Dissertation über längere Zeit als »Wolf unter Wölfen« gelebt hat. Erik Zimen, *Der Wolf,* München 1990, Ebenso an Henryk Okarma, *Der Wolf,* Berlin 1997, der die packenden Erlebnisse von Zimen mit traditionelleren Methoden der Zoologie bestätigt.

36 In der Sprache des Marketings würde man sagen, von der Größe des Marktpotentials und der Anzahl und Stärke der Konkurrenten.

37 Erik Zimen, *Der Wolf,* a.a.O., S. 241.

38 Erik Zimen, *Der Wolf,* a.a.O., S. 274.

39 Bei vielen Säugetierarten, auch Primaten, tötet ein α-Männchen, das die Herrschaft über eine Gruppe neu übernimmt, die Jungtiere seines Vorgängers, so lange sie noch gesäugt werden, und frißt sie auf. Dieser *Infantizid* vor den Augen der Mütter, den wir von Löwen über Eisbären bis zu Präriehunden, von Mäusen über Languren bis zu Schimpansen und Gorillas (und anderen Königen, wie z. B. Herodes, der alle Jungen unter 2 Jahren töten ließ [Matthäus 2.13]) beobachten können, ist im Instinkt- und Affekthirn begründet.
Das Instinkthirn will bzw. muß kopulieren (und im Falle eines ausgehungerten Eisbären mit objektiver Dringlichkeit auch fressen). Es tötet die Jungtiere in jenen Fällen, in denen das säugende Weibchen während der Stillperiode, die mehrere Jahre dauern kann, nicht kopulationsbereit ist. Schimpansenfrauen z. B. entwickeln erst gegen Ende der Stillperiode, nach drei bis vier Jahren, wieder Schwellungen ihrer Genitalien als Zeichen der Paarungswilligkeit. Bonobofrauen hingegen, eine Affenart, bei der kein Infantizid stattfindet, kopulieren (wie die Menschen) bereits kurze Zeit/wenige Monate nach der Geburt ihres Kindes wieder (Frans de Waal, Frans Lanting, *Bonobos. Die zärtlichen Menschenaffen,* Basel 1998, S. 116 ff.).
Die Weibchen verfolgen das grausame Treiben in Stellungen und mit Lauten, die typisch sind für Unterwerfung: geduckt, keuchend, grunzend, heulend. Tatsächlich geraten die Weibchen nach dem erzwungenen Abbruch der Stillzeit wieder in Hitze und präsentieren sich dem neuen Männchen zur Kopulation.
Dass auch die europäischen Neandertaler Kannibalen waren, legen Knochenfunde in einer Höhle der Ardèche nahe, wo Urmenschen- und Tierknochen vermischt und beide mit typischen Kratzspuren entdeckt wurden, die entstehen, wenn Körper mit Werkzeugen zerlegt, entfleischt und zur Verspeisung vorbereitet werden (Odette Frey, Brutal zerlegt und gegessen, in: *SonntagsZeitung,* 3. Okt., Zürich 1999). Daß Dr. Hannibal Lecter, *Hannibal the Cannibal,* aus Thomas Harris' Roman *The Silence of the Lambs* (*Das Schweigen der Lämmer,* gespielt von *Anthony Hopkins* im Film von *Jonathan Demme)* zur Kultfigur wurde und in Hollywood alle Rekorde brach, liegt nicht zuletzt an der Tatsache, daß in unserem Instinkthirn Programme laufen, von deren Existenz wir gewöhnlich keine Ahnung haben. Im Film oder im Buch können wir sie erfahren, ohne uns darüber bewußt werden zu müssen.

40 Sinus Milieu-Studie, Heidelberg 1995.

41 Eine Umfrage bei 3 000 deutschen Führungskräften nach den häufigsten Krankheiten, durchgeführt von der Gesellschaft für Verhaltensanalyse und Evaluation (Geva) München, hat folgende Rangliste ergeben:
1. Erschöpfung
2. Herz-Kreislauf-Störungen
3. Schlafstörungen
4. Magen-Darm-Erkrankungen
5. Allergien
6. Rückenprobleme
Zitiert nach *HandelsZeitung,* Nr. 21, 22. 5. 1997, S. 15.
Dieses Krankheitsbild unterscheidet sich, mit Ausnahme der Herz-Kreislauf-Störungen, nicht von den häufigsten Krankheitssymptomen bei den Jungen. Sie sind bei beiden Generationen eine direkte Folge von Streß.

42 Herbert Cerutti, Tödlicher Streß, in: *NZZ Folio,* Zürich, Nr. 3/98, S. 54 f.

43 Zitiert nach Stress im Labor, *Tages-Anzeiger,* 28. 8., Zürich 1998, S. 46.

44 Zitiert nach: Davis Miller, Die Todeskralle, in: *Das Magazin* Nr. 29, *Tages-Anzeiger,* Zürich 1998, S. 24.

45 Ebenda, S. 21.

46 Ebenda, S. 26.

47 Ebenda, S. 25.

48 Ebenda, S. 26.

49 Zitiert nach René Isenschmid, Autogenes Training, in: *Natürlich*, Nr. 6/98, S. 13.

50 Ders.: Überleben neue Organisationsstrukturen ihre eigene Planungsphase?, IAA Trendbrunch '98, Zürich.

51 Sinus Milieu-Studie, a.a.O.

52 Daniel Goleman, Emotionale Intelligenz, a.a.O., S. 363 f.

53 Ebenda, S. 364.

54 Werner Wyss, Vision, in: *Vorbereitung auf eine Dekade der Innovation*, Adligenswil 1997, S. 155.

55 Ich zitiere aus Robert Ranke-Graves, *Griechische Mythologie. Quellen und Deutung*, Reinbek bei Hamburg, 1995, S. 259 ff.

56 Aggression ist also nicht nur eine Folge von Frustration, sondern ein Mittel, um Dominanz zu gewinnen, das in allen Quadranten Anwendung findet.

57 Sinus Milieu-Studie, a.a.O.

58 Das Alte Testament, Das Buch der Richter, Die Simsongeschichten, Kapitel 13–16. Erzählt nach H. Menge, *Das Alte Testament*, Stuttgart 1986, S. 431–438.

59 Zum Beispiel 5. Mose 7: »Du darfst dich auch nicht mit ihnen (den abgöttischen Kanaanäern) verschwägern, weder deine Töchter an ihre Söhne verheiraten, noch ihre Töchter für deine Söhne zu Frauen nehmen . . .« Zitiert aus H. Menge, *Das Alte Testament*, Stuttgart 1986, S. 311.

60 Zitiert nach H. Menge, *Das Alte Testament*, a.a.O., S. 434.

61 Bernhard Matuschak, Die Männer werden ausgetrickst, *Tages-Anzeiger*, 10. 2., Zürich 1999, S. 44.

62 *Nature*, Bd. 399, S. 741, zitiert nach: Zyklische Männerwahl, *Tages-Anzeiger*, 26. 6., Zürich 1999, S. 42.

63 Der Paarforscher registriert seit 16 Jahren das Verhalten von Ehepartnern in Testsituationen mit Videokameras und elektronischen Sensoren. Weil der Anteil an unlösbaren Konflikten so hoch ist, sei Konfliktvermeidung in vielen Fällen eine erfolgreiche Strategie, ist seine Schlussfolgerung. John Gottman, Nan Silver, *The Seven Principles for Making Mariage Work*, New York 1999. Tatsächlich sind die Konflikte auf den Ebenen der Instinkt- und Affekthirne nicht zu lösen, nicht mit der Gewalt der Instinkte (die tendenziell männliche Variante) und nicht mit dem Zwang der Affekte (die tendenziell weibliche Variante), der sich entweder in offener Aggression ausdrückt oder sich hinter einem raffinierten System von Belohnung und Bestrafung versteckt, weder mit dem gewaltsamen »Ich will davon nichts wissen« noch mit dem aggressiven »Mit dir kann man über nichts reden«, weder durch Erstickung noch durch Angriff oder Erpressung.

64 Das Grundlagenwerk ist Robert E. Ornstein, *The Psychology of Consciousness*, San Francisco 1975.

65 Siehe zum Beispiel bei Rupert Lay, *Dialektik für Manager*, Reinbek bei Hamburg 1982, S. 29 ff.

66 Zum *Herrschaftswissen* (Jürgen Habermas) wird es, wenn es sich in den Dienst des Instinkt- und Affekthirns stellt.

67 Ronald Davis hat das Phänomen der *Legasthenie* als eine Form der Desorientierung erkannt, die aus der unterschiedlichen Kommunikationsweise der beiden Hirnareale entsteht. Legastheniker haben Mühe, von der analogen auf die digitale Denkweise umzuschalten, wenn es die Situation, wie z. B. die verbale oder mathematische Sprache, erfordert. Er hat darauf eine einfache, empfehlenswerte Therapie aufgebaut. Ronald Davis, *Legasthenie als Talentsignal*, Kreuzlingen 1999.

68 Francis Crick, *Was die Seele wirklich ist. Die naturwissenschaftliche Erforschung des Bewußtseins*, München 1994.

69 Der Psychologe Ronald Henss von der Universität Saarbrücken hat nachgewiesen, dass der Indexwert Taille dividiert durch Hüfte = 0.70 den höchsten Wert für Sex Appeal bei Frauen und Männern über alle nationalen und kulturellen Grenzen hinweg erzielt. Zitiert nach Stefan König, Von Taille und Hüfte hängt's ab, *Die Weltwoche* Nr. 48, Zürich 1995, S. 61.

70 Zitiert nach Peter Paul Polte, Mode als zeitlose Eleganz des Wesentlichen, in: *Tages-Anzeiger,* 10. Juli, Zürich 1999, S. 65.

71 Amedeo Modigliani, *Großer weiblicher Akt,* 1917, Schweiz, Privatsammlung, oder auch *Liegender weiblicher Akt mit abgewinkelten Armen,* 1917, Mailand, Sammlung Gianni Mattioli, abgebildet u. a. in: Angela Ceroni, *Amedeo Modigliani. Die Akte,* Stuttgart 1989, S. 54 f, S. 81.

72 Siehe dazu Wataru Ohashi, *Körperdeutung,* Freiburg 1995.

73 Jean Auguste Dominique Ingres, *La Grande Odalisque,* 1814, Musée du Louvre, Paris, abgebildet z. B. in: Alev Lytle Croutier, *Harem. The World Behind the Veil,* New York, 1989, S. 180.

74 Jean-Léon Gérôme, *The Slave Market,* Sterling and Francine Clark Art Institute, Williamstown, Massachusetts, abgebildet z. B. in: Alev Lytle Croutier, a.a.O., S. 16.

75 Wataru Ohashi, *Körperdeutung,* a.a.O., S. 41.

76 Vulgär + protzig/kitschig + kalt/strukturiert + chaotisch = schön. Ein schönes Beispiel dafür, daß das Ganze mehr ist als die Summe seiner Teile.

77 Wie z. B. in *Die Schöne und das Biest.*

78 So übersetzt z. B. in: *Altes Testament. Einführungen, Texte, Kommentare,* Hanns-Martin Lutz, Hermann Timm, Eike Christian Hirsch (Hrsg.), München 1987, S. 261.

79 So genannt in: *Das Alte Testament,* übersetzt von H. Menge, a.a.O., S. 1085 ff. Luther hat das Gedicht später »Das Hohelied« genannt.

80 Die Sammlung im Alten Testament besteht aus zwei Reihen von gleichartigen Liedern, die sich inhaltlich überschneiden und zum Teil ohne ersichtlichen Zusammenhang aneinandergereiht sind. Ich habe die Übersetzung von Hermann Menge, die mir als Basis dient, formal und grammatisch dort leicht an die heutige Sprachform angepasst, wo es mir lesefreundlicher erschien. Inhaltlich habe ich keine Veränderungen vorgenommen, und durch die Kürzungen wird der Sinnzusammenhang nicht verändert.

81 Carl Gustav Jung bezeichnet diese Erfahrung als *Mysterium Coniunctionis,* als Geheimnis der Verbindung und Vereinigung. Auch er sieht darin das Mittel, um die Gegensätze zu integrieren und dadurch aufzuheben. Carl Gustav Jung, unter Mitarbeit von Marie-Louise von Franz, *Mysterium Coniunctionis,* Gesamtwerk Bde. 14 I–III, Olten 1990.

82 Sally Potter, I am You, in: *The Tango Lesson,* ein Film von Sally Potter, 1997.

83 Axel und Christa Murken, (Hrsg.), *Melancholie und Eros in der Kunst der Gegenwart. Sammlung Murken,* Köln 1997.

84 Aus dem *Tagebuch* des Dichters, zitiert nach Klaus Dermutz, *Dem Unsichtbaren zu, Die Weltwoche* Nr. 34, Zürich 1998, S. 38.

85 Wenn wir heute im Marketing von *Markenmythos* sprechen, dann reden wir von Marken, die diese gleichen Geschichten oder Teile daraus erzählen. Anstelle der griechischen Helden sind die heutigen getreten – Sportler, Sänger, Models und Filmstars – und anstelle der Hofstaate, Sänger und Dichter die Marken- und Medienanbieter, die Marketing-, Werbe-, Medien- und Kunstschaffenden. Es wäre naiv anzunehmen, daß die Intentionen der Auftraggeber und der Kreativen früher weniger widersprüchlich waren als heute und daß die Gegensätze weniger dramatisch ausgetragen wurden. Früher wie heute hat sich die Kreativität gegen alle Widrigkeiten immer wieder durchsetzen können. Und nur sie ist geblieben: das Ewige, das Absolute, das Wahre in der Kreation.

86 Apuleius, *Das Märchen von Amor und Psyche. Metamorphosen IV 28 – VI 24,* Stuttgart 1978. Erich Neumann, *Amor und Psyche,* Olten und Freiburg 1986, und Marie-Louise von Franz, *Die Erlösung des Weiblichen im Manne,* Frankfurt 1986, deuten das Märchen mit den traditionellen Mitteln der Analytischen Psychologie.

87 Siehe z. B. bei François Edouard Picot (1786–1868), *Amor und Psyche,* Musée du Louvre, Paris, abgebildet in *Amor und Psyche. Ein Blick auf Amor und Psyche um 1800,* Zürich 1994, S. 109. Das Zürcher Kunsthaus hat 1994 eine Ausstellung unter diesem Titel organisiert und dazu mit dem Schweizerischen Institut für Kunstwissenschaft einen informativen Katalog publiziert.

88 Antonio Canova (1757–1822), *Psyche wird durch Amors Kuss wiedererweckt,* Musée du Louvre, Paris.

89 Es gibt dazu zwei ergreifende Bilder: Von Jacques-Louis David (1748–1825) *Verlassene Psyche,* Privatsammlung und von Charles Meynier (1768–1832) *Der jugendliche Amor betrachtet weinend das Bildnis der Psyche, die er verloren hat,* Musée des Beaux-Arts, Paris. Beide sind abgebildet in: *Amor und Psyche,* a.a.O.

90 Angelika Kauffmann (1741–1807), *Amor trocknet Psyches Tränen,* Kunsthaus Zürich. Abgebildet in: *Amor und Psyche,* a.a.O.

91 Carl Gustav Jung, *Mysterium Coniunctionis,* a.a.O, Bd. 14/III, S. 316 u. a.

92 Auch Amor, der Gott der Leidenschaft, muß leiden: An der Wunde des Verrats, an den Strafen der Mutter, die ihn demütigt – und zwar mit der *Nüchternheit (Sobrietas),* ihrer schlimmsten Feindin – und ihm Macht und Freiheit entzieht. Und vor allem am Schmerz der Trennung von der Geliebten.

93 Die Nixe im Teich, in: *Kinder- und Hausmärchen* gesammelt durch die Brüder Grimm, Frankfurt 1984, Bd. 3, S. 170 ff.

94 Karl Kerényi, *Die Mythologie der Griechen,* Bd. 1: *Die Götter- und Menschheitsgeschichten,* München 1994, S. 33.

95 Rachel Pollack, *Tarot,* München 1985, S. 138 ff.

96 Sigmund Freud, *Das Ich und das Es,* Frankfurt 1978. Carl Gustav Jung, *Über Grundlagen der analytischen Psychologie,* Frankfurt 1975. In der Umgangssprache ist der Begriff zum »Unterbewußtsein« mutiert.

97 Apuleius, *Das Märchen von Amor und Psyche,* a.a.O., S. 101.

98 Zitiert aus: Christel Steinmetz, *Amor und Psyche. Studien zur Auffassung des Mythos in der bildenden Kunst um 1800,* Köln 1989.

99 »Ihr Götter, eingeschrieben im Verzeichnis der Musen, ohne Zweifel wisst ihr alle, daß ich den jungen Mann da eigenhändig aufgezogen habe. Ich bin zur Ansicht gekommen, daß das feurige Draufgängertum seiner ersten Jugend durch Zügel gebändigt werden muß. Es reicht nun einfach, daß er durch das tägliche Gerede über seine Amouren und Verführungen aller Art seinen Ruf kaputtgemacht hat. Jede Gelegenheit muß beseitigt und seine jugendliche Geilheit durch Ehefesseln unterbunden werden. Er hat sich ein Mädchen erwählt und der Jungfräulichkeit beraubt: möge er sie haben und besitzen und sich in Psyches Armen ewiger Liebe erfreuen!« Apuleius, *Das Märchen von Amor und Psyche,* a.a.O. S. 105 ff.

100 *Hierós* heisst heilig, Gott geweiht, etwas, das nicht verletzt oder entweiht werden darf. *Gámos* bedeutet Hochzeit, Hochzeitsfest, Eheschliessung. In unserer Sprache ist damit die Vereinigung gemeint, die zur Erfahrung des Ewigen, Absoluten (das Religionen mit *Gott* bezeichnen) führt: die Vereinigung, die dem Absoluten geweiht ist. Siehe dazu auch Carl Gustav Jung, *Mysterium Coniunctionis,* und ders., *Psychologie und Alchemie,* a.a.O.

101 Die folgende mythologische Darstellung (nicht die psychologische Interpretation) ist im wesentlichen Karl Kerényi, a.a.O. und Robert Ranke-Graves, a.a.O., entnommen.

102 Die sich in der *Orestie* von Aischylos (458 v. Chr.) zu den Eumeniden, den Wohlgesinnten wandeln.

103 Der Begriff stammt aus dem hebräischen *bāśām,* was Wohlgeruch und Balsamstaude bedeutet. Balsame wurden in der ägyptischen, griechischen und römischen Antike zu kultisch-rituellen Handlungen und zur Herstellung von Parfüms, Salben und Heilmitteln verwendet. Die Hebräer *balsamierten* (salbten) ihre Könige und Priester.

104 Zitiert aus *Psychologie Heute,* Weinheim, Juni 1999, S. 34. Freud hat sich in seiner Foschungs- und Therapiearbeit vor allem auf die Informationen konzentriert, die als Folge von frühkindlichen Traumatisierungen durch Vergessen und Verdrängen in den Bereich des »Unbewußten« zurückgedrängt wurden. Jung hat verstanden, dass der Reichtum an Informationen, der im Unbewußten angelegt ist, unendlich viel grösser ist.

105 Ich halte mich im folgenden an Richard Dawkins, *Und es entsprang ein Fluß in Eden,* a.a.O.

106 Bei der älteren Transporttechnik von Information wird diese in *analoger* Form transportiert. Bei der Schallplatte z. B. wird die Schwingung der Nadel in Schwankungen der elektrischen Spannung umgewandelt und diese im Lautsprecher wieder in Luftdruckwellen. Beim analogen Telefon wird der Schall des Sprechers in Form von Luftdruckwellen in elektrische Spannungsschwankungen in der Leitung umgewandelt, die in der Hörmuschel des Hörers durch eine vibrierende Membran wieder in Luftdruckwellen zurückverwandelt werden.

107 Richard Dawkins, *Und es entsprang ein Fluß in Eden,* a.a.O., S. 31.

108 Siehe z. B. Gottlieb Guntern, *Kreativität,* a.a.O., ders.: *Im Zeichen des Schmetterlings,* a.a.O. (der größte Teil des Sonderdrucks ist darin enthalten).

109 Arthur Koestler, *The Act of Creation,* New York 1964.

110 Nach Charles Hampden-Turner, *Modelle des Menschen,* a.a.O., S. 100.

111 Edward de Bono, *Lateral Thinking: Creativity Step by Step,* New York 1970.

112 Frank Barron, *Creativity and Personal Freedom,* Princeton, London 1968.

113 Jay Ogilvy, *Many Dimensional Man: Decentralizing Self, Society and the Sacred,* New York, Oxford 1977.

114 Mihaly Csikszentmihalyi, *Kreativität,* Stuttgart 1997.

115 Seine Studie zeigt, daß kreative Menschen über viel Energie verfügen, aber auch häufig ruhig und entspannt sind; weltklug und naiv zugleich sind; diszipliniert und verantwortungsvoll, aber auch spielerisch und ungebunden sind; zwischen Imagination und Phantasie einerseits und bodenständigem Realitätssinn andererseits wechseln können; extravertiert und introvertiert sind; eine widersprüchliche Mischung von Demut und Stolz darstellen; sowohl eine hohe Sensibilität als auch ein hohes Durchsetzungsvermögen aufweisen; gleichzeitig rebellisch sind und traditionelle Werte schätzen; leidenschaftlich und objektiv sind; Leid und Schmerz ebenso intensiv wie Freude erleben. Ebenda.

116 Mihaly Csikszentmihalyi, *Flow,* Stuttgart 1992.

117 Michael Hammer, Beyond the End of Management, in: Rowan Gibson (Ed.), *Rethinking the Future,* London 1997, S. 104.

118 Stephen Covey, Rethinking Principles, in: Rowan Gibson (Ed.), *Rethinking the Future,* a.a.O., S. 45.

119 Ein berühmtes Beispiel liefert der Mathematiker und Physiker Pierre-Simon Laplace (1749–1827). Als sich Napoleon von ihm das Sonnensystem erklären ließ und fragte,»Und wo kommt Gott in all das hinein?« antwortete er: »Sire, ich brauche diese Hypothese nicht.« Zitiert nach Francis Crick, *Was die Seele wirklich ist,* a.a.O., S. 21. Der Nobelpreisträger Crick folgt dem Beispiel, wenn er meint: »Ein moderner Neurobiologe braucht die religiöse Vorstellung einer Seele nicht, um das Verhalten von Menschen und anderen Lebewesen zu erklären.« Ebenda.

120 Das Interview führte Denis Scheck, zitiert aus: Ders., Ich glaube, daß ich in meiner Art einzigartig bin, *Tages-Anzeiger,* 19. August, Zürich 1998, S. 61. André Breton, der Hauptvertreter des Surrealismus der 20er Jahre, nannte diese Schreibtechnik, die er an Julien Green bewunderte, »automatisches Schreiben«.

121 Die Größe der Sehnsucht können wir quantitativ an den Kunstauktionen messen. Der Rekord liegt heute bei rund 100 Millionen Dollar. Er wird gehalten von einem Bild von Van Gogh, der zeitlebens nur ein einziges verkaufen konnte.

122 Die Fallstudien sind zitiert nach: Malcolm Gladwell, Was Sie schon immer über schwarze Sportler wissen wollten ... aber nie zu fragen wagten, in: *Das Magazin,* Nr. 32, *Tages-Anzeiger,* Zürich 1998.

123 Michael Hammer, *Beyond Reengineering,* London 1996, S. 126.

124 Ebenda.

125 Sein bahnbrechendes Buch war: Michael Hammer und James Champy, *Reengineering the Corporation,* New York 1994.

126 Michael Hammer, *Beyond Reengineering,* a.a.O., S. 126.

127 »You can't announce a mission statement. You can't have it come down from Mount

Olympus. It has to come out of the hearts of people. Otherwise the mission statement will be ignored. And it will be a source of cynicism inside the culture.« Stephen Covey, Putting Principles First, in: *Rethinking the Future,* a.a.O., S. 45.

128 In den Unternehmen sind es die Legionen der innerlich Gekündigten, die sich keine leistungsorientierte Organisation mehr leisten kann.

129 Zitiert nach Klaus Dermutz, Dem Unsichtbaren zu, a.a.O., S. 38.

130 Michael Hammer, *Reengineering the Corporation,* a.a.O., S. 48.

131 Alberto Moravia, *Ich und Er,* Reinbek 1994. Verfilmt von Doris Dörrie (1987).

132 Die Neue Politische Ökonomie hat in den 70er Jahren versucht, dieses Grundprinzip auf die politische Ebene zu übertragen. Vgl. dazu Guy Kirsch, *Ökonomische Theorie der Politik,* Düsseldorf 1974 (*Neue Politische Ökonomie,* 4. Aufl., Düsseldorf 1997); Jürg Theiler, *Föderalismus – Voraussetzung oder Ergebnis rationaler Politik? Zur ökonomisch optimalen Struktur kollektiver Entscheidungsverfahren,* Bern, Frankfurt a. M., Las Vegas 1977 sowie G. Kirsch, K. Mackscheidt, Ph. Herder-Dorneich, W. Dettling, *Jenseits von Markt und Macht, Eine Ordnung für den Menschen,* Baden-Baden 1982.

133 Eli Goldratt, *The Theory of Constraints and How It Should be Implemented,* Great Barrington 1990.

134 Es erklärt auch, warum wir bei allen Typologien, die mit wenigen handlichen Kategorien auskommen, Mühe haben, uns mit einer zu identifizieren.

135 Die klassische Psychologie spricht von Handeln im (Minderwertigkeits-)Komplex.

136 Jürg Theiler, Rethinking the Future. Strategien für Gewinner im 21. Jahrhundert, in: *Marketing Journal* 3–5, Hamburg 1997.

137 Z. B. *MedX* oder *Nautilus.*

138 Werner Kieser, *Kieser Krafttraining an Maschinen,* Niederhausen 1997.

139 Eine Forschergruppe in Boston hat in einer Studie an 72 488 Krankenschwestern den Zusammenhang zwischen den sportlichen Gewohnheiten und dem Gesundheitszustand untersucht. Das statistische Ergebnis: Frauen, die wöchentlich mindestens 1,5 Stunden lang Übungen machten oder wenigstens 3 Stunden liefen, reduzierten ihr Herzinfarktrisiko um 30–40 %. Damit bestätigen die Forscher andere epidemiologische Studien, die jedoch meistens an Männern und kleineren Untersuchungsgruppen gemacht wurden. *New England Journal of Medicine,* Bd. 341, 1999, S. 650. Zitiert aus: Laufen schützt vor Herzinfarkt, *Tages-Anzeiger,* 7. 9., Zürich 1999, S. 48.

140 Ohashi, *Körperdeutung,* a.a.O., S. 41.

141 Eine unscheinbare aber wirkungsvolle Maßnahme aus der Alexander-Technik.

142 Der Tanz und Körperkult, z. B. in der Techno-Szene, ist der Versuch, das Absolute durch Tanz und Körper zu erfahren, ohne daß sich die Beteiligten der Sehnsucht bewußt sind, der sie folgen. Die Diskrepanz zur Lösung liegt in der Einseitigkeit, die meint, das Instinkthirn allein vermöge den Weg zum Ziel zu gehen.

143 Ohashi, *Körperdeutung,* a.a.O., S. 191 ff. Allerdings ist die Rückenhaltung in den Abbildungen dort schlecht gezeichnet. Der Rücken soll nie gekrümmt werden, vor allem nicht der obere Rücken, der bei den meisten sowieso schon krumm ist, sondern das Becken soll nach vorne gekippt und der Rücken gerade gehalten werden.

144 Zum Beispiel B. K. S. Iyengar, *Licht auf Yoga,* Bern, München, Wien 1986. Natürlich ist Yoga in seinem Selbstverständnis mehr als eine Körperübung. Das kommt unserer Intention entgegen, weil auch wir das Training und die Stärkung des Körpers nicht isoliert und als Selbstzweck betrachten. Das Wort Yoga stammt aus der Wurzel *yuj* = binden, vereinen. Genau das versuchen wir zwischen den Funktionsprinzipien des Hirns herzustellen. Gleich wie bei uns ist das Ziel des Yoga die Auflösung der Differenz zwischen Subjekt und Objekt. In der Sprache und Vorstellung des Yoga geschieht dies in der Verbindung und Vereinigung zwischen dem individuellen, menschlichen Geist *(Jívâtmá)* und dem universalen Geist *(Paramâtmá* oder Gott). In dieser indischen Philosophie ist der menschliche Geist ein Teil des universalen Geistes. Wir verwenden in unserer Theorie für den Begriff *Geist* den Begriff *Information* und unterscheiden uns in der Sprache, Theorie und Technik, *wie*

wir die Vereinigung vollziehen können. Wenn wir den Unterschied technisch auf ein Begriffspaar reduzieren wollten, würden wir sagen, *Beteiligung* anstatt *Disziplin, Instrumentelle Vernunft* (als Teil der Bewußtheit) anstatt *Repetition, Güte (Sanftheit)* anstatt *Zucht*. Wir würden uns nicht anmassen, zu sagen, unser Weg sei besser als dieser oder jeder andere. Aber wir können sagen, dass er unserem heutigen Wissensstand, Lebensstil und unseren Werten sprachlich und inhaltlich besser entspricht. Wir denken auch, daß er die Weisheit des Yoga und anderer fernöstlicher Philosophien integriert.

145 Allerdings schon etwas weniger, wenn wir das Bild von Peter Senge ernst nehmen würden: »We are out of control, driving down a dark road with little or no light, and most technological progress amounts to speeding up.« Ders.: Through the Eye of the Needle, in: Rowan Gibson, (Ed.), *Rethinking the Future,* a.a.O., S. 125. Wir verstehen jetzt allerdings, warum wir nicht gerne auf die Warnung hören.

146 Zitiert nach Denis Scheck, Ich glaube, daß ich in meiner Art einzigartig bin, *Tages-Anzeiger,* a.a.O, sowie nach Peter Müller, Ein Leben lang ein wundersamer Fremdling, ebenda.

147 Zum Beispiel *Tai Chi* oder *Qi Gong.* Als ein Beispiel dafür: Monnica Hackl, *Hui Chun Gong. Ein praktisches Übungsbuch,* München 1991.

148 Leider erfüllen nicht alle Kirchenräume diese Bedingungen. Suchen Sie einen Raum, der es tut.

149 *Veda* heißt *Wissen* (Sanskrit). Die vier Vedas sind eine Sammlung von Texten, welche die von den Dichtern der vedischen Zeit, den *Rishis,* geschaute bzw. gehörte Offenbarung *(Shruti)* enthalten. Der älteste Teil des Veda, das sind Teile des *Rigveda,* stammt aus der Zeit vor dem 1. Jahrtausend v. Chr. Er wurde von den um 1200 v. Chr. im Pandschab (NW - Indien) eingebrochenen indogermanischen Ariern mitgebracht. Der *Rigveda* enthält über 1000 Hymnen an die einzelnen Götter; der *Samaveda (Veda der Gesänge)* Texte und Melodien zur Begleitung der Opfer; der *Yajurveda (Veda der Sprüche)* lehrt Opferformeln und Mantras; der *Atharvaveda (Veda des Haus- oder Feuerpriesters)* besteht in der Hauptsache aus Hymnen der weissen und schwarzen Magie.

150 In der Tat kennen alle Hochreligionen die Möglichkeit dieser Erfahrung und die Tatsache, daß sie im Menschen angelegt ist. Dass sie in die christliche Mystik Eingang gefunden hat, liegt daran, daß die Wurzeln dieser Religionspraxis bei Origenes (185–254), Cassian (360–435) und den sogenannten Wüstenvätern liegen (Peter Dyckhoff, *Das Kosmische Gebet. Einübung nach Origenes,* München 1994. Ders., *Das Ruhegebet. Einübung nach Cassian,* München 1995). Diese hatten ihr geistiges Zentrum in Alexandria, wo sich das Wissen aus dem fernen Osten mit dem des Mittelmeerraumes traf. Origenes, ein führender Gelehrter seiner Zeit, war ein Schüler von Ammonius Sakkas, der eine große Liebe zur indischen Weisheit besaß. Die Meditationstechniken aus dem Hinduismus und Buddhismus waren den ersten Theologen des Christentums um Alexandria wohlbekannt. Die Wüstenväter, frühchristliche Mönche, die sich in die Wüstengebiete Ägyptens zurückgezogen hatten, haben sie mit der christlichen Religionspraxis verschmolzen. Die Lehre des Christentums und die Weisheit des Fernen Orients wären heute integriert, wenn die ersten Theologen aus Ägypten den Politikern in Rom im Machtkampf nicht unterlegen wären. Die frühe orientalische Tradition der Meditation hat sich im Untergrund der repräsentativen Kirchen trotzdem bis heute halten können. Wir könnten also durchaus auch den Weg der christlichen Mystiker verfolgen, den Erika Lorenz als »Weg vom Wort ins Schweigen« bezeichnet (dies war der Titel einer Radiosendung mit Erika Lorenz von Lorenz Marti, Schweizer Radio DRS 2, Zürich 1998. Siehe auch: Erika Lorenz, *Praxis der Kontemplation,* München 1994). Die Absichtslosigkeit des Zen finden wir in ihren Worten wieder, wenn sie stellvertretend für die christliche Mystik meint, »wir würden uns bemühen müssen, uns nicht zu bemühen« und den Begriff des Rezeptionsmodus, wenn sie sagt, daß wir lernen sollten, »Gott machen zu lassen«. Wenn Teresa von Avila schreibt, Gott habe in ihr gesprochen, heißt das in unserer Sprache, die Mitarbeiterinnen der empathischen Vernunft haben gesprochen. Wenn Gott Teresa gesagt hat: »Suche mich in dir und suche dich in

317

mir«, so bedeutet das in unserer Terminologie das Verschmelzen von Subjekt und Objekt und in der Sprache des Zen das Alleinssein. Das Ziel von Teresa von Avila, Johannes vom Kreuz und Meister Eckart ist wie dort die *unio mystica*. Die Verzückung in der Vereinigung mit Gott können Sie in der Liebeserfahrung erahnen, die Sally Porter besingt. Was in der christlichen Mystik als Meditation bezeichnet wird, z. B. das Wiederholen eines Wortes oder Satzes aus der Bibel, ist vergleichbar mit der Verwendung eines vedischen Mantras. Was die christliche Mystik als Kontemplation bezeichnet, ist mit der absichtslosen Versenkung im Zen vergleichbar.

151 Daisetz T. Suzuki, *Zazen,* Bern, München, Wien 1993, S. 200.

152 Zen versteht sich selbst als die Essenz des Buddhismus und führt sich in der Legende über die 27 Patriarchen vor Bodhidharma, dem Gründer (520 n. Chr.), in direkter Linie auf den historischen Buddha (ca. 570–490 v. Chr.) zurück.

153 Beide sind im Körperverständnis des *Shiatsu* neuralgische Stellen, an denen sich der Energiefluß stauen kann.

154 *Ohashi* bezeichnet das *Hara* »...als der Punkt, in dem sich unser physisches, mentales, emotionales und spirituelles Leben im Gleichgewicht befindet.« Ohashi, *Körperdeutung,* a.a.O., S. 130. Wir beschränken uns in der Anwendung dieses japanischen Begriffs hier und im folgenden auf den physischen Aspekt, der den Bauch- und Beckenraum bezeichnet.

155 Siehe dazu C. G. Jung, *Psychologie und Alchemie,* GW Bd. 12, Olten, Freiburg 1987.

156 Zitiert aus Daisetz T. Suzuki, *Zazen,* a.a.O., S. 188–207, mit Abbildungen.

157 Buddha glaubte z. B. nicht, daß Kopulation und Erleuchtung zusammen möglich seien, und empfahl, auf das eine zu verzichten, um das andere zu erlangen. In der Apostelgeschichte finden wir eine vergleichbare Empfehlung, die das Zölibat begründet.

158 Lassen Sie sich von den Widersprüchen, die Sie unter den Expertinnen finden, nicht entmutigen. Die einen schwören auf rohe Speisen (die Rohkostlehren), die andern auf gekochte (z. B. die ayurvedische Gesundheitslehre), usw. Das bedeutet nichts anderes, als dass Sie die Alternativen ausprobieren und mit Ihren Mitarbeitern selbst entscheiden müssen, welche Ihnen dienen.

159 Sie verbinden fernöstliche und westliche Erkenntnisse zum Thema und folgen zum Teil Ohashi, *Körperdeutung,* a.a.O., S. 107, S. 186 ff.

160 Ebenda, S. 87 ff.

161 Ebenda, S. 89.

162 Vorzüglich ist z. B. diejenige des Ayurveda. Ihr Vorteil ist, daß sie auch die nicht-wasserlöslichen Schlacken (Fette) auflöst. Ayurveda versteht sich als Überlieferin der Gesundheitslehre der Veda.

163 Vor allem Shiatsu und Fußreflexzonen.

164 Ajurveda empfiehlt Sesam-Öl, das uns allerdings vom Geruch und von der Absorption her weniger ideal erscheint.

165 Siehe dazu Ohashi, *Körperdeutung,* a.a.O., S. 82 ff.

166 Leber und Gallenblase ergänzen einander. Sie reinigen das Blut und sind wichtig für die Bildung von Immunzellen und Verdauungsenzyme.

167 Die Milz filtert beschädigte und tote Zellen aus dem Blut heraus und versorgt es mit Immunzellen wie Lymphozyten und anderen weissen Zellen. Zudem spielt sie eine wichtige Rolle bei der Verdauung. Die Milz braucht ein alkalisches Milieu im Körper. Je stärker die Säurebildung im Blut ist, desto mehr leidet die Milz. Vgl. Ohashi, *Körperdeutung,* a.a.O., S. 108 f.

168 Fleisch, Käse, Quark, das Eiweiß der Eier, stark kohlensäurehaltige Getränke sind Säurespender. Scharfe Gewürze, Tomaten, Auberginen, Paprikaschoten, Zucker, Weißmehlprodukte, Süssigkeiten, geschälte und polierte Getreide und Reis, raffinierte Fette und Öle, Kaffee, Limonaden, Alkohol sind Säureerzeuger. Für einen ausgeglichenen Säure-Base-Haushalt sollten 80 % der Nahrung basisch, nur 20 % sauer sein. Vgl. Christopher Vasey, *Das Säure-Basen-Gleichgewicht,* Küttigen, Aarau 1996. Bei einem unausgeglichenem

Haushalt empfiehlt sich zur Nahrungsergänzung die regelmässige Einnahme von basischen Mineralstoffen. Ihren pH-Wert (Säuregehalt) können Sie mit Hilfe eines Teststreifens leicht selber messen.

169 Die fernöstliche Sichtweise hat ein Verständnis von Energie, dem die erfahrungswissenschaftliche Analyse nicht überallhin zu folgen vermag. Gemeint ist die Lebenskraft, die in Japan als *Ki,* in China als *Chi* und in Indien als *Prana* bezeichnet wird. Diese dynamische, elektromagnetische Energie durchzieht und verbindet im asiatischen, kosmologischen Verständnis den ganzen Kosmos (das Universum) und die Erde (auf der Erde vom Nord- und Südpol erzeugt), und der Mensch wirkt für diese Kräfte wie eine Antenne. Wir wollen dieses qualitativ/quantitative Energieverständnis nicht verwenden, u. a. weil wir es wissenschaftlich nicht überprüfen und bestätigen können. Das heißt nicht, dass wir die Metapher nicht verstehen und schätzen können. Und auch nicht, daß Sie Ihre Erfahrung nicht in diese Richtung erweitern sollen, wenn Sie wollen, vorausgesetzt, Sie tun es mit Vorsicht und Vernunft.

170 Ohashi, *Körperdeutung,* a.a.O., S. 72 ff.

171 Ich habe es von meinem Zen-Lehrer, Jos Feyereisen, Astanga Yoga-Schule, Zürich.

172 John Maybury, *Love is the Devil,* London 1998.

173 Wir verwenden den Begriff im Jungschen Sinne:»Projektion bedeutet die Hinausverlegung eines subjektiven Vorganges in ein Objekt. Es sind ebensowohl peinliche, inkompatible Inhalte, deren sich das Subjekt durch Projektion entledigt, wie auch positive Werte, die dem Subjekt aus irgendwelchen Gründen, z. B. infolge Selbstunterschätzung, unzugänglich sind.« C. G. Jung, *Psychologische Typen,* GW Bd. 6, Olten, Freiburg 1989, § 870, S. 500.

174 Wir erinnern uns an das Beispiel von Erik Zimen, in dessen Rudel das α-Weibchen fünf α-Männchen überlebt, und das heißt realistisch gesehen, mit in den Tod getrieben hat. Im Patriarchat der Instinkte frißt der Mann die Kinder (die er gezeugt hat). Im Matriarchat der Affekte frißt die Frau den Mann (nachdem er gezeugt hat).

175 Rudolf Helm, *Metamorphosen oder Der goldene Esel,* lateinisch und deutsch, Berlin 1959. Zur Interpretation in der Sprache der Analytischen Psychologie vergleiche Marie-Louise von Franz, *Die Erlösung des Weiblichen im Manne,* a.a.O.

176 Die altägyptische, dreifaltige Mondgöttin Isis ist die Schwester und Geliebte des Sonnengottes Osiris, dem sie das Leben wiedergibt, nachdem er von seinem Bruder Seth getötet wird. Als Mutter des Horusknaben wird sie kuhgestaltig verehrt. In der griechischen Mythologie wird sie mit Io gleichgesetzt, die von Hera in eine Kuh verwandelt wurde, weil sie eine Geliebte des Zeus war. In den fernöstlichen Weisheitslehren ist die Kuh ein Symbol für das Sanfte und Empfangende. Osiris können wir über seine Inkarnation als Horus mit Apollo gleichsetzen. Isis ist damit auch seine Mutter. Diese verwirrende Rollenüberschneidung ist eindrückliches Symbol für die Existenz *aller* Funktionsprinzipien – die durch Rollen verkörpert werden – in jedem Menschen. Die Spätzeit verfemte den Brudermörder Seth als Verkörperung des Bösen; er ist der Gott der Wüste und der Dürre, der Stürme und der Unwetters. Wir können ihn leicht als Symbol der Affekte erkennen. Die Griechen setzten Seth dem Typhon gleich, bei Hesiod das größte Ungeheuer, das je das Licht der Welt erblickte.

177 Ausschnitte aus:»Das Lied der Liebe und Schönheit bei Salomo«, a.a.O.

178 Das gilt natürlich nur bei gegengeschlechtlicher Präferenz. Bei gleichgeschlechtlicher Präferenz funktioniert die Verbindung genauso. Der Instinkt des einen Partners/der einen Partnerin kopuliert mit dem Affekt des/der anderen innerhalb des gleichen Geschlechtes.

179 Griechisch *Oidipus.* Es gibt davon eine ganze Reihe von Versionen, die erheblich voneinander abweichen. Die berühmtesten vorchristlichen von Aischylos, Sophokles und Euripides datieren aus dem 5. und 4. Jh. v. Chr. Von Seneca d. J. im 1. Jh. n. Chr. und seit dem 17. Jh. von Corneille über Voltaire liegen bis zur Moderne weitere wichtige literarische und musikalische Behandlungen des Stoffes vor (J. Phéladan, H. von Hofmannsthal, J. Cocteau/I. Strawinsky, A. Gide, M. Croiset, T. S. Eliot, W. Rihm).

180 So jedenfalls sieht es die jugendfreie Wiedergabe bei Gustav Schwab, *Die schönsten Sagen des klassischen Altertums,* Wien 1994, S. 158.

181 Zitiert nach Karl Kerényi, *Die Mythologie der Griechen,* Bd. II, München 1994, S. 78 f.

182 Robert Ranke-Graves, *Griechische Mythologie,* a.a.O. 1995, S. 337.

183 Auch hier gibt es verschieden blutdürstige Versionen. Bei Aischylos beißt Ödipus in den Leib des Erschlagenen und spuckt sein Blut aus (ein deutliches Symbol für das Programm des Instinkthirns, dem der Kannibalismus nicht fremd ist).

184 Vollkommen negativ und antipathisch wird die Geschichte von Homer erzählt, wo die Rachegöttinnen Ödipus am Ende in ihrem Hain zu Tode jagen.

185 Der *Inzest* genügt dieser Bedingung nicht. Weil schon das (weibliche) Affekthirn davon weiß, ist er in allen Kulturen tabuisiert. Die *Cryptic Female Choice* vermeidet schon bei niederen Säugetieren die Kopulation mit der gleichen oder verwandten Gene. Die Affen, denen das Affekthirn entfernt wird, kopulieren mit allem, was sich bewegt.

186 Das sündhafte Verhalten der zwei Töchter Lots; Geburt der Stammväter der Moabiter und der Ammoniter, in: Das Alte Testament, 1. Mose 19, V. 30–38: Zitiert aus: *Das Alte Testament,* übersetzt von H. Menge, a.a.O.

187 Ebenda, S. 29.

188 David».. . maß sie (die Moabiter) mit der Meßschnur ab, indem er sie auf die Erde niederlegen ließ; und zwar maß er zwei Schnurlängen ab, um (die betreffenden) zu töten, und eine volle Schnurlänge für die, welche am Leben bleiben sollten.« A.a.O., 2. Samuel 8.

189 *Mýein,* der Stamm der Begriffe *Mythos, Mystik* und *Mysterium,* bedeutet »das Schließen von Lippen und Augen«.

190 Das Blenden ist in der Antike eine etablierte Strafe für Inzest und Vergewaltigung (siehe z. B. die Strafe des Orion). Symbolisch ist sie richtig, indem sie dem unbeherrschten Aktionsmodus der Instinkte die Introspektion und den Rezeptionsmodus der empathischen Vernunft entgegensetzt.

191 Also nicht nach dem Vorbild des Ödipus, das wir im Evangelium Jahrhunderte später wiederfinden:»Und wenn dein Auge dir Anlaß zur Sünde gibt, so reiß es aus und wirf es von dir!« Matthäus 18.9, sondern vielmehr nach dieser Empfehlung:»Ihr richtet nach dem Fleisch, ich richte niemand.« Johannes 8.15, oder:»Und verurteilt nicht, und ihr werdet nicht verurteilt werden.« Lukas 6.37, oder:»Liebt eure Feinde ...« Lukas 6.35, Matthäus 5.38 ff. Die erste ist eine Handlung unter der Führung der Affekte. Die anderen sind Handlungen der empathischen Vernunft.

192 Über das Enzym Alkoholdehydrogenase zum giftigen Kohlendioxid und Wasser. Alkoholvergiftungen sind Kohlendioxidvergiftungen. Sie treten in vier sukzessiven Stadien auf: dem Erregungs-, Schlaf-, Narkosestadium und schließlich dem Stadium der fortschreitenden Atemlähmung. Kohlendioxidvergiftungen beruhen auf einer Sauerstoffverarmung des Blutes, die sich auf das Hirn katastrophal auswirkt. Symptome sind Kopfschmerzen und Benommenheit, Schwindel, Ohrensausen, Augenflimmern, Übelkeit, Erbrechen, Atemnot, Krämpfe, Steigerung der Puls- und Atemfrequenz, Bewußtlosigkeit. Mögliche Folgen sind Lungenentzündungen, Herzmuskel- und Hirnschäden. Der Tod trifft infolge von Atemlähmung und Herzversagen ein.

193 60 g Alkohol täglich, das entspricht ca. 1 l Wein, in einem Zeitraum von 25 Jahren, gelten im Durchschnitt als zirrhogene Dosis.

194 Die Elefanten griffen Menschen an, töteten Nashörner, *Tages-Anzeiger,* Zürich 30. 3. 1999.

195 Damit ist über die Verteilung der »Gefühle« zwischen dem Affekthirn und dem empathischen Vernunfthirn noch nichts gesagt.

196 Auch in der chinesischen Mythologie ist der Schafsbock ein Symbol für den Eigensinn, d. h. den auf sich selbst bezogenen Willen der Affekte. In der Sprache des *I Ging* heißt dieser Zustand *Äußere Härte bei innerer Schwäche.* Richard Wilhelm (Hrsg.), *I Ging. Das Buch der Wandlungen,* München 1989, S. 34. Zeichen: Des Großen Macht, Sechs auf fünftem und sechstem Platz, S. 136. In einer jüngeren, hoch-präzisen englischen Übersetzung

heißt es an der gleichen Stelle (Sechs auf fünftem Platz): »*Losing the goat, tending-towards versatility. Without repenting.*« *Eranos I Ching Project,* Part I, 4–6, *I Ching, The Classic Chinese Oracle of Change,* Translated by Rudolf Ritsema and Stephen Karcher, Shaftesbury, Dorset 1994, S. 395.
Es empfiehlt sich, neben der Interpretation von Richard Wilhelm diese englische Übersetzung zur Hand zu nehmen. Sie bereinigt den Text von den Konfuzianischen Kommentaren und Werthaltungen der Wilhelmschen Version, die als imperialistisch, patriarchal und frauenfeindlich verstanden werden können. Der bereinigte, ältere Text ist fast wert- und ganz geschlechtsneutral. Er ist nur dort nicht wertneutral, wo es um die Erfahrung bzw. um die Anleitung zur Erfahrung des Absoluten, den Weg oder das *Tao,* geht. Die Autoren übersetzen das *I* im Begriffspaar *I Ching* mit *Versatility* (ursprünglich hiess das Buch nur *I; Ching* bezeichnet die Form eines klassischen, fundamentalen Textes), und umschreiben diesen Begriff mit *mental mobility and openness, easy and light, not difficult and heavy* (ebenda, S. 9 ff.). Darin sind Bewußtheit, Offenheit, Beweglichkeit und Fluß enthalten. Wir haben diese Eigenschaft und diesen Zustand als Dynamisches Gleichgewicht bezeichnet.
Eine interessante Parallele finden wir in der naturwissenschaftlich-experimentellen Forschung. Der Physiker Plamen Ivanov hat an der Universität Boston den Herzrhythmus bei gesunden und kranken Menschen verglichen. Ivanov fand einen deutlichen Unterschied: Der kranke Herzschlag (bei Menschen mit Herzinsuffizienz) verliert seine Multifraktalität (Fraktale sind komplexe Muster, die in der Natur beobachtet werden und sich durch Selbstähnlichkeit [Wie das Große (Makrokosmos), so das Kleine (Mikrokosmos), Paracelsus u. a.] und gebrochene=fraktale Dimension auszeichnen. Mit Hilfe der von B. Mandelbrot 1975 eingeführten fraktalen Geometrie können komplexe Naturerscheinungen mathematisch erfaßt und am Computer simuliert werden). Einfach gesagt bedeutet dies, daß kranke Herzen starrer pochen als gesunde. Sie haben ihre Fähigkeit verloren, ihre Leistung flexibel oder eben versatil auf unterschiedliche Bedingungen (z. B. Belastungen) einzustellen. Zitiert aus: Stefan Greschnik, Das Chaos in den Griff bekommen, *Tages-Anzeiger,* 27. Juli, Zürich 1999, S. 32.

197 Richard Wilhelm, *I Ging,* 5. Zeichen, Das Warten, a.a.O. S. 43 ff. Oder auch: *5. Attending,* in: *Eranos I Ching Project,* a.a.O. S. 133 ff.

198 Im Positivismusstreit (1961 ausgelöst durch die Referate von K. R. Popper und T. W. Adorno an der Tagung der Deutschen Gesellschaft für Soziologie in Tübingen) haben die Anhänger der Frankfurter Schule/Kritischen Theorie zum letztenmal erfolglos versucht, dieses von der Aufklärung und den Naturwissenschaften geprägte Wissenschaftsverständnis zu erweitern. Vgl. J. Habermas, *Zur Logik der Sozialwissenschaften,* Frankfurt 1985, zur Kritischen Theorie und Hans Albert (Hrsg.), *Theorie und Realität,* Tübingen 1972, zum Kritischen Rationalismus.

199 Wenn die Erkenntnisfindung im Dienste des Affekthirns steht, ist es richtig und unumgänglich, von Herrschaftswissen (J. Habermas) zu sprechen. Es gibt nur eine Möglichkeit, diese natürliche (im Affekthirn programmierte) Verwendung von Wissen zu kontrollieren und zu korrigieren. Sie entsteht durch die Verbindung mit der empathischen Vernunft.

200 Erfahren ist besser als erahnen, aber oft ist das Erahnen die notwendige Vorstufe, um zur Erfahrung zu gelangen.

201 *Christós* heißt der Gesalbte. Es ist die griechische Übersetzung des hebräischen Wortes *hammaschiach,* der Messias. *Maschach* bedeutet salben. Wir finden die Heilige Salbung im Alten Testament, wo sie den Königen und Priestern zuteil wurde, ebenso oft wie in der griechischen Mythologie. Die Salbung ist heilig, d. h. Gott geweiht. Das bedeutet in unserer Sprache, sie ist ein Symbol für die Verbindung mit der empathischen Vernunft. Daß der Messias der »Er-Löser« ist, heißt in unserer Sprache wiederum, daß die »Lösung« tatsächlich in dieser Verbindung liegt.

202 Die Evangelien im Neuen Testament sind 20–50 Jahre nach Christi Tod entstanden. Ihre Verfasser sind unbekannt. Die Texte wurden erst im 2. Jh. n. Chr. zum Zwecke der Autorisierung mit den Namen Matthäus, Markus, Lukas und Johannes gekennzeichnet.

203 Elberfelder Studienbibel mit Sprachschlüssel, Neues Testament, Wuppertal und Zürich, 1995.

204 Ebenda.

205 Matthäus 4, 17, Elberfelder Studienbibel, a.a.O., S. 8.

206 Kaiser Konstantin I. der Große erkannte im Christentum die politische Kraft der Zukunft, und Kaiser Theodosius I. der Große erklärte die Lehre 380/81 zur Staatsreligion.

207 Auch daß sich ihre Enttäuschung über die erneute Erniedrigung und Niederlage bei der Verurteilung Jesus in nackte Aggression verwandelte, ist verständlich.

208 Es handelt sich dabei um Matthäus 4. 17, der wie folgt eingeleitet wird: »Von da an begann Jesus zu predigen und zu sagen: . . .«

209 A.a.O. Mt 5. Ich zitiere die Anleitungen in der vorgefundenen Reihenfolge. Die Anleitungen Nr. 8 und 9 (Verse 10 und 11) sind inhaltlich identisch und werden deshalb zu einer Anleitung zusammengefaßt. Die Numerierung und Hervorhebungen sind von mir.

210 Im *I Ging* finden wir unter dem 26. Zeichen, *Da Tschu,* Des Großen Zähmunskraft, dazu diese schöne Formulierung: »Das Zeichen Kïen deutet auf starke Schöpferkraft, das Zeichen Gen auf Festigkeit und Wahrheit, beide deuten auf Licht und Klarheit und auf tägliche Erneuerung des Charakters. Nur durch eine solche tägliche Selbsterneuerung bleibt man auf der Höhe der Kraft.« Richard Wilhelm (Hrsg.), *I Ging,* a.a.O., S. 110.

211 Elberfelder Studienbibel mit Sprachschlüssel, a.a.O., S. 793.

212 Ebenda, S. 851.

213 Ebenda.

214 Ebenda, S. 846.

215 Zum Beispiel »Wer nicht für mich ist, ist gegen mich«, oder »Eher geht ein Kamel durch ein Nadelöhr als ein Reicher ins Himmelreich.«

216 In der Unternehmensführung begegnen wir der gleichen Aufgabe wie im Hirn – und der gleichen Lösung: »The ›democratication of strategy‹ . . . is a process of creating strategy that has nothing to do with hierarchy. A process where the strategy-making responsibility is distributed, but where, ultimately, you come to a singular point of view that can encompass the entire enterprise.« Gary Hamel, Reinventing the Basis for Competition, in: *Rethinking the Future,* a.a.O., S. 88 f.

217 Es wird angenommen, daß er im Jahre 53 n. Chr., also ca. 20 Jahre nach Jesu Tod, geschrieben wurde.

218 Das Neue Testament, 1. Korinther 13. Numerierung von mir.

219 Der Begriff ist uns geläufig in Zusammenhang mit den Zeloten (von *zelóo*). Sie waren eine militante, politische Gruppe von Juden zur Zeit Jesu, die sich als Wahrer des Gottesrechts verstanden und in Erwartung der endzeitlichen Gottesherrschaft zum bewaffneten Widerstand gegen die Römer aufriefen. Die Partei wurde im Jahre 6 n. Chr. von Zadok, dem Pharisäer, und Judas, dem Galiläer gegründet. Sie war fundamentalistisch und ging mit Gewalt auch gegen andersdenkende Juden vor. Einer der Jünger Jesu, Simon, der Eiferer, war ein Mitglied der Gruppe. Ihre Ambitionen endeten im Krieg gegen Rom, 66–70 n. Chr., mit der erneuten Zerstörung Jerusalems. Später wurde der Begriff von verschiedensten Gruppen, meist mit militanten und orthodoxen Absichten, wieder aufgenommen.

220 In der Managementlehre ist das Endziel die Zufriedenstellung der Kunden. Das Problem der aufgaben- anstatt prozessorientierten Organisationen ist, daß ». . . people involved in a process look *inward* toward their department and *upward* toward their boss, but no one looks *outward* toward the customer.« Michael Hammer, James Champy, *Reengineering the Corporation,* a.a.O., S. 28.

221 Lukas 11. 23, Elberfelder Studienbibel, a.a.O.

222 Elberfelder Studienbibel, a.a.O., S. 808,

223 Die *Markuspassion* ist in der musikalischen Interpretation von Reinhard Keiser (1674– 1739) auf eindrückliche Weise erlebbar. Die Zitate entnehmen wir aus: Elberfelder Studienbibel, a.a.O., Markus 14. 17 ff.

224 Elberfelder Studienbibel mit Sprachschlüssel, a.a.O., S. 777.

225 Siehe dazu das Gesamtwerk von C. G. Jung, u. a.: *Zur Psychologie östlicher und westlicher Religion,* Bd. 11, *Mysterium Coniunctionis,* Bde. 14 I–III, *Psychologie und Alchemie,* Bd. 12, a.a.O.

226 Zum Beispiel Ajit Mookerjee, Madhu Khanna. *Die Welt des Tantra,* Bindlach 1990, als Einführung und fortgeschrittener: Peter Gäng (Herausgeber und Übersetzer), *Das Tantra der Verborgenen Vereinigung. Guhyasamâja-Tantra,* München 1988.

227 Kreativität wird wohl das goldene Kalb der Zukunft sein. Wenn wir alles andere (erreicht) haben, ist sie die letzte Sehnsucht, die uns bleibt. In den Unternehmen ist sie schon heute das meistgesuchte und meistzitierte Gut. Sie wird immer mehr gebraucht, um im Wettbewerb zu gewinnen und um die Probleme zu lösen, die wir generieren. Gleichzeitig wird sie immer rarer, je mehr die Affekte und die instrumentelle Vernunft dominieren. Ihre Quelle liegt in der empathischen Vernunft, und im Gegensatz zur Illusion der täglichen Praxis, die meint, sie könne sie manipulativ vor die Ziele der Affekte spannen, gehorcht sie ihren eigenen Gesetzen.

228 Das ist für Manager, die auf Zeit und Ergebnis arbeiten, und nicht nur für sie, am schwierigsten zu verstehen: daß sie Kreativität nicht auf Zeit bestellen und befehlen können oder mit aller Technik, allem Wissen, allem Willen und aller Disziplin nicht herbeizwingen können. Daß sie es trotzdem tun (müssen), führt dazu, daß wir eine Unmenge von Halb- und Pseudo-Kreation produzieren, die durchaus einen kommerziellen Zweck erfüllen mag.

229 Und wenn, wie es bei der Befruchtung im Reagenzglas möglich ist, wissen Sie immer noch nicht, welche Informationen der Samen und das Ei realisieren werden.

230 Lukas 1. 26 ff.

231 H. M. Lutz, H. Timm, E.C. Hirsch (Hrsg.), *Altes Testament.* Einführungen, Texte, Kommentare, München, Zürich 1987, S. 250.

232 Berühmteste Beispiele neben vielen sind G. F. Händels *Messias,* J. S. Bachs *Johannes- und Matthäuspassion, Weihnachts- und Osteroratorium,* J. Haydns *Schöpfung,* F. Mendelssohn-Bartholdys *Paulus* und *Elias,* I. Strawinskys *Oedipus rex.*

233 Es ist auch kein Zufall, dass Wagner und andere den Versuch in der Romantik wiederholt haben. In der Romantik versuchten Künstler und Wissenschaftler erneut, die empathische Vernunft, die von der Aufklärung massiv verdrängt war, zum Leben zu erwecken. Wie jede Reaktion hat sich auch diese bis ins andere Extrem entwickelt und in der Moderne eine erneute Gegenreaktion ausgelöst. Auch diese hat bei dem Versuch, die Romantik und ihre Ausläufer zu entschlacken, das Kind mit dem Bade ausgeschüttet und ihrerseits die Postmoderne hervorgerufen, die versucht hat, dem Hin und Her mit der Öffnung zur Beliebigkeit ein Ende zu setzen. Die Öffnung war gut, aber nicht die Beliebigkeit.

234 Zum Beispiel: *In Deine Hände,* Duo aus Cantate BWV 106, *Ich habe genug,* Cantate BWV 82.

235 Es ist nicht ganz erstaunlich, dass Bachs Musik schon zu seinen Lebzeiten sowohl von der offiziellen Kritik als auch vom Publikum als zu anspruchsvoll angesehen wurde und nach seinem Tod von der Bühne verschwand. Erst 100 Jahre später, eingeleitet durch die Wiederaufführung der *Matthäuspassion* durch Felix Mendelssohn-Bartholdy 1829 in Berlin, fand das Werk Anerkennung in der Öffentlichkeit.

236 Wir stimmen mit Händels Freundin, Mary Pendarves, überein: ». . . es ist die beste, die er je gemacht hat.« Und eine der schönsten Opern überhaupt.

237 Warren Bennis, Becoming a Leader of Leaders, in: *Rethinking the Future,* a.a.O. S. 149. Ders., *Organizing Genius: The secret of creative collaboration.* 1996.

238 Ebenda, S. 148.

239 Gary Hamel, Reinventing the Basis for Competition, in: *Rethinking the Future,* a.a.O, S. 88. Ders., zusammen mit C. K. Prahalad, *Competing for the Future,* Boston, Mass. 1995.

240 Jürg Theiler, Rethinking the Future, in: *Marketing Journal,* a.a.O.

241 Warren Bennis bezeichnet diese Voraussetzung in den Unternehmen als *social architecture.*

242 Stellvertretend für viele über die Bedeutung einer Vision als Führungsaufgabe im Un-

ternehmen, John Kotter, Cultures and Coalitions, in: *Rethinking the Future,* a.a.O., S. 165 ff.

243 C. G. Jung und die Alchemisten sprechen dabei von der *nigredo,* der Schwärze, die durchlebt werden muß, bis die weiteren Phasen, die *albedo* (die Weißung, der Silber- oder Mondzustand, das Licht am Ende des Tunnels) und die *rubedo* (die Röte, der Sonnenaufgang, unmittelbar vor der Vollendung der Reise) erreicht werden. C. G. Jung, *Psychologie und Alchemie,* Gesamtausgabe Bd. 12, Olten 1987, S. 269 f und öfter.

244 Dieser Zustand wird in Allegorien (und Träumen) oft durch Kinder oder Jungfrauen dargestellt, denen wilde Tiere folgen wie sanfte und zahme. Siehe z. B. das Bild *Kraft* (VIII) der Großen Arkana im *Tarot.* Rachel Pollack, *Tarot,* München 1985, S. 86.

245 C. G. Jung hat durch die vergleichende Analyse vieler Träume zwischen dem Geschlecht der Traumfiguren und dem Geschlecht der bzw. des Träumenden ein Geschlechtsmuster festgestellt, mit dem er ein Modell verbindet. Danach repräsentieren gleichgeschlechtliche Figuren meist das, was Jung den Schatten nennt und gegengeschlechtliche Personen i.d.R. das, was er als Seelenleben und als Seelenführerin bezeichnet. Jung hat dafür die Begriffe *Animus* und *Anima* geprägt. Wir werden seine Begriffe nicht verwenden, sind uns der inhaltlichen Übereinstimmungen aber sehr wohl bewußt. Jungs Schattenfiguren entsprechen in unserem Modell den Mitarbeitern der Instinkt- und Affekthirne in ihren destruktiven Wirkungen, die wir nicht sehen wollen. Sein Animus oder Logosprinzip stimmt in einigen Punkten überein mit der instrumentellen Vernunft und die Anima oder das Erosprinzip mit der empathischen Vernunft. Die Jungschen Begriffe sind in beiden Fällen weitergefaßt, indem sie auch komplementäre Positionen beinhalten: Der Animus ist auch gütig und die Anima auch klug. Und Animus oder Anima können auch negativ und kontaminiert sein. Weil das Definitionsfeld so weit gefaßt ist, sind die Begriffe weniger präzise. Und bei einigen Zeitgenossinnen führen sie zu verständlichen Irritationen, wenn den Begriffen Animus und Anima *männliche* und *weibliche* Eigenschaften zugeordnet werden. Tatsächlich sind weder die instrumentelle noch die empathische Vernunft an ein Geschlecht gebunden. Sie sind vollkommen geschlechtsneutral. Weder Ordnung noch Zufall, weder Güte noch Geduld, weder Ursache noch Wirkung, weder Bewußtheit noch Bescheidenheit haben an sich etwas mit männlich oder weiblich zu tun. Sie bekommen nur durch die Projektion eine geschlechtliche Note oder, wenn und weil sie Koalitionen mit geschlechtsspezifischen Funktionen der Instinkt- und Affekthirne eingehen: zum Beispiel Ordnung mit Kampf oder Geduld mit der Aufzucht des Nachwuchses.

246 Karl Kerényi, *Die Mythologie der Griechen,* Bd. 1, a.a.O., S. 136 ff.

247 C. G. Jung nennt den Prozeß, der zum Bewußtsein und zur Ganzheit, d. h. zur individuellen Persönlichkeit führt und ein Differenzierungsprozeß ist, Individuation (GW 6, § 825, 828).

248 Siehe dazu z. B. C. G. Jung, Marie-Louise von Franz, Joseph L. Henderson, Jolande Jacobi und Aniela Jaffé, *Der Mensch und seine Symbole,* Olten 1984.

249 Marie-Louise von Franz, *Aurora Consurgens, Ein dem Thomas von Aquin zugeschriebenes Dokument der alchemistischen Gegensatzproblematik,* in: Carl Gustav Jung, *Mysterium Coniunctionis,* GW Bd. 14/III, Olten 1990.

250 So auch M.-L. von Franz, ebenda.

251 Ebenda, S. 85.

252 Ebenda, S. 13 und die dort angegebene Literatur.

253 Ebenda, S. 85 ff.

254 In ähnlichem Wortlaut auch bei Matthäus 7. 7–8.

255 C. G. Jung, *Mysterium Coniunctionis,* a.a.O., S. 91.

256 Ebenda, S. 91–103.

257 Das ist auch die Schlußfolgerung von Marie-Louise von Franz, die das Motiv der Todeshochzeit, als Heilige Hochzeit, auch in der Kabbala, bei Augustinus und in der Folklore aufzeigt. Ebenda, S. 430 ff.

258 Cicero, *De inventione rhetorica*, II, col. 147, zitiert nach: C. G. Jung, *Zur Psychologie westlicher und östlicher Religion*, GW 11, a.a.O., S. 23.

259 Eine Reihe von faszinierenden historischen Beispielen finden Sie bei Barbara Hannah, *Begegnungen mit der Seele. Aktive Imagination – der Weg zu Heilung und Ganzheit*, München 1985.

260 Siegfried Grubitzsch, Klaus Weber, (Hrsg.), *Psychologische Grundbegriffe. Ein Handbuch*, Reinbek bei Hamburg 1998, S. 493 ff.

261 Ebenda.

262 Einige Frauen, die es Männern nachmachen wollen, kaufen sich auch Sex.

263 Die Vorsilbe *ver*- ist auf das indogermanische Wurzelnomen *per (pro)* zurückzuführen, das *Hinausführen über etwas* bedeutet. *Verliebtsein* heisst in der Tat, die Liebe (die empathische Vernunft) über sich (das Subjekt) hinaus, auf das Objekt der Liebe, zu führen.

264 Lester Thurow, Changing the Nature of Capitalism, in: *Rethinking the Future*, a.a.O., S. 232.

265 Das heißt theoretisch, dass eine Gesellschaftsordnung um so besser ist, je mehr es ihr gelingt, daß alle Mitglieder alle Hirnareale in den Entscheidungsprozeß einbringen können. Sie erfüllt diese Aufgabe um so besser, je mehr sie zur Entwicklung aller Hirnbereiche beiträgt und je besser der Prozeß, den sie organisiert, die Mitglieder motiviert, sich daran zu beteiligen.

266 Zu oberst auf der »Mobbing-Liste« stehen bei der »Mobbing-Beratungsstelle Zürich« die öffentlich-rechtlichen Spitäler. 50 % der Personen, die sich bei dieser Stelle melden, kommen aus öffentlich-rechtlichen Betrieben. Und von diesen knapp die Hälfte aus den Spitälern (kaum aus Privatkliniken). (Ursula Eichenberger, Wenn Angestellte nicht leicht zu kündigen sind, *Tages-Anzeiger* 25. 8., Zürich 1999, S. 15). Als offizielle Entschuldigung gilt der Leistungsdruck. Aber dieser ist in kompetitiven Hochleistungsunternehmen nicht weniger groß, im Gegenteil, er ist dort größer. Tatsächlich liegt der Grund im fehlenden Wettbewerb, der die allseits vorherrschenden, geschlossenen und verkrusteten Strukturen und Kulturen ermöglicht auf seiten der Vorgesetzten wie der Untergebenen, der Täter wie der Opfer, der Verwalter wie der Verwalteten.

267 Als eine solche wird die Kretisch-Minoische Kultur bezeichnet, und in den griechischen Sagen taucht das Schreck- oder Idealbild der Amazonen, einem kriegerischen Frauenvolk aus Asien, auf. Von ihnen wird berichtet, daß sie sich jeweils im Frühjahr mit Männern aus benachbarten Völkerschaften paarten, die neugeborenen Knaben töteten und nur die Mädchen aufzogen, um sie zum Krieg mit Pfeil und Bogen auszubilden. Zum ersten Punkt siehe Karl Kerényi, *Dionysos,* Stuttgart 1994, zu den Amazonen die a.a.O. angegebene Literatur zur griechischen Mythologie.

Literatur

Albert, Hans, (Hrsg.), *Theorie und Realität,* Tübingen 1972
Apuleius, *Das Märchen von Amor und Psyche,* Metamorphosen IV 28 – VI 24, lateinisch/ deutsch (Steinmann, Kurt, Hrsg. und Übers.), Stuttgart 1978

Barron, Frank, *Creativity and Personal Freedom,* Princeton, London 1968.
Bennis, Warren, *Beyond Lerdership: balncing economics, ethics and ecology, ambridge,* Mass. 1994
Bittlinger, Arnold, *Heimweh nach der Ewigkeit. Tiefenpsychologische Meditationen zum christlichen Glauben,* München 1993
Bittlinger, Arnold, *Das Geheimnis der christlichen Feste,* München 1995
Bono, Edward de, *Lateral Thinking: Crativity Step by Step,* New York 1970

Ceroni, Angela, *Amedeo Modigliani. Die Akte,* Stuttgart 1989
Covey, Stephen, *The Seven Habits of Highly Effective People: restoring the character ethic,* London 1994
Crick, Francis, *Was die Seele wirklich ist. Die naturwissenschaftliche Erforschung des Bewußtseins,* München 1994
Croutier, Alev Lytle, *Harem. The World Behind the Veil,* New York 1989
Csikszentmihalyi, Mihaly, *Flow. Das Gheimnis der Glücks,* Stuttgart 1992
Csikszentmihalyi, Mihaly, *Kreativität,* Stuttgart 1997

Davies, Barbara, *Über die Bedeutung archetypischer Vorstellungen und ihren Einfluß auf unsere Erkenntnisse, erläutert am Beispiel der Entstehung und Entwicklung des Massenbegriffs,* Zürich 1989
Davis, Ronald, *Legasthenie als Talentsignal,* Kreuzlingen 1999
Dawkins, Richard, *Und es entsprang ein Fluß in Eden. Das Uhrwerk der Evolution,* München 1996
Degrèse, Claude, Amory, Patrick, *Le Grand Jeu de la Séduction,* Paris 1986
Dyckhoff, Peter, *Das Kosmische Gebet. Einübung nach Origenes,* München 1994.
Dyckhoff, Peter, *Das Ruhegebet. Einübung nach Cassian,* München 1995

Ekman, Paul, *Elberfelder Studienbibel mit Sprachschlüssel, Das Neue Testament,* Wuppertal und Zürich, 1995

Franz, Marie-Louise von, *Puer Aeternus,* Zürich, New York 1970
Franz, Marie-Louise von, *Die Suche nach dem Selbst. Individuation im Märchen,* München 1985
Franz, Marie-Louise von, *Die Erlösung des Weiblichen im Manne,* Frankfurt 1986
Franz, Marie-Louise von, *Psychotherapie, Erfahrungen aus der Praxis,* Einsiedeln 1990

Gaarder, Jostein, *Durch einen Spiegel, in einem dunklen Wort,* München, Wien 1966
Gäng, Peter, (Hrsg. und Übers.), *Das Tantra der Verborgenen Vereinigung. Guhyasamâja-Tantra,* München 1988
Gibran, Khalil, *Der Prophet,* Solothurn, Düsseldorf 1994

Gibson, Rowan (Ed.) *Rethinking the Future,* London 1998

Goldratt, Eli, *The Theory of Constraints and How It Should be Implemented,* Great Barrington, Mass 1990

Goleman, Daniel, *Emotionale Intelligenz,* München 1997

Gottman, John, Silver, Nan, *The Seven Principles for Making Mariage Work,* New York 1999

Grubitzsch, Siegfried, Weber, Klaus (Hrsg.), *Psychologische Grundbegriffe,* Reinbek bei Hamburg 1998

Guntern, Gottlieb, *Im Zeichen des Schmetterlings,* Bern, München, Wien 1992

Habermas, Jürgen, *Zur Logik der Sozialwissenschaften,* Frankfurt 1985

Hackl, Monnica, *Hui Chun Gong. Ein praktisches Übungsbuch,* München 1991

Handy, Charles, *Beyond Certrinty,* London 1995

Hamel, Gary, Prahalad, C. K., *Competing for the Future,* Boston, Mass 1995

Hammer, Michael, Champy, James, *Reengineering the Corporation,* New York 1994

Hammer, Michael, *Beyond Reengineering,* London 1996

Hampden-Turner, Charles, *Modelle des Menschen. Dem Rätsel des Bewußtseins auf der Spur,* Weinheim, Basel 1996

Hannah, Barbara, *Begegnungen mit der Seele: Aktive Imagination – der Weg zu Heilung und Ganzheit,* München 1985

Heidegger, Martin, *Sein und Zeit,* Frankfurt 1979

Helm, Rudolf, *Metamorphosen oder Der goldene Esel,* lateinisch und deutsch, Berlin 1959

Hollenstein, Janez, Lauko, Tomaz, *Wo die Stille spricht,* Pleterje 1986

Iyengar, B. K. S., *Licht auf Yoga,* Bern, München, Wien 1986

Jung, Carl Gustav, Gesammelte Werke, Zürich, Düsseldorf 1999

Jung, Carl Gustav, Franz, Marie-Louise von, Henderson, Joseph L., Jacobi, Jolande, Jaffé, Aniela, *Der Mensch und seine Symbole,* Olten 1984

Jung, Emma, Franz, Marie-Louise von, *Die Graalslegende in psychologischer Sicht,* Olten, Freiburg 1991

Kelly, Kevin, *Out of Control: The new biology of machines, social systems and the economic world,* London 1995

Kerényi, Karl, *Die Mythologie der Griechen,* Bd. 1: *Die Götter- und Menschheitsgeschichten,* München 1994

Kerényi, Karl, *Dionysos,* Stuttgart 1994

Kieser, Werner, *Leistungsfähiger durch Krafttraining,* Niedernhausen/Ts. 1994

Kirsch, Guy, *Die Betroffenen und die Beteiligten,* München 1974

Kirsch, Guy, Mackscheidt, Klaus, Herder-Dorneich, Philipp, Dettling, Warnfried, *Jenseits von Markt und Macht. Eine Ordnung für den Menschen,* Baden-Baden 1982

Kirsch, Guy, *Ökonomische Theorie der Politik,* Düsseldorf 1974 (*Neue Politische Ökonomie,* 4. Aufl., Düsseldorf 1997)

Koestler, Arthur, Smythies, J. R., (Ed.), *Beyond Reductionism,* Boston 1969

Koestler, Arthur, *The Act of Creation,* New York 1964

Kotter, John, *Leading Change,* Boston, Mass. 1996

Kunsthaus Zürich, Schweizerisches Institut für Kunstwissenschaft, Zürich, *Amor und Psyche. Ein Blick auf Amor und Psyche um 1800,* Zürich 1994

Lay, Rupert, *Dialektik für Manager,* Reinbek bei Hamburg 1982
Lay, Rupert, *Nachkirchliches Christentum. Der lebende Jesus und die sterbende Kirche,* Düsseldorf 1995
Lorenz, Erika, *Praxis der Kontemplation: die Weisung der klassischen Mystik,* München 1994
Lutz, Hanns-Martin, Timm, Hermann, Hirsch, Eike Christian (Hrsg.), *Altes Testament. Einführungen, Texte, Kommentare,* München 1987

Maria Emmanuel, Bruder, *Die Stimmgabel der Liebe,* Freiburg/Schweiz 1989
Meier, Heinrich, Ploog, Detlev (Hrsg.), *Der Mensch und sein Gehirn. Die Folgen der Evolution,* München, Zürich 1997
Menge, Hermann (Übers.), *Das Alte Testament,* Stuttgart 1986
Mookerjee, Ajit, Khanna, Madhu, *Die Welt des Tantra,* Bindlach 1990
Moravia, Alberto, *Ich und Er,* Reinbek bei Hamburg 1994
Murken, Axel und Christa (Hrsg.), *Melancholie und Eros in der Kunst der Gegenwart.* Sammlung Murken, Köln 1997

Nefiodow, Leo, *Der sechste Kontratieff,* Sankt Augustin 1996
Neumann, Erich, *Amor und Psyche,* Olten, Freiburg 1986

Ogilvy, Jay, *Many Dimensional Man: Decentralizing Self, Society and the Sacred,* New York and Oxford 1977
Ohashi, Wataru, *Körperdeutung,* Freiburg 1995
Okarma, Henryk, *Der Wolf,* Berlin 1997
Ornstein, Robert E., *The Psychology of Consciousness,* San Francisco 1975

Pauli, Wolfgang, *Wissenschaftlicher Briefwechsel,* Band IV/Teil II, Hamburg 1999
Pollack, Rachel, *Tarot. 78 Stufen der Weisheit,* München 1985

Ranke-Graves, Robert von, *Griechische Mythologie. Quellen und Deutung,* Hamburg 1995
Ritsema, Rudolf, Karcher, Stephen (Transl.), *I Ching, The Classic Chinese Oracle of Change,* Eranos 1993–94–95, Yearbook Vol. 62–64, Eranos I Ching Project, Part I, 4–6, Shaftesbury, Dorset 1994

Schökel, Luis Alonso, *„Steh auf, meine Freundin, meine Schöne, und komm!", Gedanken zum Hohenlied,* München, Zürich, Wien, 1991
Schwab, Gustav, *Die schönsten Sagen des klassischen Altertums,* Austria 1994
Senge, Peter, *The Fifth Discipline: The art and practice of the learning organization,* New York 1994/dt. *Die Fünfte Disziplin,* Stuttgart 1996.
Sölle, Dorothee, *Leiden,* Freiburg, Basel, Wien 1993
Suzuki, Daisetz T., *„Essays in Zen Buddhism", Zazen. Die Übung des Zen,* Bern, München, Wien 1993

Tagore, Rabindranath, *Jesus. Die große Seele,* München, Zürich, Wien 1995
Theiler, Jürg, *Föderalismus – Voraussetzung oder Ergebnis rationaler Politik? Zur ökonomisch optimalen Struktur kollektiver Entscheidungsverfahren,* Bern, Frankfurt a. M., Las Vegas 1977

328

Theiler, Jürg, Der Schrei nach der integrierten Vernunft, in: *du, Die Zeitschrift der Kultur,* Heft Nr. 5, Mai, Zürich 1993

Theiler, Jürg, Megerle, Rainer M., Kundenwerte finden, gestalten, kommunizieren, in: Dehr, Gunter, Biermann, Thomas (Hrsg.), *Kurswechsel Richtung Kunde. Die Praxis der Kundenorientierung,* Frankfurt 1996

Theiler, Jürg, Rethinking the Future, Strategien für Gewinner im 21. Jahrhundert, in: *Marketing Journal* 3, 4 und 5, Hamburg 1997

Thurow, Lester, *The Future of Capitalism: How today's economic forces will shape tomorrow's world,* New York 1996

Vester, Frederic, *Denken, Lernen, Vergessen,* München 1993

Waal, Frans de, Lanting, Frans, *Bonobos. Die zärtlichen Menschenaffen,* Basel, Boston, Berlin 1998

Wilhelm, Richard (Hrsg.), *I Ging. Das Buch der Wandlungen,* München 1989

Wilhelm, Richard (Übers.), *Laotse Tao te king,* Texte und Kommentar, München 1991

Zimen, Erik, *Der Wolf,* München 1990

Zimniok, Klaus, *Echsen und Panzerechsen, die unbekannten Wesen,* Hannover 1989

Register

333